Christian Reiter

Einführung in das römische Privatrecht

Ausgewählte Themengebiete und Fälle

BÖHLAU VERLAG WIEN KÖLN

Dr. Christian Reiter lehrt als Honorarprofessor an der Universität Osnabrück.

Online-Angebote oder elektronische Ausgaben sind erhältlich unter **www.utb-shop.de**

Bibliografische Information der Deutschen Nationalbibliothek:
Die Deutsche Nationalbibliothek verzeichnet diese Publikation in der Deutschen Nationalbibliografie; detaillierte bibliografische Daten sind im Internet über https://dnb.de abrufbar.

Umschlagabbildung: Tiberius, Antike Herrscherprägung, Münzherr. Land: Frankreich (Land). Region: Gallia (Region). Münzstätte/Ausgabeort: Lyon. Nominal: Aureus, Material: Gold, Stempelstellung: 3, Herstellungsart: geprägt. Gewicht: 7,79 g. Durchmesser: 21 mm. Ident.Nr. 18202609. Sammlung: Münzkabinett | Antike | Römische Kaiserzeit (-30 bis 283). © Foto: Münzkabinett der Staatlichen Museen zu Berlin - Preußischer Kulturbesitz. Fotograf: Reinhard Saczewski

Korrektorat: Anja Borkam, Jena
Umschlaggestaltung: Atelier Reichert, Stuttgart
Satz: büro mn, Bielefeld
Druck und Bindung: GrafikMediaProduktionsmanagement GmbH, Köln
Printed in the EU

Vandenhoeck & Ruprecht Verlage | www.vandenhoeck-ruprecht-verlage.com

UTB-Band-Nr. 5700
ISBN 978-3-8252-5700-2

utb 5700

Eine Arbeitsgemeinschaft der Verlage

Brill | Schöningh – Fink · Paderborn
Brill | Vandenhoeck & Ruprecht · Göttingen – Böhlau Verlag · Wien · Köln
Verlag Barbara Budrich · Opladen · Toronto
facultas · Wien
Haupt Verlag · Bern
Verlag Julius Klinkhardt · Bad Heilbrunn
Mohr Siebeck · Tübingen
Narr Francke Attempto Verlag – expert verlag · Tübingen
Ernst Reinhardt Verlag · München
transcript Verlag · Bielefeld
Verlag Eugen Ulmer · Stuttgart
UVK Verlag · München
Waxmann · Münster · New York
wbv Publikation · Bielefeld
Wochenschau Verlag · Frankfurt am Main

Inhaltsverzeichnis

Vorwort

Das römische Privatrecht ist die historische Grundlage unserer Zivilrechtsordnung. Es gibt daher eine Fülle von Gründen, sich mit diesem Recht zu beschäftigen, nicht nur für diejenigen, die ohnehin ein allgemeines Interesse an der Antike haben. Es ist gemeinsame Tradition der europäischen sowie der von diesen beeinflussten Rechtsordnungen auf der ganzen Welt und kann daher bei deren Verständnis helfen. Es schult systematisches Rechtsdenken und das Judiz, auch unabhängig von einer bestimmten (positiven) Rechtsordnung. Es stellt eine intellektuelle Herausforderung ersten Grades dar. Die Art und Weise der Darstellung und Lösung von Rechtsproblemen durch die römischen Juristen kann auch heute noch als Vorbild dienen. Und manch anderer Grund lässt sich anführen. Hier soll aber vor allem zunächst einmal davon ausgegangen werden, dass die Leserin oder der Leser das Buch aus schlichtem Interesse an der Materie zur Hand genommen hat. Ziel der folgenden Darstellung ist es, grundlegende Informationen zu geben und dieses Interesse zugleich zu verstärken; die Leserinnen und Leser sollen das römische Recht und seine Geschichte in den wichtigsten Elementen und Grundzügen kennenlernen und mögen sich dabei aufgefordert fühlen, den Nutzen dieser Kenntnis selbst zu erleben und zu reflektieren. Und da römisches Recht Fallrecht par excellence ist, liegt es nahe, dies anhand von Fällen zu tun.

Die Beschäftigung mit dem monumentalen, durchaus einschüchternden, in ca. 1000 Jahren gewachsenen Gedankengebäude des römischen Rechts lässt sich mit einem Besuch der ebenfalls in Rom gelegenen und nicht minder monumentalen Vatikanischen Museen vergleichen. Man kann in kurzer Zeit durch möglichst viele Säle eilen und auf jede Statue, jedes Bild, jedes Kunstwerk einen raschen Blick werfen, auf die Gefahr hin, dass vielleicht nicht alles im Gedächtnis haften bleiben wird. Interessierte können sich auch die Zeit nehmen und in vielen Besuchen alles ansehen, was die Jahrhunderte geschaffen und dort zusammengetragen haben, und, wenn sie die dafür erforderliche Ausdauer und Muße mitbringen, eine profunde Kennerschaft entwickeln. Es gibt aber auch noch einen weiteren Weg. Der Betrachter kann auf dem Wege durchaus tieferer Beschäftigung mit exemplarischen Ausstellungsstücken einen fundierten Eindruck von der gesamten Sammlung gewinnen, ohne jeden Saal und jede Vitrine gesehen zu haben. Er wird auf Stücke treffen, die allein der Vergangenheit angehören, und auf solche, deren Bedeutung bis heute ungebrochen ist. Als hilfreich kann sich dabei eine Führung erweisen oder eben, mit dem Titel dieses Buches, eine *Ein*führung. Der Betrachter kann dadurch das notwendige geistige Handwerkszeug erlangen, um nun auch selbstständig andere Stücke der Sammlung einer intensiven Schau zu unterziehen. Zu dieser Art der Beschäftigung mit dem Monument „Römisches Recht" möchte das vorliegende Buch einladen.

Dieses Buch enthält also keine, auch keine gekürzte, Darstellung oder Zusammenfassung *des* römischen Privatrechts und seiner Geschichte. Es ist bewusst unvollständig. Vielmehr soll der Versuch unternommen werden, *exemplarisch* wesentliche Grundprinzipien und Institute des (klassischen) römischen Rechts darzustellen, die unerlässlich sind, um es als Ganzes zu verstehen. Das Bild des Gedankengebäudes bietet sich hier wieder an. Gut erhaltene römische Bauwerke verfehlen bis heute ihre Wirkung nicht: das Kolosseum, der Titusbogen, das Pantheon, um nur einige und sehr bekannte zu nennen, die zur gleichen Zeit wie das klassische römische Recht errichtet wurden, die beiden Erstgenannten sogar in unmittelbarer Nähe zum Forum Romanum, der Geburtsstätte dieses Rechts. Ihre Großartigkeit beruht auf wenigen grundlegenden Elementen (wie Bogen, Gewölbe, Säulen, Pfeiler, Proportionen etc.), die der Variation fähig sind, aber nie ihren eigentümlichen und spezifisch römischen Charakter verlieren und dadurch das Gesamtbild bestimmen. Das römische Recht lässt sich durchaus mit der römischen Architektur vergleichen, und die Kenntnis der Grundelemente hilft dem Betrachter, die Struktur des Gesamtbaus zu erfassen.

Der hier verfolgte Ansatz verlangt eine Auswahl. Der Möglichkeit zur Erweiterung und zur Vertiefung der behandelten Themen dienen die zahlreichen Hinweise auf die römischen Quellen, von denen alle mit einem „Q" bezeichneten wie die unmittelbar im Buchtext wiedergegebenen zweisprachig im Anhang zu finden sind. Die Auswahl der Themen ließ sich auch davon leiten, was heute zivilrechtlicher Prüfungsstoff im Staatsexamen und daher für die Studierenden von besonderer Bedeutung ist. Daher werden, in der Regel kurz gehaltene, Hinweise zum geltenden deutschen Recht und aus rechtsvergleichender Perspektive zu anderen Rechten gegeben. Elementare Grundkenntnisse im BGB werden dabei vorausgesetzt. Die Studierenden, die sich mit dem Gedanken tragen, das römische Recht als Schwerpunktbereich zu wählen, sollen einen Einblick erhalten, „worauf sie sich da einlassen"; und allen generell am römischen Recht Interessierten soll die Möglichkeit geboten werden, sich in überschaubarer Zeit die Grundlagen anzueignen.

Die Römer wurden schon in der Antike das „Volk des Rechts" genannt. Eine so tiefgehende Prägung einer Gesellschaft durch das Kulturphänomen Recht hinterlässt seine Spuren auch in einem anderen Kulturphänomen: der Literatur. Die bedeutendsten lateinischen Schriftsteller lebten, als das römische Recht zu blühen begann und seine Hochblüte erreichte; viele von ihnen verfügten selbst über, zuweilen umfangreiche, Rechtskenntnisse und waren aktiv am Rechtsleben beteiligt. Bei ihnen finden sich zahlreiche Bezüge zum Recht, nicht nur in Gerichtsrede, Geschichtsschreibung und staatsphilosophischem Werk, sondern auch im Epos, in Satire und Tierfabel, in unzähligen Privatbriefen und sogar in der Liebesdichtung. Es bietet sich daher an, bei der Führung durch das römische Recht gelegentlich auch den Weg der literarischen Annäherung oder Exemplifizierung zu beschreiten. Vielleicht werden die Leserinnen und Leser dadurch sogar ein wenig Lesevergnügen empfinden, jene *suavitas et delectatio in cognoscendo,* welche Cicero mit dem Studium des Rechts verbindet[1].

Herzlich danken möchte ich denen, die mir durch ihre Bereitschaft zur kritischen Lektüre des Manuskriptes und viele hilfreiche Hinweise dazu zur Seite standen:

Prof. Dr. Ulrich Manthe, der in seinen Vorlesungen und Seminaren an der Universität Passau die Begeisterung für das römische Recht bei mir entfachte;

Prof. Dr. Christian Baldus, Universität Heidelberg, dem ich eine Fülle bereichernder Gespräche verdanke, und Herrn Ass. iur. Robin Repnow, Akademischer Mitarbeiter am Lehrstuhl für Bürgerliches Recht und Römisches Recht der Universität Heidelberg, der mir viele wertvolle Impulse gab;

meinen Fakultätskollegen an der Universität Osnabrück, Prof. Dr. Hans Schulte-Nölke und Prof. Dr. Marcus Bieder, die mich stets in vielfältiger Weise bei meinem Vorhaben unterstützt haben; und Frau Patricia Kainka und Frau Chiara Resing, studentische Mitarbeiterinnen am Lehrstuhl für Bürgerliches Recht, Europäisches Privat- und Wirtschaftsrecht, Rechtsvergleichung und Europäische Rechtsgeschichte der Universität Osnabrück, für ihre intensive Probelektüre, Textkorrektur und Mithilfe bei der Erstellung des Registers;

und schließlich Frau Emilia Lutz, Universität Freiburg, für aufschlussreiche Gespräche und stets verlässliche Recherche auf dem Gebiet der lateinischen Philologie.

Dem C. F. Müller Verlag habe ich zu danken für die freundliche Genehmigung zur Nutzung der deutschen Übersetzungen der aus dem Corpus Iuris zitierten Texte. Sie sind entnommen aus: *Behrends/Knütel/Kupisch/Seiler* (Hg.), Corpus Iuris Civilis. Text und Übersetzung. Bd. I, Institutionen (1990); *dies.*, Bd. II, Digesten 1–10 (1995); *dies.*, Bd. III, Digesten 11–20 (1999); *Knütel/Kupisch/Seiler/Behrends* (Hg.), Bd. IV, Digesten 21–27 (2005); *Knütel/Kupisch/Rüfner/Seiler* (Hg.), Bd. V, Digesten 28–34 (2012).

1 Cicero, de or. 1, 193: „Annehmlichkeit und Genuss beim Lernen".

Die Übersetzungen sind gemeinsam verantwortet von den Herausgebern und den jeweiligen Erstübersetzern, die zu Beginn der einzelnen Bände angeführt sind.

Der Wissenschaftlichen Buchgesellschaft schulde ich Dank für die freundliche Genehmigung zur Verwendung der Institutionen des Gaius, herausgegeben, übersetzt und kommentiert von *Ulrich Manthe* (2. Aufl. 2010).

Schließlich möchte ich dem Böhlau Verlag, namentlich Frau Dorothee Rheker-Wunsch und Frau Julia Roßberg, für die angenehme Zusammenarbeit danken.

Osnabrück, im Juni 2021 Christian Reiter

Abkürzungsverzeichnis

(Abgekürzt zitiertes Schrifttum zum römischen Recht ist im Literaturverzeichnis aufgeführt)

a. A.	anderer Ansicht
a. E.	am Ende
a. a. O.	am angegebenen Ort
ABGB	Allgemeines Bürgerliches Gesetzbuch
AcP	Archiv für die civilistische Praxis
Afr.	Sextus Caecilius Africanus
Alf.	Alfenus Varus
ALR	Preußisches Allgemeines Landrecht
ann.	annales (Tacitus)
Art.	Artikel
Att.	Briefe an Atticus (Cicero)
Aufl.	Auflage
BAG	Bundesarbeitsgericht
BAGE	Entscheidungen des Bundesarbeitsgerichts
Bd.	Band
BeckOGK	beck-online Großkommentar
benef.	de beneficiis (Seneca)
BGB	Bürgerliches Gesetzbuch
BGH	Bundesgerichtshof
BGHZ	Entscheidungen des Bundesgerichtshofes in Zivilsachen
C.	Codex
Call.	Callistratus
Cass.	Gaius Cassius Longinus
cc	Code civil

Cels.	Publius Iuventius Celsus
cod. civ.	Codice civile
Const.	Konstitution (Justinians)
D.	Digesten
de or.	de oratore (Cicero)
epist.	epistulae (Briefe: Plinius, Horaz, Seneca)
fam.	Briefe ad familiares (Cicero)
fin.	de finibus (Cicero)
Flor.	Florentinus
Fn.	Fußnote
FS	Festschrift
Gai.	Gai institutiones
GS	Gedächtnisschrift
HGB	Handelsgesetzbuch
h. M.	herrschende Meinung
Hg.	Herausgeber
HS	Sesterzen
Iav.	Lucius Iavolenus Priscus
Inst.	Institutionen Justinians
Iul.	Salvius Iulianus
Jhd.	Jahrhundert
JuS	Juristische Schulung
JZ	Juristenzeitung
Lab.	Marcus Antistius Labeo
lat.	lateinisch
leg.	de legibus (Cicero)
Lic.	Licinius Rufinus
Marcell.	Ulpius Marcellus
Marci.	Aelius Marcianus
Mod.	Herennius Modestinus
Mot.	Motive zu dem Entwurfe eines Bürgerlichen Gesetzbuches für das Deutsche Reich
Mt.	Matthäusevangelium

MünchKomm	Münchener Kommentar zum BGB
Mur.	Rede für L. Murena (Cicero)
noct. Att.	noctes Atticae (Gellius)
m. w. N.	mit weiteren Nachweisen
Ner.	Lucius Neratius Priscus
NJW	Neue Juristische Wochenschrift
NZA	Neue Zeitschrift für Arbeitsrecht
nov.	Novellen
od.	Oden (Horaz)
off.	de officiis (Cicero)
OIR	Orbis Iuris Romani
OR	(schweizerisches) Obligationenrecht
or.	orator (Cicero)
Pap.	Aemilius Papinianus
Paul.	Iulius Paulus
Planc.	Rede für Cn. Plancius (Cicero)
Pomp.	Sextus Pomponius
pr.	principium
Proc.	Proculus
rep.	de re publica (Cicero)
RdA	Recht der Arbeit
RG	Reichsgericht
RGZ	Entscheidungen des Reichsgerichts in Zivilsachen
Rn.	Randnummer
Sab.	Massurius Sabinus
sat.	Satiren (Horaz, Juvenal)
SC	senatus consultum
Scaev.	Cervidius Scaevola
S. Rosc.	Rede für Sex. Roscius Amerinus (Cicero)
SZ	Zeitschrift der Savigny-Stiftung für Rechtsgeschichte, romanistische Abteilung
top.	topica (Cicero)
TR	Tijdschrift voor rechtsgeschiedenis = Revue d'histoire du droit = The Legal History Review

Ulp.	Domitius Ulpianus
Ven.	Venuleius Saturninus
XII	Zwölftafelgesetz
ZPO	Zivilprozessordnung

1. Grundlagen

1.1 Ein Fall zu Beginn

Die Beschäftigung mit dem römischen Recht nimmt ihren Ausgangspunkt am besten vom Gerichtsverfahren. Beginnen wir daher mit einem Fall, der sich vor über 2000 Jahren, zu Anfang des 1. Jahrhunderts v. Chr., in Rom zugetragen hat[1].

Fall 1

Publius Calpurnius Lanarius kauft ein Haus, das auf einem der sieben Hügel Roms, dem Caelius, liegt. Verkäufer ist Titus Claudius Centumalus. Die Freude an der Immobilie währt aber nicht lange. Denn bald stellt sich Folgendes heraus: Das Kollegium der Auguren, einer der Priesterschaften Roms, zuständig für die Beobachtung des Vogelfluges und die Ableitung der sich daraus ergebenden göttlichen Vorzeichen, hat festgestellt, dass das exponierte Gebäude die Sicht behindert, und daher befohlen, das Haus in dem Umfang abzutragen, in dem es die Beobachtung des Vogelfluges beeinträchtigt. Titus hatte dies beim Verkauf bereits gewusst, aber wohlweislich verschwiegen. Publius muss der Anordnung der Auguren Folge leisten und das Haus abreißen. Danach fragt er sich, was er gegen den Verkäufer unternehmen kann.

Ein zeitgenössischer Publius in Deutschland würde sich in einer solchen Situation (wir müssen uns nur einen zeitgemäßen baurechtlichen Grund für die Abrissverfügung denken) zur Rechtsberatung an einen zugelassenen Rechtsanwalt wenden und dort den Rat erhalten, wegen eines Mangels der Kaufsache vom Kaufvertrag zurückzutreten und die Rückzahlung des Kaufpreises und Schadensersatz zu verlangen. Kommt der Verkäufer dieser Forderung nicht nach, wird der Käufer Klage vor dem (hier aufgrund des mutmaßlichen Streitwertes zuständigen) Landgericht erheben, um sein Ziel zu

1 Den Fall überliefert uns Cicero, off. 3, 65–67; siehe dazu *Liebs,* Vor den Richtern Roms, 2007, S. 37–44.

erreichen. Das Gericht würde dem Beklagten die Klage zustellen, dann würden (ggf. zahl- und umfangreiche) Schriftsätze gewechselt, das Gericht würde einen Termin (oder mehrere) zur mündlichen Verhandlung ansetzen und die Parteien laden, den Sachverhalt durch Beweiserhebung aufklären, das Urteil verkünden und es nach einiger Zeit den Parteien bzw. ihren Anwälten schriftlich und mit ausführlicher Begründung zustellen. Daran könnten sich Berufung und ggf. Revision der unterlegenen Partei und damit ein Zug durch die Instanzen anschließen. Hat der Kläger irgendwann endgültig obsiegt und ist das Urteil auf Zahlung einer bestimmten Summe rechtskräftig, leistet der Beklagte diesem aber nicht Folge, wird der Kläger die Zwangsvollstreckung beantragen, die durch staatliche Organe, z. B. den Gerichtsvollzieher, und mit staatlichem Zwang durchgeführt wird.

Unser römischer Publius wird nun ebenfalls einen Rechtskundigen konsultieren und dann den Rechtsweg beschreiten. Soweit unterscheidet sich die römische Rechtswelt von der unseren noch nicht. Das Gerichtsverfahren ist aber in vielem anders als unser heutiger Zivilprozess; und die spezifische Form des Verfahrens hat auch dem Inhalt des Rechts seine entscheidende Prägung verliehen.

1.2 Der Zivilprozess im Überblick

1.2.1 Vor dem Prätor: Das Verfahren *in iure*

Im republikanischen und frühen kaiserzeitlichen Rom[2] gibt es eine folgenreiche Zweiteilung des Verfahrens, die aber nichts mit einem Instanzenzug zu tun hat. Vereinfacht gesagt ist der Zivilprozess in ein Rechts- und ein Tatsachenverfahren unterteilt („Was Recht ist – wer Recht hat“[3]). Zunächst muss der Kläger die Gegenpartei selbst laden *(in ius vocatio)*. Der Beklagte muss der Ladung Folge leisten, sonst drohen ihm erhebliche finanzielle Nachteile. Er kann auch Sicherheit leisten für sein Erscheinen,

2 Man pflegt die römische Geschichte in Perioden zu gliedern. Eine wichtige Zäsur ist zweifellos der Übergang von der seit der Mitte des 1. vorchristlichen Jahrtausends bestehenden Republik mit ihren Wahlämtern zur monarchischen Regierungsform, deren Beginn man für das Jahr 27 v. Chr. mit der endgültigen, auch staatsrechtlichen Festigung der Alleinherrschaft des Augustus ansetzen kann und die – für den hier v. a. relevanten Zeitraum des klassischen römischen Rechts – auch als Prinzipat bezeichnet wird. Im Folgenden soll daneben auch der allgemeine und übliche Begriff der Kaiserzeit Verwendung finden.

3 *Meyer,* Römischer Staat und Staatsgedanke, 2. Aufl. 1961, S. 139.

z. B. durch einen Bürgen *(vindex)*. Roms erstes und grundlegendes Gesetzeswerk, das Zwölftafelgesetz aus der Mitte des 5. Jahrhunderts v. Chr., das wir später eingehend betrachten werden, enthält hierzu bereits detaillierte Vorschriften. Um den Prozess zu führen, müssen sich die Parteien zum Prätor begeben, dem römischen Gerichtsmagistrat (Magistrate heißen die Träger eines öffentlichen Amtes). Er hat seine Gerichtsstätte auf dem *comitium* (Volksversammlungsplatz) oder auf dem Forum im Herzen Roms. Diese heißt – wie das Recht insgesamt – ebenfalls *ius;* daher kommt auch der eben erwähnte lateinische Begriff für die Ladung und die Bezeichnung dieses Verfahrensabschnitts als *in iure*. Beim Prätor, der zentralen Figur der römischen Rechtsgeschichte, nimmt das Verfahren nun seinen Anfang.

Der Kläger wird dort sein Anliegen vortragen und eine Klage beantragen (dazu sogleich). Publius wird also von seinem unseligen Hauskauf berichten und von Titus Schadensersatz verlangen. Der Beklagte kann bestreiten, Einwendungen vorbringen oder den Anspruch anerkennen; Titus könnte also behaupten, von der bedauerlichen Anordnung der Auguren zum Zeitpunkt des Verkaufs gar nichts gewusst zu haben. Lässt er sich überhaupt nicht auf das Verfahren ein, was nach römischem Prozessrecht anders als nach heutigem erforderlich ist, stehen dem Prätor je nach Klageart noch näher zu betrachtende unterschiedliche – auch indirekte – Wege offen, ihn dazu zu zwingen[4]. Die Aufgabe des Prätors besteht darin, sich den Fall anzuhören und dann darüber zu entscheiden, ob er die beantragte Klage gewährt oder das Begehren von vornherein als nicht rechtsschutzwürdig betrachtet. Er wird den Fall aber, anders als ein heutiges Gericht, nie selbst entscheiden. Er prüft nicht die Richtigkeit des Sachvortrages nach, sondern überweist den Rechtsstreit zur Entscheidung an einen Tatrichter, den *iudex*. Diesem kommt die Aufgabe zu, den Sachverhalt ohne weitere Mitwirkung des Prätors durch Beweiserhebung aufzuklären und ein Urteil zu sprechen. Die Parteien können sich auf einen *iudex* einigen, ansonsten wird er per Losverfahren aus einer Richterliste gewonnen.

Diese charakteristische Zweiteilung des römischen Zivilprozesses ist sehr alt. Sie dient der Entlastung des Prätors, der in der republikanischen Verfassungsordnung, also bis zur Kaiserzeit, Inhaber des zweithöchsten Amtes im Staate ist. Über ihm rangieren nur noch die Konsuln, die beiden nach dem Prinzip der Kollegialität verbundenen, gleichberechtigten Regierungschefs. In der römischen Frühgeschichte lag die Rechtsprechung noch in der Hand des höchsten Staatsbeamten. Die spezifisch richterliche Funktion des Prätors als des den Konsuln nachgeordneten Gerichtsbe-

4 S. 78 f.

amten bildet sich wohl im 4. Jahrhundert v. Chr. heraus. Diesem zur Ausübung der Gerichtsbarkeit vorgesehenen (später so genannten) *praetor urbanus,* Stadtprätor, wird Mitte des 3. Jahrhunderts v. Chr. ein *praetor peregrinus* (Fremdenprätor) beigegeben für Verfahren unter und mit Ausländern, den sog. Peregrinen, die nicht das römische Bürgerrecht haben. Zudem werden mit der Zeit weitere Prätorenstellen geschaffen zur Wahrnehmung des Vorsitzes spezialisierter Gerichtshöfe in Rom und wichtiger Verwaltungsaufgaben (z. B. als Provinzstatthalter). Uns interessiert hier zunächst und vor allem der *praetor urbanus.*

Die Aufgabe des Prätors erschöpft sich jedoch keineswegs in einer Art summarischer Prüfung auf der Grundlage seines individuellen Gerechtigkeitsempfindens und Weiterleitung des Falles zur Bearbeitung an den Tatrichter. Vielmehr hat er die eigentliche juristische Vorarbeit zu leisten, indem er dem *iudex* einen genau definierten Entscheidungsrahmen vorgibt. Dem Prätor obliegt die schwierige Aufgabe, auf der Grundlage des Parteivorbringens darüber zu entscheiden, ob das Recht dem Kläger zur Verwirklichung seines Begehrs ein Klagerecht, eine *actio,* gibt (wir würden in unserer Systematik sagen: eine Anspruchsgrundlage). Wenn nicht, kann der Prätor das Verfahren bereits hier beenden und es gar nicht zu einem Prozess kommen lassen (*actionem denegare,* z. B. auch bei offensichtlich fehlender Aktivlegitimation oder Fehlen von Prozessvoraussetzungen). Sieht das Recht dagegen eine *actio* für den vor ihn gebrachten Fall vor, gewährt der Prätor diese (aus einer noch näher zu betrachtenden Sammlung von Musterformularen) und gibt dem *iudex* auf, die Tatbestandsmerkmale dieser *actio* zu prüfen. Sieht das Recht für den konkreten Fall keine *actio* vor, empfindet der Prätor aber das Begehren des Klägers gleichwohl als rechtsschutzwürdig, kann er selbst die Erteilung einer (neu zu schaffenden) Klage in Aussicht stellen. Übertragen auf heutige Verhältnisse wäre es also so, dass der Prätor die vom Kläger für einschlägig gehaltene konkrete Anspruchsgrundlage aus dem BGB übernimmt oder selbst eine solche formuliert und diese dem Tatrichter vorgibt mit der Anweisung zu prüfen, ob sich der Fall unter diese (und nur unter diese!) subsumieren lässt. Bereits in diesen kurzen Stichworten wird deutlich, welch anspruchsvolle juristische Funktion der Prätor auszuüben hat. Seine *iurisdictio*[5] ist die Rechtsweisung an den Tatrichter, nicht die „Rechtsprechung“ in unserem Sinne als richterliche Sachentscheidung eines Rechtsstreits. Er beschäftigt sich also nur mit Rechtsfragen, Tatsachenfragen interessieren ihn nicht.

Das Verfahren *in iure* mündet nun in die Erteilung einer konkreten *actio.* In unserem Ausgangsfall wäre dies die *actio empti,* die Klage des Käufers aus dem Kaufvertrag.

5 Ulp. D. 2, 1, 1.

Die dieser *actio* zugehörende Klageformel *(formula)* gibt der Prätor den Parteien mit, und sie dient, wie beschrieben, als „Gebrauchsanweisung" für den *iudex,* der mit der Entscheidung des Falles beauftragt wird. Diese Klageformel ist der juristische Kern des ganzen Verfahrens. Sie muss so abstrakt gefasst werden, dass sie auf jeden Sachverhalt angewendet werden kann, der in die entsprechende rechtliche Kategorie fällt, aber auch wieder so konkret, dass der *iudex* alles Entscheidungserhebliche aus ihr ersehen kann und genau weiß, was er in dem an ihn verwiesenen Fall zu tun hat.

Für die Klage des Käufers aus dem Kaufvertrag sieht die abstrakte Musterklageformel in der auf uns gekommenen Form folgendermaßen aus[6]:

> *Actio empti*:
> *Titius iudex esto (datio iudicis* – Richtereinsetzung).
> *Quod Aulus Agerius de Numerio Negidio rem, qua de agitur, emit, qua de re agitur (demonstratio* – Sachdarstellung; das *qua de re agitur* individualisiert/beschränkt den konkreten Streitgegenstand)
> *quidquid ob eam rem Numerium Negidium Aulo Agerio dare facere oportet ex fide bona (intentio* – Klagegrundlage/-begehren),
> *eius, iudex, Numerium Negidium Aulo Agerio condemnato, si non paret, absolvito (condemnatio* – Verurteilungsbefehl).
> Klage des Käufers aus Kaufvertrag:
> Titius soll Richter sein.
> Was das betrifft, dass Aulus Agerius [der Kläger] von Numerius Negidius [dem Beklagten] die Sache, um die es hier geht, gekauft hat, in dieser Angelegenheit, deretwegen hier geklagt wird: all das, was deswegen der Beklagte dem Kläger nach Treu und Glauben zu geben und zu tun verpflichtet ist,
> dazu, Richter, verurteile den Beklagen zugunsten des Klägers, und wenn es sich nicht erweist [dass der Beklagte verpflichtet ist], dann sprich ihn frei [weise die Klage ab].

Bestimmte Formelelemente (deren Bezeichnung hier in den lateinischen Text eingefügt wurde) waren in der Regel vorhanden[7]; aber jede Klageformel wurde individuell für die jeweilige rechtliche und tatsächliche Situation entwickelt, also die Klage aus Kaufvertrag, aus Werkvertrag, aus Darlehen, aus Delikt etc. Die hier wiedergegebene kaufvertragliche Klageformel ist nun relativ einfach und klar (das *ex fide bona* – nach

---

6 Vgl. *Kaser/Knütel/Lohsse*, § 8, Rn. 11; *Liebs*, S. 266.

7 Gai. 4, 39 ff.

Treu und Glauben – steht nicht nur zur Verzierung da, sondern hat eine spezifische und nicht unerhebliche rechtliche Bedeutung, wie wir noch sehen werden). Der *iudex* weiß nun, was er zu untersuchen und worüber er zu entscheiden hat.

Die in der Formel verwandten Namen sind Blankettnamen, die aber nicht willkürlich gewählt sind. Agerius kommt von *agere,* klagen, und Numerius Negidius ist der, der bestreitet bzw. sich weigert *(negare)* zu zahlen *(numerare):* genau wie in modernen Klausuren, wenn z. B. ein Listig als Verkäufer auftritt, der den Käufer Gläubig arglistig täuscht, der wiederum Rechtsanwalt Kundig aufsucht usw. In unserem Ausgangsfall müssen in der Formel also Aulus Agerius durch Publius Calpurnius Lanarius und Numerius Negidius durch Titus Claudius Centumalus er- und der konkrete Streitgegenstand eingesetzt werden. Kurioserweise waren sich dessen aber nicht einmal die Zeitgenossen immer bewusst: In der Provinz wurden zuweilen statt der echten Namen der Prozessparteien die Blankettnamen verwendet, vielleicht in übertriebenem Gehorsam gegenüber der römischen Zentrale, weshalb die *lex Rubria*, eine 49 v. Chr. erlassene Prozessordnung für Gallia Cisalpina (Oberitalien), die Gerichtsmagistrate ausdrücklich ermahnte, dergleichen zu unterbinden.[8]

Das Verfahren *in iure* endet mit der Streiteinsetzung, der *litis contestatio* (etwa „Rechtshängigkeit", aber die Begriffe sind nicht identisch; daher passender: Streitbezeugung, Streitfestsetzung, Fixierung der zu entscheidenden Rechtsfrage). In der *litis contestatio* unterwerfen sich beide Parteien unter das prätorische Prozessprogramm und die künftige Entscheidung des – privaten, nicht staatlichen – Urteilsrichters. Danach setzt der Prätor das Urteilsgericht durch Dekret ein. Nun ist der richterlichen Sachentscheidung des Streits der Weg geebnet.

1.2.2 Das Verfahren *in iudicio* oder *apud iudicem*

Dem eingesetzten *iudex* obliegt nun die Leitung des weiteren Verfahrens *(iudicium).* Er ist, wie im Übrigen auch der Prätor, nicht notwendigerweise ein Jurist, sondern jeder Bürger kann dieses Amt ausüben, auch wenn es in der Praxis wohl nur Angehörigen der oberen Schichten zufällt. Der im 2. Jahrhundert n. Chr. und damit zur Zeit der Blüte des römischen Rechts lebende Schriftsteller Gellius, dem wir aus seiner Anekdotensammlung *noctes Atticae* („Attische Nächte", benannt nach ihrem Entstehungsort) insgesamt viele praktische Informationen zu Recht und Verfahren verdanken, berichtet uns, wie er sich durch intensive Lektüre auf dieses Amt vorbereitet

8 *Bürge,* S. 73 f.; auch Cicero, Mur. 27.

habe[9]. Welchen Stellenwert das Recht in der römischen Gesellschaft seit früher Zeit hat, zeigt u. a., dass die aktive Beteiligung am Rechtsleben in unterschiedlichen Rollen geradezu als Bürgerpflicht angesehen wird, wie uns römische Dichter bestätigen. Juvenal, der einige Jahrzehnte vor Gellius lebte, empfiehlt, ein guter Soldat, guter Vormund, integrer Richter und wahrhaftiger Zeuge zu sein[10]. Und ganz ähnlich antwortet der Dichter Horaz[11] auf die Frage, wer ein rechtschaffener Mann *(vir bonus)* sei: „Der Mann, der Senatsbeschlüsse, Recht und Gesetze achtet und vor den große und bedeutende Prozesse als Richter gebracht werden, der als Bürge Eigentum rettet und dessen Zeugnis vor Gericht Bestand hat.“[12]

Dies zeigt sich auch in unserem realen Ausgangsfall. Denn als Richter bestellt wurde ein Zeitgenosse mit einem berühmten Familiennamen, der geradezu idealtypisch für diese Werte steht: Marcus Porcius Cato. Allerdings handelte es sich nicht um den berühmtesten Namensträger, Cato den Älteren, der aufgrund seines Amtes den wohl auch charakterlich durchaus treffenden Beinamen Censorius trug. Er lebte von 234 bis 149 v. Chr. und war v. a. durch seinen unbeugsamen Hass gegen die Karthager bekannt (*Ceterum censeo Carthaginem esse delendam …* – so sein permanenter, nach seinem Tode schließlich auch umgesetzter Antrag im Senat auf Zerstörung der verhassten und besiegten Stadt). Dieser Cato war allerdings auch in Rechtsfragen bewandert, und wir verdanken seinen Schriften nicht wenige Kenntnisse über das Recht seiner Zeit. Und es war auch nicht Cato Uticenis, der unbeugsame (und letztlich gescheiterte) Kämpfer gegen Caesars Machtergreifung, der mit seinem Selbstmord im Jahre 46 v. Chr. zum Märtyrer der gerade untergehenden Republik wurde. Sondern Richter in unserem Verfahren war des Ersteren Enkel und des Letzteren Vater, bei weitem nicht so berühmt wie die beiden anderen und auch nicht wie der in der römischen Rechtsliteratur als bedeutender juristischer Schriftsteller erwähnte weitere Cato, sein Onkel[13]. Dafür war es ihm aber durch sein Richteramt in diesem Fall vergönnt, Teil der überlieferten praktischen Rechtsgeschichte zu werden.

Auf der Grundlage des Streitprogramms, der *actio,* der Klageformel, die der Prätor ihm vorgegeben hat, erhebt der *iudex* die Beweise, um zu einem Urteil zu kommen.

---

9 Gellius, noct. Att. 14, 2, 1.

10 Juvenal, sat. 8, 79.

11 Horaz lebte von 65 bis 8 v. Chr. und gilt als Roms Lyriker schlechthin. Wir werden ihm noch mehrfach begegnen.

12 Horaz, epist. 1, 16, 40: *Vir bonus est quis? qui consulta patrum, qui leges iuraque servat, quo multae magnaeque secantur iudice lites, quo res sponsore et quo causae teste tenentur.*

13 Pomp. D. 1, 2, 2, 38.

Ihm steht, wie auch dem Prätor, gewöhnlich ein *consilium,* ein Beratergremium, von Fachleuten zur Seite[14] – was durchaus sinnvoll ist, denn es geht nicht immer ausschließlich um Sachverhaltsfragen, sondern auch vor dem *iudex* können zuweilen Rechts- und Wertungsfragen bedeutsam werden[15]. Gerichtsort kann ein öffentlicher Platz, aber auch das Privathaus des Richters sein. Die Parteien haben die Beweise beizubringen. Es gelten der Grundsatz der freien Beweiswürdigung anstelle fester Beweisregeln[16] und bereits gewisse Regeln zur Beweislast[17]. Der Richter ist verpflichtet, zu einem Urteil zu kommen. Nur wenn er schwört, dass ihm die Sache nicht klar sei *(sibi rem non liquere),* kann er den Fall zurückgeben, dann wird ein neuer Richter bestellt. Daher kommt unser heute noch bekannter Begriff *non liquet* („es ist unklar") für einen nicht mehr aufzuklärenden Sachverhalt. Wieder ist es Gellius, der uns ein Beispiel dafür liefert, allerdings kein wirklich vorbildliches[18]. Er erzählt uns, wie er selbst als *iudex* berufen ist: Der Kläger in diesem Fall ist ein rechtschaffener Mann und Gellius offenbar sympathisch, im Gegensatz zum Beklagten. Leider kann der Kläger seinen Anspruch nicht beweisen. Der Fall ist eigentlich völlig klar, so wird Gellius auch durch seine juristischen Fachleute beraten. Da er aber dem Beklagten nicht zum Sieg verhelfen will, gibt er den Fall als unaufklärbar zurück. Dass die *non-liquet*-Regel für diesen Fall natürlich nicht gedacht ist, steht auf einem anderen Blatt, und keine Rechtsordnung kann stets vor richterlichen Fehlentscheidungen im Einzelfall (mögen sie auch auf menschlich nachvollziehbaren Gründen beruhen) schützen. In den voller rechtlicher Anspielungen steckenden Tierfabeln des Phaedrus tritt in einem Fall ein prozessrechtlich unbedarfter Affe als Richter auf, in einem anderen dagegen eine sachverständige und sich ihrer Verantwortung bewusste Wespe, die ein weises und geradezu salomonisches Urteil fällt[19]. Sicherlich standen hier Phaedrus – er wirkte zur Zeit des frühen Prinzipats unter Augustus und Tiberius, also im ersten Drittel des 1. Jahrhundert n. Chr. – unterschiedliche Typen real erlebter *iudices* vor Augen.

Die Parteien können im gesamten Verfahren einen Beistand hinzuziehen; dies kann ein *iuris consultus,* ein Jurist, sein oder auch ein Redner, was sich insbesondere für das Verfahren *apud iudicem* anbietet. Rechtsanwaltsgebühren gibt es nicht, diese

14 Gellius, noc. Att. 12, 13, 2. Zum *consilium* S. 32 f.

15 S. 156 f.

16 Arcadius Charisius D. 22, 5, 21, 3.

17 *Wacke,* SZ 109 (1992), 41.

18 Gellius, noct. Att. 14, 2.

19 Phaedrus 1, 10; 3, 13.

sind sogar verboten. Der Satiriker Juvenal[20] beschwert sich einmal über die mangelnde Lukrativität dieser Tätigkeit[21]. Der Römer wird in solchen Angelegenheiten für andere im Rahmen eines unentgeltlichen Auftrages tätig, erst später werden Honorarvereinbarungen rechtlich anerkannt. Schenkungen, Vermächtnisse etc. in Anerkennung der rechtlichen Unterstützung sind dagegen zulässig und üblich; und für Politiker, v. a. für solche, die wie Cicero keine Hausmacht haben, ist die Prozessvertretung ein probates, wenn nicht unverzichtbares Mittel, um bekannt zu werden und sich eine Wählerschaft zu sichern[22].

1.2.3 Das Urteil

Das Verfahren vor dem *iudex* endet mit dem Urteil *(sententia).* Das römische Leistungsurteil[23] hat eine wichtige Besonderheit: Es kann immer nur auf eine Geldsumme lauten. Dies ist der Grundsatz der *condemnatio pecuniaria*[24], der Geldverurteilung, der viele Auswirkungen hat. Eine vollstreckbare Verurteilung auf eine vertretbare Handlung, z. B. die Herausgabe einer Sache, ist nicht möglich. Der Grund ist darin zu sehen, dass im archaischen Recht die Personalvollstreckung geübt wurde, d. h. der Schuldner haftete immer mit seinem Körper (wir werden darauf zurückkommen), diese Haftung aber durch eine Geldzahlung abgelöst werden konnte. Die *condemnatio* hat in dieser Ablösung ihren Ursprung. Allerdings ist es v. a. der im deutschen Recht beheimatete Jurist, dem dies ungewohnt erscheint, da er den Grundsatz der Naturalerfüllung (oder Naturalkondemnation) gewohnt ist. Das ist aber keineswegs die Regel in allen Rechtsordnungen; im englischen Recht wird beispielsweise „specific performance" nur dann gewährt, wenn das Gericht nach seinem Ermessen im konkreten Fall die Zahlung von Schadensersatz für nicht ausreichend hält. Der Grundsatz der Naturalerfüllung geht – wie andere vertragsrechtliche Prinzipien auch – auf das kanonische Recht zurück, also

20 Er lebte etwa von 65 bis 135 n. Chr., seine Werke sind zur Zeit der Kaiser Trajan und Hadrian entstanden.

21 Juvenal, sat. 7, 105 ff.: Die Anwälte gäben mit ihrem Einkommen zwar maßlos an, aber ein erfolgreicher Wagenlenker verdiene so viel wie hundert von ihnen, die oftmals doch nur in Naturalien entlohnt würden.

22 Cicero, Att. 1, 17, 6.

23 Daneben gibt es auch das Gestaltungsurteil *(adiudicatio),* z. B. bei der Erbteilungsklage, und das Feststellungsurteil, z. B. beim Prozess um Freiheit oder Unfreiheit eines (möglicherweise nur vermeintlichen) Sklaven.

24 Gai. 4, 48 f. (Q1).

das im Mittelalter entstandene und viele Lebensbereiche durchdringende Recht der römisch-katholischen Kirche.

Das Urteil des *iudex* ist endgültig und unabänderlich (also formell rechtskräftig); es gibt keinen Instanzenzug, eine Berufung sieht das republikanische/klassische Prozessrecht nicht vor. Ein Urteil kann allenfalls nichtig sein wegen Fehlens einer Prozessvoraussetzung oder schwerer Verfahrensfehler. Das Urteil schafft Recht grundsätzlich *inter partes* und ist damit auch materiell rechtskräftig. Wird eine Partei nach einem rechtskräftigen Urteil erneut verklagt, muss sie die Einrede der Rechtskraft erheben. Wie der *iudex* Cato unseren Fall entschieden hat, werden wir bei der Betrachtung des römischen Schuldrechts sehen[25]. Aber so viel sei schon verraten: Er erwies sich als seines großen Namens würdig.

1.2.4 Die Vollstreckung

Die in früher Zeit geübte Personalvollstreckung wurde allmählich von der Realvollstreckung zurückgedrängt, deren Ziel nicht mehr im Zugriff auf die Person, sondern auf das Vermögen des Schuldners liegt. Der Schuldner hat nach dem Urteil 30 Tage Zeit zur Leistung. Zahlt er innerhalb dieser Frist nicht, muss der Gläubiger eine eigene Vollstreckungsklage, die *actio iudicati* erheben. Darin wird nur geprüft, ob ein Vollstreckungstitel, also ein rechtmäßiges Urteil oder Anerkenntnis, vorliegt. Bestreitet der Beklagte die Wirksamkeit des Urteils, bringt er im Erkenntnisverfahren nicht berücksichtigte Einwendungen oder nach Erlass des Erkenntnisurteils eingetretene neue Tatsachen vor[26], kommt es ausnahmsweise zu einem erneuten Streitverfahren, mit dem indirekt auch das Ziel eines – nicht vorgesehenen – Rechtsmittels verwirklicht werden kann. Unterliegt er darin aber erneut, verdoppelt sich die Urteilssumme *(lis infitiando crescit in duplum).* Eine Folge der Durchführung des Vollstreckungsverfahrens ist die Infamie, „Ehrlosigkeit", die mit erheblichen Einschränkungen der bürgerlichen Rechtsstellung verbunden ist. Es ist also sinnvoll, irgendwann einen aussichtslosen Widerstand aufzugeben und zu zahlen.

Eine weitere Besonderheit des römischen Prozessrechts ist zu vermerken: Es kennt grundsätzlich keine Einzelvollstreckung, bei der nur so viele Gegenstände veräußert werden, wie zur Befriedigung des Gläubigers erforderlich sind, sondern es wird – egal wie hoch die Forderung ist – immer die Gesamtvollstreckung *(missio in bona)* betrie-

25 S. 148.

26 *Kaser/Hackl,* Römisches Zivilprozessrecht, 2. Aufl. 1996, S. 385.

ben. Die Gläubiger versammeln sich (*concursus creditorum,* der Zusammenlauf aller Gläubiger, daher unser Begriff „Konkurs"), lassen das Vermögen en bloc versteigern und werden aus dem Erlös anteilmäßig befriedigt. Das römische Vollstreckungsrecht ist also zu allen Zeiten sehr hart. Der Vorteil der – nicht infamierenden – Einzelvollstreckung kommt als Standesprivileg seit der frühen Kaiserzeit nur Senatoren zu.

1.2.5 Weitere Entwicklung des Verfahrensrechts

Hier soll, um das Bild abzurunden, ein Blick auf die weitere Entwicklung geworfen werden. Neben das obligatorisch zweigeteilte Formularverfahren trat ab der Kaiserzeit nach und nach ein einheitlicher Prozess, der unserem heutigen viel stärker ähnelte: der Kognitionsprozess (von lat. *cognoscere* – „untersuchen, erkennen") des Kaisergerichts. Er sah eine Berufungsmöglichkeit *(appellatio, provocatio)* und damit einen bis zum Kaiser gehenden Instanzenzug vor. Das Verfahren wurde insgesamt durch staatliche Organe geführt (Konsuln, besondere Prätoren, später beamtete Richter), begann mit der amtlichen Ladung, unterlag freieren Grundsätzen, endete mit einem Urteil, das nicht zwingend auf Geld lauten musste, und konnte in die Einzelvollstreckung münden. Die *cognitio* gab es auch schon in der Republik in bestimmten Fällen. Augustus weitete das Verfahren auf andere Felder aus; wie, werden wir bei der Betrachtung des Erbrechts sehen. Im 2. Jahrhundert n. Chr. wurde der Formularprozess mit der Zeit verdrängt, im Jahre 342 offiziell abgeschafft.

Dies zum äußeren Verfahrensablauf. Wir wenden uns nun dem für die Entwicklung des Privatrechts Entscheidenden zu: der im Zentrum des Prozesses stehenden Klageformel.

1.3 Die Klageformel *(actio)* und das Rechtsdenken der Römer

1.3.1 Vorläufer: Das Legisaktionenverfahren

Die Klageformel, die *formula,* und das darauf beruhende und nach ihr benannte, oben skizzierte Formularverfahren sind eine Leistung des weiter- oder hochentwickelten römischen Rechts. Die Parteien tragen wie gesehen in freier Rede vor, und das Prozessprogramm für den *iudex* wird schriftlich in einer Formel zusammengefasst (daher wird dieses Verfahren auch als Schriftformelprozess bezeichnet). Das war aber nicht immer so: Im altrömischen Recht, also schon vor den XII Tafeln, konnten die Parteien noch nicht einfach dem Prätor formlos den Sachverhalt vortragen und die für erfolgversprechend gehaltene *actio* beantragen, sondern sie mussten die richtige Klageformel im Vorfeld selbst auswählen (bzw. durch einen juristischen Berater auswählen lassen) und dann die komplizierte Formel *(certa verba)* vor Gericht fehlerfrei vortragen. Diese Formeln hießen *legis actiones*, Legisaktionen, und gaben dem Verfahren seinen Namen. In der römischen Rechtsliteratur wird der Begriff zum einen damit erklärt, dass die Formeln durch Gesetz eingeführt worden seien (obwohl allerdings die XII Tafeln die Legisaktionen schon vorfanden), zum anderen damit, dass sich die Parteien exakt an den Wortlaut zu halten hatten, anderenfalls der Prozess bereits deshalb verloren ging. So gab es eine Klage wegen des Abhauens von Bäumen (lat. *arbores)*. Weinstöcke (lat. *vites)* fielen nachvollziehbarerweise ebenfalls darunter. Der Kläger musste in diesem Fall dennoch das Wort *arbores* gebrauchen, sonst wurde die Klage bereits wegen falscher Formulierung abgewiesen[27]. Es gab eine genau bestimmte Anzahl von Legisaktionen (drei zur Einsetzung des Erkenntnisverfahrens, zwei zur Vollstreckung). Vor Gericht klagbar war nur, was diese Legisaktionen erfassten; in Sachverhalten, die sich nicht darunter fassen ließen, auch nicht durch Auslegung, gab es keinen Rechtsschutz.

Die wichtigste war die *legis actio sacramento in rem* (gegen die Sache gerichtet, „dingliche Klage“) bzw. *in personam* (gegen eine Person, „schuldrechtliche Klage“, Geltendmachung einer persönlichen Haftung). Als Beispiel für das Verfahren der *legis actio sacramento in rem* sei die Vindikation, also der Streit um das Eigentum (bzw. ein anderes Herrschaftsrecht), geschildert. Hier geht es um einen Sklaven:

Gai. 4, 16

Si in rem agebatur, mobilia [...] in iure vindicabantur ad hunc modum: qui vindicabat, festucam tenebat; deinde ipsam rem adprehendebat, velut hominem, et ita dicebat: HUNC EGO HOMINEM EX IURE QUIRITIUM MEUM ESSE AIO; SECUNDUM SUAM CAUSAM SICUT DIXI, ECCE TIBI, VINDICTAM IMPOSUI, et simul homini festucam inponebat. Adversarius eadem similiter dicebat et faciebat. cum uterque vindicasset, praetor dicebat: MITTITE AMBO HOMINEM. Illi mittebant. qui prior vindicaverat, sic dicebat: POSTULO, ANNE DICAS, QUA EX CAUSA VINDICAVERIS. Ille respondebat: IUS FECI, SICUT VINDICTAM INPOSUI. deinde qui prior vindicaverat, dicebat: QUANDO TU INIURIA VINDICAVISTI, D AERIS SACRAMENTO TE PROVOCO, adversarius quoque dicebat similiter: ET EGO TE [...][28].

---

27 Gai. 4, 11.

28 Hier abgekürzt wiedergegeben; der Gegner wiederholte den ganzen Satz, *Manthe*, Gaio, il Veronese e gli editori, in: Annali del Seminario Giuridico dell'Università degli Studi di Palermo 57 (2014), S. 353 (379 f.).

> Wenn dinglich geklagt wurde, wurden bewegliche Sachen [...] am Gerichtsort auf folgende Weise unter Berufung auf das Eigentum herausverlangt: Derjenige, der die Eigentumsbehauptung erhob, hielt eine Rute; dann berührte er die Sache selbst, zum Beispiel einen Menschen, und sprach folgendermaßen: ICH BEHAUPTE, DASS DIESER MENSCH NACH QUIRITISCHEM[29] RECHT MIR GEHÖRT; GEMÄSS SEINER RECHTSSTELLUNG, WIE ICH GESAGT HABE, SIEH HER, HABE ICH IHM DEN STAB ANGELEGT, und zugleich legte er dem Menschen die Rute an. Der Gegner sprach und tat dasselbe in ähnlicher Weise. Nachdem jeder sein Eigentum behauptet hatte, sprach der Prätor: LASST BEIDE DEN MENSCHEN LOS! Sie ließen ihn los. Derjenige, der zuerst sein Eigentum behauptet hatte, sprach folgendermaßen: ICH FORDERE DICH AUF ZU SAGEN, AUFGRUND WELCHER RECHTSLAGE DU DEIN EIGENTUM BEHAUPTET HAST. Der andere antwortete: ICH HABE RECHT AUSGEÜBT, SO WIE ICH DEN STAB ANGELEGT HABE. Daraufhin sprach der, der zuerst sein Eigentum behauptet hatte: WEIL DU ZU UNRECHT DEIN EIGENTUM BEHAUPTET HAST, FORDERE ICH DICH MIT EINEM GELDEINSATZ VON 500 KUPFER-AS HERAUS. Der Gegner sprach auch in ähnlicher Weise: UND ICH DICH AUCH [...].

Dieses, wie man leicht erkennen kann, formstrenge und ritualisierte (und von Späteren auch ironisierte) Verfahren wurde durch einen Geldbetrag eingesetzt, den beide Parteien leisteten. Ursprünglich war das *sacramentum* eine bedingte Selbstverfluchung für den Fall des Prozessverlustes. Denn beide Parteien behaupteten ihr Eigentum, also musste einer von beiden die Unwahrheit gesagt haben. Daher hinterlegten vorher beide diese Geldsumme als vorsorgliches Sühneopfer: denn derjenige, der den Prozess letztendlich verlor, hatte damit ja einen falschen Eid geleistet. Sein Einsatz verfiel (heute würden wir es als – dem römischen Recht allerdings unbekannte – „Gerichtskosten" ansehen, die vor den ordentlichen Gerichten auch nur die unterlegene Partei zu tragen hat). Unmittelbarer Gegenstand des Verfahrens war nun allein die Frage, wessen *sacramentum iustum* war, also wer die Wahrheit gesagt hatte und wer nicht. Die eigentliche Rechtsfrage, hier die Frage des Eigentums, um die es den Parteien ging, war nur Vorfrage dazu. Das Verfahren war ursprünglich noch nicht zweigeteilt, sondern wurde von Anfang bis Ende vor dem Gerichtsmagistrat durchgeführt.

Bei der *legis actio per iudicis arbitrive postulationem* entfiel dagegen der Zwischenschritt über das *sacramentum;* das Verfahren diente (u. a.) der Klage aus einer Stipula-

29 Zu diesem Begriff unten S. 91.

tion, einem formgebundenen einseitigen Versprechen[30]. Der Vorteil, das *sacramentum* nicht leisten zu müssen, nahm weniger Begüterten eine nicht unerhebliche Hürde in einer Rechtsordnung, die noch keine Prozesskostenhilfe kannte. Anders als beim Sakramentsverfahren wurde hier ein Urteilsrichter eingesetzt – die danach geradezu zum Kennzeichen des römischen Zivilprozesses werdende Zweiteilung des Verfahrens war geboren[31].

Vom Begriff her interessant für heutige Juristinnen und Juristen ist die spätere, nicht auf die XII Tafeln zurückzuführende *legis actio per condictionem. Condicere* bedeutet „ansagen". Der Kläger sagte dem Beklagten einen Termin in 30 Tagen an, zu dem ein Richter eingesetzt werden sollte. Die Klage enthielt nicht den Klagegrund, sondern nur das, was eingeklagt wurde: eine bestimmte Sache *(certa res)* oder eine feste Geldsumme *(certa pecunia).* Sie war also abstrakt. Es liegt auf der Hand, dass sich eine solche Klage optimal eignete für einen Bereicherungsanspruch, und genau dazu wurde sie später auch (nicht nur) genutzt. Daraus erklärt sich, warum der bereicherungsrechtliche Anspruch aus §§ 812 ff. BGB bis heute „Kondiktion" genannt wird.

Der Vollstreckung diente insbesondere die *legis actio per manus iniectionem; manus iniectio* war die Handanlegung an den Schuldner im Wege der erlaubten Eigenmacht, deren Berechtigung dann im anschließenden Verfahren überprüft wurde. Dies war der Fall bei vorheriger Verurteilung zur Leistung, Anerkenntnis oder Offenkundigkeit, wenn also der Prätor ohne weitere Sachverhaltsaufklärung und Beweiserhebung *in iure* abschließend über die Berechtigung befinden konnte (diese Form der Vollstreckbarkeit ohne vorgehendes Urteil verlor sich allerdings später). Obsiegte der Gläubiger, konnte er sich an seinem Schuldner schadlos halten durch 60-tägige Schuldhaft, dreimaliges öffentliches Anbieten des Schuldners zur Auslösung und schließlich Tötung oder Verkauf ins Ausland *(trans Tiberim)* – die oben erwähnte Personalvollstreckung.

1.3.2 Das Formularverfahren

Das geschilderte schwerfällige Verfahren der Legisaktionen wurde mit der Zeit aber als unzureichend empfunden und wegen seiner Spitzfindigkeiten auch unbeliebt. Viele Fallgestaltungen, die sich aus wirtschaftlichen Erfordernissen ergaben und nach Rechtsschutz verlangten, wurden von den Legisaktionen nicht abgedeckt, u. a. ein so wichtiges Geschäft wie der Kaufvertrag. Außerdem standen sie nur römischen Bürgern

---

30 S. 117 ff.

31 Zum ganzen *Manthe,* S. 64 f.

zu Gebote. Das Legisaktionsverfahren wurde daher allmählich durch das Formularverfahren ersetzt, endgültig unter Augustus[32].

Der viel flexiblere und damit zukunftsträchtigere Prozess hat seine Wurzeln im Rechtsverkehr mit Nichtrömern und damit im Verfahren vor dem für derartige Streitigkeiten zuständigen Fremdenprätor *(praetor peregrinus),* setzte sich dann aber auch in Verfahren unter römischen Bürgern durch. Das äußere Verfahren, v. a. die Zweiteilung, Ladungsvorschriften etc., blieb aber unverändert. Im Formularprozess war der Prätor kraft seines Imperiums, seiner besonderen magistratischen Amtsgewalt, nicht mehr (wie im Legisaktionenprozess) notwendig an die gesetzlichen Grundlagen gebunden[33] – auch wenn es natürlich weiterhin Klagen gab, die auf Gesetz beruhten *(actiones civiles)* –, sondern konnte durch Weisung an den *iudex* ihm schutzwürdig erscheinende Interessen „justiziabel" machen. Dies erweiterte den Aktionsraum der Rechtsprechung erheblich. Damit war der ungeheuer kreativen Rechtsentwicklung durch die römischen Juristen das Tor aufgestoßen. Die Hauptzeit prätorischer Rechtsschöpfung fällt nicht von ungefähr in das 2./1. Jahrhundert v. Chr., eine Zeit großer wirtschaftlicher und sozialer Veränderungen in Rom.

Um ein Beispiel zu geben, wie weit der Spielraum des Prätors im Formularverfahren gehen konnte, sei die *actio de dolo malo* genannt:

Ulp. D. 4, 3, 1, 1

Quae dolo malo facta esse dicentur, si de his rebus alia actio non erit et iusta causa esse videbitur, iudicium dabo.

Wird vorgetragen, dass etwas arglistig geschehen ist, werde ich, wenn in dieser Sache keine andere Klage gegeben ist und ein berechtigter Grund vorliegt, eine Klage erteilen.

Diese potentiell doch recht weitgehende Arglistklage, inhaltlich heute § 826 BGB bzw. eine Ausprägung des § 242 BGB, wurde nicht durch ein Gesetz eingeführt, sondern durch den Prätor.

32 Gai. 4, 30.

33 *Waldstein/Rainer,* § 22, Rn. 29.

1.3.3 Die *actio* und das aktionenrechtliche Denken: Römisches Juristenrecht

Der Zivilprozess (in seinem ersten Abschnitt) bestimmte die Struktur des römischen Privatrechts in entscheidender Weise. Wir sahen schon, dass die Hauptaufgabe des Prätors *in iure* darin bestand, die *actio* zu gewähren, die dem Begehren des Klägers entsprach und Grundlage des weiteren Verfahrens vor dem *iudex* war. Diese *actio,* die Klage, wurde Ausgangspunkt und Grundlage des juristischen Denkens. Mit ihrem Aufbau, ihrem Wortlaut, mit der richtigen Klageformel beschäftigten sich die Juristen aufs Genaueste über Jahrhunderte.

> Alle für die Entscheidung auch eines komplizierten Rechtsstreits maßgeblichen Voraussetzungen konnten so in einem einzigen Satz zusammengefasst werden. Die Ausgestaltung dieser Prozessformeln stellt eine geistige Leistung von ganz außerordentlichem Rang dar. Juristischer Scharfsinn hat sich dabei mit dem Sinn für möglichste Einfachheit und Zweckmäßigkeit in glücklichster Weise verbunden.[34]

Bei dem Versuch, sich diesem juristischen Denken zu nähern und es zumindest ansatzweise zu beschreiben, müssen wir uns vergegenwärtigen, in welche Hände diese Arbeit durch die Rechtsgeschichte gelegt wurde; denn das „Wer“ hat das „Wie“ entscheidend bestimmt. Die verantwortungsvolle Aufgabe der Verwaltung der *actio* oblag wie gesehen dem Prätor. Wir sagten schon, dass der Prätor das zweithöchste Amt im republikanischen Staat bekleidete (nach den Konsuln). Er war Politiker, der im seltenen Idealfall auch Jurist gewesen sein mag; aber er musste es nicht sein und war es im Regelfall auch nicht. Viel eher sah die römische Gesellschaft bei ihrem Spitzenpersonal auf militärische Fähigkeiten. Wie konnte nun von einem solchen Mann eine derart hochqualifizierte Leistung wie die rein juristische Bewertung eines als zutreffend unterstellten Sachverhaltes und das Auffinden oder sogar die Neuformulierung eines so filigranen Gebildes wie der *actio* erwartet werden? Die Antwort liegt darin, dass dies auch niemand von ihm persönlich erwartete. Der Prätor hatte nämlich seine Fachberater, sein *consilium.* Es entsprach römischer Tradition, generell vor wichtigen Entscheidungen öffentlicher wie privater Natur ein solches *consilium* zu befragen. Auch der Senat, politisches Zentrum republikanischer Staatsgewalt, war – in der Theorie – ein rein beratendes Gremium, dessen Meinungsäußerungen in Form eines Rates *(senatus consultum)*[35] ergingen, dem zu folgen freilich für die Exekutivbeamten

34 *Waldstein/Rainer,* § 23, Rn. 11.

35 Zur späteren Rechtsquelleneigenschaft S. 64.

mehr als ratsam war. Das *consilium* des Prätors bestand gemäß der diesem Amtsträger gestellten Aufgabe aus juristischen Fachleuten, *iuris consulti.* Sie waren, abgesehen von der Frühzeit und dann wieder gegen Ende der klassischen römischen Rechtsgeschichte, keine Amtsträger, sondern Privatleute, die ihre Rechtskenntnisse freiwillig und unentgeltlich in den Dienst der Gemeinschaft stellten. Die Amtszeit der Prätoren dauerte wie bei allen regulären republikanischen Staatsämtern nur ein Jahr. Der neu gewählte Prätor übernahm üblicherweise das *consilium* der Vorgänger. Es blieb ihm auch gar nichts anderes übrig, da der republikanische Staat, anders als der kaiserzeitliche, keine von ihm organisierten „Ministerien" und Beamtenstäbe in beachtenswertem Umfang kannte, die dem politischen Amtsträger die Ausübung seiner Funktion ermöglicht hätten; dafür hatte dieser selbst zu sorgen. Auf dem Gebiet der Rechtsprechung wurde durch die Übernahme des prätorischen *consilium* die persönliche und damit inhaltliche Kontinuität der Rechtsentwicklung sichergestellt.

Juristen berieten nicht nur den Prätor, sondern auch die Parteien selbst in Rechtsgutachten, die man *responsa* nannte – Antworten auf gestellte Rechtsfragen. Diese Männer (Frauen hatten dazu, auch wenn sie in Rom beispielsweise im Vergleich zu Athen deutlich mehr Möglichkeiten zur Entfaltung hatten, keine Chance) waren es, die durch die tägliche Beschäftigung mit Rechtsfällen das römische Recht zu seinen Höhen führten: zugleich Rechtswissenschaftler und Praktiker. Die Juristen wendeten das Recht an, und sie bildeten es fort[36]. Was Cicero über den römischen Staat insgesamt sagt, kann auch für das römische Recht Geltung beanspruchen: *non unius ingenio, sed multorum, nec una hominis vita, sed aliquot constituta saeculis et aetatibus*[37] – „begründet und fortgeführt nicht durch die geistigen Fähigkeiten eines Einzelnen, sondern vieler, und nicht in einem Menschenalter, sondern von Generation zu Generation".

Die Rechtsfortbildung erfolgte durch die stetige Arbeit an der *actio.* Denn die Klagefomeln waren elastisch und konnten als Träger der Rechtsentwicklung durch den Prätor immer wieder neuen Situationen angepasst werden. Daher spricht man von aktionenrechtlicher Rechtsfortbildung und damit zusammenhängend vom aktionen-

36 Pomp. D. 1, 2, 13: [...] *constare non potest ius, nisi sit aliquis iuris peritus, per quem possit cottidie in melius produci* – „Recht kann nicht Bestand haben, wenn es nicht Rechtsgelehrte gibt, durch die es täglich verbessert werden kann".

37 Cicero, rep. 2, 2; er stellt dort das Werden der römischen Staatsverfassung in Gegensatz zu den sich stets auf Einzelpersönlichkeiten zurückführenden griechischen; die Überlegenheit des römischen Zivilrechts diesen Rechtsordnungen gegenüber betont Cicero an anderer Stelle, siehe u. Fn. 96.

rechtlichen Denken[38]. Der römische Jurist denkt im Prozess. Des Unterschiedes von materiellem und prozessualem Recht ist auch er sich bewusst, doch ist diese Unterscheidung – anders als bei uns – kein grundlegendes systematisches Einteilungsprinzip, ebenso wenig wie unsere Unterteilung in objektives und subjektives Recht. Die Römer kennen keinen „materiell-rechtlichen" Anspruch, der „prozessual" durchzusetzen wäre; diesen könnte man allenfalls als „Reflex" sehen des Umstandes, dass die Rechtsordnung eben eine *Klage* gewährt. Die *actio* ist Anspruch und Mittel zu seiner Durchsetzung zugleich. Die Trennung von materiellem Anspruch und Klage ist, wie so vieles, was einem im deutschen Recht ausgebildeten Juristen selbstverständlich erscheint, eine Frucht des 19. Jahrhunderts[39]. Allerdings sollte man das Schlagwort vom aktionenrechtlichen Denken der Römer (wie alle Schlagwörter) auch nicht über Gebühr beanspruchen. Auch im römischen Recht gibt es Rechtsgebiete, z. B. Erwerb und Verlust des Eigentums, Ehe, Testamentserrichtung, Erbfolge, das wichtige Stipulationsrecht, die die Juristen unabhängig von den Prozessformeln, also gewissermaßen mit einem „materiellen Blick", behandeln[40]. Entscheidend ist daher eher der Grundzug, die Tendenz, die vom aktionenrechtlichen Denken ausgeht. Denn die Juristen schöpfen und schaffen das Recht aus den ihnen vorgelegten realen Fällen, in denen sie die Justizorgane bzw. die Parteien konkret zu beraten haben. Dies führt zu einer Eigenheit der gesamten römischen Rechtswissenschaft, die allenthalben zu spüren ist: ihrer Lebensnähe[41]. Juristisches Denken ergeht sich nicht in theoretischer Spekulation (wie die griechische Philosophie), sondern ist stets fallbezogen und konkret. Die Fallbezogenheit der römischen Juristen bewirkt dabei auch, dass sie nicht von einem – wie auch immer zu definierendem – System, nicht in abstrakten Rechtsregeln denken. Ein oft zitierter Satz des klassischen Juristen Javolen bringt dies auf den Punkt:

38 Zur Geschichte des aktionenrechtlichen Denkens *Kaufmann*, JZ 1964, 482.

39 Sie geht wie so manches im BGB zurück auf den Rechtsgelehrten *Bernhard Windscheid* (1817–1892), den herausragenden Vertreter der Pandektistik, d. h. der auf dem römischen Recht gründenden deutschen Privatrechtswissenschaft des 19. Jahrhunderts. Sein dreibändiges *Lehrbuch des Pandektenrechts* hatte als maßgebliche Zusammenfassung der gemeinrechtlichen Lehren enormen Einfluss, nicht zuletzt auf den Inhalt des BGB.

40 Vgl. *Kaser*, S. 226; *Schulz*, Prinzipien, S. 29. Vgl. auch die ersten drei Bücher der Institutionen des Gaius.

41 *Waldstein/Rainer*, § 24, Rn. 18, und § 33, Rn. 11 ff., auch zum Folgenden.

Iav. D. 50, 17, 202

Omnis definitio in iure civili periculosa est; parum est enim, ut non subverti posset.

Jede Definition ist im Zivilrecht gefährlich, denn nur selten ist es so, dass sie nicht umgestürzt werden könnte[42].

Die juristische Begriffsbildung ist nur Hilfsmittel zur Lösung solcher Fallprobleme; Abstraktion wird nicht angestrebt. „Kasuistische, der abstrakten Formulierung konstant ausweichende Methode" hat sie ein berühmter Romanist – so nennt man die Historiker des römischen Rechts – genannt[43]. Es ist aber doch nicht nur eine reine Kasuistik, ein Aneinanderreihen von Fällen, eine reine Rechts*kunde*. Die römischen Juristen – und hierin liegt ihre wissenschaftliche Leistung – arbeiten durch Fallvergleich die entscheidungserhebliche Rechtsfrage heraus und gewinnen dadurch eine Regel. Sie arbeiten induktiv und zuweilen auch intuitiv, nicht wie wir heutigen kontinentaleuropäischen Juristen deduktiv, also durch das Anstreben einer den konkreten Fall lösenden, streng logischen Ableitung von Rechtssätzen aus einer übergeordneten Regel. Dies ist dem römischen Juristen fremd:

Paul. D. 50, 17, 1

Non ex regula ius sumatur, sed ex iure quod est regula fiat.

Das Recht ist nicht aus einer Regel abzuleiten, sondern aus dem Recht entsteht erst die Regel.

Die römischen Juristen zeigen daher, auch in ihrem umfangreichen Schrifttum, wenig systematisches Interesse. Das römische Recht kennt keinen „Allgemeinen Teil" mit vor die Klammer gezogenen, für alle Teilrechtsgebiete gleichermaßen geltenden abstrakten Regeln. Für viele Rechtsinstitute fehlt ein allgemeiner Begriff, obwohl der Gedanke und das zugrunde liegende Konzept als solche sehr wohl vorhanden sind. Man hat es auch das „institutionelle Rechtsdenken" der Römer genannt: Das Recht wird weniger in systematisch aufgebauten Rechtsgebieten erfasst als in individuellen Rechtsfiguren und konkreten Institutionen[44]. Der innere Zusammenhang ergibt sich „zwar nicht aus den Quellen, aber aus der Überschau über die Quellen"[45]. Mit nachhaltigem Erfolg

42 Im Deutschen sehr viel schöner ausgedrückt findet man denselben Gedanken bei Goethe (Maximen und Reflexionen): „Allgemeine Begriffe und großer Dünkel sind immer auf dem Wege, entsetzliches Unglück anzurichten."

43 *Schulz,* Prinzipien, S. 35.

44 *Kaser/Knütel/Lohsse,* § 4, Rn. 3.

45 *Rabel,* S. 13.

wagt sich erst ein Rechtslehrer in der Mitte des 2. Jahrhunderts n. Chr., Gaius (wir werden auf ihn noch vielfach zurückkommen), an eine echte Systematisierung, und dies aus didaktischen Gründen. Die vor ihm wirkenden großen Juristen bezwecken eine solche Systematisierung des Rechtsstoffes noch nicht. Die Errichtung eines in sich widerspruchsfreien Lehrgebäudes hat kein römischer Jurist im Sinne; daran versuchen sich erst viel später ihre hochmittelalterlichen Nachfolger. Es zeigt sich hier ein auch ansonsten im römischen Wesen und in der römischen Geschichte deutlich zu beobachtender Grundzug: Anschauung der Idee, vorausschauender Grundriss und planmäßiger Aufbau sind Sache des Römers nicht *(Wieacker).* Daher gelangen sie auch nicht zu einer methodischen und systematischen Rechtskritik. Überkommene Dogmen und durch die Tradition geheiligte Prinzipien werden nicht grundsätzlich und kritisch hinterfragt, auch wenn sie sich als hinderlich erweisen.

Iul. D. 1, 3, 20

Non omnium, quae a maioribus constituta sunt, ratio reddi potest,

Nicht für alles, was von unseren Vorfahren [als Recht] eingeführt worden ist, kann man einen Grund angeben[46],

Ner. D. 1, 3, 21

et ideo rationes eorum, quae constituuntur, inquiri non oportet: alioquin multa ex his quae certa sunt subvertuntur.

und darum soll man nicht nach den Gründen für das, was [als Recht] eingeführt ist, forschen. Sonst wird vieles von dem, was gesichert ist, umgestoßen.

All das lässt sich theoretisch zwar durchaus beschreiben. Viel besser, ja „römischer" lassen sich die daraus folgenden praktischen Konsequenzen für die Entwicklung und v. a. Anwendung des Rechts jedoch im Zuge der Behandlung konkreter Rechtsfragen und Fälle in den folgenden Kapiteln aufzeigen.

Diese Grundzüge des römischen Rechtsdenkens und der römischen Rechtsentwicklung ähneln auf geradezu frappierende Weise denen des englischen Rechts. Auch dieses stellt in seinen mittelalterlichen Anfängen in einem zweigeteilten Verfahren allein

46 In gleicher Weise antwortete ein englischer oberster Richter ca. 1300 Jahre nach Julian einem Anwalt auf dessen Frage nach dem Sinn einer bestimmten Rechtsregel: „Sir, the law is as I say it is, and so it has been laid down ever since the law began; and we have several set forms which are held as law, and so held and used for good reason, though we cannot at present remember that reason.", zit. nach *Peters,* S. 79, Fn. 60.

die Frage nach der richtigen Klageformel oder Prozessformel (writ oder original writ), nicht aber die abstrakte, vom Prozessgeschehen losgelöste materielle Rechtslage in den Mittelpunkt der juristischen Erörterung eines Rechtsfalles[47]. In der fallbezogenen und Generalisierungen vermeidenden Art ähneln die römischen Juristen stark ihren englischen Nachfolgern. Das römische Recht wurde in England nicht rezipiert, und die Rechtsordnung blieb inhaltlich – anders als die kontinentaleuropäischen Rechtsordnungen – vom römischen Recht weitgehend unbeeinflusst[48]; aber die methodische Ähnlichkeit, die sich unabhängig vom römischen Recht entfaltete, ist sehr erstaunlich. Die oben beschriebene vorzugsweise kasuistische römische Methode erinnert stark an das angelsächsische Case Law, freilich mit dem Unterschied, dass dieses (bindendes) *Richter*recht ist, das römische dagegen *Juristen*recht, das nicht kraft staatlicher Anordnung, sondern kraft der Autorität und der logischen Überzeugungskraft seines jeweiligen Schöpfers, einer Privatperson, gilt. In beiden Rechtsordnungen bildet aber nicht formelles Gesetzesrecht die Grundlage der Rechtsentwicklung, was es gerechtfertigt erscheinen lässt, auch das englische Recht als Juristenrecht anzusehen. Dies sind im Übrigen nicht die einzigen Punkte, in denen sich englisches und römisches Recht so sehr ähneln[49]; eine „Seelenverwandtschaft" werden wir noch an weiteren Stellen bemerken:

> (There is) more affinity between the Roman jurist and the common lawyer than between the Roman jurist and his modern civilian successor [...]; they were more anxious to establish a good working set of rules [...] than to set up anything like a logical system.[50]

47 *Maitland,* 3 Harvard Law Review (1889), 97: „Legal remedies, legal procedure, these are the all-important topics for the student. These being mastered, a knowledge of substantive law will come of itself. Not the nature of rights but the nature of writs must be the theme."

48 Kontakte zum römischen Recht bestanden natürlich in der internationalen Gelehrtenwelt von Mittelalter und Neuzeit, und auch englische Juristen befassten sich mit römisch-rechtlichen Konzepten, die sich auch in Gerichtsentscheidungen niederschlugen. Dies war aber keine Rezeption im Sinne einer (bearbeitenden) *Übernahme* des Rechts.

49 Dazu die kurze und fesselnde Darstellung von *Peter,* passim.

50 *Buckland/McNair,* Roman Law and Common Law, 1952, S. XIV (zitiert nach *Zimmermann,* S. 913 f.).

1.3.4 Gesetzesrecht

Wie das englische Recht, das – in dieser Vereinfachung zu Unrecht – als angeblich reines Case Law oft dem kontinentaleuropäischen Gesetzesrecht gegenübergestellt wird, kam auch das römische Recht nicht völlig ohne positive Rechtsetzung aus. Aber diese war nicht die Trägerin der Privatrechtsentwicklung; die *leges*[51] dienten eher punktuellen, organisatorischen Zwecken, der konkreten Fixierung bestimmter Fristen oder Termine, der Regelung politisch umkämpfter, oft auch sozialer Fragen und gehörten daher vorwiegend dem Staats-, Verfassungs- sowie Strafrecht an[52]. Zudem bezweckten die vorhandenen Gesetze privatrechtlichen Inhalts nie eine Systematisierung oder den Ausbau des *ius civile;* sie waren eher Gelegenheitsgesetzgebung („gesetzgeberischer Impressionismus"[53]). „Das Volk des Rechts ist nicht das Volk des Gesetzes"[54]. Erst in der Kaiserzeit stellten sich Änderungen ein.

Bei der grundsätzlich ablehnenden Haltung gegenüber zivilrechtlichen Gesetzen wäre eine umfassende Kodifikation des Rechts nicht möglich gewesen; erst Caesar plante sie[55], aber die Iden des März kamen dem zuvor. Mit dieser kodifikationsfeindlichen Einstellung, die noch *Savigny*[56] im 19. Jahrhundert vertrat, ging es einher, dass

---

51 Der Begriff *leges* meint hier – im Unterschied zur *lex data,* der einseitigen Anordnung eines Magistrats, die ohne entsprechende Ermächtigungsgrundlage aber den römischen Bürger nicht binden konnte – in republikanischer Zeit die Volksgesetze (286 v. Chr. wurde durch die *lex Hortensia* den Beschlüssen der Volksversammlung, *plebiscita,* Gesetzeskraft zuerkannt). Diese werden zur üblichen Form der Gesetzgebung, die in der frühen Kaiserzeit zum Erliegen kommt; an die Stelle der Volksgesetze treten andere Rechtsquellen, siehe unten S. 64f.

52 Übersicht und kurze Beschreibung der relevanten *leges* bei *Wieacker,* Vom römischen Recht, S. 61ff.

53 *Bretone,* Geschichte des römischen Rechts, 2. Aufl. 1998, S. 130.

54 *Schulz,* Prinzipien, S. 4. Dieses traditionelle Verständnis unterliegt in jüngerer Zeit allerdings der Kritik, wonach Gesetze deutlich wichtiger gewesen seien als bislang angenommen: *Mantovani,* Legum multitudo. Die Bedeutung der Gesetze im römischen Privatrecht, 2018; für die gegensätzliche Perspektive *Forschner/Hauner,* SZ 2019 (136), 322ff.

55 Sueton, Caesar, 44, 2.

56 *Friedrich Carl v. Savigny* (1779–1861), Professor des römischen Rechts, preußischer Justizminister und später Staatsratspräsident, wird als einer der bedeutensten deutschen Juristen überhaupt angesehen. Er ist Begründer der historischen Rechtsschule, die sich zum Ziel setzte, auf das von mittelalterlichen Anbauten zu befreiende römische Recht Justinians vorzustoßen. Sein Hauptwerk ist das mehrbändige *System des heutigen Römischen Rechts,* das u.a. durch seine Rechtsgeschäftslehre von überragendem Einfluss auf die weitere Entwicklung des Zivilrechts und das BGB wurde; er begründete darin auch das Internationale Privatrecht moderner Prä-

Rom in klassischer Zeit nie über eine amtlich veranstaltete und allgemein zugängliche Gesetzessammlung verfügte. Man musste sich auf die Schriften der Juristen verlassen, wenn man keine Zugriffsmöglichkeit auf das stadtrömische Archiv hatte. Cicero beklagt diesen Zustand: *Legum custodiam nullam habemus* – „Um die Bewahrung unserer Gesetze kümmern wir uns nicht“[57].

1.3.5 Das prätorische Edikt

Ein anderes Medium lag den Römern da viel näher. Die einzelnen *actiones* und weitere Rechtsbehelfe wurden vom Prätor zu Beginn seiner Amtszeit veröffentlicht, auf geweißter Holztafel *(album)* und damit auf einem der einjährigen Amtsdauer entsprechenden vergänglichen Material. Dies war das Edikt des Prätors[58] *(edictum praetoris)*, die zu Beginn erwähnte „Musterformelsammlung“, aus der der Prätor die konkret anzuwendende *actio* auswählte. Edikte waren verbindliche Regelungen, Rechtsverordnungen, römischer Amtsträger; nicht nur der Prätor konnte edizieren. Im prätorischen Edikt konnte nun jedermann nachsehen, in welchen Fällen er klagen konnte, welche Einreden bestanden, ob also die Führung eines Rechtsstreites erfolgversprechend war oder nicht. Künftige Prätoren waren rechtlich daran in keiner Weise gebunden, und der edizierende Prätor selbst jedenfalls gesetzlich auch erst seit dem 1. Jahrhundert v. Chr. Er war auch nicht daran gehindert, während seines Amtsjahres neue, im Edikt nicht angekündigte Formeln zu gewähren. Natürlich überlegte sich jeder Prätor nicht zu Beginn seiner Amtszeit alles von Neuem, sondern übernahm wie das *consilium* und sonstiges die Kontinuität verbürgendes Personal auch die Edikte der Vorgänger. Das Edikt des Prätors wurde damit zum *edictum perpetuum* oder *edictum tralaticium:* zu einem ewigen, überlieferten Edikt[59]. Die evolutionäre, nicht revolutionäre Rechtsfortbildung geschah genau an dieser Stelle: durch Einführung neuer Klagen dort, wo

---

gung. Eine Kodifkation lehnte er jedoch stets ab, da das Recht nicht durch staatliche Willkür, sondern organisches – eben geschichtliches – Wachstum entstehen müsse (dazu seine Schrift *Vom Beruf unserer Zeit für Gesetzgebung und Rechtswissenschaft,* 1814).

57 Cicero, leg. 3, 46: die Folge sei, dass es letztlich im Belieben der Anwälte stehe, was als Gesetz zu gelten habe.

58 Vgl. zum Folgenden *Waldstein/Rainer,* § 22, Rn. 36 ff.

59 Für das Edikt des Provinzstatthalters, der wie alle römischen Magistrate ebenfalls das *ius edicendi* hatte, schildert uns dies kein Geringerer als Cicero in einem Brief aus seiner Provinzstatthalterschaft in Cilicien, Att. 5, 21: *cum ego in edictu translaticio [...] observaturum haberem* – „während ich in meinem Edikt, wie althergebracht, angekündigt habe [...].“

die soziale Realität dies erforderlich machte, und nicht durch formelle Gesetzgebung, sondern durch von Juristen ersonnenes, vom Prätor übernommenes Recht.

Im Jahre 130 n. Chr. wurde das prätorische Edikt auf Anordnung des Kaisers Hadrian abschließend redigiert durch den Juristen Julian, der als bedeutendster Jurist der Klassik gilt. Ab diesem Zeitpunkt wurde das Edikt nicht mehr verändert und nunmehr endgültig zum *edictum perpetuum.* Das Edikt war eine überragend wichtige Rechtsquelle und Gegenstand zahlreicher Juristenkommentare, ganz wie heute unser Gesetzestext. Der Text selbst ist nicht unmittelbar erhalten, konnte aber durch den Rechtswissenschaftler *Lenel* 1883 rekonstruiert werden, dessen Ausgabe bis heute maßgeblich geblieben ist. Das Edikt enthielt – nach moderner Systematik – nicht nur Verfahrensrecht, sondern v. a. materielles Recht, und nicht nur die Prozessformeln und Einreden, sondern auch sonstige Rechtsschutzverheißungen; es ist weder BGB noch ZPO und mangels Systems ganz sicher keine Kodifikation im modernen Sinne. Die Rechtsfortbildung ging nach der Endredaktion, dem „Erstarren" des Ediktes, zunehmend auf andere Stellen über, v. a. die Kaiserkonstitutionen, die in der kaiserlichen Kanzlei verfasst wurden; der Prätor, dem zudem das Formularverfahren als sein „home turf" abhandenkam, konnte sie ja nun nicht mehr leisten.

1.3.6 Verfahren und Recht

Am Ende dieses Abschnittes ist es vielleicht klargeworden, warum die vorliegende Darstellung ihren Ausgangspunkt vom Zivilprozess nimmt und worin die anfangs erwähnte enorme Beeinflussung des Privatrechts durch das Verfahren besteht. *Theodor Mommsen,* der alles überragende Althistoriker des 19. Jahrhunderts und Träger des Literaturnobelpreises[60], hat dies unvergleichlich so beschrieben:

> Dieser Trennung [des Verfahrens] hat das römische Privatrecht seine logische und praktische Schärfe und Bestimmtheit wesentlich zu verdanken […]. Man pflegt die Römer als das zur Jurisprudenz privilegierte Volk zu preisen und ihr vortreffliches Recht als eine mystische

60 *Theodor Mommsen* (1817–1903), hatte Jura studiert, d. h. römisches Recht, und lehrte dieses zeitweilig auch; er vereinigte „in umfassender Weise die Kenntnisse aller Wissenschaften von der römischen Antike in sich" (*Kleinheyer/Schröder,* Deutsche Juristen aus fünf Jahrhunderten, 3. Aufl. 1989, S. 196). Er trug durch seine Editionen, u. a. der Digesten, und seine Darstellungen des römischen Staatsrechts maßgeblich zur Erkenntnis des römischen Rechts bei; seine glänzend formulierten rechtlichen Beobachtungen verdienen es, hier des öfteren zitiert zu werden.

Gabe des Himmels anzustaunen [...]; die Ursachen der Trefflichkeit des römischen Zivilrechts liegen hauptsächlich in zwei Dingen: einmal darin, daß der Kläger und der Beklagte gezwungen werden, vor allen Dingen die Forderung und ebenso die Einwendung in bindender Weise zu motivieren und zu formulieren; zweitens darin, daß man für die gesetzliche Fortbildung des Rechtes ein ständiges Organ bestellte und dies an die Praxis unmittelbar anknüpfte. Mit jenem schnitten die Römer die advokatische Rabulisterei, mit diesem die unfähige Gesetzmacherei ab, soweit sich dergleichen abschneiden läßt, und mit beiden zusammen genügten sie, soweit es möglich ist, den zwei entgegenstehenden Forderungen, daß das Recht stets fest und daß es stets zeitgemäß sein soll.[61]

1.4 Das Werden des römischen Rechts und seine Quellen: Übersicht über die römische Rechtsgeschichte

1.4.1 Vorbemerkung

Die bisherigen Ausführungen sollten dazu dienen, einen Eindruck von den Charakteristika des entwickelten römischen Rechts zu vermitteln. Bevor wir uns nun einigen ausgewählten Rechtsinstituten aus dem Kernbereich des Zivilrechts zuwenden, ist es unerlässlich, sich die Entwicklung dieses Rechts zumindest in Grundzügen vor Augen zu führen, soweit dies im Rahmen einer Einführung leistbar ist. Jedes Recht ist geschichtlich bedingt; und gerade im römischen Recht, das – wie wir sogleich sehen werden – organisch wuchs, selten etwas abschaffte, sondern lieber erst einmal Neues neben das Alte stellte, um zu sehen, was sich am Ende durchsetze, muss man sich dessen besonders bewusst werden.

Dabei ist auch darauf einzugehen, woher unser Wissen vom römischen Recht eigentlich stammt und was die Quellen des römischen Rechts sind. „Quellen" ist hier in einem doppelten Sinne zu verstehen: als „Rechtsquellen", also Geltungsgrundlage von Normen; aber auch als historische Quellen, die uns über den Inhalt des römischen Rechts unterrichten, ohne selbst einen normativen Anspruch zu erheben. Neben den juristischen Fachtexten sind die Zitate rechtlichen Inhaltes bei nichtjuristischen Schriftstellern zu nennen, auf deren Bedeutung bereits im Vorwort hingewiesen wurde. Der bereits mehrfach genannte Gellius mit seiner Anekdotensammlung *noctes Atticae* und den darin zahlreich enthaltenen Zitaten ist eine reiche Quelle. Die kaiserzeitlichen Historiker wie Livius (in seinem monumentalen, leider nur unvollständig erhaltenen

61 *Mommsen,* Bd. 1, S. 450.

Werk *ab urbe condita)* und Tacitus geben eine Fülle von, selbstverständlich stets kritisch zu hinterfragenden, Informationen. Sodann ist Cicero hervorzuheben. Er war kein Rechtswissenschaftler, sondern Staatsmann, Redner, Schriftsteller – aber juristisch hochgebildet; seine Reden, Bücher und Briefe geben uns an vielen Stellen Einsichten in das Recht seiner Zeit (und seine Meinung dazu). Er ist uns schon begegnet und wird dies noch an vielen weiteren Stellen dieses Buches tun. Briefe sind generell eine gute Informationsquelle, nicht nur solche von Cicero, sondern z. B. auch von Plinius dem Jüngeren. Die Komödie (Plautus, Terentius) erzählt uns über die Rechtswirklichkeit und Rechtsvorstellungen in der Gesellschaft des 3. und 2. Jahrhunderts v. Chr. Der zur gleichen Zeit lebende Cato der Ältere und der im letzten vorchristlichen Jahrhundert tätige Universalgelehrte Varro berichten in ihren jeweiligen Fachschriften auch Rechtliches. Die Satiren des Horaz und des Juvenal und auch die anderen Zweige der Dichtung dürfen hier ebenfalls nicht fehlen. Insbesondere die Dichter treten natürlich nicht mit juristischem Anspruch auf, und die von ihnen gegebenen Informationen sind entsprechend zu würdigen. Schließlich sind privatrechtliche Urkunden, Verträge, Testamente etc. unmittelbar aus der Praxis ebenfalls auf uns gekommen; ein Originalarbeitsvertrag wird uns am Ende des Buches beschäftigen.

Die kurze Darstellung folgt der üblicherweise vorgenommenen Periodisierung der römischen Rechtsgeschichte, in dem Wissen um deren unvollkommenen und der Geschichte niemals gerecht werdenden, zugleich aber didaktisch wohl unverzichtbaren Charakter.

1.4.2 Archaisches Recht

Bis zu den Mitte des 5. Jahrhunderts geschaffenen XII Tafeln liegt vieles im archaischen Dunkel der Geschichte. Das Recht ist religiös bestimmt, seine Pflege obliegt verschiedenen Priesterkollegien *(pontifices, augures, fetiales, decemviri sacris faciundis).* Es ist durch starken Ritualismus gekennzeichnet und bildet den „Versuch, mit der Götterwelt Verträge über die künftige Entwicklung zu schließen“[62]. Alle Akte und Rituale sind genau und bis ins Kleinste bestimmt[63], da die Essenz römischer Religion

62 *Manthe,* S. 58; siehe auch *Mommsen,* Bd. 1, S. 185 f.: „Die Götter stehen dem Menschen völlig gegenüber wie der Gläubiger dem Schuldner […]; das Gelübde ist […] ein förmlicher Kontrakt zwischem dem Gotte und dem Menschen, wodurch dieser jenem für eine gewisse Leistung eine gewisse Gegenleistung zusichert.“

63 Der italienische Rechtshistoriker *Schiavone* hat dies als „sindrome ritualistica-prescrittiva“ bezeichnet, frei übersetzt: Hang zum Ritualistisch-Regelungswütigen.

(anders als nach modernen Glaubensvorstellungen) in der Form selbst liegt, die sich vom Inhalt nicht trennen lässt. Bestimmend ist der Glaube an die Mächtigkeit des Wortes, das in sich die Kraft trägt, seinen Inhalt zur Wirklichkeit werden zu lassen. Missverständnisse im Verkehr mit den göttlichen Mächten sind unter allen Umständen auszuschließen. Dem dienen die überlieferten und nicht zur Disposition stehenden Formen, eine „Technik des religiösen Verhaltens". Sie führt zu, sich an Präzedenzfällen orientierenden, kasuistischen Verhaltensweisen[64]. Diese Auswirkungen auf das Recht, dessen bestimmende Grundzüge soeben geschildert wurden (man denke an die Legisaktionen), liegen offen zutage: Denn in dieser Zeit werden die Grundlagen gelegt für die Ausbildung genuin römischer und die weitere Rechtsgeschichte bestimmender Rechtsinstitute. Das Priesterkollegium der Auguren ist bereits zu Beginn dieses Buches aufgetreten, was seiner Bedeutung für die römische Rechtsgeschichte durchaus entspricht: Der Stil der archaischen Rechtshandlungen (wie z. B. der Legisaktionen) und der dabei benutzten Sprache (z. B. *condicere, vocatio)* geht in vielem auf die von dieser Priesterschaft ausgeübte Disziplin zurück[65]. Die Bindung des Rechts an die Religion wird von den Römern in der Folgezeit aber schon bald überwunden, und die scharfe Trennung der beiden Bereiche ist eine ihrer vielen, bis heute wirkmächtigen Leistungen.

1.4.3 Die XII Tafeln

Römisches (Privat-)Recht ist wie schon erwähnt zuvörderst Juristenrecht. Das Gesetzesrecht spielt in der Politik, nicht aber im Privatrecht eine herausragende Rolle. Gleichwohl beginnt die für uns fassbare römische Rechtsgeschichte mit einem gesetzgeberischen Akt (und sie wird auch mit einem solchen enden). Den Ausgangspunkt bildet ein Gesetzeswerk, die XII Tafeln. Sie gelten den Römern als „Grundgesetz des römischen Volkes", die Quelle des *ius civile* im umfassenden Sinne[66]. Entstanden im Jahre 451 v. Chr., sieht man dieses Gesetz als das Ergebnis der Ständekämpfe, des langen Ringens zwischen Patriziern, den Angehörigen des alten Hochadels, und Plebejern um eine gerechtere Gesellschaftsordnung. Der Ruf der Plebs, des „einfachen Volkes", nach Rechtssicherheit und Abhilfe gegen adelige Willkür, insbesondere im harten Vollstreckungsverfahren, führt nach der Überlieferung zur Berufung von zehn

64 *Latte,* Römische Religionsgeschichte, 2. Aufl. 1967, S. 61–63.

65 *Manthe,* in: Zimmermann (Hg.), Der Stilbegriff in den Altertumswissenschaften, 1993, S. 69.

66 Livius 3, 34, 6: *fons omnis publici privatique iuris* – „Quelle allen öffentlichen und privaten Rechts". Auch Cicero, de or. 1, 193, äußert sich überschwänglich über die Bedeutung der XII Tafeln. Siehe auch Tacitus, ann. 3, 27.

Männern anstelle der für diese Zeit ausgesetzten ordentlichen Magistraturen; ihnen wird die als notwendig erkannte gesetzgeberische Aufgabe übertragen *(decem viri consulari imperio legibus scribundis)*. Zunächst sind es zehn Tafeln, die von der Kommission vorgelegt und dann 449 v. Chr. um zwei weitere ergänzt werden. Zum Vorbild nimmt sich die Gesetzgebungskommission die griechischen Rechte, die Historiker berichten von römischen Gesandtschaften nach Athen und in die unteritalischen griechischen Städte zum Studium der dortigen Gesetze[67]. Der griechische Einfluss ist jedenfalls zu erkennen in der Idee einer planmäßigen Gesetzgebung an sich (die sich danach in republikanischer und Prinzipatszeit allerdings nicht wiederholen sollte[68]); teilweise werden sogar Detailregelungen auf griechische Vorbilder zurückgeführt[69]. „Griechenland hat uns das Recht geschickt, und nicht etwa nach einem Siege, sondern auf unsere Bitten hin", so beschreibt es viele Jahrhunderte später Plinius[70]. Mit einer reinen Kopie des Vorbildes haben sich die Römer allerdings nicht zufriedengegeben, sondern dieses – wie stets alles von anderen Übernommene, sei es das griechische Alphabet oder karthagische Kriegsschiffe – eigenen Bedürfnissen optimal angepasst und dadurch weiterentwickelt.

Die XII Tafeln sind „weltliches" Recht. Sie kommen nicht von einem Gesetzgeber als Vermittler zwischen Gott und den Menschen (wie Moses), sondern die Bürgerschaft erlegt sich selbst Regeln auf. Die XII Tafeln werden durch die Volksversammlung ratifiziert und auf dem Forum aufgestellt. Es handelt sich um „Bürgerliches Recht" im Wortsinne. Die XII Tafeln enthalten – nach heutigen Begriffen – Prozessrecht, Privatrecht, aber auch Strafrecht[71] und Sakralrecht. Die Schwerpunkte liegen auf Rechtssicherheit und Rechtsgleichheit, auf dem öffentlichen Rechtsfrieden und im Ladungs- und Vollstreckungsrecht; die Stellung der Plebejer wird aufgewertet, die

---

67 Livius, 3, 31, 8; Pomp. D. 1, 2, 2, 4 („griechische Gemeinwesen"); zu weiteren Quellen *Schanbacher*, SZ 137 (2020), 1, 3 ff., der auch die traditionelle Skepsis gegenüber dieser Überlieferung für unberechtigt hält.

68 *Wieacker*, RG I, S. 307: „Offenbar widersprach es dem innersten Lebensgesetz der altrömischen Gesellschaft, ihr Recht auf planende Vorentwürfe zu gründen".

69 So berichtet Gaius in D. 10, 1, 13 und in D. 47, 22, 4 von der Übernahme athenischer Vorschriften, deren griechischen Wortlaut er wiedergibt.

70 Plinius, epist. 8, 24, 4. Der jüngere Plinius wirkte zur Zeit des Kaisers Trajan; er war wie Cicero kein Rechtsgelehrter, aber rechtskundiger Prozessredner, v. a. in Erb- und Strafsachen, und Staatsdiener. Seine Briefe enthalten viel politisch und rechtlich Interessantes, u. a. zur Frage des Umgangs mit den Christen.

71 Von Gellius als zu hart kritisiert, noct. Att. 20, 1, 4; 11, 18, 6–9.

soziale Ungleichheit zurückgedrängt[72], die Willkür der Gläubiger v.a. im Vollstreckungsrecht eingeschränkt (das gleichwohl noch sehr hart bleibt). Außerdem regeln die XII Tafeln Materien, die wie Fristen, Maße, Summen und neue Geschäftsformen ihrer Art nach nicht dem Herkommen überlassen bleiben können, sondern positiver Regelung bedürfen[73]. Nicht geregelt ist das Staatsorganisationsrecht – die XII Tafeln sind keine Verfassung.

Archaische Rechtsinstitute werden bestätigt und teilweise modifiziert oder eingeschränkt, z. B. die Privatrache; neue Rechtsinstitute werden ausführlicher geregelt (wir werden eine Fülle von Beispielen dafür im jeweiligen inhaltlichen Zusammenhang betrachten). Es handelt sich aber nicht um eine systematisch-umfassende Kodifikation im modernen Sinne, die XII Tafeln ordnen den Rechtsstoff noch assoziativ an. Ins Auge sticht die rhythmische und v.a. prägnante Sprache, die in späteren, üblicherweise sehr umständlich und pedantisch formulierten Gesetzen der römischen Republik nie wieder erreicht wird; sie sticht auch stark von der umständlichen und abundanten, durch die Auguren beeinflusste Rechtssprache der archaischen römischen Rechtsgeschäfte ab[74]. Als Beispiel dieser Gesetzessprache sei einer der bekanntesten Regelungen der XII Tafeln gegeben, die Ladung vor Gericht *(in ius vocatio)*, die auch am Beginn dieses Buches stand:

XII 1, 1, 2
Si in ius vocat, ito; ni it, antestamino; igitur em capito. si calvitur pedemve struit, manum endo iacito.
Wenn er [der Kläger] jemanden vor Gericht ruft, muss dieser gehen. Geht er nicht, soll er [der Kläger] Zeugen herbeirufen und ihn [den Beklagten] dann ergreifen. Wenn er [der Beklagte] sich sträubt oder fliehen will, soll [der Kläger] ihn ergreifen.

Die Normen sind bereits klar in den üblicherweise mit einem Bedingungssatz eingeleiteten Tatbestand und die in die Befehlsform gekleidete Rechtsfolge gegliedert. Dies hat auf den Stil der Juristen in ihren Schriften bis in die Klassik hinein eingewirkt[75]. Typisch ist der Subjektwechsel, man muss sich also immer dazudenken, wer gerade gemeint ist. Horaz macht sich über den Kommandostil der XII Tafeln später lustig[76]:

---

72 Nach *Meyer* (Fn. 3), S. 63, ein „Sieg der Staatsidee über die Standesunterschiede".

73 *Wieacker*, RG I, S. 296.

74 *Manthe* (Fn. 65).

75 *Söllner*, S. 37.

76 Horaz, sat. 2, 1.

Der Jurist Trebatius (dem ein langes Leben und Wirken beschieden war, er wird uns noch häufiger begegnen) gibt ihm – aus hier nicht weiter zu untersuchenden Gründen – den Rat, keine Gedichte mehr zu schreiben, und wenn er deswegen nachts nicht schlafen könne: *ter transnanto Tiberim* – „durchschwimme dreimal den Tiber". Die gleiche, durchweg juristisch gefärbte Satire enthält ein weiteres Spiel mit den Worten der XII Tafeln. Diese stellen *carmina mala,* also böse Zaubersprüche, unter Strafe; Horaz macht daraus gemäß dem Sprachgebrauch seiner Zeit aber „schlechte Gedichte", weswegen er keinen Prozess zu fürchten habe, da er anerkanntermaßen nur gute schreibe. Der von Cicero wegen seiner Patina geschätzte[77] altertümliche Wortgebrauch ist späteren Römern auch nicht mehr immer völlig verständlich. Gellius erzählt, wie einige Bürger der Kaiserzeit, also über ein halbes Jahrtausend später, über den Wortlaut einer Bestimmung der XII Tafeln rätseln und selbst ein beigezogener Jurist nicht sagen kann, was ein bestimmter Begriff wohl bedeuten mag[78].

Das Vollstreckungsrecht wurde schon einige Male erwähnt. Hier nun eine zentrale Vorschrift daraus, die uns immer noch hart erscheint, aber eigentlich schuldnerschützend gedacht war:

XII 3, 1–4

Aeris confessi rebusque iudicatis XXX dies iusti sunto. post deinde manus iniectio esto. in ius ducito. ni iudicatum facit aut quis endo eo in iure vindicit, secum ducito, vincito aut nervo aut compedibus XV pondo, ne maiore aut si volet minore vincito. si volet suo vivito. ni suo vivit, qui eum vinctum habebit, libras farris endo dies dato. si volet, plus dato.

Bei einer vor Gericht anerkannten Geldschuld und bei rechtskräftigen Urteilen sollen 30 Tage [Erfüllungsfrist] rechtmäßig sein. Danach soll die Ergreifung [des Schuldners] erfolgen. Er [der Gläubiger] soll ihn vor Gericht führen. Erfüllt er [der Schuldner] seine Urteilsverpflichtung nicht oder übernimmt niemand für ihn vor Gericht die Bürgschaft, soll ihn der Gläubiger abführen, fesseln, entweder mit einem Strick oder mit Fußfesseln von 15 Pfund, nicht mit schwereren, wenn er aber will, mit leichteren. Wenn er will, darf der Schuldner sich selbst verpflegen. Verpflegt er sich nicht selbst, soll ihm der, der ihn gefesselt hält, täglich ein Pfund Speltbrei geben. Wenn er will, kann er ihm mehr geben.

---

77 Cicero, leg. 2, 18.

78 Gellius, noct. Att. 16, 10; das unbekannte Wort ist übrigens *proletarius.*

Rätsel gibt schließlich eine gruselige und daher ebenfalls sehr bekannte Norm in den XII Tafeln auf[79]:

XII 3, 6

Tertiis nundinis partis secanto. si plus minusve secuerunt, se fraude esto.

Am dritten Markttag sollen [die Gläubiger] sich die Teile [des Schuldners? Seines Vermögens?] schneiden. Wenn sie mehr oder weniger abgeschnitten haben, soll dies ohne Nachteil sein.

Haben die Römer hier wirklich angeordnet, den verurteilten Schuldner, der weder selbst leisten noch einen Einstandsbereiten finden kann, zu zerstückeln, also brutal zu töten? Oder bezieht sich dies nicht eher auf sein Vermögen oder den Erlös des Verkaufs des Schuldners in die Sklaverei? Man weiß es nicht, auch wenn sehr viel spätere Quellen die praktische Anwendung dieser Regel als lediglich zur Abschreckung gedacht verneinen[80]; ein konkreter Fall der Tötung und Zerstückelung eines Schuldners ist uns jedenfalls nicht überliefert[81]. Die Literaturgeschichte ist dankbar für das Motiv, bildet es doch den Kern von William Shakespeares „Kaufmann von Venedig“ mit der v. a. für Juristen lesenswerten (wenn auch sehr nachdenklich stimmenden) Gerichtsszene im 4. Akt.

Die XII Tafeln enthalten schließlich auch Regeln zum rechtlichen Gehör und zum Versäumnisurteil, das damit ein 2500 Jahre altes, heute noch bestehendes Rechtsinstitut ist.

XII 1, 7–9

Ni pacunt, in comitio aut in foro ante meridiem caussam coiciuntur. com peroranto ambo praesentes. post meridiem praesenti litem addicito.

Wenn sie [die Parteien] sich nicht einigen, sollen sie im Comitium oder auf dem Forum am Vormittag den Rechtsstreit verhandeln. Beide Teile sollen zusammen persönlich anwesend [ihre Sache] vortragen. Nach dem Mittag soll er [der Prätor] der anwesenden Partei den Streitgegenstand zusprechen.

79 Dazu *Söllner,* S. 42.

80 Quintilian, institutio oratoria 3, 5, 84; Cassius Dio, 16, 8; ausführliche Quellenzitate bei *Düll,* Das Zwölftafelgesetz, 6. Aufl. 1989, S. 81.

81 *Knütel,* in: Schermaier u. a. (Hg.), FS Mayer-Maly, 2002, S. 339.

Das Haupt der Gesetzgebungskommission, Appius Claudius, soll ein ungutes Ende genommen haben. Der späteren Überlieferung zufolge[82] weigert sich Appius nach vollbrachtem Werk zurückzutreten und regiert als Tyrann. Ein eklatantes Unrechtsurteil – des „Begründers" des römischen Rechts! – läutet sein Ende ein: In Begierde entbrannt zu einer bereits verlobten Bürgerstochter spricht er diese in einem inszenierten Freiheitsprozess dem Kläger, einem von ihm selbst eingesetzten Strohmann, zu, woraufhin der Vater seine Tochter auf offenem Markt ersticht, um ihr das sichere weitere Schicksal zu ersparen. Dies facht einen Volksaufstand an, der den Tyrannen und seine Mittäter hinwegfegt und die Regierung wieder auf ordentlich gewählte Magistrate übergehen lässt[83]. Die Geschichte trägt allerdings vielfach legendenhafte, topische Züge und erinnert in wesentlichen Punkten an die Vorgeschichte der Vertreibung des letzten römischen Königs, Tarquinius Superbus, die wenige Jahrzehnte zuvor stattgefunden haben soll.

Die Gesetzestafeln gingen beim Galliereinfall in Rom 387 v. Chr. verloren, der Text wurde aber tradiert; noch Cicero hat ihn als Schüler auswendig gelernt. Die heutige Textfassung und übliche Einteilung ist Rekonstruktion aus anderen Quellen, vollständig ist der Text nicht erhalten. Zu den XII Tafeln wurden noch in der Kaiserzeit Kommentare geschrieben, die Digesten verweisen über 200 Mal ausdrücklich auf sie[84]. Sie wurden, auch wenn das Recht in vielen Fragen schon ganz andere Wege genommen hatte, stets als der Kern des althergebrachten römischen Rechts, des *ius civile*, angesehen. Sie zeigen „neben archaischen magisch befangenen, vielleicht auch barbarischen Zügen weitblickende politische Klugheit, sozialen Realismus und eine juristische Treffsicherheit, die auf die künftige Größe der römischen Jurisprudenz vorbereitet"[85].

1.4.4 Pontifikale Jurisprudenz

Die Auslegung und Fortbildung *(interpretatio)* der XII Tafeln und damit des Rechts lag fortan bis zur Mitte des 2. Jahrhunderts v. Chr. in den Händen des (gegenüber den Auguren jüngeren) Priesterkollegiums der *pontifices.* Die *pontifices,* zu deren illustren

82 Livius 3, 44 ff.; in Kurzfassung bei Pomp. D. 1, 2, 2, 4.

83 Zur Deutung dieser eher ungewöhnlichen Legende vom „Gesetzgeber-Gesetzesbrecher" *Fögen,* S. 102 ff.

84 *Fögen,* S. 70. Die Digesten sind ein Teil des am Ende der Antike von Kaiser Justinian geschaffenen Gesetzgebungswerks, dem wir den Großteil unserer Kenntnisse des römischen Rechts verdanken; ausführlich dazu unten S. 67 ff.

85 *Wieacker,* RG I, S. 297.

Kreis ab 300 v. Chr. auch Plebejer Zutritt hatten, waren zuständig für die Aufzeichnung der wichtigsten staatlichen Ereignisse, darunter Staatsverträge und Gesetze, und die Pflege des auch für die Rechtsprechung maßgeblichen Festkalenders. Ursprünglich fiel die korrekte Pflege der Beziehung zu den Göttern (Gebete, Spruchformeln) in ihren Aufgabenkreis, dieser weitete sich dann auf die korrekten Formeln in weltlichen Angelegenheiten aus. Alles juristische Wissen konzentrierte sich bei ihnen. Die *pontifices* bildeten sich als die für das Zivilrecht wichtigste Priesterschaft heraus. Priester sind aber in Rom nicht wie im heutigen Sinne zu verstehen als „Geistliche" (zur Pflege einer göttlichen Offenbarung), sondern die *pontifices* waren angesehene (aktive oder ehemalige) Staatsbeamte, Honoratioren, alle mit erfolgreicher Politikerkarriere. Sie waren keine frommen Kleriker, keine Heilsvermittler, sondern „Sakralexperten" mit erheblichem politischen Einfluss. So bemühte sich Julius Caesar in noch relativ jungen Jahren und mit Erfolg um das Amt des *pontifex maximus,* des Vorstehers der Priesterschaft, bevor er Konsul, Feldherr und letztlich Alleinherrscher wurde. Der Titel hat sich bis heute erhalten bei einem anderen für die Beziehung zur göttlichen Sphäre zuständigen obersten Amtsträger in Rom: dem Papst.

Die *pontifices* übten keine richterliche Tätigkeit aus, indem sie vor sie gebrachte Fälle verbindlich entschieden, sondern sie wirkten allein durch mündliche Rechtsgutachten *(responsa)*[86], um die sie gebeten wurden. Es gab keine Rechts-, sondern lediglich eine gesellschaftliche Pflicht bzw. das Eigeninteresse des Anfragenden, diese Gutachten zu befolgen. Sie konnten kautelarer Natur sein, d. h. sie gaben Hinweise, wie ein bevorstehender Rechtsakt durchzuführen sei, oder „judiziell", indem sie einen bereits abgeschlossenen Sachverhalt bewerteten, der aber nicht nachgeprüft wurde; das Gutachten erging vorbehaltlich der Wahrheit der vorgetragenen Tatsachen[87]. Die *pontifices* schufen das Recht aus ihrer *auctoritas*[88] heraus, daher bedurften ihre Gutachten keiner Begründung. Sie erteilten auch keinen Rechtsunterricht. Ihre Autorität beruhte mehr auf Fachkenntnis als auf religiösem Charisma. Diese Autorität übertrug

---

86 Das bekannteste Beispiel für ein solches Gutachten aus republikanischer Zeit ist die in Ciceros Rede *de domo sua* behandelte Frage, ob sein Haus während seines Exils von seinem Gegner Clodius den Göttern formell rechtmäßig geweiht worden und dadurch weiteren Umbaumaßnahmen durch den zurückgekehrten Eigentümer entzogen war.

87 *Söllner,* S. 79 f.

88 Der Begriff, von *augere* – „vermehren" (Augustus!), bezeichnet etwas, was dem rechtlichen Handeln eines anderen rechtliche Vollwirkung, dem sozialen Handeln vermehrtes Gewicht in der Öffentlichkeit gibt, *Wieacker,* RG I, S. 375 f.

sich dann später auf die (amtlosen) Fachjuristen, deren Gutachten den von den *pontifices* vorgezogenen Bahnen folgten.

Prägend für diese Zeit war einerseits eine starre Interpretation des Gesetzes (Rigorismus), andererseits aber auch die Anlage und Ausbildung vieler Rechtsinstitute, die den Grundbestand des *ius civile* bildeten, nach den Erfordernissen der Praxis: der Keim der künftigen Rechtswissenschaft. Die *pontifices* waren konservativ und streng, aber keine realitätsfernen Dogmatiker:

> Kennzeichnend für sie ist die Spannung zwischen einem rigiden Fomalismus, der sich jeder Rücksicht auf die soziale und wirtschaftliche Tragweite der Rechtswirkung des gesprochenen Wortes zu verschließen scheint, und einem treffsicheren Wirklichkeitssinn, der mit einem beschränkten überkommenen Formenschatz beständig neue soziale Aufgaben löst.[89]

Auch hierzu werden die konkreten Beispiele an geeigneter Stelle folgen.

Der Legende nach soll die pontifikale Jurisprudenz durch einen Cn. Flavius beendet worden sein, der um 300 v. Chr. die in den pontifikalen Archiven gehüteten Klageformeln (und den priesterlichen Festkalender) veröffentlichte und dadurch jedermann Einsicht ins Recht verschaffte (sog. *ius Flavianum):* ein „demokratischer Prometheus". Man beachte: Es ist dasselbe Jahr, in dem Plebejer zum Pontifikalkollegium zugelassen wurden. Sicherlich kein Zufall ist es, dass die Überlieferung ihn als Sekretär des Politikers Appius Claudius Caecus („der Blinde") nennt. Denn dieses Allroundgenie, der „kühnste Neuerer, den die römische Geschichte kennt"[90], erbaute nicht nur die nach ihm benannte und heute in Teilen noch sichtbare, einstmals durch halb Italien führende Via Appia sowie die erste Wasserleitung nach Rom (und den Buchstaben „R" soll er auch noch erfunden haben[91]), sondern verfolgte seinerseits eine volksfreundliche und gegen den Adel gerichtete Politik, und man darf annehmen, dass er seinen Sekretär bei seinem Vorhaben, wenn es denn so stattgefunden hat, gefördert haben wird. Appius Claudius war außerdem Nachfahre des gleichnamigen Mitschöpfers der XII Tafeln. Und wie sein Vorfahr, der als Dezemvir nach Abschluss der XII Tafeln zum Tyrannen wurde, das Recht setzte und gleich wieder brach, weigerte sich Appius Claudius, die gesetzliche zeitliche Befristung seines Zensorenamtes anzuerkennen. Die römische Rechtsgeschichte besetzt also an zwei entscheidenden Momenten die

89 *Wieacker,* RG I, S. 339.

90 *Mommsen,* Bd. 1, S. 321.

91 So jedenfalls Pomp. D. 1, 2, 36.

Hauptrollen mit zwei gleichnamigen Figuren, und beide nahmen es für ihre eigene Person mit dem Gesetz nicht immer allzu genau[92]. Ob die Flavius-Erzählung sich wirklich so zugetragen hat, ist zweifelhaft; offensichtlich ist ihre antipatrizische Spitze. Von geheimen Formeln und dergleichen kann wohl kaum die Rede sein, wenn jeder, der wollte, sie in den öffentlichen Prozessen stets hören konnte. Außerdem waren die beiden Protagonisten gar keine Mitglieder des Pontifikalkollegiums, hätten die geheimen Formeln also ohnehin nicht gekannt[93]. Wie die meisten Legenden bringt aber auch diese etwas auf den Punkt: Es war eine in vielem umwälzende Epoche (die Einführung des Münzgeldes fällt u. a. auch in diese Zeit), und sie brachte den Übergang von einer priesterlichen zu einer profanen Rechtswissenschaft und vom kollektiv respondierenden Gremium zur juristischen Einzelpersönlichkeit. Wenige Jahre später wird uns als einer der ersten dieser Persönlichkeiten Tiberius Coruncanius entgegentreten, erster Konsul und *pontifex maximus* plebejischer Herkunft. Die Juristen lehren und treten nun, anders als bisher, in ihrer juristischen Funktion öffentlich auf. Dies führt uns zur nächsten Epoche.

1.4.5 „Hellenistische Jurisprudenz", „Vorklassik": Mittlere und späte Republik

Nach dem Ende des Zweiten Punischen Krieges gegen Karthago (201 v. Chr.) und der Ausweitung der römischen Herrschaft nach Griechenland im 2. Jahrhundert v. Chr. beginnt die griechische Kultur in Rom wirkmächtig zu werden. Damit einher gehen immer stärker werdende internationale Verflechtungen, im Besonderen mit der hochentwickelten Wirtschaftswelt und Kultur der hellenistischen Staaten[94] (es ist übrigens auch die Zeit der Geburt der lateinischen Literatur). Diese Entwicklung führt zur Zurückdrängung des Formalismus des altzivilen Rechts und zur Ausbildung von Geschäftsformen, die Römern und Nichtbürgern gleichermaßen zugänglich sind. Handel und Geldverkehr verlangen nach einem anderen Recht als die bäuerlich geprägte Kultur der frühen römischen Zeit. Die Juristen bedienen sich nun griechischer wissenschaftlicher Methode, insbesondere der Dialektik; auch beschäftigen sie sich, durch griechische Philosophie beeinflusst, mit der Idee der Gerechtigkeit an sich.

---

92 *Fögen*, S. 147 ff.

93 Vgl. *Schulz*, Geschichte, S. 11 ff.: „Die Geschichte der römischen Rechtswissenschaften kennt keine Sensationsgeschichten." Kritisch auch *Wieacker*, RG I, S. 525 f.

94 Als Hellenismus bezeichnet man die Zeit ab dem Tod Alexanders des Großen 323 v. Chr. bis zur römischen Kaiserzeit, die durch die Ausbreitung und beherrschende Stellung des Griechischen in Sprache, Religion, Kultur und Wirtschaft gekennzeichnet ist.

Sie bleiben aber stets Praktiker: Immer steht die Falllösung im Zentrum, nicht die philosophische Spekulation. Das Recht entsteht so durch die Verbindung römischen Rechtsdenkens und griechischer Methodik, nicht aber durch Übernahme griechischer Rechtsinstitutionen in großem Stil[95]. Die römische Treue zur althergebrachten Rechts- und Staatstradition ist stets stärker. Ja, man erhebt sich über das griechische Recht, und ausgerechnet der glühende Griechenbewunderer Cicero schreibt im Zusammenhang mit den großen griechischen Gesetzgebern: *Incredibile est enim, quam sit omne ius civile praeter hoc nostrum inconditum ac paene ridiculum* – „Denn unglaublich ist es, wie ungeordnet und quasi lächerlich jedes Zivilrecht sich doch neben dem unseren ausnimmt“[96].

Die Juristen dieser Zeit, insbesondere die dem sog. Scipionenkreis nahestehenden (einem illustren Kreis aus Neuem gegenüber aufgeschlossenen Persönlichkeiten der römischen Oberschicht und griechischen Philosophen), aber auch die späteren sind mit griechischem Denken und hellenistischer Wissensorganisation vertraut. Beispielsweise hat Servius, einer der bedeutendsten Juristen der späten Republik, selbst in Griechenland studiert. Die Rechtskunde wird zur Rechtswissenschaft – und ist es bis heute geblieben, eine der größten Errungenschaften der römischen Juristen überhaupt. Am Übergang zu dieser Periode steht das erste uns bekannte juristische Buch, die *tripertita* des Sextus Aelius Paulus Catus („der Schlaue“[97]), Konsul im Jahr 198. Es war vielleicht schon aufgebaut wie heutige Kommentare bzw. Praxishandbücher: Dem Text der XII Tafeln folgten eine Kommentierung und sodann die Prozessformeln (also ein dreiteiliger Aufbau, daher der Name des Werks).

Die Träger der Rechtsentwicklung sind nun nicht mehr die *pontifices,* sondern „weltliche Praktiker“ (erst Ulpian wird Jahrhunderte später wieder und auch in einem ganz anderen Sinne die Juristen als „Priester der Gerechtigkeit“ bezeichnen[98]). Zumeist entstammen sie der Nobilität (also der aus den alten Patrizierhäusern und dem nach den Ständekämpfen sich bildenden plebejischen Amtsadel bestehenden Oberschicht); zum Teil finden wir seit dem 1. Jahrhundert v. Chr. aber auch schon Ritter unter ihnen, also Angehörige der zweithöchsten und insbesondere wirtschaftlich maßgeblichen

---

95 Zu einzelnen *Schanbacher,* SZ 137 (2020), 1.

96 Cicero, de or. 1, 197.

97 Dieses Prädikat verdiente er sich, weil er „nicht das erforschte, was er doch niemals finden würde, sondern weil er Rechtsgutachten erteilte, die die Anfragenden von Sorgen und Unruhen befreiten“, Cicero, rep. 1, 30 – ein schönes Lob für den praktischen Juristenverstand schlechthin!

98 Ulp. D. 1, 1, 1, 1 (Q2).

gesellschaftlichen Schicht. Diese Juristen sind die *iuris consulti.* Auch wenn die meisten von ihnen hohe politische Ämter bekleiden, so ist ihr juristisches Wirken davon unabhängig und entspringt „privater" Tätigkeit, wobei der Begriff nicht missverstanden werden darf. Die juristische Tätigkeit als solche ist, wie oben bereits gezeigt, nicht an ein Staatsamt gebunden. Aber auch die als *iuris consulti* sich auszeichnenden Männer wirken öffentlich, ihre *auctoritas* beruht nicht allein auf ihrem juristischen Scharfsinn, sondern auch ihren politischen, gesellschaftlichen und militärischen Verdiensten um die *res publica.* Beredtes Zeugnis davon legt der rechtsgeschichtliche Exkurs des Pomponius ab[99], der die politischen Errungenschaften, Ehrungen und Ämter der erwähnten Juristen genau vermerkt. Dem Juristen Servius wird nach seinem Tode, der ihn bei einer Gesandtschaft des Senats zu Marcus Antonius ereilt, eine Bronzestatue errichtet, aber vermutlich weniger in Anerkennung seiner – epochalen – juristischen als eher seiner politischen Verdienste.

Die Tätigkeit der *iuris consulti* wird beschrieben – strikt praxis- und immer auf den gerade anstehenden Fall bezogen – als *respondere, agere, cavere*[100]: Sie erteilen wie vormals die *pontifices* Rechtsgutachten für einen konkreten Rechtsfall *(respondere)* und beraten den Richter und die Prozessparteien *(agere)*[101]. Sie treten aber meistens nicht direkt vor Gericht auf, das überlassen sie den *oratores,* den Gerichtsrednern. Anders als diese[102] dienen die Juristen dem Recht, nicht den Parteien, unparteiisch und unentgeltlich. Schließlich beraten sie kautelarjuristisch *(cavere),* also bei der Formulierung von Verträgen, Testamenten etc. Die Leistung dieser Juristen besteht in der Kautelarjurisprudenz und der Entwicklung der Formeln, die die starren Legisaktionen ersetzen; so zeigt sich im Übergang der pontifikalen zur profanen Jurisprudenz auch derjenige von den Spruch- zu den Schriftformeln[103]. Sie erteilen Rechtsunterricht, wenn auch nicht in systematischer, schulischer („griechischer") Weise, sondern dadurch, dass sich junge Männer ihnen als „Assistenten" anschließen und in der Praxis lernen: *pugnare in proelio discere* – „den Kampf in der Schlacht erlernen" nennt Tacitus diese

99 D. 1, 2, 2.

100 Cicero, de or. 1, 212.

101 Horaz, sat. 1, 1, 8 ff. lässt einen Juristen die Mühen dieser Tätigkeit beklagen; schon beim ersten Hahnenschrei klopften die Rechtssuchenden an die Tür, wie gut habe es da doch der Landmann (der es natürlich genau andersherum sieht)!

102 Vgl. z. B. Gelllius, noct. Att. 1, 6: *turpe esse rhetori, si quid in mala causa destitutum atque inpropugnatum relinquat* – „für einen Redner sei es schändlich, auch in einem aussichtslosen Fall irgendetwas unversucht und unverteidigt zu lassen"; ähnlich Cicero, off. 2, 51.

103 *Wieacker,* Vom römischen Recht, S. 107.

Ausbildungsmethode treffend[104]. Und so schreibt Cicero in einem Brief, wiederum an Trebatius: „Kann man euer Zivilrecht etwa aus Büchern lernen?“[105] Erneut stoßen wir im Übrigen auf eine der vielen Parallelen zur Entwicklung des englischen Rechts. Auch die mittelalterlichen Repräsentanten dieses Rechts studierten nicht an Universitäten, sondern erlernten ihren Beruf an den genossenschaftlich organisierten, bis heute bestehenden Innungen der Rechtsanwälte, den Inns of Courts; und noch immer werden den angehenden barristers und solicitors nach Abschluss des – im Vergleich zu Deutschland – relativ kurzen Studiums die Grundlagen der Ausübung ihres Berufes v. a. in der Praxis vermittelt.

Die römischen Juristen dieser Zeit mühen sich um Begriffsbildung und das Herausarbeiten allgemeiner Regeln aus den Einzelentscheidungen (Regularjurisprudenz). Die Überzeugungskraft ihrer Gutachten beruht, wie früher diejenigen der *pontifices,* allein auf ihrer *auctoritas.* Daher müssen auch sie ihre Responsen, deren Kürze und Einsilbigkeit geradezu sprichwörtlich wird, nicht unbedingt begründen[106]. Responsen ergehen mündlich und werden oft erst später schriftlich herausgegeben. Eine Spur davon hat sich z. B. in einer Digestenstelle erhalten, in der es heißt: „[…] und dieses Gutachten habe Servius erteilt, wie seine Zuhörer berichten“[107]. Die römische Jurisprudenz gelangt jetzt zu einem ersten Gipfel. Einige ihrer Träger seien hier genannt, auf sie werden wir im Verlaufe dieser Darstellung immer wieder treffen: an vorderster Stelle Q. Mucius Scaevola (der übrigens, als Ausnahme in dieser Zeit, *pontifex* ist und daher zur Unterscheidung von ebenfalls bedeutenden Juristen aus seiner Verwandtschaft diesen Beinamen trägt), unerschrockener Verteidiger juristischer Prinzipien. Er schreibt das erste Lehrbuch des Zivilrechts, das späteren Kommentierungen noch nach Jahrhunderten wie ein Gesetzestext zugrunde gelegt wird. Oder C. Aquilius Gallus, der Schöpfer der *actio doli,* die wir oben schon als Beispiel prätorischer Rechtsetzungsmacht gesehen haben. Er bekleidet gemeinsam mit Cicero im Jahr 66 v. Chr. die Prätur, bewirbt sich aber nicht um den Konsulat, um sich ganz auf seine juristische Tätigkeit konzentrieren zu können. Bekannt ist auch seine an Ratsuchende gerichtete Aufforderung, sich an (den *orator*) Cicero zu wenden, wenn sich herausstellt, dass es eigentlich nur um Sachverhaltsfragen geht, von denen er als Rechtsgelehrter unbehelligt zu

---

104 Tacitus, dialogus de oratoribus, 34.

105 Cicero, fam. 7, 19.

106 Seneca, epist. 94, 27: *Sic quomodo iuris consultorum valent responsa, etiam si ratio non redditur* – „so wie die Gutachten der Juristen auch gelten, wenn sie keine Begründung enthalten“.

107 Ulp. D. 33, 7, 12, 6: *[…] et ita Servium respondisse auditores eius referent.*

bleiben wünscht: *Nihil hoc ad ius, ad Ciceronem!*[108] Und schließlich sein Schüler Servius Sulpicius, wohl der größte unter den republikanischen Juristen, dessen umfangreiche Werke sehr häufig zitiert werden. Sein Freund Cicero rühmt ihn des Öfteren, u. a. als denjenigen, der die Rechtswissenschaft durch Anwendung der aus der griechischen Philosophie übernommenen Dialektik zu einer *ars* (Kunst) erhoben habe[109]. Derselbe Cicero lobt auch die (früheren) Juristen, wie Sextus Aelius: Diese hätten nicht nur das juristische, sondern sämtliches Wissen der Zeit beherrscht, und der Bürger habe sich an sie nicht nur in Fragen des Rechts gewandt, sondern in allen des Lebens[110]; „das Haus des Juristen ist das Orakel des ganzen Gemeinwesens"[111]. Juristische Tätigkeit verspricht gesellschaftliches Ansehen[112].

Die Autorität der jeweiligen Juristen kann manchmal auch die Argumente für eine bestimmte Rechtsansicht ersetzen. Sehr oft werden angesehene Juristen als Beleg für eine vorgetragene Rechtsmeinung zitiert, genau wie heute. Cicero macht sich in einem seiner Briefe an den damals jungen, aber bereits für seine Rechtskenntnisse bekannten Juristen Trebatius, der bei Caesars Legionen in Gallien weilt, darüber lustig: „Ich fürchte sehr, dass du im Winterquartier frierst; daher bin ich der Ansicht, dass du ein Kaminfeuer anzünden sollst – die gleiche Ansicht vertreten Mucius und Manilius"[113]. Man sieht: Hohes Ansehen schließt, gerade bei den der Komödie generell zuneigenden Römern, satirischen Spott und Kabarett nicht aus. An dieser Stelle muss daher die jedem Juristen als Lektüre zu empfehlende Rede *Pro Murena* von Cicero erwähnt werden. In diesem Prozess (es geht um den Vorwurf der Wählerbestechung) ist er wie nahezu immer Verteidiger, die Rolle des Anklägers hat sein Freund, der soeben erwähnte Servius Sulpicius, übernommen. Hier aber muss er, der Prozessgegner, als Zielscheibe für die Karikatur eines weltfremden und „fachidiotischen" Juristen herhalten[114], der in scharfen Gegensatz zum Angeklagten gebracht wird, der auf beachtliche zivile und v. a. militärische Leistungen zugunsten des Staates blicken dürfe. Die Rechtswissenschaft betreffe doch nur Kleinkram und bestehe vor allem aus Wortklauberei; die Juristen bedienten sich bewusst unverständlicher Sprache. Als Beispiele führt Cicero schwie-

108 Cicero, top. 12, 51.

109 Dazu ausführlich *Wieacker,* RG I, S. 635 ff.

110 Cicero, de or. 3, 133.

111 Cicero, de or. 1, 200.

112 Cicero, off. 2, 65; de or. 1, 198.

113 Cicero, fam. 7, 10.

114 Cicero, Mur. 23: *Mihi videris istam scientiam iuris tamquam filiolam osculari tuam* – „du scheinst mir diese Rechtswissenschaft da zu herzen, als wäre sie dein Töchterchen."

rige Prozessformeln und die Legisaktionen an. Am Ende sei aber doch alles nutzlos, da sich die Juristen in der langen Zeit des Bestehens ihres Metiers nicht einmal über Gebrauch und Bedeutung selbst der grundlegendsten Begriffe einig geworden seien. Dabei sei die Materie doch so einfach zu lernen: Er selbst könne, wenn er es nur wolle, leicht in drei Tagen zum Rechtsgelehrten werden[115]. Dass das Ganze alles nicht so ernst gemeint gewesen sei, sagt Cicero später in einem Brief an Servius quasi entschuldigend; es sei ja nie um die Sache selbst gegangen, sondern er habe eben dem ungebildeten Publikum etwas bieten wollen[116].

Eindeutig historisch widerlegt wurde Cicero mit seiner in der derselben Rede getroffenen Aussage, die Rechtswissenschaft habe außerhalb von Rom und in den römischen Gerichtsferien keinerlei Bedeutung[117]: Den späteren Siegeszug des römischen Rechts in der Welt konnte sich Cicero sicher nicht vorstellen (anders als nach ihm, freilich in dichterischer Überhöhung, Vergil[118]). Die Voraussetzungen dafür haben diese republikanischen Juristen (die späteren kaiserzeitlichen Juristen bezeichnen sie als *veteres,* die „Altvorderen"), von deren Werken so gut wie nichts erhalten ist, geschaffen. Sie haben die Grundlage der Rechtsinstitutionen gelegt, auf der sich die Arbeit der hochklassischen Juristen entfalten konnte. Das römische Recht war zur Zeit Ciceros „ein fertiges Gebilde, welches aber in vielen Einzelheiten präzisiert und weiterentwickelt werden musste. Diese Aufgabe übernahm die Rechtswissenschaft der Kaiserzeit."[119]

---

115 Cicero, Mur. 28.

116 Cicero, fin. 4, 74: *Non ego tecum ita iocabor, ut idem his de rebus, cum L. Murenam te accusante defenderem; apud imperitos tum illa dicta sunt, aliquid etiam coronae datum.* Auch Servius scheint es sportlich genommen zu haben, ohne die Freundschaft allzu sehr in Mitleidenschaft zu ziehen; der ergreifende und tief persönliche Briefwechsel (fam. 4, 5 f.) der beiden anlässlich des Todes von Ciceros einziger Tochter Tullia Jahre später wäre wohl sonst nicht möglich gewesen.

117 Cicero, Mur. 28.

118 Vergil, 70–19 v. Chr., schuf in der Aeneis das Nationalepos der Römer; darin beschreibt er in Anlehnung an die Epen Homers die sagenhafte Gründung des römischen Volkes durch den trojanischen Fürsten Aeneas. Im 4. Buch, Vers 230, lässt Jupiter diesem seine historische Sendung mitteilen: *Italiam regeret [...] ac totum sub leges mitteret orbem* – „Italien zu regieren und Gesetze zu geben dem Erdkreis."

119 *Manthe,* S. 88.

1.4.6 Klassische Jurisprudenz

1.4.6.1 Kennzeichnung

Damit sind wir am Höhepunkt angelangt. Die klassischen Juristen vollendeten im 1. und 2. Jahrhundert n. Chr. den Bau des römischen Rechts.

> Die klassische Rechtswissenschaft befasste sich im wesentlichen mit dem Privatrecht; ihr Gegenstand waren die Rechtsbeziehungen autonomer Menschen, die frei von staatlicher Gewalt ihre Verhältnisse selbst ordnen. Damit hat das klassische Recht eine von den jeweiligen Staatsverfassungen unabhängige Rechtsordnung geschaffen; man kann sogar sagen, dass die klassische Rechtswissenschaft die grundlegenden Beziehungen der menschlichen Gemeinschaft untersucht und allgemeingültige Lösungen für ihre Probleme gefunden hat. So wurde das klassische Privatrecht zur Grundlage fast aller Privatrechtsordnungen.[120]

Das römische Privatrecht war „unpolitisches" Recht. Es blieb unbeirrt von den gesellschaftlichen Umwälzungen der Zeit. Während nach einem halben Jahrtausend die Republik in blutigen Bürgerkriegen unterging und die neue, wenn anfangs auch nicht als solche offengelegte oder gar bezeichnete, Staatsform der Monarchie anhob, verlief die Privatrechtsentwicklung vollkommen bruchlos. Diese „Isolierung" des römischen Rechts *(Fritz Schulz)* ist bemerkenswert (und vielleicht auch diskussionswürdig[121]); sie ist aber zugleich die Grundlage seiner weiteren weltgeschichtlichen Bedeutung.

1.4.6.2 Historische Rahmenbedingungen

Die klassische römische Rechtswissenschaft erreichte ihren Zenit unter dem Prinzipat; sie endete um 230 n. Chr. mit dem Ende der Severerkaiser[122]. Die als Prinzipat bezeichnete Herrschaftsform (von *princeps,* der Erste) folgte auf das Ende der Republik, deren äußere Form sie anfänglich noch aufrechterhielt. Die zwei Jahrhunderte von der

---

120 *Manthe,* S. 93.

121 *Fögen,* S. 209 ff.

122 Zur Auffrischung hier die Übersicht der römischen Kaiser des Prinzipates: julisch-claudisches Kaiserhaus: Augustus (27 v. – 14 n. Chr.), Tiberius (14–37), Caligula (37–41), Claudius (41–54), Nero (54–68); Flavier: Vespasian (69–79), Titus (79–81), Domitian (81–96); Adoptivkaiser: Nerva (96–98), Trajan (98–117), Hadrian (117–138), Antoninus Pius (138–161), Mark Aurel/Lucius Verus (divi fratres, 161–169), Mark Aurel (169–180), Commodus (180–192); Severer:

Herrschaft des Augustus (27 v. Chr.) bis zum Tode Marc Aurels (180 n. Chr.) waren im Innern des Reiches, verglichen mit dem letzten vorchristlichen Jahrhundert, eine im Großen und Ganzen friedliche Epoche *(pax Augusta).* Politische Machtlosigkeit des Einzelnen ging einher mit großer wirtschaftlicher Liberalität. Das römische Bürgerrecht breitete sich immer mehr aus. Die Zeit war durch Rechtssicherheit, politische Stabilität und steigenden Wohlstand geprägt. Ein hervorragend ausgebautes Fernstraßennetz und die Ausweitung der Geldwirtschaft im Mittelmeerraum begünstigten (Fern-)Handel und Wirtschaft. Manchem Kaiser, insbesondere des 2. Jahrhunderts, wird ein „aufgeklärtes Herrscherethos" zugeschrieben (es sind die nach der Übertragungsform der Regierungsgewalt als Adoptivkaiser bezeichneten Trajan, Hadrian, Antoninus Pius[123], Marc Aurel, die „guten Kaiser", wie sie oft genannt werden). Der Gedanke der Humanität begegnet verstärkt, z. B. im Ausbau des Schutzes der Sklaven. Es waren Idealbedingungen für Rechtswissenschaft und -pflege. Die Fachjuristen erlangten eine zentrale Stellung im Reich: Es entstand das „Bündnis der Adoptivkaiser mit der Jurisprudenz" *(Wieacker).*

1.4.6.3 Die Juristen und ihr Werk

Die klassischen Juristen arbeiteten die in der Republik gelegten juristischen Grundlagen bis ins Feinste aus. Schlaglichtartig mag dies daran ersehen werden, dass der Kommentar des Servius zum Edikt 2 Bücher umfasste, der des Pomponius zwei Jahrhunderte später 150. Augustus hat bestimmten Juristen das *ius publice respondendi* verliehen *(ut ex auctoritate eius responderent*[124]), das Recht, öffentlich und im Namen des Kaisers Rechtsgutachten zu erteilen. Dies war eine besondere Ehrbezeigung des Prinzeps, es war aber anderen Juristen, die dieses „Privileg" nicht besaßen, nicht verboten, weiterhin ihrem Beruf nachzugehen; dass es faktisch nur noch die Respondierjuristen waren, auf deren Meinung es ankam, liegt allerdings nahe. Eine *rechtliche* Bindungswirkung

---

Septimius Severus (193–211), Caracalla (211–217), Elagabal (218–222), Severus Alexander (222–235).

123 Antoninus Pius, die Idealgestalt des guten Herrschers, war vor seiner Thronbesteigung selbst lange in hoher richterlicher Funktion tätig und muss ein guter, wenngleich auch pedantischer Jurist gewesen sein; er wird oft mit dem mythischen Gesetzgeber Roms, dem König Numa Pompilius, verglichen, der Historiker Cassius Dio, 70, 3, 3, nennt ihn aber auch einen „Kümmelspalter" *(kyminopristes).*

124 Pomp. D. 1, 2, 2, 49.

war damit zunächst ebenfalls noch nicht verbunden[125]. Bemerkenswert ist allerdings auch, dass das *ius respondendi* nur in der rechtshistorischen Einführung der Digesten vorkommt, an anderen Stellen der erhaltenen römischen Rechtsliteratur aber nicht, und sich kein Jurist auf diese besondere Autorität beruft, weder bei der Begründung einer eigenen Ansicht noch bei der eines Vorgängers[126]. Die Juristen selbst sahen eine solche Legitimierung von Seiten des Kaisers offenbar als unnötig an, ihre Autorität hatte ein anderes, nämlich selbstgelegtes Fundament.

Bedeutende Juristen waren vor allem in der Frühzeit Privatmänner und amtlos. Labeo (ein Schüler des Trebatius) hatte die republikanischen Ämter bekleidet; seinem Vater, der an der Verschwörung gegen Caesar beteiligt gewesen war, verdankte er vermutlich seine stramme republikanische Haltung. Diese veranlasste ihn dazu, den Konsulat von Augustus' Gnaden abzulehnen, was den Prinzeps allerdings nicht dazu brachte, diesen umfassend gebildeten und genialen Juristen an der Ausübung seiner Tätigkeit zu hindern. Labeo lehrte in der einen Hälfte des Jahres und forschte und schrieb in der anderen, über 400 Bücher waren die Frucht dieser Arbeit (und 563 Erwähnungen in den Digesten[127]). Ebenfalls Privatmann blieb Massurius Sabinus, der aus einfachen Verhältnissen stammte, spät in den Ritterstand erhoben und von seinen Schülern finanziell unterstützt wurde; er war der erste Jurist aus diesem Stand, dem das *ius respondendi* verliehen wurde. Beide haben Bahnbrechendes für die weitere Rechtsentwicklung geleistet. Sabinus schrieb ein Lehrwerk mit dem Titel *tres libri iuris civilis,* dem so durchschlagender Erfolg beschieden war, dass es quasi gesetzesgleiche Autorität erlangte (wie über 1800 Jahre später das ebenfalls dreibändige Lehrbuch *Windscheids*[128]) und – genau wie das Werk des Mucius Scaevola – von späteren Autoren ihren Kommentierungen wie ein Gesetzestext zugrunde gelegt wurde *(ad Sabinum).* Man nennt dies auch das Sabinussystem im Gegensatz zu den Kommentierungen des Edikts *(ad edictum),* dem Ediktsystem.[129]

---

125 Gai. 1, 7 berichtet, dass später ein Reskript Hadrians der übereinstimmenden Meinung der Respondierjuristen Gesetzeskraft verliehen habe; bestehe keine Einigkeit, dürfe der Richter frei entscheiden.

126 *Fögen,* S. 205.

127 *Fögen,* S. 202.

128 Siehe oben Fn. 39.

129 Einen streng logischen Aufbau dieser „Systeme" nach heutigen Maßstäben darf man sich, soweit sich das rekonstruieren lässt, allerdings nicht erwarten; es kann sich – in gut römischer Manier – auch um organisch gewachsene Anordnungskonventionen gehandelt haben: *Repnow/ Stumpf,* Themen in „ad Vitellium" und die äußeren Systeme der klassischen Jurisprudenz, in:

In dieser Zeit entstanden die beiden „Rechtsschulen“, die durch persönliche Verbindung von Juristen zur Pflege einer bestimmten wissenschaftlichen Tradition geprägt waren: die Proculianer (Stammvater war Labeo, der Name geht auf seinen Schüler Proculus zurück) und die Sabinianer (nach Sabinus), auch Cassianer genannt nach Cassius Longinus. Letzterer war sowohl mit dem gleichnamigen Caesarmörder als auch mit Servius Sulpicius verwandt. Wie die juristische Begabung lag ihm anscheinend auch die Abneigung gegen Tyrannen im Blut: Cassius geriet in ernsthafte Schwierigkeiten mit Nero und Caligula, was ihm eine zeitweilige Verbannung nach Sardinien einbrachte. Schulgründer der Sabinianer war Capito, der – im Gegensatz zu seinem Rivalen, dem aufrechten Labeo – in der Überlieferung[130] als ein dem Kaiser unterwürfiger Kriecher daherkommt, als Fachjurist anscheinend aber hohes Ansehen genoss. Diese Rechtsschulen unterschieden sich durch ihre Auffassungen in Einzelfragen, nicht in den Grundsätzen; die Unterschiede verschwanden Ende des 2. Jahrhunderts wieder. Wir werden an verschiedenen Stellen auf Beispiele der zwischen ihnen ausgefochtenen Meinungsstreitigkeiten zu sprechen kommen.

Mit fortschreitender Zeit wurden die Juristen immer mehr zu Staatsbeamten, zuweilen in den höchsten Ämtern. So war der Jurist Javolen, der auch das *ius respondendi* besaß, Statthalter in Dalmatien, Britannien, Germanien, Syrien und Afrika – also alles andere als ein Stubengelehrter! Die Kaiser hatten wie die Prätoren ihr *consilium*, dem mit der Zeit die Funktion eines Staatsrates und dann auch institutionalisierten Gerichtshofs zukam[131]. Es wurde zum Kabinett aus fest besoldeten Mitgliedern, Regierung und oberstes Rechtsprechungsorgan zugleich, in dem die Juristen dienten und mit der Zeit die Führung der Jurisprudenz übernahmen. Zu diesen gehörten die bedeutendsten Hochklassiker, z. B. Neraz, Vorstand der prokulianischen Rechtsschule, der möglicherweise sogar selbst als Kandidat für die Kaiserwürde in Erwägung gezogen wurde. Die durchaus repräsentative Tätigkeit des Javolen beschreibt Plinius: *Interest officiis, adhibetur consiliis atque etiam ius civile publice respondet*[132] – „Er versieht seine

Baldus/Lucchetti/Miglietta (Hg.), Prolegomena per una palingenesi dei libri „ad Vitellium“ di Paolo. Atti dell’incontro di studi italo-tedesco, 2020, S. 307, 308 f., 317, 325.

130 Sueton, de grammaticis, 22; Tacitus, ann. 3, 70; siehe dazu *Wieacker*, RG II, S. 56, Fn. 76 („Tacitus’ kunstvoll inszenierte moralische Hinrichtung Capitos“).

131 Man darf allerdings nicht davon ausgehen, dass die Kaiser immer den Ansichten ihrer Juristen blind gefolgt seien; die Digesten kennen auch Fälle, in denen der Kaiser entgegen ihrem ausdrücklichen Votum entscheidet. So berichtet Paulus in D. 14, 5, 8 von einer eigenen Niederlage im *consilium* des Septimius Severus.

132 Plinius, epist. 6, 15, 3.

Ämter, nimmt an Sitzungen des Rates teil und erteilt sogar offizielle Rechtsgutachten". Dem bedeutenden Julian sind wir schon begegnet und werden dies noch mehrfach tun. In Nordafrika geboren, führte ihn seine berufliche Laufbahn nach Spanien, Afrika und als Statthalter von Germania inferior auch nach Köln; Justinian wird ihn einige Jahrhunderte später den „Weisesten aller Rechtsgelehrten" nennen[133]. Julians Autorität war überragend, seine Entscheidung vieler Streitfragen wurde als abschließend akzeptiert und oft war er es, der neue Wege beschritt. Auch Celsus, einer der eigenwilligsten Charaktere in der langen Reihe der Juristen, ist hier zu nennen. Celsus hatte eine besondere Gabe zur Formulierung eindringlicher Sentenzen; hier eine kleine Auswahl der auch heute noch verbreiteten und oft zitierten, die sich an prominentester Stelle, nämlich am Anfang der Digesten, finden:

D. 1, 1, 1 pr.: *Ius est ars boni et aequi* Recht ist die Kunst des Guten und Gerechten.
D. 1, 3, 17: *Scire leges non hoc est verba earum tenere, sed vim ac potestatem* – Gesetze kennen heißt nicht, ihren Wortlaut zu kennen, sondern ihren Sinn und Zweck.
D. 1, 3, 24: *Incivile est nisi tota lege perspecta una aliqua particula eius proposita iudicare vel respondere* – Es ist unjuristisch, ohne das Gesetz als Ganzes zu berücksichtigen, nach irgendeinem Teil desselben ein Urteil zu sprechen oder ein Gutachten zu erteilen.

Insbesondere Letzteres wird ja auch heute noch jedem Erstsemester ins Stammbuch geschrieben.

Allerdings war dieser brillante Geist – *Wieacker* nennt ihn als den neben Labeo originellsten römischen Juristen[134] – persönlich wohl mit Vorsicht zu genießen. Einen Fragesteller fertigte Celsus folgendermaßen ab: *Non intellego quid sit, de quo me consulueris, aut valide stulta est consultatio tua*[135] – „Entweder verstehe ich deine Frage nicht oder sie ist außerordentlich dumm". Der unglückliche Adressat, ein gewisser Domitius Labeo (nicht zu verwechseln mit dem früher lebenden und genialen Antistius Labeo), hatte bei Celsus anzufragen gewagt, ob derjenige, der für einen anderen ein Testament auf dessen Diktat geschrieben habe, auch als Zeuge dieses Testaments in Frage komme. Celsus antwortete mit dem zitierten Satz und dass es mehr als lächerlich sei, dies überhaupt in Zweifel zu ziehen. In der Rechtsgeschichte sind sprichwörtlich

133 Const. Dedoken, 18.
134 *Wieacker*, RG II, S. 98.
135 Cels. D. 28, 1, 27.

geworden die *quaestio Domitiana* für eine, jedenfalls aus Sicht des Befragten, alberne Frage und das *responsum Celsinum* für eine grobe Antwort.

In klassischer Zeit hob auch eine Art organisierter Rechtsunterricht an, für den Einführungswerke *(institutiones)* geschrieben wurden, im Unterschied zur Literatur für Einzelprobleme und Responsensammlungen auf hohem Niveau, die sich an den Fachmann richteten *(digesta, pandectae, quaestiones, disputationes)*. Als Hauptform der Klassik entstanden Großkommentare zum *ius civile* des Sabinus und zum Edikt neben Kommentaren zu einzelnen Gesetzen und Monographien. Die Klassiker erreichten einen besonderen Stil, der durch Präzision, Schlichtheit, Klarheit der Gedankenführung und Beschränkung auf das Wesentliche besticht. Bereits die Mitteilung des Sachverhaltes ist eine eigene Kunst („Sprachkunstwerk an epigrammatischer Verdichtung“[136]) und beinhaltet häufig bereits die Lösung: Entscheidungsgründe werden oft nicht angegeben, weil sie als dem fachkundigen Leser evident vorausgesetzt werden (wir werden zu all dem Beispiele sehen). Wie ihre zeitgenössischen Nachfolger haben auch die römischen Juristen ihre sprachlichen Besonderheiten und Vorlieben. Der deutsche Jurist gebraucht liebevoll „insoweit“, „hilfsweise“ oder „grundsätzlich“, also vom Laien kaum oder in anderem Sinne benutzte Begriffe; der *iuris consultus* pflegt *dumtaxat* (nur, höchstens) oder *intra* zu schreiben, Letzteres nicht in der üblichen Bedeutung „innerhalb“, sondern „vor“. Aulus Gellius, dem als *iudex* aufgetragen wird, *intra Kalendas* zu urteilen, muss daher eigens bei einem befreundeten Philologen nachfragen, wie diese Fristsetzung denn genau zu verstehen sei[137].

Neben den Juristen mit großer Karriere im Staatsdienst finden wir Schuljuristen, unter ihnen Pomponius und Gaius, beide Privatleute ohne öffentliche Ämter, die sich allein der Lehre und der juristischen Schriftstellerei widmeten. Beide wirkten Mitte/Ende des 2. Jahrhunderts. Pomponius hinterließ ein riesiges Werk, Großkommentare wie Einzelschriften; am bekanntesten ist sein Enchiridium (wörtlich: Handbüchlein) mit dem Abriss der Geschichte des römischen Rechts, das – in allerdings bearbeiteter Form – an den Beginn der Digesten gestellt wurde.

In seiner Bedeutung für uns kaum zu überschätzen ist Gaius. Von seiner Person wissen wir nahezu nichts mit Sicherheit. Er wirkte wohl, vielleicht nach einer Ausbildung in Rom, als Rechtslehrer in den östlichen (griechischen) Provinzen, worauf vieles hindeutet, u. a. sein ausgeprägtes rechtsvergleichendes Interesse. Sein bedeutendstes Werk ist ein um 161 geschriebenes Einführungslehrbuch: die Institutionen.

---

136 *Wieacker*, Vom römischen Recht, S. 149.

137 Gellius, noct. Att. 12, 13.

Sie sind uns als einziges Werk der gesamten römischen Rechtsliteratur (fast) vollständig erhalten und damit als Gesamtwerk die einzige unveränderte Originalquelle des klassischen römischen Rechts. Die Institutionen wurden erst 1816 in der Stiftsbibliothek von Verona entdeckt. Der auf Pergament geschriebene Text war ausradiert und wieder überschrieben worden (ein Palimpsest; dieses Verfahren war im Mittelalter üblich zur Wiedernutzbarmachung des teuren Schreibstoffes). Er ließ sich aber zu großen Teilen wiederherstellen. Gaius versucht eine wirkliche Systematisierung des Rechts. Das Werk ist nach der als „Institutionensystem" bezeichneten Aufteilung des Rechtsstoffes gegliedert in *personae/res/actiones,* also Personen (Rechtssubjekte), Sachen (Rechtsobjekte) und Klagen, Ansprüche, Einreden etc. Diese Struktur erwies sich in der Rechtsgeschichte als sehr einflussreich und liegt auch vielen neuzeitlichen Kodifikationen zugrunde. Das BGB übernimmt sie im Allgemeinen Teil als Personen/Sachen/Rechtsgeschäfte, sein Fünf-Bücher-System (auch Pandektensystem genannt) geht als mittelbare Fortentwicklung ebenfalls auf die Institutionen zurück. Neben Pomponius ist Gaius der Einzige, der über die Geschichte des römischen Rechts berichtet. Er schreibt auch einen Kommentar zum Zwölftafelgesetz, denn „gewiss ist der wichtigste Teil jeder Sache ihr Anfang"[138], und wer die Geschichte des Rechts übergehe, fasse es sozusagen „mit ungewaschenen Händen" *(illotis manibus)* an. Sein Interesse ist in erster Linie pädagogisch. Er will nicht die Rechtswissenschaft durch originelle Schöpfungen vorantreiben (von den – zeitgenössischen und späteren – Klassikern wird er auch nicht zitiert[139]), sondern Juristen ausbilden. Er war damit außerordentlich erfolgreich, wie die weite Verbreitung seines Lehrbuches bereits in der Antike beweist. Zusammen mit dem *ius civile* des Sabinus sind es damit zwei (Einführungs-)Lehrbücher und nicht die großen dogmatischen Schriften, die System und Rezeption des römischen Rechts für immer geprägt haben.

Die Spätklassik im Ausgang des 2., zu Beginn des 3. Jahrhunderts v. Chr. fiel zeitlich mit der Regierungszeit der Severer und der Militärmonarchie zusammen. Die Juristen gelangten in die allerhöchsten Staatsämter; von den drei bedeutendsten Spätklassikern Papinian, Paulus und Ulpian waren jedenfalls der Erst- und der Letztgenannte Prätorianerpräfekten, *praefecti praetorio.* Damit bekleideten sie ein Amt, bei dem hierarchisches Gewicht und damit verbundene Lebensgefahr für seinen Inhaber einander die Waage hielten, wie (nicht nur) Ulpians Ermordung durch seine eigenen Untergebenen, vermutlich 223, zeigt. Die Prätorianerpräfekten waren nicht nur die

138 Gaius D. 1, 2, 1: *et certe cuiusque rei potissima pars principium est.*

139 Nur ein einziges Mal erwähnt: Pomp. D. 45, 3, 39.

Kommandeure der in Rom stationierten Prätorianergarde, sondern in dieser Zeit auch die höchsten Reichsbeamten in Verwaltung und Rechtsprechung, also nach heutigen Maßstäben Premierminister, Präsident des obersten Gerichtshofs und General in einem.

Papinian, der Lehrer Ulpians, wurde auf Befehl des Kaisers Caracalla 212 ermordet, weil er sich geweigert hatte, die Ermordung von dessen Bruder und anfänglichem Mitregenten Geta juristisch zu rechtfertigen, und wurde damit zum Märtyrer des Juristenstandes. Papinian war eine überragende Autorität, auch in späteren Zeiten: Kaiser Konstantin verfügte im Jahre 321 gar gesetzlich, dass Schriften jüngerer Zeitgenossen Papinians, wie solche von Paulus und Ulpian, die ihn kritisierten, zu vernichten seien[140]; und der Barockdichter Gryphius machte ihn zum Helden einer Tragödie. Ulpian, syrischer Herkunft, sammelte das Rechtswissen seiner Zeit und legte damit eine wesentliche Grundlage für die 300 Jahre später geschaffene Kodifikation Justinians. Er verfasste einen Großkommentar zum Edikt (81 *libri ad edictum*) und zu Sabinus (51 *libri ad Sabinum*); eines seiner bekanntesten Zitate ist wohl seine Zusammenfassung der Gebote des Rechts: *honeste vivere, alterum non laedere, suum cuique tribuere* – „ehrenhaft leben, niemanden verletzen, jedem das Seine gewähren"[141].

1.4.6.4 Rechtsquellen der Kaiserzeit

In der Kaiserzeit erweiterte sich, durch die politische Verfassung bedingt, das System der Rechtsquellen gegenüber der Republik erheblich. Zu den überkommenen Quellen der bestehenden Gesetze, der magistratischen Edikte und des Juristenrechts traten hinzu:

Das *senatus consultum* (SC), der Senatsbeschluss. Die Republik erkannte die Senatsresolutionen noch nicht als gesetzesgleiche Normsetzungsakte des *ius civile* an, sondern wie bereits erwähnt als politische Empfehlung oder Rat (so die Übersetzung von *consultum),* welchem aber aufgrund der überragenden Autorität des Senats gefolgt wurde. In der Kaiserzeit wurden sie zu einer üblichen Form der Gesetzgebung. Sie nahmen Bezug auf den „Gesetzesantrag" des Kaisers im Senat *(oratio principis in senatu habita),* daher findet sich auch zuweilen die Bezeichnung *oratio.* Die Legislative lag also inhaltlich beim Kaiser. Ein SC wurde nach dem antragstellenden Magistrat benannt, wie früher die Volksgesetze.

140 *Liebs,* SZ 135 (2018), 395, 402.

141 Ulp. D. 1, 1, 10, 1.

Sodann ist das eigentliche Kaiserrecht zu nennen in seinen verschiedenen Formen, die mit dem Oberbegriff Konstitutionen bezeichnet werden und wie Gesetze galten[142]:

Reskripte waren Einzelentscheidungen des Kaisers auf konkrete Rechtsfragen zumeist aus anhängigen Verfahren, die verallgemeinert wurden; hierfür waren eigene Kanzleien innerhalb der kaiserlichen Verwaltung zuständig, der die tüchtigsten Juristen vorstanden. Die Reskripte waren keine Urteile, da sie den mitgeteilten Sachverhalt als zutreffend unterstellten; dies zu prüfen war Sache des Tatrichters, der – sollte sich der Sachvortrag als zutreffend erweisen – an die im Reskript mitgeteilte Entscheidung der Rechtsfrage gebunden war. Sie nahmen mit der Zeit die Stelle der juristischen Gutachten *(responsa)* ein, die aber weiterhin erteilt wurden. Von Bedeutung waren auch kaiserliche Endurteile *(sententiae, decreta)* in Verfahren vor dem Kaisergericht.

Andere kaiserrechtliche Rechtsetzungsakte waren *edicta* (Anordnungen allgemeinen Inhalts) und *mandata* (Verwaltungsanweisungen). Diese konnten durchaus von weittragender Bedeutung sein. Durch die *constitutio Antoniniana* verlieh Kaiser Caracalla 212 allen freien Bewohnern des Reiches das römische Bürgerrecht; und durch Dienstanweisungen an die Heereskommandeure wurde im Prinzipat ein eigenes, von den Prinzipien des überkommenen Erbrechts völlig abweichendes Testamentsrecht für Soldaten geschaffen[143]. Schließlich ist auch das Gewohnheitsrecht zu nennen *(mos, consuetudo)*[144].

1.4.7 Nachklassik

Nach dem Ende der Severer geriet das Reich in eine große Krise. Es begann die Zeit der Militäranarchie (Soldatenkaiser, 235–284), nach traditioneller Sichtweise des wirtschaftlichen und kulturellen Verfalls, der politischen Instabilität und Verarmung weiter Bevölkerungsteile: ein unfruchtbares Feld für Zivilrecht und Zivilprozesse. Literatur aus dieser Zeit ist nicht auf uns gekommen. Die kaiserliche Reskriptenpraxis und die Kaiserkonstitutionen blieben als Rechtsquelle allerdings bestehen. Mit Diokletian (284–305) begann die herkömmlicherweise als Dominat bezeichnete und durch Absolutismus, Staatswirtschaft, drückende Steuerlast und Unfreiheit gekennzeichnet angesehene Regierungsform: der „spätantike Zwangsstaat“. Die massive Inflation

---

142 Inst. 1, 2, 6: *Sed et quod principi placuit, legis habet vigorem* – „Aber auch das, was der Kaiser bestimmt, hat Gesetzeskraft“. Ebenso Gai. 1, 5.

143 Ulp. D. 29, 1, 1, pr., unten S. 201.

144 Ulp. D. 1, 3, 32, 1.

begünstigte die Naturalvollstreckung. Das hochentwickelte klassische Recht war im Niedergang. Ein stark vereinfachendes Recht breitete sich aus, das man traditionell als „Vulgarrecht" bezeichnet: Es beruhte auf Laienanschauung, „Volksmeinung"[145] (daher der Name), und unterschied sich dadurch von dem wissenschaftlichen Recht der Klassik. So kannte es z. B. keine Unterscheidung von Eigentum und Besitz mehr, der Kauf war kein Verpflichtungsgeschäft, sondern reiner Barkauf etc.[146] Es brachte in einzelnen Rechtsinstituten aber auch Fortschritte[147]. Zeitgleich mit dem klassischen Recht verfiel übrigens auch die klassische lateinische Literatur.[148]

Das Auseinanderstreben von Ost und West mündete in die Reichsteilung (395). Im Ostteil des Reiches bewahrte sich ein höheres juristisches Niveau, ohne das die Justinianische Kodifikation nicht möglich gewesen wäre. Eigenständige Rechtsschöpfung fand nicht mehr statt. Die Literatur bestand aus vereinfachenden Bearbeitungen und Exzerptensammlungen der als höchste Autorität verstandenen Klassikerschriften. Seinen Gipfel fand dies im sog. Zitiergesetz von 426: Nur die Schriften des Papinian, Paulus, Ulpian, Modestin und Gaius (sowie die von diesen Zitierten) durften vor Gericht zitiert werden, sie galten gesetzesgleich. Bei Meinungsverschiedenheiten musste der Richter der Mehrheit, bei Stimmengleichheit der Meinung des Papinian folgen; hatte sich Papinian zu der Frage nicht geäußert, war der Richter bei Stimmengleichheit unter den anderen „Zitierjuristen" in seiner Entscheidung frei. Was uns als bloßes Abzählen recht geistlos erscheint, wird allerdings aus praktischen Notwendigkeiten und dem Bestreben heraus geboren worden sein, in unsicheren Zeiten zumindest ein gewisses Maß an Rechtssicherheit zu schaffen.

Die Zeit der Nachklassik war auch die der ersten Kodifikationsbemühungen. Private (oder halbamtliche) Sammlungen der Kaiserkonstitutionen wurden veranstaltet, so der Codex Gregorianus (zwischen 291 und 295), der Konstitutionen von Hadrian bis Diokletian enthält, und der ihn ergänzende Codex Hermogenianus (295). Diese

---

145 *Waldstein/Rainer,* § 40, Rn. 3.

146 Das traditionelle grundsätzlich negative Bild der Epoche und ihres Rechts wird in jüngerer Zeit allerdings zunehmend in Frage gestellt; Überblick bei *de Giovanni,* Istituzioni, scienza giuridica, codici nel mondo tardoantico. Alle radici di una nuova storia, 2007.

147 Auf diese soll im jeweiligen Sachzusammenhang hingewiesen werden.

148 *Fuhrmann,* Geschichte der römischen Literatur, 1999, S. 365. „Das literarische Vakuum zwischen 238 und 284 bekundet v. a. einen geistigen und weniger einen physischen Kollaps: Rom als verbindende Idee war am Ende, jedenfalls einstweilen, und mit ihm seine Geschichte, sein Recht und sein Staatsethos, und so fehlte es an Antrieben zu literarischen Unternehmungen, die unmittelbar oder mittelbar mit dieser Idee zusammenhingen."

Zusammenstellungen wurden als solche allerdings nicht mit Gesetzeskraft versehen. Der Codex Theodosianus (438 für Ost-, 439 für Westrom in Kraft getreten) umfasste und kodifizierte das Kaiserrecht ab Konstantin. Daneben traten die germanischen Gesetzbücher *(leges Romanae);* sie wurden im 5., Anfang des 6. Jahrhunderts von den Königen der germanischen Reiche auf dem Territorium des ehemaligen (west-)römischen Reiches für ihre römischen Untertanen geschaffen, die gemäß dem Personalitätsprinzip nach römischem Recht lebten.

1.4.8 Die Kodifikation Justinians („*Corpus Iuris*"), insbesondere Digesten und Institutionen

Am Anfang und am Ende der 1000-jährigen Entwicklung des römischen Rechts steht wie bereits gesagt ein Gesetzeswerk. Die XII Tafeln sind uns nicht erhalten, und die Kenntnis ihres Inhaltes beruht auf Rekonstruktion. Anders das (später so genannte) *Corpus Iuris Civilis* des oströmischen Kaisers Justinian: Es nimmt unter den Quellen in der Chronologie die letzte, seiner Bedeutung nach die erste Stelle ein.

Das Justinianische Gesetzeswerk stammt aus einer Zeit, nämlich um ca. 530 n. Chr., in der das zum Inhalt der Kodifikation genommene Recht in Rom überhaupt nicht mehr angewandt wurde. Im Osten hatte sich dagegen nach der Reichsteilung die staatliche Gewalt stabilisiert und mit ihr Pflege und Unterricht des römischen Rechts auf hohem Niveau. Zur Ausübung der Advokatur musste man ein Rechtsstudium vorweisen können. In Konstantinopel, der Hauptstadt, und Beryt (Beirut) bestanden Rechtsschulen, an denen besoldete Professoren das römische Recht anhand der klassischen lateinischen Texte auf Griechisch unterrichteten. Diesen Rechtsschulen ist die Bewahrung der klassischen Rechtsliteratur als Voraussetzung der Justinianischen Kodifikation zu verdanken.

Justinian regierte als oströmischer Kaiser von 527 bis 565. Im Westen war das römische Reich untergegangen, sein Gebiet stand unter der Herrschaft germanischer Könige. Justinian wollte das römische Reich wieder in altem Glanz erstehen lassen, wozu nicht nur die Rückeroberung Nordafrikas, Italiens und Spaniens gehörte, sondern auch die Renaissance des klassischen Rechts (Klassizismus Justinians). Er stammte aus einfachen Verhältnissen und machte am Hof seines Vorgängers und Onkels Justin I. Karriere. Er war verheiratet mit der legendenumwobenen Theodora, einer ehemaligen Schauspielerin und außergewöhnlichen Frau, die aktiv an der Regierung mitwirkte. Justinian war durchdrungen vom Gedanken des Gottesgnadentums; er selbst war tief religiös und griff wiederholt und massiv in kirchliche und theologische Streitigkeiten ein. Reichseinheit, Religionseinheit und Rechtseinheit waren die Ziele seiner Politik.

Nach Kriegen im Osten mit den Persern, die über Tributzahlungen beendet werden konnten, nahm Justinian die Rückeroberung und Wiederherstellung des alten römischen Reiches in Angriff. 533 eroberte er Nordafrika von den Vandalen, danach begann die Rückeroberung Italiens und die Vertreibung der Ostgoten, letztlich mit Erfolg, der aber teuer bezahlt war und dennoch nicht von Dauer. Die Gotenkriege zogen sich bis 552 hin und hinterließen ein völlig erschöpftes Land; und 568 endete diese letzte „römische" Herrschaft in Italien schon wieder mit der Ankunft der Langobarden. Südspanien konnte zurückgewonnen werden, wurde aber 625 wieder westgotisch.

Anderes dagegen ist von Dauer: die von ihm erbaute weltberühmte Hagia Sophia und vor allem sein Gesetzeswerk, von ihm „Tempel der Gerechtigkeit"[149] genannt. Dieses nahm schon kurz nach seinem Regierungsantritt mit dem Auftrag zur Zusammenstellung der Kaiserkonstitutionen seinen Anfang. Bereits 529 lag diese Sammlung vor: der *Codex Iustinianus* (zitiert „C."), eine Sammlung von ca. 4600 Kaiserkonstitutionen seit Hadrian in 12 Büchern (erhalten ist die zweite Fassung, die nach Erscheinen der Digesten 534 erforderlich wurde). Justinian konnte hier auf den bereits vorhandenen, oben erwähnten Gesetzessammlungen aufbauen. Nachdem dieses Werk schneller als geplant vollendet war, holte Justinian nun zum ganz großen Wurf aus. 530 setzte er eine aus Professoren und Praktikern bestehende Kommission zur Schaffung der *Digesten* ein. Er ließ die in großer Zahl vorhandenen klassischen Juristenschriften auswerten und daraus ein Gesetzbuch erstellen. Der Name leitet sich ab von *digerere* – „planmäßig zusammenstellen", in griechischer Sprache *pan dechesthai* – „alles umfassen, aufnehmen", woher die Bezeichnung „Pandekten" stammt. Werke mit dem Titel „Digesten" hatten schon die klassischen Juristen geschrieben, u. a. Julian. Die Leitung dieses Unternehmens übertrug er dem genialen Justizminister Tribonian, „the last Roman jurist" *(Honoré),* dem wir die erfolgreiche Durchführung dieses gigantischen Werkes und damit den Erhalt des römischen Rechts überhaupt zu verdanken haben. Auch diese Herkulesarbeit wurde aufgrund einer ausgeklügelten Arbeitsorganisation in Rekordzeit abgeschlossen. Bereits 533 traten die 50 Bücher der Digesten in Kraft (für Ostrom; für Westrom nach dem Sieg über die Goten 554). Sie wurden verkündet und waren nach einer Frist von 14 Tagen anzuwenden – auch auf noch anhängige Verfahren (!). Justinian wollte jegliche Rechtsunsicherheit für alle Zeiten beenden, rückschauend durch abschließende Entscheidung der Meinungsstreitigkeiten unter den klassischen Juristen, und in die Zukunft gerichtet durch ein – in

149 Const. Tanta, § 20; Const. Deo auctore, § 5.

seinem genauen Gehalt allerdings unklares und auch nicht eingehaltenes – Verbot, die Digesten zu kommentieren[150].

Über die Zielsetzung des Gesetzes und die Arbeitsweise der Kommission geben uns die Einführungserlasse Auskunft, die in lateinischer und in griechischer Sprache verfasst sind und – wie heute noch päpstliche Enzykliken – nach ihren Anfangsworten benannt werden. Der Auftrag an die Kommission lautet in des Kaisers eigenen Worten:

> Wir gebieten euch also, die das römische Recht betreffenden Bücher der alten Rechtsgelehrten, denen die allerheiligsten Kaiser die Befugnis gewährt haben, Rechtsnormen zu setzen und und auszulegen, sowohl zu lesen als auch zu reinigen, damit aus diesen der gesamte Stoff gesammelt wird, und zwar ohne dass (soweit das möglich ist) irgendeine Wiederholung oder irgendein Widerspruch übrigbleibt, vielmehr so, dass aus diesen Büchern jeweils das ausgewählt wird, was allein für alles Übrige stehen kann[151].

Das tat die Kommission gründlich. Ihr lagen nach eigenen Angaben fast 2000 Bücher in einem Umfang von 3 Millionen Zeilen vor, die am Ende auf 150.000 Zeilen zusammengefasst wurden[152]. Die Digesten enthalten Fragmente aus über 200 Werken. Die Löwenanteile entfallen auf Ulpian (ca. ein Drittel) und Paulus (ca. ein Sechstel); einen hohen Anteil haben auch Pomponius, Julian, Gaius, Papinian und Afrikan. Republikanische Juristen und solche vor Trajan werden kaum direkt zitiert (2 Prozent), obwohl deren Werke den Kompilatoren (so werden die Mitglieder der Kommission genannt, nach lat. *compilare* – „ausbeuten, plündern") noch vorlagen. Man muss sich das einmal auf die Gegenwart übertragen vorstellen: Es wäre „ein Gesetzbuch, das Zitate aus dem Sachsenspiegel enthielte, dessen Hauptmasse aus der Rechtsliteratur der Zeit um den 30jährigen Krieg stammte, und das aus dem 19. und 20. Jahrhundert nur eine verhältnismäßig bescheidene Anzahl ziemlich spezieller Gesetze wiedergäbe"[153]. Und doch hat es die Privatrechtsgeschichte wie kein anderes Werk geprägt.

Was nicht in die Digesten Eingang fand, war fortan bedeutungslos und damit dem Untergang geweiht, mindestens 95 Prozent des antiken juristischen Schrifttums. Abgesehen von den Institutionen des Gaius sind uns außerhalb des Corpus Iuris nur noch Bruchstücke dieser Literatur in Exzerpten und späteren Bearbeitungen erhalten,

150 Const. Deo auctore, § 12 und Dedoken, § 21.
151 Const. Deo auctore, § 4.
152 Const. Tanta, § 1; *Liebs*, SZ 135 (2018), 395, 441, geht von 1517 Büchern aus.
153 *Kunkel/Schermaier*, S. 224.

so v. a. in den *fragmenta Vaticana, Ulpiani epitome, Pauli sententiae* und der *Collatio legum Mosaicorum et Romanorum* (einem Vergleich von Stellen aus dem Alten Testament mit römischem Recht), die alle im 4. Jahrhundert angefertigt wurden (die *Pauli sententiae* vielleicht auch schon Ende des 3. Jahrhunderts). Im Übrigen ist sie uns auf immer verloren. Die Kompilatoren begnügten sich nicht mit Exzerpieren und redaktioneller Bearbeitung, sondern scheuten sich auftragsgemäß nicht, in die Texte einzugreifen und diese auch inhaltlich zu verändern, um sie an die geänderte Rechtslage anzupassen. Sie schufen ein Gesetzbuch, kein Museum. Diese Änderungen nennt man Interpolationen (von *interpolare* – „auffrischen, Altes erneuern"). So wurden Rechtsinstitute, die zu dieser Zeit längst abgestorben waren, durch solche ersetzt, die mittlerweile ihren Platz eingenommen hatten, z. B. das altertümliche und umständliche, förmliche Übereignungsgeschäft der *mancipatio*[154] durch die formlose Übergabe, *traditio.* Aber auch darüber hinausgehend nahmen die Kompilatoren inhaltliche Änderungen vor. Dies erschwert es uns, den klassischen Rechtszustand zu rekonstruieren. Die Auseinandersetzung mit der Frage, wie weit diese – von den Kompilatoren nicht offengelegten! – Eingriffe gingen, nennt man Interpolationenkritik. Anfang/Mitte des letzten Jahrhunderts war die Rechtswissenschaft deutlich stärker geneigt, Interpolationen anzunehmen; man hat dies auch als regelrechte „Interpolationenjagd" bezeichnet. Mittlerweile ist man hier sehr viel zurückhaltender.

Zur Zitierweise: Die Digesten (abgekürzt D.) werden zitiert nach Buch, Titel, Fragment (der „herausgebrochene" Teil aus dem Originalwerk) und (falls vorhanden) Paragraph (Absatz). Hier ist eine Besonderheit zu beachten: der 1. Paragraph wird abgekürzt mit „pr.", dies steht für *principium,* Anfang. Erst der folgende Paragraph trägt die Ziffer 1. Außerdem enthalten die Digestenstellen eine Überschrift, Inskription, die den Namen des Autors angibt und das Originalwerk, aus dem das jeweilige Exzerpt stammt; Letzteres wird bei Digestenzitaten allerdings zuweilen auch weggelassen. Das Zitat „Ulp. D. 1, 1, 10 pr." bedeutet also: Ulpian, 1. Buch der Digesten, 1. Titel, darin das 10. Fragment, 1. Paragraph[155].

Die Digesten können allerdings nicht wie ein modernes, abstrakte Regeln enthaltendes Gesetzbuch gehandhabt werden. Abstrakte Normen und typische gesetzliche Tatbestände bilden die Ausnahme. Die Digesten enthalten v. a. Falllösungen, Argu-

154 Dazu unten S. 83 ff.

155 Und dort findet man den berühmten, auf Cicero zurückgehenden Satz: *Iustitia est constans et perpetua voluntas ius suum cuique tribuendi* – „Gerechtigkeit ist der unwandelbare und dauerhafte Wille, jedem sein Recht zu gewähren".

mentationen, Fortentwicklungen des Rechts; oft werden die entscheidungserheblichen Punkte gar nicht explizit ausgesprochen, sondern vorausgesetzt. Wir werden auch hierzu viele Beispiele sehen. Man darf niemals vergessen, dass die Digesten nicht unmittelbar aus Gesetzestexten exzerpiert wurden, sondern aus juristischen Lehrbüchern. Das erkennt man auch am Stil. Wir finden sogar Briefe[156] (unter Wiedergabe der Einleitungsformel *salutem dicit,* oder mit persönlichen Bemerkungen wie derjenigen Ulpians: „wie ich meinem Schüler Modestin geschrieben habe“[157]) und ganze Sitzungsprotokolle des kaiserlichen *consilium* im Wortlaut wiedergegeben[158]. Auch die oben zitierte Ausfälligkeit des Celsus gegen aus seiner Sicht dumme Fragensteller hat ihren Weg in die Digesten gefunden. Und an einer Stelle enthalten die Digesten sogar so etwas wie einen Scherz (wiedergegeben im letzten Kapitel dieses Buches). Das macht die Lektüre und die Auseinandersetzung damit so ungeheuer spannend, was sich von der Lektüre moderner Gesetze nicht immer sagen lässt.

Justinian beließ es aber nicht bei den komplexen und schwierigen Digesten, sondern ihm lag eine systematische und didaktisch sinnvolle Ausbildung der Juristen, aus deren Kreis die künftigen Staatsdiener zu gewinnen waren, sehr am Herzen:

> Das Recht des römischen Volkes lässt sich am zweckmäßigsten in der Weise vermitteln, dass die einzelnen Materien zuerst in leichter und einfacher Fassung vorgetragen werden und danach in sehr sorgfältiger und genauer. Andernfalls tritt, wenn wir den noch unkundigen und unsicheren Studenten gleich von Anfang an mit der Masse und Vielfalt des Stoffes belasten, eines von beiden ein: entweder bewirken wir, dass er das Studium abbricht, oder wir bringen ihn unter großen Anstrengungen seinerseits, oft auch unter Selbstzweifeln, die junge Menschen so häufig entmutigen, allzu spät dahin, wohin er auf einem bequemeren Weg ohne große Anstrengungen und ohne Selbstzweifel rascher hätte gebracht werden können.[159]

Diesem Zweck dienten nicht nur ein gesetzlicher detaillierter Studienplan, sondern v. a. die Institutionen[160]. Auf der Grundlage des gleichnamigen berühmten Lehrbuchs des Gaius unter Einarbeitung von Exzerpten aus anderen Werken geschaffen, wurden sie den Digesten als Einführungswerk für die Studenten des ersten Studienjahres („für die

156 D. 31, 47 und 48.
157 Ulp. D. 47, 2, 52, 20.
158 Marcell. D. 28, 4, 3 pr.
159 Inst. 1, 1, 2 (Q3). An der Richtigkeit dieses Gedankens hat sich bis heute nichts geändert.
160 Das moderne Lehrbuch von *Meincke, Römisches Privatrecht,* folgt inhaltlich und systematisch den Institutionen und vermittelt so dem Leser eine eingehende Kenntnis des Werkes.

nach Rechtskenntnis verlangende Jugend“ – *cupidae legum iuventuti)* vorangestellt und 533 ebenfalls mit Gesetzeskraft ausgestattet. Sie sollten auf das Studium der Digesten vorbereiten, auf die auch häufig zur Vertiefung bestimmter Materien ausdrücklich verwiesen wird. Der Kaiser spricht hier direkt als Lehrender und in der ersten Person zu den Studenten. Die Institutionen sind wie ihr Vorbild didaktisch angelegt und daher einfacher, die Digesten dagegen auf Behandlung und Entscheidung des Einzelfalles auf höherem Niveau. Die Institutionen wurden daher auch im Westen durchgehend genutzt. Sie haben später auf die vernunftrechtlichen Kodifikationen des 19./20. Jahrhunderts maßgeblich eingewirkt. Die Institutionen (abgekürzt I. oder Inst.) werden im Grundsatz nach der gleichen Systematik zitiert wie die Digesten; allerdings haben sie keine Inskription.

Abschließender Teil der Kodifikation sind die Novellen (zit. „nov.“). Sie enthalten neue Gesetze Justinians von 535 bis zum Ende seiner Regierung 565, meist in griechischer Sprache. Diejenigen privatrechtlichen Inhaltes zielen meist auf eine Korrektur oder Modernisierung der Digesten; von überragender Bedeutung ist z. B. die Novelle 118, die das gesetzliche Erbrecht auf der Grundlage der Blutsverwandtschaft einführt. Die vier Teile des Gesetzbuches nennt man in ihrer Gesamtheit seit dem 16. Jahrhundert das *Corpus Iuris Civilis.*

Das justinianische Gesetzeswerk entsprang einer Zeit enormen Umbruchs. Während die Digesten entstanden, geschah an anderem Ort ebenfalls Epochales. Derselbe Justinian verfügte die Schließung der platonischen Akademie in Athen. Damit endete die Antike endgültig. Mit der Gründung des Benediktinerordens im selben Jahr 529 trat eines der überragenden neuen Elemente der weiteren europäischen, durch das Christentum geprägten Geschichte in die Welt, dem die Erhaltung des antiken Erbes im Wesentlichen zu verdanken ist, genauso wie es Justinian für das Recht leistete. Dieses Recht galt in Byzanz, wenn auch bald in griechischer Übersetzung und Bearbeitung, bis zur Eroberung Konstantinopels durch die Osmanen (1453), darauf fußende Auszüge und Zusammenfassungen aber auch darüber hinaus bis zum Erlass des griechischen Zivilgesetzbuches 1946. In Westrom war dem justinianischen Gesetzeswerk zunächst nur eine sehr kurze Geltungsdauer beschieden, die Digesten verschwanden bald im frühmittelalterlichen Dunkel, tauchten aber im 12. Jahrhundert umso wirkmächtiger wieder auf und führten zur Wiedergeburt des römischen Rechts im Abendland. Das an den oberitalienischen Universitäten von den Professoren (Glossatoren, Kommentatoren) bearbeitete und kommentierte, einen hohen Abstraktionsgrad aufweisende und v. a. weltanschaulich neutrale Recht verbreitete sich in Mitteleuropa und wurde als „Gemeines Recht“ *(ius commune)* in unterschiedlichem Umfang rezipiert. Es ging in die großen vernunftrechtlich inspirierten Kodifikationen des 18. und 19. Jahrhunderts ein und wurde schließlich Grundlage unseres Bürgerlichen Gesetzbuches[161]. Justinians Anordnung, die „Institutionen und Digesten sollen für alle künftige Zeit gelten“[162], hat die Geschichte für manche Teile der Welt, wenn nicht dem Buchstaben, so doch dem Geiste nach erfüllt.

161 Die Wirkungsgeschichte des römischen Rechts und insbesondere die Rezeption kann hier nicht behandelt werden, hierzu sei auf die einschlägige Literatur verweisen, v. a. das grundlegende Werk von *Wieacker,* Privatrechtsgeschichte der Neuzeit, 2. Aufl. 1967.

162 Const. Dedoken, § 23.

2. Sachenrechtliches

2.1 Eigentum, Freiheit und Bindung

Das römische Eigentum *(dominium, proprietas)* ist die umfassende private Berechtigung an einem Gegenstand *(res);* die „privatrechtliche Vollherrschaft, die innerhalb der von der Rechtsordnung und der Privatautonomie gezogenen Grenzen jede rechtliche und tatsächliche Verfügung über die Sache gestattet"[1]. Der Begriff *res* geht weiter als unser Sachbegriff nach § 90 BGB, da er auch unkörperliche Gegenstände (z. B. eine Forderung) erfasst[2]; außerdem fallen auch Sklaven darunter. Dem Eigentum als a priori unbeschränkter Herrschaftsmacht an einer Sache stehen wie im geltenden Recht die beschränkten Sachenrechte gegenüber, die dem Berechtigten nur einen Teil dieser Rechtsmacht gewähren, wie Dienstbarkeiten, Nießbrauch und Pfandrecht. Die Herausarbeitung des Gedankens eines absoluten Eigentumsbegriffes ist eine der Leistungen der römischen Juristen; unser heutiger Eigentumsbegriff beruht darauf. Am Eigentumsrecht zeigen sich viele das römische Recht generell prägende Grundzüge. Es ist freiheitlich, liberal, dem Individuum verpflichtet[3]; das Privatrecht ist ein „*monumentum aere perennius* des römischen Freiheitssinns"[4]. Jeder, soweit er rechtsfähig ist, kann grundsätzlich an allem Eigentum haben, was des Privateigentums fähig ist. Dies fehlt insbesondere bei den Göttern geweihten Sachen (*res divini iuris,* wie z. B. Tempel) und Sachen des Gemeingebrauchs (wie z. B. Meeres- und Flussufer). Der Staat hält sich zurück, wo er kann; die Möglichkeit einer Enteignung zum öffentlichen Wohl besteht zwar, es wird von ihr aber nur äußerst zurückhaltend Gebrauch gemacht.

---

1 *Kaser,* S. 400.

2 Gai. 2, 13 f.

3 Flor. D. 1, 5, 4 pr.: *Libertas est naturalis facultas eius quod cuique facere libet, nisi si quid vi aut iure prohibetur* – „Freiheit ist die natürliche Fähigkeit, das zu tun, was einem jeden zu tun beliebt, sofern man daran nicht durch Gewalt oder das Recht gehindert wird".

4 *Schulz,* Prinzipien, S. 107, in Anspielung auf Horaz, od. 3, 30: „ein Denkmal, dauerhafter als Erz". Vgl. auch Cicero, Att. 15, 13, 3: *libertas, qua certe nihil est dulcius* – „mit Sicherheit ist nichts süßer als die Freiheit".

Daran wird auch offenbar, dass dieses Recht im Wesentlichen ein Recht der besitzenden Klasse ist. Das verbreitete Bild des stur-egoistischen, allein individuellen Interessen dienenden römischen (Eigentums-)Rechts ist gleichwohl zu einseitig[5]. Der Gedanke der Gemeinwohlbindung ist auch ihm nicht fremd. So heißt es in den Institutionen:

Inst. 1, 8, 2
Expedit enim rei publicae, ne quis re sua male utatur.
Denn es ist dem Gemeinwesen förderlich, dass niemand seine Sache missbraucht.

Das Eigentum unterliegt wie heute öffentlich-rechtlichen und nachbarrechtlichen Beschränkungen (Immissionsschutz, Baurecht etc., schon die XII Tafeln enthalten entsprechende Vorschriften). Auch die Schranke des Rechtsmissbrauchs ist bekannt: Dem Gedanken, dass eine Rechtsausübung, die dem Berechtigten nichts nützt, aber anderen schadet, von der Rechtsordnung zu missbilligen sei, haben die römischen Juristen im Einzelfall über die Arglisteinrede, die *exceptio doli,* Wirksamkeit verliehen, bevor dies unter philosophischem Einfluss als allgemeines Prinzip Anerkennung fand[6]. Celsus prägt den Satz *neque malitiis indulgendum est*[7] – „reine Bosheit ist nicht zu dulden“, und schränkt ganz konkret die Befugnis des Besitzers ein, mit einem herauszugebenden Grundstück verbundene Sachen wieder zu entfernen oder zu zerstören, wenn damit nur dem klagenden Eigentümer geschadet werden soll[8]. Bedeutung gewinnt auch das Schutzrecht für Sklaven gegenüber der Willkür des Eigentümers in den Konstitutionen des Antoninus Pius (Mitte des 2. Jahrhunderts), von denen Gaius zustimmend berichtet: *[…] et recte fit: male enim nostro iure uti non debemus*[9] – „und dies geschieht zu Recht, denn wir dürfen unser Recht nicht missbrauchen“. Die Sklaverei wird übrigens in manchen Juristenschriften bereits als *contra naturam,* wider die Natur, angesehen, da alle Menschen frei geboren seien, aber als soziale Realität

5 *Rabel,* S. 54: „Es ist aber eine Fabel, dass es (scil. das Eigentum) schlechtweg willkürlich zu brauchen war, wie man denn überhaupt den Individualismus der alten Römer zu übertreiben pflegt.“

6 *Kaser/Knütel/Lohsse,* § 14, Rn. 5; *Kaser,* S. 221 f.

7 Cels. D. 6, 1, 38.

8 Dazu *Bürge,* S. 162 f., 182 f. Es handelt sich hier um einen speziellen Fall des Schikaneverbots, der im deutschen Recht in § 997 II 2 BGB inhaltlich übereinstimmend geregelt ist.

9 Gai. 1, 53 (Q4); außerdem Inst. 1, 8, 2; Ulpian D. 1, 6, 2: Zwangsverkauf des Sklaven und sogar Verbannung als Strafe für grausame Behandlung.

akzeptiert[10]. Immerhin wird in vielen Fällen, in denen darüber zu entschieden ist, ob eine Person frei oder Sklave sei, im Zweifel zugunsten der Freiheit entschieden *(favor libertatis)* – was der Sklaverei freilich wenig von der ihr anhaftenden verstörenden Unmenschlichkeit nimmt.

Eine wichtige Erkenntnis in diesem Zusammenhang besteht zudem darin, dass die römische Gesellschaft dem Recht keineswegs die Aufgabe zuweist, jedwede Frage des Zusammenlebens abschließend zu regeln[11]. Neben dem *ius* stehen die *mores,* die überlieferten ethischen Sittengebote, und beide sind ineinander verschränkt. Recht ist nicht Allheilmittel, nicht „umfassendes Instrument der Sozialgestaltung"[12]. Es bestehen vielfache moralisch-gesellschaftliche Bindungen des Einzelnen (die *officia),* die die römische Gesellschaft an allen Stellen durchwirken und vom Recht schlicht vorausgesetzt und daher nicht als Norm formuliert werden. Die *fides,* die Treue, die Bindung an das Wort, ist nicht nur Grundlage des Rechts, sondern generell der römischen Gesellschaftsordnung (als Ideal). Die Treueverhältnisse in der römischen Gesellschaft sind sehr zahlreich und mit einer Fülle von außerrechtlichen Verpflichtungen verbunden; besonders gilt dies für die *amicitia*[13], die Freundschaft. „Das Privatrecht ist von den Römern individualistisch gestaltet worden im Vertrauen auf die Fülle und Stärke außerrechtlicher Bindungen und im Vertrauen auf das magistratische Imperium"[14]. Betrachtet man nur das eine ohne das andere, ist das Gesamtbild notwendigerweise unvollständig, oder in den Worten Horaz': *Quid leges sine moribus vanae proficiunt*[15] – „Was nützen die bloßen Gesetze, wenn sittliche Gebote fehlen?"

10 Flor. D. 1, 5, 4, 1.

11 *Wieacker,* RG I, S. 503: „Das *ius* war nur eines unter mehreren, einander ergänzenden sozialen Verhaltenssystemen, das durch die *exempla maiorum,* vielfältige Nahe- und Pflichtverhältnisse und die zensorische Sittenaufsicht zugleich gestützt und entlastet wurde."

12 *Baldus,* AcP 210 (2010), 2, 10.

13 *Schulz,* Prinzipien, S. 158: „Die römischen Freunde nehmen sich wechselseitig in einem Maße in Anspruch, das den modernen Freund gemeiniglich zum sofortigen Abbruch des Freundschaftsverhältnisses veranlassen würde."

14 *Schulz,* Prinzipien, S. 161.

15 Horaz, od. 3, 24, 35.

2.2 Die Herausgabeklage: *Rei vindicatio*

Fall 2

Aulus hat von Numerius einen Sklaven namens Pamphilus gekauft. Numerius übergibt ihm den Sklaven, Aulus zahlt den Kaufpreis. Nach wenigen Tagen trifft Numerius den Pamphilus zufällig und überredet diesen, wieder zu ihm zurückzukehren, weil er dessen Dienste doch nicht entbehren will. Als Aulus dies entdeckt, fordert er Numerius umgehend auf, den Sklaven ihm als seinem Eigentümer unverzüglich zurückzugeben.

Um sein Begehren erfolgreich durchsetzen zu können, muss Aulus als nichtbesitzender Eigentümer eine Klage gegen den besitzenden Nichteigentümer[16] auf Herausgabe haben. Dies ist, wie bei uns heute § 985 BGB, die *rei vindicatio.* Die Formel dieser *actio* lautet folgendermaßen[17]:

> *Titius iudex esto. si paret hominem, quo de agitur, ex iure Quiritium Auli Agerii esse, neque ea res arbitrio tuo Aulo Agerio restituetur, quanti ea res erit, tantam pecuniam, iudex, Numerium Negidium Aulo Agerio condemnato, si non paret, absolvito.*
> Titius soll Richter sein. Wenn es sich erweist, dass der streitgegenständliche Sklave nach quiritischem Recht dem Kläger gehört, und er nicht nach Aufforderung des Richters dem Kläger herausgegeben wird, dann sollst du, Richter, den Beklagten zugunsten des Klägers zur Zahlung derjenigen Summe verurteilen, den die Sache wert sein wird; wenn es sich nicht erweist, sollst du freisprechen.

Die *rei vindicatio* ist eine alte und ehrwürdige, noch auf das Legisaktionsverfahren zurückgehende Klage[18] des *ius civile.* Sie ist *actio in rem,* eine dingliche Klage, im Gegensatz zur *actio in personam,* der schuldrechtlichen Klage (wie z. B. die Kaufklage oder die Klage aus Delikt). Diese Unterscheidung hat eine hohe prozessuale Bedeutung. Der römische Prozess kann durch die *litis contestatio* nur zustande kommen, wenn sich beide Parteien dem Richterspruch vorab unterwerfen (wie bei der Übersicht über den Zivilprozess bereits angedeutet). Auch das ist etwas, was wir im modernen Prozess

16 Der Besitz war grundsätzlich Voraussetzung der Passivlegitimation; davon wurde nur bei bestimmten arglistigen Nichtbesitzern eine Ausnahme gemacht.

17 Vgl. *Kaser/Knütel/Lohsse,* § 37, Rn. 1.

18 Zur Etymologie von *vindicare* – „als Eigentum beanspruchen" *Manthe,* S. 18 f.

nicht kennen: wir sagen, dass man in einen Rechtsstreit „hineingezogen“ oder mit einer Klage „überzogen“ wird, die man letztlich nicht verhindern kann. Der römische Prozess ist dagegen auf Streitschlichtung durch Übereinkunft ausgelegt *(v. Jhering*[19]). Bei den *actiones in personam* besteht Einlassungszwang. Verweigert sich der Beklagte gleichwohl, weist der Prätor dessen gesamtes Vermögen direkt dem Kläger zu, der es dann im Wege der Zwangsvollstreckung versteigern lassen kann *(missio in bona).* Angesichts dieser extremen Folge ist es für den Beklagten angeraten, sich auf den Prozess einzulassen. Anders sieht der Weg dagegen bei den *actiones in rem,* den dinglichen Klagen, aus. Diese richten sich nicht gegen die Person, sondern eigentlich gegen den Gegenstand, auf den der Berechtigte zugreifen darf, wo immer er ihn antrifft, daher auch die Bezeichnung *in rem.* Erst mit der *litis contestatio* wird dieses Recht zu einem Anspruch gegen den Beklagten. Dies lässt sich gut an der Klageformel erkennen: Denn folgerichtig erscheint der Name des Beklagten dort nicht in der *intentio,* dem Klagebegehren (wie bei der schuldrechtlichen Klage gegen die Person), sondern erst im Verurteilungsbefehl, der *condemnatio.* Daher kann der Beklagte nicht gezwungen werden, an der Streiteinsetzung mitzuwirken: Es besteht Einlassungsfreiheit *(invitus nemo rem cogitur defendere*[20]). Aber auch hier hat das römische Recht Mittel gefunden, dem Kläger auf indirektem Weg zu helfen. Verweigert sich der Beklagte, kommt der Prozess nicht zustande. Der Prätor gibt dem Kläger aber die *actio ad exhibendum* (Klage auf Vorweisung – nicht Herausgabe – der beweglichen Streitsache); diese ist wiederum eine *actio in personam.* Nach Vorweisung der Sache kann der Prätor diese dem Kläger zuweisen; dann muss der Beklagte seinerseits die *rei vindicatio* erheben und trägt die Beweislast. Unterbleibt die Vorweisung, wird der Beklagte in den Betrag verurteilt, den die *actio in rem* erbracht hätte.

Anders als bei der alten *legis actio,* bei der es um das Zugriffsrecht des unter den Streitparteien *relativ besser* (und nicht absolut) Berechtigten ging, muss der Kläger

---

19 *Rudolf v. Jhering* (1818–1892) war neben *Bernhard Windscheid* (zu ihm Kap. 1, Fn. 39) der bedeutendste Vertreter der auf dem römischen Recht beruhenden deutschen Privatrechtswissenschaft des 19. Jahrhunderts. Zunächst Anhänger einer starren Begriffsjurisprudenz, wandte er sich später einer soziologisch angelegten Zweckjurisprudenz zu. Eine seiner vielen Leistungen als Zivilrechtsdogmatiker ist die Entdeckung der *culpa in contrahendo.* Seine Werke sind auch aufgrund seines unverwechselbaren Stils heute noch sehr lesenswert, wie *Der Kampf ums Recht* (1884) und *Scherz und Ernst in der Jurisprudenz* (1872). Ein besonders bekanntes Diktum *v. Jherings* wird dieses Buch beschließen.

20 Ulp. D. 50, 17, 156 pr.: „Niemand wird gezwungen, die Streitsache gegen seinen Willen zu verteidigen.“

im Formularverfahren bei der *rei vindicatio* nun seine absolute Eigentümerstellung nach *ius civile* beweisen. Das alte Legisaktionenverfahren wirkt aber noch nach, da die *rei vindicatio* nicht nur mit der oben wiedergegebenen *formula petitoria* verwirklicht werden kann, sondern auch im sog. Sponsionsprozess[21]: Dort sagt der Beklagte dem Kläger einen Geldbetrag zu für den Fall, dass der Kläger Eigentümer ist, und Streitgegenstand ist dann dieses Versprechen. Wie beim *sacramentum,* der Prozesswette des Legisaktionsverfahrens[22], ist auch hier die Eigentumsfrage technisch betrachtet also nur Vorfrage. Das Verfahren ist schneller, da nur über die Frage zu entscheiden ist, wer Eigentümer ist, nicht aber über Nebenansprüche, Einreden etc.

Auch bei dinglichen Klagen wie der Vindikation erfolgt die Verurteilung nur in den Wert der Sache *(condemnatio pecuniaria),* nicht in die Herausgabe. Der Beklagte kann bei der Vindikation mit der *formula petitoria* die Geldkondemnation aber abwenden durch Herausgabe der Sache nach entsprechender Aufforderung durch den Richter. Darauf verweist der Satz in der Klageformel: *neque ea res arbitrio tuo Aulo Agerio restituetur* – „wenn die Sache nicht nach richterlicher Aufforderung dem Kläger herausgegeben wird". Dann wird die Klage abgewiesen. Weigert der Beklagte sich oder macht er die Herausgabe durch vorsätzliche Zerstörung oder Weitergabe der Sache unmöglich, verurteilt ihn der Richter in den vom Kläger eidlich festgesetzten Wert (vgl. § 287 I 3 ZPO) – der natürlich erheblich höher als der wahre Wert sein kann. Indirekt wird also doch durch diese in die *actio* aufgenommene Arbiträr- oder Restitutionsklausel Druck zur Leistung in natura ausgeübt. Hält der Beklagte diesem Druck aber stand, weil er die ihm nicht gehörende Sache – aus welchen Gründen auch immer – um keinen Preis der Welt herausgeben will, wird er auf Geldleistung verurteilt und dann rechtlich so gestellt, als habe er dem Kläger die Sache abgekauft[23]. In unserem Fall müsste Numerius also, wenn es Aulus gelingen sollte, sein Eigentum vor dem *iudex* zu beweisen, den Sklaven Pamphilus zurückgeben, um einer Verurteilung zu entgehen. Sollte er sich weigern, würde er verurteilt, den Wert des Sklaven zu ersetzen. Das Urteil in der *rei vindicatio* geht in klassischer Zeit auf ein *restituere.* Dies bedeutet, dass der Kläger so gestellt werden muss, wie er stünde, wenn ihm die Sache zur Zeit der *litis contestatio* herausgegeben worden wäre[24].

21 Gai. 4, 91 ff.

22 S. 29.

23 Paul. D. 6, 1, 46; Ulp. D. 6, 2, 7, 1.

24 Paul. D. 50, 16, 35. Zur Frage des Unterganges der Sache nach *litis contestatio* vgl. Ulp. D. 6, 1, 15, 3; Paul. D. 6, 1, 16.

Justinian ändert die Systematik, indem er die Wegnahme der Sache durch Justizbeamte einführt:

Ulp. D. 6, 1, 68

Qui restituere iussus iudici non paret contendens non posse restituere, si quidem habeat rem, manu militari officio iudicis ab eo possessio transfertur et fructuum dumtaxat omnisque causae nomine condemnatio fit. si vero non potest restituere, si quidem dolo fecit quo minus possit, is, quantum adversarius in litem sine ulla taxatione in infinitum iuraverit, damnandus est. si vero nec potest restituere nec dolo fecit quo minus possit, non pluris quam quanti res est, id est quanti adversarii interfuit, condemnandus est. haec sententia generalis est et ad omnia, sive interdicta, sive actiones in rem sive in personam sunt, ex quibus arbitratu iudicis quid restituitur, locum habet.

Wer auf die Anordnung der Rückgewähr hin dem Richter nicht gehorcht mit der Behauptung, er könne nicht zurückgewähren, dem wird, falls er die Sache trotzdem hat, der Besitz durch Vollstreckungspersonal auf richterliche Anordnung weggenommen, und die Verurteilung erfolgt nur noch wegen der Nutzungen und der [bei Prozessbegründung gegebenen] gesamten Rechtslage der Sache. Wenn er aber nicht zurückgewähren kann und dies vorsätzlich herbeigeführt hat, ist er in den Betrag zu verurteilen, den der Gegner im Prozess ohne jede Begrenzung – und sei es ins Unendliche – beschwört. Kann er aber nicht zurückgewähren und hat er dies auch nicht vorsätzlich herbeigeführt, ist er auf nicht mehr als den Wert der Sache, das heißt das Interesse des Gegners, zu verurteilen. Diese Lehre gilt allgemein und ist auf alle Interdikte oder Klagen anzuwenden, seien es dingliche oder persönliche, in denen etwas aufgrund richterlichen Ermessens zurückzugewähren ist.

Dieser Text ist ein schönes Beispiel für die Interpolation eines klassischen Textes (deren Umfang allerdings sehr umstritten ist[25]). Die Wegnahme der Sache durch staatliche Organe *als allgemeine Regel* stand jedenfalls so nicht im Originalwerk Ulpians, sondern geht auf die Kompilatoren zurück. Sie ist justinianisches, nicht klassisches Recht.

25 *Baldus* in: Babusiaux et al. (Hg.), Handbuch des römischen Privatrechts (im Erscheinen), § 59, Rn. 208.

2.3 Übereignung: *traditio* und *mancipatio*

Der Prätor könnte in unserem Fall nach Anhörung der Parteien die Formel der *rei vindicatio* erteilen und den Rechtsstreit an einen *iudex* überweisen. Dort müsste Aulus nun sein Eigentum beweisen. Dazu könnte er naheliegenderweise vortragen, dass er und Numerius einen Kaufvertrag abgeschlossen hätten, ihm in dessen Erfüllung der Sklave übergeben worden sei, er, Aulus, den Kaufpreis gezahlt habe und er deswegen nun Eigentümer geworden sei. Die Frage ist allerdings, ob dies ausreicht, um den Prozess zu gewinnen. Nach römischem Recht ist die Übereignung einer Sache grundsätzlich formlos möglich durch Übergabe *(traditio).* Dazu bedarf es eines Rechtsgrundes, z. B. eines Kaufvertrages. Ist dieser unwirksam, ist die Übereignung der Kaufsache ebenfalls unwirksam. Die Übereignung durch *traditio* ist *kausal,* in ihrer Wirksamkeit an den Rechtsgrund, die *causa,* gebunden (wie auch heute in den meisten Rechtsordnungen der Welt, allerdings nicht in unserer). Das Eigentum geht bei Unwirksamkeit des Grundgeschäftes nicht über, die Sache kann mit der *rei vindicatio* wieder herausverlangt werden.

Gai. 2, 19 f.
Nam res nec mancipi ipsa traditione pleno iure alterius fiunt, si modo corporales sunt et ob id recipiunt traditionem. itaque si tibi vestem vel aurum vel argentum tradidero sive ex venditionis causa sive ex donationis sive quavis alia ex causa, statim tua fit ea res, si modo ego eius dominus sim.
Denn die Nicht-Manzipationssachen gehen allein durch die Besitzübertragung in das unbeschränkte Eigentum eines anderen über, sofern sie nur körperlich sind und deshalb ihr Besitz überhaupt übertragen werden kann. Wenn ich dir also den Besitz eines Kleidungsstückes oder von Gold oder Silber übertragen habe – sei es aufgrund eines Verkaufs oder einer Schenkung oder aus igendeinem anderen Grund –, so geht die Sache sofort in dein Eigentum über, sofern ich nur ihr Eigentümer bin.

Als *causa traditionis* kommen nicht nur der Kaufvertrag in Frage, sondern auch Schenkung, Darlehenshingabe, Mitgiftbestellung, Stipulation (einseitiges formgebundenes Schuldversprechen) etc. Eine wirksame Übereignung bedarf also dreier Elemente: Ein dinglich Berechtigter überträgt dem Erwerber den Besitz an der Sache aufgrund einer *iusta causa.*

Paul. D. 41, 1, 31 pr.
Numquam nuda traditio transfert dominium, sed ita, si venditio aut aliqua iusta causa praecesserit, propter quam traditio sequeretur.

> Niemals überträgt die bloße Übergabe das Eigentum, sondern nur dann, wenn ein Kauf oder irgendein ein anderer Rechtsgrund vorangegangen ist, auf dessen Grundlage die Übergabe erfolgte.

Dieses Prinzip wird später auch *titulus-modus*-Prinzip genannt. Ihm folgt z. B. das österreichische[26] Recht. Anders das französische[27] und italienische[28] Recht: Dort geht beim Stückkauf nach dem Konsensprinzip das Eigentum ohne Übergabeerfordernis bereits mit der kaufvertraglichen Einigung über (beim Gattungskauf nach erfolgter Konkretisierung).

Nach dem oben Gesagten könnte man also annehmen, unser Aulus wäre hier Eigentümer geworden, da alle genannten Voraussetzungen vorliegen. Allerdings ist das Bild noch nicht vollständig. Es gibt nämlich eine auf das altrömische Recht zurückgehende und sehr bedeutsame Sonderregel für die Übereignung bestimmter, wirtschaftlich wichtiger, Arten von Sachen, und zwar für italische Grundstücke, Sklaven und Großvieh (Rinder, Pferde, Esel, Maultiere) sowie bestimmte Grunddienstbarkeiten. Diese Sachen bezeichnet man als *res mancipi,* denn sie können nur durch *mancipatio* übereignet werden, einen alter- und eigentümlichen Formalakt. Die *mancipatio* (von *manu capere,* mit der Hand ergreifen) ist ein zentrales Institut des römischen Rechts, das wir uns hier näher ansehen müssen. Lassen wir es uns zunächst durch Gaius beschreiben:

> **Gai. 1, 119**
> *Est autem mancipatio [...] imaginaria quaedam venditio; quod et ipsum ius proprium civium Romanorum est. eaque res ita agitur: adhibitis non minus quam quinque testibus civibus Romanis puberibus et praeterea alio eiusdem condicionis, qui libram aëneam teneat, qui appellatur libripens, is, qui mancipio accipit, rem tenens ita dicit: HUNC EGO HOMINEM EX IURE QURITIUM MEUM ESSE AIO ISQUE MIHI EMPTUS ESTO HOC AERE AËNEAQUE LIBRA; deinde aere percutit libram idque aes dat ei, a quo mancipio accipit, quasi pretii loco.*

---

26 § 380 ABGB: Ohne Titel und ohne rechtliche Erwerbungsart kann kein Eigenthum erlangt werden.

27 Art. 1583 cc für den Kauf: Elle est parfaite entre les parties, et la propriété est acquise de droit à l'acheteur à l'égard du vendeur, dès qu'on est convenu de la chose et du prix, quoique la chose n'ait pas encore été livrée ni le prix payé. Siehe auch Art. 711 cc.

28 Art. 1376 cod. civ.

> Und zwar ist die Manzipation [...] eine Art symbolischen Verkaufs, und gerade dieses Rechtsinstitut ist Sonderrecht der römischen Bürger[29]. Dieses Geschäft wird folgendermaßen durchgeführt: Unter Hinzuziehung von mindestens fünf Zeugen, die mündige römische Bürger sind, sowie eines weiteren Mannes derselben Rechtsstellung, der eine kupferne Waage hält und „Waagehalter" heißt, fasst derjenige, der durch Manzipation erwirbt, die Sache an und spricht folgendermaßen: ICH BEHAUPTE, DASS DIESER MENSCH NACH QUIRITISCHEM RECHT MIR GEHÖRT, UND ER SOLL DURCH MICH GEKAUFT SEIN MIT DIESEM KUPFERSTÜCK UND MIT DIESER KUPFERNEN WAAGE; darauf schlägt er mit dem Kupferstück an die Waage und gibt dieses Kupferstück demjenigen, von dem er durch Manzipation erwirbt, sozusagen an Stelle des Kaufpreises.

Das hört sich in der Tat recht umständlich an (was die späteren Römer übrigens genauso sahen und daraus ihre gleich näher zu betrachtenden Konsequenzen zogen); an die Stelle des ursprünglich real zugewogenen Erzes als Kaufpreis tritt später immerhin die symbolische Münze *(mancipatio nummo uno).* In ihrer Struktur ist die *mancipatio* ein Scheinprozess. Der Erwerber („Kläger") behauptet sein Eigentum, der Veräußerer („Beklagter") tut nichts, widerspricht also auch nicht, und verhilft damit dem Erwerber zu seinem Recht. Der Hintergrund für diesen Formalakt ist wohl darin zu sehen, dass in archaischer Zeit die rechtsgeschäftliche Übereignung der *res mancipi* als Grundlage des bäuerlichen Lebens – wie auch in anderen Kulturen – eigentlich überhaupt nicht möglich war und das Ziel der Vermögensübertragung nur im Wege eines fingierten oder nachgeformten Prozesses bewerkstelligt werden konnte. Wie heute unser Grundbuch stellte dieses Prozedere zudem die notwendige Publizität der Rechtsübertragung her.

Die *mancipatio* war zunächst Barkauf mit Übereignung, wie in allen Rechten (z. B. dem griechischen) und bis heute im Alltag die Grundform jedes Übereignungsgeschäftes. Mit der fortschreitenden wirtschaftlichen Entwicklung können aber Kauf und Übereignung der Sache auch auseinanderfallen. Damit wird die *mancipatio* zum formalen Übereignungsgeschäft (wir würden sagen: zum „dinglichen Geschäft"). Die *mancipatio* wirkt *abstrakt,* ist also in ihrer Wirksamkeit unabhängig vom Grundgeschäft – genau wie die Übereignung nach § 929 S. 1 BGB. Die *mancipatio* kann vielfach eingesetzt werden, wie wir noch sehen werden, z. B. bei Testamentserrichtung, Freilassung, Entlassung aus der väterlichen Gewalt und zu einer Fülle weiterer Zwecke.

---

29 Lediglich die Bürger der latinischen Stadtstaaten hatten das sog. *commercium,* das ihnen die Fähigkeit zur Teilnahme verlieh.

Sie ist „Transmissionsriemen beliebiger Rechtsveränderungen“[30]. Zu verdanken ist diese vielfältige Nutzbarmachung eines aus archaischer Zeit stammenden Rechtsinstituts dem praktischen Sinn der *pontifices.* Erst Justinian schafft die *mancipatio* und die Unterscheidung in *res mancipi* und *nec mancipi* ab, nachdem sie wegen ihrer schwerfälligen Form immer weniger gebräuchlich geworden war. Er lässt zur Übereignung stets die *traditio* ausreichen und die Quellentexte entsprechend ändern.

Die *mancipatio* hat, wenn ihr ein Kauf zugrunde liegt, neben der dinglichen Wirkung noch eine wichtige schuldrechtliche: die Haftung des Veräußerers für Gewährschaft *(auctoritas).* Verlangt ein Dritter die Sache unter Berufung auf das ihm daran zustehende Eigentum heraus, muss der Veräußerer dem Erwerber im Prozess beistehen (im Formularprozess etwa durch Bestellung zum Prozessvertreter). Tut er dies nicht oder ohne Erfolg, haftet er auf das Doppelte des Kaufpreises (einklagbar mit der *actio auctoritatis*). Wir werden diesem Rechtsinstitut bei der Haftung des Verkäufers für Rechtsmängel wieder begegnen.

Eine andere abstrakt wirkende Übertragungsform ist die *in iure cessio*[31], in ihrer Struktur ebenfalls ein Scheinprozess, der aber tatsächlich vor dem Prätor stattfindet. Der Erwerber behauptet das Eigentum, und der Veräußerer schweigt oder erkennt an. Dann spricht ihm der Prätor das Eigentum zu *(addictio).* Auch dies ist ein „nachgeformtes Rechtsgeschäft“ nach dem Vorbild der *legis actio sacramento in rem,* die Nutzbarmachung eines bestehenden Formalaktes zu anderen Zwecken: Der Zivilprozess dient hier nicht der streitigen Durchsetzung, sondern der einvernehmlichen Schaffung eines Rechts. Der Vorteil der *in iure cessio* liegt darin, dass sie gegenüber die *mancipatio* insofern einfacher ist, als im Falle von *res mancipi* keine fünf Zeugen aufgeboten werden müssen; auch können auf diese Weise mehrere Sachen in einem einzigen Rechtsakt veräußert werden. Eine *auctoritas*-Haftung zugunsten des Erwerbers ist andererseits nicht damit verbunden.

In unserem Fall wurde dem Aulus ein Sklave und damit eine *res mancipi* in Erfüllung des Kaufvertrages lediglich tradiert, also formlos übergeben. Das war ein Formfehler, die Übereignung daher unwirksam, und Aulus konnte dadurch nicht Eigentümer des Sklaven werden. Damit kann er hier nicht aus der *rei vindicatio* erfolgreich klagen, denn Numerius könnte ihm im Prinzip entgegenhalten, dass er selbst ungeachtet des geschlossenen Kaufvertrages immer noch Eigentümer des Sklaven sei.

30 *Manthe,* S. 10; zugleich ist „die Geschichte des römischen Rechts eine Geschichte der *mancipatio*“, a. a. O.

31 Gai. 2, 24 (Q5).

2.4 Ersitzung

2.4.1 Eigentumserwerb bei Formfehlern des Übereignungsgeschäftes

Es würde uns allerdings widerstreben, dies als endgültiges Ergebnis des Falles zu akzeptieren; und so ging es auch den Römern. Aulus kann nämlich durchaus noch Eigentum erwerben, und zwar über die Ersitzung *(usucapio)*. Diese ist originärer (im Gegensatz zum abgeleiteten) Eigentumserwerb. Nach einer bestimmten Zeit des ununterbrochenen Eigenbesitzes (ein Jahr bei beweglichen Sachen, zwei bei Grundstücken[32]) erwirbt der Besitzer unter bestimmten Voraussetzungen das Eigentum: *Usucapio est adiectio dominii per continuationem possessionis* – „Ersitzung ist der Erwerb des Eigentums durch ununterbrochenen Besitz"[33].

Diese Regel geht wie so vieles auf die XII Tafeln zurück, und zwar auf die oben schon geschilderte *auctoritas*-Haftung.

> XII 6, 3.
> *Usus auctoritas fundi biennium est, ceterarum rerum omnium annuus est usus.*
> Gebrauchszeit und Gewährschaft sollen bei Grundstücken zwei Jahre, bei allen übrigen Sachen ein Jahr sein.

Dies ist nun ein Beispiel für die, im ersten Kapitel bereits angedeutete, Vorgehensweise der Schöpfer der XII Tafeln, bestehende archaische Rechtsinstitute anzuerkennen und zugleich zu modifizieren: Die Verpflichtung zur Gewährschaftshaftung *(auctoritas)* des Veräußerers/Vormannes bei *mancipatio* wird zeitlich beschränkt auf die genannten Zeiträume. Nach deren Ablauf muss der Erwerber im Prozess gegenüber dem klagenden Dritten nicht mehr sein Eigentum unter Rückgriff auf seine Vormänner beweisen und erlangt damit eine absolute Eigentümerstellung. Diese Regel wird mit der Zeit ausgeweitet auf alle Sachen; die eigentliche prozessrechtliche Norm wird als privatrechtliche des Eigentumerwerbs verstanden. Sie steht nur römischen Bürgern offen[34].

Die Ersitzung, deren Voraussetzungen gleich im Detail zu betrachten sind, ermöglicht somit den Eigentumserwerb bei Formfehlern. Aulus kann also wieder Hoffnung schöpfen.

---

32 Inst. 2, 6 pr.

33 Mod. D. 41, 3, 3.

34 XII 3, 7: *Adversus hostem aeterna auctoritas esto* – „Beim Fremden soll die Gewährschaft ewig sein".

2.4.2 Eigentumserwerb bei Nichtberechtigung des Veräußerers

Ein Formfehler ist aber nur *ein* denkbarer Hinderungsgrund für eine wirksame Übereignung. Ein weiterer praktisch bedeutsamer ergibt sich dann, wenn die Sache dem Veräußerer gar nicht gehört[35]. Im BGB kommt unter den Voraussetzungen der §§ 929, 932 ff. der sofortige gutgläubige Erwerb zum Tragen. Das römische Recht kennt dagegen keinen gutgläubigen Erwerb vom Nichtberechtigten:

> **Ulp. D. 50, 17, 54**[36]
> *Nemo plus iuris transferre potest quam ipse habet.*
> Keiner kann mehr an Recht übertragen, als er selbst hat.

Dies ist ein bedeutsamer Unterschied zu unserem Recht. Die Römer geben der Sicherheit des erworbenen Rechts *(ius quaesitum)* den Vorrang vor der Sicherheit des Verkehrs[37]. Es lässt sich ja nicht bestreiten, dass der gutgläubige Erwerb bei Lichte betrachtet eine Enteignung ist, und von dieser machen die Römer wie gesehen auch im öffentlichen Interesse so gut wie keinen Gebrauch. Dem Interesse des Rechtsverkehrs an Sicherheit tragen sie über die Möglichkeit zur Ersitzung Rechnung; denn diese besteht auch beim Erwerb vom Nichtberechtigten.

2.4.3 Voraussetzungen und Funktion der Ersitzung

Die Ersitzung einer formunwirksam oder vom Nichteigentümer übertragenen Sache hat nun folgende Voraussetzungen:

Res habilis: ersitzungsfähige Sache; d. h. es darf keine dem Handelsverkehr entzogene Sache *(res extra commercium)* und v. a. keine „gestohlene" Sache *(res furtiva)*[38] sein. Eine solche kann nicht ersessen werden, solange sie nicht in die Hand ihres Eigentümers zurückgekehrt ist *(reversio in potestatem).* Auch dies geht auf die XII Tafeln zurück[39] und wurde im 3./2. Jahrhundert v. Chr. in ein eigenes Gesetz gefasst, die *lex Atinia.* Zu beachten ist, dass *furtum* ein sehr weiter, über unseren Diebstahl hinausgehender

35 Vgl. Gai. 2, 41/43 (Q6).

36 Ebenso Ulp. D. 41, 1, 20 pr.

37 *Schulz,* Prinzipien, S. 171.

38 Inst. 2, 6, 2.

39 XII 8, 17.

Tatbestand und somit die soeben gebrauchte Übersetzung mit „gestohlen" eigentlich zu eng ist. Er umfasst auch Untreue, Betrug, Unterschlagung, Hehlerei inkl. der Teilnahme daran, und darüber hinaus auch Handlungsweisen, die für uns heute weder straf- noch zivilrechtlich relevant sind[40]. Vorsätzlicher Verkauf einer fremden Sache ist *furtum;* hält der Verkäufer sie dagegen versehentlich für seine eigene, begeht er kein *furtum* mit der Folge, dass die Sache ersessen werden kann[41].

Possessio und *iusta causa possessionis:* fehlerfreier, also nicht gewaltsam erlangter Eigenbesitz mit einem Rechtsgrund, der – bei Berechtigung des Veräußerers bzw. Wahrung der Form – dem Erwerber Eigentum verschafft hätte und seinen Eigenbesitz rechtfertigt (Besitztitel). Dies sind die oben genannten Gründe (z. B. Kaufvertrag). Ob der Erwerber auch ersitzen kann, wenn er mit nachvollziehbaren Gründen nur an das Bestehen eines solchen Rechtsgrundes geglaubt hat (sog. Putativtitel), ist umstritten: Celsus verneint[42], Afrikan bejaht[43].

Bona fides: guter Glaube des Erwerbers (beim Erwerb vom Nichtberechtigten; beim formfehlerhaften Erwerb einer *res mancipi* spielt der gute Glaube keine Rolle). Er bezieht sich auf die Eigentümerstellung des Veräußerers[44] oder auf die Verfügungsbefugnis (anders als im BGB, aber wie § 366 I HGB).

Mod. D. 50, 16, 109

Bonae fidei emptor esse videtur, qui ignoravit eam rem alienam esse, aut putavit eum qui vendidit ius vendendi habere, puta procuratorem aut tutorem esse.

Ein gutgläubiger Käufer ist der, der nicht wusste, dass die Sache einem anderen gehörte oder den Verkäufer für berechtigt hielt, die Sache zu verkaufen, wie z. B. bei einem Vermögensverwalter oder Vormund.

Daher ist die Ersitzung einer Sache möglich, die dem Erwerber von einem Minderjährigen *(pupillus)* ohne Zustimmung des Vormunds *(tutor)* veräußert wurde, wenn der Erwerber den Veräußerer für volljährig hielt – anders als im geltenden Recht wird auch der gute Glaube an die Volljährigkeit/Geschäftsfähigkeit geschützt. Ausgeschlossen ist die Ersitzung dagegen, wenn der Erwerber irrig annahm, auch ein *pupillus* könne

40 Näheres unten S. 167 ff.

41 Gai. 2, 50.

42 Cels./Ulp. D. 41, 3, 27.

43 Afr. D. 41, 4, 11 (Q7).

44 Paul. D. 18, 1, 27 (Q8).

wirksam verfügen[45]. Ein Tatsachenirrtum *(error facti)* hindert die Ersitzung also nicht, ein Rechtsirrtum *(error iuris)* hingegen schon. Die Ersitzung scheidet aus, wenn der Besitzer den Umstand positiv kennt, der seinem Eigentumserwerb im Wege steht. Fahrlässige Unkenntnis schadet nicht (anders als nach § 932 II BGB für bewegliche Sachen, der im Falle grob fahrlässiger Unkenntnis den gutgläubigen Erwerb ausschließt). Der gute Glaube muss nur im Zeitpunkt der Übergabe vorliegen, spätere Kenntnis verhindert die Ersitzung nicht mehr *(mala fides superveniens non nocet)*[46].

Tempus: Die Ersitzungsfrist beträgt wie bereits gesehen ein Jahr bei beweglichen Sachen, zwei Jahre bei Grundstücken. Besitzverlust unterbricht die Ersitzungsfrist. Wird der Besitz wiedererlangt, muss der Besitzer zu diesem Zeitpunkt weiterhin redlich sein; weiß er jetzt, dass die Sache nicht dem Veräußerer gehörte, kann er nicht mehr ersitzen[47]. Der Erbe tritt in den begonnenen Ersitzungsbesitz ein.

Liest man die aufgezählten Voraussetzungen hintereinander, ergeben sie das klassische Versmaß eines Hexameters und können so als Merksatz dienen:

res habilis, titulus, fides, possessio, tempus
ersitzungsfähige Sache/Erwerbstitel/Redlichkeit/Eigenbesitz/Zeitablauf

Die Ersitzung im römischen Recht hat also zwei Funktionen: Heilung des Formmangels bei unwirksamen Übereignungsgeschäften und Ermöglichung des gutgläubigen Erwerbs, wenn der Veräußerer nicht berechtigt war. Sie dient dem Verkehrsschutz:

Gaius D. 41, 3, 1
Bono publico usucapio introducta est, ne scilicet quarundam rerum diu et fere semper incerta dominia essent, cum sufficeret dominis ad inquirendas res suas statuti temporis spatium.
Die Ersitzung ist zum öffentlichen Wohl eingeführt worden, damit die Eigentumsverhältnisse an Sachen nicht lange oder gar beinahe für immer unsicher sind, da es ausreicht, dass

45 Ulp. D. 6, 2, 7, 4; Paul. D. 41, 4, 2, 15 *(quia iuris error nulli prodest);* D. 41, 3, 31 pr.; Pomp. D. 22, 6, 4. Der Satz gilt auch in die andere Richtung: Der Besitzer, der fälschlich annimmt, er sei zur Ersitzung nicht berechtigt, ersitzt nicht: Pomp. D. 41, 3, 32, 1.

46 Anders das spätere kanonische Recht, das guten Glauben bis zur Vollendung der Ersitzung verlangte. § 937 II BGB ist ein Kompromiss zwischen beidem: Bei Besitzerwerb ist guter Glaube erforderlich (also Fahrlässigkeit schadet schon), danach schadet nur noch positive Kenntnis.

47 Paul. D. 41, 3, 15, 2.

die Inhaber Nachforschungen über ihre Sachen lediglich für den festgesetzten Zeitraum anstellen müssen.[48]

Die kurzen Ersitzungsfristen gleichen den Umstand aus, dass das römische Recht den sofortigen Erwerb *vom* Nichtberechtigten, also rechtsgeschäftlich, nicht vorsieht. Daher spielt die Ersitzung im römischen Recht eine viel größere Rolle. Das BGB sieht dagegen den gutgläubigen Erwerb vor, was die Bedeutung der Ersitzung deutlich verringert; daher schaden auch die langen Ersitzungsfristen der §§ 900, 937 BGB nicht. Der moderne sofortige Erwerb vom Nichtberechtigten ist ein Kompromiss zwischen römischem und (älterem) deutschem Recht[49].

Aus der Ersitzung entwickelt sich in der kaiserlichen Rechtsprechung die dem klassischen römischen Recht an sich unbekannte Verjährung (*longi temporis praescriptio*[50]; das klassische Recht kennt nur die Befristung einzelner weniger Klagen), die beiden Institute werden aber nicht scharf unterschieden. Der Verjährungsgedanke spielt bei den dem Privateigentum unzugänglichen Provinzialgrundstücken und von Nichtrömern besessenen Mobilien eine Rolle, da in beiden Fällen die *usucapio* ausscheidet. Auf das fünfte Jahrhundert geht die 30-jährige Verjährungsfrist zurück, die als Grundregel ins BGB übernommen wurde und bis zur Schuldrechtsreform 2002 galt.

2.5 Quiritisches und prätorisches Eigentum als Ausprägung der Unterscheidung von *ius civile* und Honorarrecht

2.5.1 Das „bonitarische Eigentum"

Aulus kann also den Sklaven nach einem Jahr ersitzen. Das löst unseren Ausgangsfall aber immer noch nicht. Denn Pamphilus ist ja deutlich früher, nämlich schon nach wenigen Tagen, wieder in den Besitz des Numerius zurückgekehrt. Daneben stellen sich weitere Fragen: Könnte sich Aulus eines Diebes nicht erwehren? Und was wäre, wenn Numerius den Spieß umgedreht und seinerseits, statt den Sklaven einfach an

48 Ebenso Ner. D. 41, 10, 5 pr.

49 Näher *Kaser/Knütel/Lohsse*, § 34, Rn. 4.

50 *Praescriptio* bedeutet, dass etwas der Klageformel „vorangeschrieben" ist; die *praescriptio* dient allgemein der einredeweise geltend zu machenden Einschränkung des klägerischen Begehrens, z. B. auch der Beschränkung auf bereits fällige Forderungen. Später nimmt der Begriff die Bedeutung der Verjährung an, so z. B. im Italienischen *(prescrizione)*.

sich zu nehmen, auf Herausgabe geklagt hätte? Müsste er damit – vor Ablauf eines Jahres – nicht sogar Erfolg haben? Auch die Römer haben diese Probleme gesehen, und sie sind ihnen auf eine eigene und für ihr Rechtsdenken ganz typische Weise begegnet; was oben in Kapitel 1 allgemein beschrieben wurde, können wir uns nun anhand eines konkreten Rechtsinstitutes praktisch vor Augen führen.

Das althergebrachte, auf die XII Tafeln zurückgeführte Recht war eindeutig. Gewissermaßen „ordnungsgemäßes Eigentum" an *res mancipi* erwarb man nur über die *mancipatio.* Aber die Prätoren erkannten, dass es zum einen dem natürlichen Gerechtigkeitssinn und zum anderen den Interessen des Wirtschaftsverkehrs völlig zuwiderliefe, hier jemanden wie Aulus schutzlos zu stellen. Daher beschlossen sie, ihn genauso wie einen „richtigen" Eigentümer zu schützen. Das Zwöltafelgesetz, das überkommene Recht, wurde dabei aber nicht angetastet. Quiritisches oder ziviles Eigentum *(dominium ex iure Quiritium)* konnte man an *res mancipi* weiterhin nur über die *mancipatio* erwerben. Der Begriff „Quiriten" ist eine in ihrer Etymologie unklare, uralte Bezeichnung für die römischen Bürger *(cives),* und „quiritisch" bezeichnet hier das nur solchen zugängliche „bürgerliche" Eigentum nach XII-Tafel-Recht. Aber derjenige, der die Sache in seinen Gütern hatte und auf bestem Wege zur Erlangung dieses quiritischen Eigentums über die Ersitzung war (also eine Art „Anwartschaft" hatte), wurde von den Prätoren gleichgestellt. „In seinen Gütern" heißt *in bonis;* und daher nannte man ihn „bonitarischen" Eigentümer, als Gegenbegriff zum „quiritischen" Eigentümer[51].

2.5.2 Rechtsfortbildung durch die Prätoren: Synthese von Konservativismus und Modernität

Wir rühren hiermit an einen Grundpfeiler des römischen Rechts. Die Unterscheidung in *ius civile*[52], das auf den XII Tafeln, sonstigen Gesetzen und der *interpretatio* (Rechtsauslegung und -fortbildung) der Juristen beruhende überkommene Recht, und das diesem gegenüber stehende prätorische Recht, Amtsrecht, *ius honorarium,* Honorarrecht (von *honos,* die Ehre; politische Ämter waren in der Republik wie gesehen stets Ehrenämter).

51 Gai. 2, 41.

52 Der Begriff *ius civile* ist also mehrdeutig, sein Inhalt nur aus dem Zusammenhang und v. a. dem jeweiligen Gegenbegriff zu erschließen. Eine andere Abgrenzung ist *ius civile* als das nur römischen Bürgern eigene Recht gegenüber dem Völkergemeinrecht *(ius gentium).* Schließlich kann er auch der Gegenbegriff zum öffentlichen und sakralen Recht sein.

Pap. D. 1, 1, 7, 1

Ius praetorium est, quod praetores introduxerunt adiuvandi vel supplendi vel corrigendi iuris civilis gratia propter utilitatem publicam. quod et honorarium dicitur ad honorem praetorum sic nominatum.

Prätorisches Recht ist das Recht, das die Prätoren im öffentlichen Interesse eingeführt haben, um das Zivilrecht zu unterstützen, zu ergänzen oder zu verbessern. Es wird auch als Amtsrecht [Honorrarecht] bezeichnet und ist nach dem Ehrenamt der Prätoren so genannt worden.

Mit der Schaffung von Honorarrecht greifen die römischen Prätoren immer wieder ein, um für neu aufkommende Fragen flexible und angemessene rechtliche Lösungen zu finden und die Rechtsordnung den Erfordernissen der Gesellschaft und der Wirtschaft anzupassen, dabei aber als traditionsbewusste Römer das Herkommen formal unangetastet zu lassen, auch wenn man es vielleicht inhaltlich als überholt empfindet: „Die Tradition ist im römischen Leben eine Großmacht“[53]. Das Neue wird nicht *anstelle* des Alten, sondern *daneben* gesetzt. Dies entspricht generell dem römischem, stets der Tradition verhaftetem Staats- und Rechtsdenken[54]: „Der Anbau wird dem Umbau, der Umbau dem Neubau vorgezogen“[55]. Das römische Recht ist also kein geschlossenes System, sondern durch ein Neben- und Miteinander verschiedener Rechtsschichten gekennzeichnet. Darin zeigt sich auch die Grundeinstellung der Römer gegenüber ihrem Recht. Es ist keine vom Staat planmäßig gestaltete Gesetzgebung, sondern seine Entwicklung wird bewusst dem natürlichen Wachstum in der Praxis überlassen: „bewahrendes Herkommen und vorsichtig vorwärtstastende Empirie“[56]. Dies zieht sich wie ein roter Faden durch die römische (Rechts-)Kultur. Der Dichter Ennius, einer der Wegbereiter der lateinischen Literatur[57], fasst dies so in Worte: *Moribus antiquis*

53 *Schulz,* Prinzipien, S. 57.

54 Das zeigt, um nur ein Beispiel zu nennen, auch das Interzessionsrecht der republikanischen Volkstribunen, mit dem diese eine an sich völlig legale Amtshandlung eines römischen Magistraten unwirksam machen können, ohne dass dessen Amtsbefugnisse grundsätzlich von der Rechtsordnung eingeschränkt würden. Nach *Meyer* (Kap. 1, Fn. 3), S. 114, ein „typisches Kennzeichen römischen Staatsdenkens. Man [...] bekämpfte die Gefahren, die aus der konsequenten Durchführung der Prinzipien entstehen konnten, durch anderweitige Gegenmittel, die den Grundsatz als solchen nicht antasteten.“

55 *Wieacker,* Vom römischen Recht, S. 14.

56 *Wieacker,* Vom römischen Recht, S. 7.

57 Er lebte von 239 bis 169 v. Chr. Über das Recht sagte er: *Melius est virtute ius: nam saepe virtutem mali nanciscuntur: ius atque aecum se a malis spernit procul* – „Recht ist besser als Tap-

res stat Romana virisque[58] – „Auf den Traditionen und Männern der alten Zeit beruht der römische Staat". Es lässt sich allerdings nicht leugnen, dass auf dem Gebiet des Rechts damit auch eine gewisse Unübersichtlichkeit verbunden ist.

Das römische Honorarrecht erweist sich als Motor der wirtschaftlichen Entwicklung, indem es altertümliche und schwerfällige Formen überflüssig macht, es begünstigt den Waren- und Kreditverkehr. Zudem dient es der praktischen Förderung sozialer und materialer Gerechtigkeitsgedanken. Die gleiche, aber vom römischen Recht völlig unabhängige Rechtsentwicklung können wir wiederum in der Geschichte des englischen Rechts beobachten[59]. Das sich im Mittelalter zuerst bildende Common Law (dessen Entsprechung das *ius civile* der XII Tafeln wäre) erstarrte mit der Zeit; seine Schwerfälligkeit erwies sich als hinderlich bei der Bewältigung neuer Herausforderungen, vor die sich die englische Gesellschaft im 14. bis 16. Jahrhundert durch die raschen Wandlungen der Zeit gestellt sah (in Rom waren es die beiden vorchristlichen Jahrhunderte). Den sich daraus ergebenden neuen Rechtsformen und Fällen begegnete die Rechtsprechung mit der Ausbildung neuer Regeln, die das überkommene Recht nicht abschafften, es aber praktisch abmilderten oder korrigierten. Dem römischen Prätor tat es der englische Lord Chancellor gleich; das *ius honorarium* des einen war die sich aus einer Billigkeitsrechtsprechung heraus entwickelnde Equity des anderen, die in Gegensatz zum (Common) Law trat. Beide Gebiete verdichteten sich sodann mit der Zeit zu eigenen Rechtsschichten, die dem jeweils älteren Recht im Konfliktfall vorgingen. In Rom wurden beide Rechtsschichten allerdings vom selben Richter, dem Prätor, angewandt; das Honorarrecht war also eine keine zweite Rechts*ordnung*[60]. In England wurde dagegen bis zum Judicature Act 1873 die jeweilige Rechtsschicht nur von dafür jeweils zuständigen Gerichten angewandt, den Common-Law-Gerichten auf der einen und dem Court of Chancery auf der anderen Seite. So wie an ein- und demselben Grundstück der eine Römer ziviles, der andere bonitarisches Eigentum haben konnte, so konnte der eine Engländer „legal owner", der andere „equitable owner" sein. In beiden Rechten kam es schließlich zu einer Verschmelzung der beiden Rechtsschichten. Das *ius honorarium* wurde mit der Zeit in Teilen ins *ius civile* eingearbeitet, endgültig wurden beide Rechtsschichten durch Justinian vereinigt; im englischen Recht erreichte dies der bereits zitierte Judicature Act.

ferkeit: denn diese erwerben auch böse Menschen; Recht und Billigkeit dagegen halten sich von den Bösen fern".

58 Cicero, rep. 5, 1.

59 *Peters*, S. 81 ff.

60 *Wieacker*, RG I, S. 471.

Zurück zu unserem Fall: Aulus wird also mit der bloßen Übergabe des Pamphilus nicht nur Ersitzungsbesitzer, sondern erwirbt an ihm *sofort* prätorisches (bonitarisches) Eigentum.

2.5.3 Die *actio Publiciana* als Beispiel aktionenrechtlicher Rechtsfortbildung

Die *rei vindicatio* – wir erinnern uns: eine Klage des *ius civile,* das zivile (quiritische) Eigentum schützend – ist damit aber immer noch nicht auf jemanden wie unseren Aulus anwendbar. Auch diese Lücke schließt der Prätor mit seinen Mitteln, und wir ahnen schon, welche das sein werden: Zum Schutz des bonitarischen Eigentümers/Ersitzungsbesitzers entwickelt er eine eigene Klage, die *actio Publiciana*[61], die auch Aulus am Ende zu seinem Ziel, der Herausgabe des Pamphilus, verhelfen wird. Sie funktioniert nach dem Vorbild einer zivilen *actio,* hier der *rei vindicatio,* wird aber nach den praktischen Erfordernissen umgestaltet, wobei man sich der Fiktion[62] bedient: Diese besteht hier in der Annahme, die Ersitzungszeit sei bereits abgelaufen. Es ist der eingangs beschriebene Weg der aktionenrechtlichen Rechtsfortbildung, den wir nun an einem konkreten Beispiel beobachten können. Der Prätor kann, wenn er im Edikt keine passende Formel findet, den Rechtsschutz gleichwohl dadurch herstellen, dass er eine zivile Formel „passend macht" im Wege der Analogie *(actio utilis* oder *ad exemplum).* Er kann aber auch ohne Vorbild im Edikt eine auf den Sachverhalt zugeschnittene Klage neu gewähren, die demgemäß *actio in factum* heißt. Bei diesen beschreibt die *intentio* der Klageformel den anspruchsbegründenden Sachverhalt. Der Prätor schafft dann nicht nur die Klage*formel,* sondern auch den *Verpflichtungsgrund* selbst. Das Edikt enthält sowohl zivile als auch honorarrechtliche Klagen.

Die Formel der *actio Publiciana* lautet nach dem Vorbild der *rei vindicatio* folgendermaßen[63]:

Titius iudex esto. si quem hominem Aulus Agerius (bona fide) emit et is ei traditus est, anno possidesset, tum si eum hominem, de quo agitur, eius ex iure Quiritium esse pareret neque ea res

---

61 Ulp. D. 6, 2, 1 pr.

62 *Wieacker,* Vom römischen Recht, S. 60: „Die großen Durchbrüche der Jurisprudenz vollzogen sich gleichsam verdeckt in der legitimen Rechtslist der Fiktion und des nachgeformten Rechtsgeschäfts."

63 Vgl. Gai. 4, 36 sowie die unterschiedlichen Rekonstruktionen bei *Kaser/Knütel/Lohsse,* § 37, Rn. 22; *Kaser,* S. 439; *Liebs,* S. 187.

(arbitrio tuo) Aulo Agerio restituetur, quanti ea res erit, tantam pecuniam, iudex, Numerium Negidium Aulo Agerio condemnato, si non paret, absolvito.
Titius soll Richter sein. Wenn der streitgegenständliche Sklave, den der Kläger (in gutem Glauben) gekauft hat und der ihm übergeben worden ist, sofern ihn der Kläger ein Jahr besessen hätte, sich nach quiritischem Recht als ihm gehörend erweisen würde, und die Sache ihm nicht (nach deiner Ermessensentscheidung) herausgegeben wird, dann sollst du, Richter, den Beklagten zugunsten des Klägers zur Zahlung derjenigen Summe verurteilen, den die Sache wert sein wird; wenn es sich nicht erweist, sollst du freisprechen.

Das Rechtsschutzbegehren, das der *actio Publiciana* zugrunde liegt, hätte der Kläger in früherer Zeit noch über die *legis actio sacramento in rem* durchsetzen können, da diese nicht das absolute Eigentum voraussetzte, sondern den von zwei Parteien *relativ* besser Berechtigten schützte: Und genau dies ist die Position des Ersitzungsbesitzers gegenüber einem Dritten. Nachdem sich der absolute Eigentumsbegriff jedoch durchgesetzt hatte, entstand hier eine Rechtsschutzlücke, die durch die *actio Publiciana* gefüllt wurde. Die *actio Publiciana* steht übrigens auch dem zivilen Eigentümer zu Gebote, da der Beweis lückenloser Berechtigung der Vormänner zuweilen schwierig sein kann, wohingegen die Voraussetzungen der *actio Publiciana* vergleichsweise leicht darzulegen und zu beweisen sind. Auch die *actio Publiciana* hat den Weg ins BGB gefunden, obwohl sie nicht ganz in die sachenrechtliche Konzeption des Gesetzes passt[64], und zwar in Gestalt des § 1007 BGB, einer „geheimnisvollen Vorschrift“[65]. Sie hat aber keine besondere praktische Bedeutung, da wegen der Möglichkeit des sofortigen gutgläubigen Erwerbs die Ersitzung – anders als im römischen Recht – an den Rand gedrängt ist; auf das Anwartschaftsrecht wendet die h. M. § 985 analog gegenüber Dritten an[66].

Justinian schafft, wie bereits erwähnt, den Unterschied zwischen bonitarischem und quiritischem Eigentum ab[67]. Die Unterscheidung hatte zu seiner Zeit ihren einstmals bestehenden Sinn verloren.

64 MünchKomm/*Baldus*, 5. Aufl. 2009, § 1007, Rn. 1 ff., 31.
65 *Wilhelm*, Sachenrecht, 6. Aufl. 2019, Rn. 1343; zum Anwendungsbereich a. a.O, Rn. 1356 ff.
66 *Baur/Stürner*, Sachenrecht, 18. Aufl. 2009, § 59, Rn. 3; *Wellenhofer*, Sachenrecht, 35. Aufl. 2020, § 14, Rn. 22
67 C. 7, 25, 1.

2.5.4 Die *exceptio*

Der Traditionalismus der Römer verwehrt es dem Prätor, zivilrechtliche Rechtspositionen aufzuheben. Er kann honorarrechtliche Umleitungen weisen, das zivilrechtliche Hindernis einreißen kann er nicht. Was geschähe nun, wenn Numerius, der sein ziviles Eigentum und damit die *rei vindicatio* ja noch nicht verloren hat, statt den Sklaven einfach wieder mitzunehmen, die Stirn hätte, diesen von Aulus nach Verkauf und Übergabe seinerseits herauszuverlangen?

Hier hilft eine *exceptio,* eine Einrede. Wörtlich bedeutet der Begriff „Herausnahme". Es ist die Ausnahme von den Bedingungen, unter denen der Beklagte der *actio* gemäß zu verurteilen wäre, und dient der Verwirklichung materieller Gerechtigkeitsvorstellungen[68]. Die Einfügung der *exceptio* in die Klageformel muss bei bestimmten Klagen[69] beim Prätor beantragt werden; versäumt der Beklagte dies, kann er sich beim *iudex* nicht mehr darauf berufen. Auch die *exceptio* ist eine prätorische Rechtsschöpfung und damit ein ganz wesentliches Element des Formularprozesses, dem Legisaktionenprozess ist sie noch unbekannt. Aus diesem prozessualen Verteidigungsmittel hat sich mit der Zeit unsere materiellrechtliche Einrede entwickelt[70]. *Exceptiones* gibt es in allen Rechtsbereichen. Die wichtigste aller *exceptiones* ist die *exceptio doli,* die Einrede der Arglist, Großleistung römischer Jurisprudenz der späten Republik. Sie erlaubt es, dem Richter die Treuwidrigkeit einer – formal unangreifbaren – Handlung oder Klage zu berücksichtigen, z. B. bei der Klage auf Herausgabe einer Sache, die man aus anderem Grunde wieder zurückzugeben hätte. Diesen Satz kennen alle Juristinnen und Juristen: *Dolo facit qui petit quod redditurus est*[71] – „Arglistig handelt, wer etwas verlangt, was er (aus anderem Grund) wieder zurückgeben muss". Diese *exceptio* hat sich, als Ausprägung des § 242 BGB, bis auf den heutigen Tag erhalten.

Würde Aulus also vom Verkäufer Numerius auf Herausgabe verklagt, würde er sich darauf berufen, dass die Sache ihm von Numerius doch gerade verkauft und übergeben worden und er dadurch bonitarischer Eigentümer geworden sei. In der Tat könnte er die Sache von jedem Besitzer herausverlangen; da erschiene es doch ungerecht, wenn er sie ausgerechnet dem, von dem er sie in Erfüllung eines Vertrages erhalten hat, nun herausgeben müsste. Zur Verwirklichung dieses Gedankens stellt das römische Recht die entsprechende spezielle Einrede zur Verfügung: die *exceptio rei venditae et tradi-*

68 Gai. 4, 116.

69 Näheres dazu S. 123 ff.

70 *Kaser/Knütel/Lohsse*, § 4, Rn. 13.

71 Paul. D. 44, 4, 8 pr.

tae, die Einrede der verkauften und übergebenen Sache[72]. Auf Antrag des Beklagten würde der Prätor die *exceptio* in die Klageformel der *rei vindicatio* einfügen: *... si non A.A. hominem Stichum, quo de agitur, N.o N.o vendidit et tradidit* – „...der Beklagte ist zu verurteilen, es sei denn, der Kläger hat ihm die streitbefangene Sache verkauft und übergeben". Dadurch wird das bonitarische Eigentum in diesem Fall, in dem der quiritische Eigentümer die Sache formfehlerhaft übertragen hat, letztlich sogar stärker geschützt als das quiritische.

Nun können wir unseren Ausgangsfall endlich lösen[73]. Aulus wird gegen Numerius die *actio Publiciana* erheben, um die Herausgabe des Pamphilus zu erreichen, und nicht die Erteilung der *rei vindicatio* beim Prätor beantragen. Wenn sich Numerius dann auf sein ziviles Eigentum berufen würde (auch dies ist eine *exceptio,* und zwar die *exceptio iusti dominii),* könnte Aulus sich dieser gegenüber wiederum auf die eben genannte *exceptio rei venditae et traditae* berufen (die dann, weil gegenüber einer *exceptio* erhoben, als Gegeneinrede *replicatio* heißt). Gibt Numerius den Sklaven jetzt nicht heraus, wird ihn der Richter zum Geldersatz verurteilen.

2.5.5 Die Verfolgung des Eigentums gegenüber Dritten

Fall 3

Aristius (A) hält sich gutgläubig für den Eigentümer einer sich in seinem Besitz befindlichen Ausgabe der *Ars amatoria* („Die Kunst der Liebe") des Ovid. Er verkauft und übergibt das Buch für 100 Sesterzen (HS[74]) an Brutus (B), der ebenfalls keinen Zweifel am Eigentum des Aristius hegt. In Wirklichkeit ist aber Cnaeus (C) Eigentümer, der wenige Wochen nach dem Verkauf bei Aristius vorstellig wird, da er gerade frisch verliebt ist und daher das Buch dringend braucht. Aristius verweist ihn an Brutus.

Abwandlung: Als Cnaeus bei Aristius ist, muss er erfahren, dass Brutus das Buch, weil er es zu unanständig fand, voller Entrüstung in den Tiber geworfen hat.

---

72 D. 21.3; im geltenden Recht findet sich diese *exceptio* in § 986 I BGB, dieser statuiert jedoch entgegen dem Wortlaut keine Einrede, sondern prozessual eine rechtshindernde oder rechtsvernichtende Einwendung, BGH NJW 1999, 3716; *Schulte-Nölke,* in: Ebert (u. a.), Bürgerliches Gesetzbuch. Handkommentar, 10. Aufl. 2019, § 986 Rn. 1 ff.

73 Vgl. *Kaser,* S. 439.

74 Der Sesterz hatte ursprünglich den Wert von 2,5 Asses, der alten römischen Münzeinheit. Daraus erklärt sich die Abkürzung: „HS" ist in römischen Ziffern bzw. Begriffen „II + S(emis)".

B ist nicht ziviler Eigentümer geworden. Da es sich nicht um eine *res furtiva* handelt (A und B sind gutgläubig, eine Unterschlagung – *furtum* – liegt nicht vor, auch für die Vergangenheit lässt sich dazu nichts dem Sachverhalt entnehmen), könnte er zwar das Eigentum durch Ersitzung erwerben, die einjährige Ersitzungsfrist ist aber noch nicht abgelaufen. B ist jedoch bonitarischer Eigentümer. Damit bestünde die *exceptio rei venditae et traditae* gegenüber dem Verkäufer A, nicht aber gegenüber dem zivilen Eigentümer C, mit dem B keinerlei vertragliche Beziehung hat. Die *exceptio* greift in dieser Konstellation nicht. C kann daher das Buch von B vindizieren. B könnte auch nicht gegen C seinerseits mit der *actio Publiciana* vorgehen, wenn dieser in der Zwischenzeit wieder in den Besitz der Sache gelangt wäre; C könnte die *exceptio dominii*, die Einrede des (zivilen) Eigentums, erheben. Hier setzt sich – anders als oben – das quiritische Eigentum durch. B ist darauf verwiesen, dem Verkäufer A gegenüber Gewährleistungsrechte aus dem Kaufvertrag geltend zu machen[75]. Nach unserem Recht kommt es darauf an, ob die Sache dem C abhanden gekommen ist, er also den unmittelbaren Besitz unfreiwillig verloren hat. Wäre dies der Fall, wäre der gutgläubige Erwerb durch B ausgeschlossen (§ 935 I 1 BGB); da sich dies dem Sachverhalt jedoch nicht entnehmen lässt, erwirbt B mit Übereignung durch A gutgläubig das Eigentum an dem Buch (§§ 929 S. 1, 932 I 1 BGB), C kann von ihm nicht Herausgabe verlangen. Römisches und geltendes Recht kommen in dieser Konstellation also zu unterschiedlichen Ergebnissen.

In der Abwandlung ist das Buch nicht mehr vorhanden. Hier stellt sich die Frage, ob C nun vom gutgläubigen Verkäufer A den Kaufpreis i. H. v. 100 HS verlangen kann. In den Digesten finden sich für dieses Begehren zwei mögliche Wege, die beide allerdings Ausnahmefälle sind. Der eine ist der Anspruch des Geschäftsführers gegen den Geschäftsherrn aus Geschäftsführung ohne Auftrag (GoA, römisch: *negotia gesta), actio negotiorum gestorum.* Dazu müsste der Geschäftsführer, wie im BGB auch, mit Fremdgeschäftsführerwillen gehandelt haben, was hier eigentlich nicht der Fall ist. Gleichwohl gibt der klassische Jurist Africanus, Landsmann und Schüler des Julian und Bearbeiter seiner Werke, ausnahmsweise doch die Klage, obwohl die Voraussetzungen nicht erfüllt sind, insbesondere der Geschäftsführer um die Fremdheit des Geschäftes nicht einmal weiß[76]. Der zweite Weg führt über das Bereicherungsrecht, ihn geht Julian:

75 Zu diesen unten S. 144 ff.

76 Afr. D. 3, 5, 48 (Q9); *Zimmermann*, S. 877.

Afr./Iul. D. 12, 1, 23

Si eum servum, qui tibi legatus sit, quasi mihi legatum possederim et vendiderim, mortuo eo posse te mihi pretium condicere Iulianus ait, quasi ex re tua locupletior factus sim.

Wenn ich den Sklaven, der dir vermacht war, als mir vermacht besessen und verkauft habe, kannst du, falls er gestorben ist, nach der Meinung Julians von mir den Kaufpreis kondizieren, weil ich aus deinem Vermögen bereichert bin.[77]

Auch diese *condictio pretii* ist eine auf dem Gedanken der Surrogation beruhende Ausnahme. Danach kann C von A die 100 HS verlangen, die ihm B für das Buch bezahlt hat. Die Lösung nach BGB für diesen Fall ist ebenfalls die bereicherungsrechtliche: B hat nämlich nach §§ 929 S. 1, 932 I 1 BGB Eigentum an dem Buch erworben, so dass C gegen A ein Ausgleichsanspruch nach § 816 I 1 BGB zusteht, denn die Verfügung des nichtberechtigten A war aufgrund des gutgläubigen Erwerbs durch B gegenüber C wirksam. Und wenn B – etwa wegen § 935 I BGB – nicht Eigentümer geworden wäre, könnte C sich trotzdem den Anspruch nach § 816 I 1 BGB gegen A sichern, indem er die Veräußerung an B nach § 185 II 1 BGB genehmigt.

2.6 Geschenkt oder nur geliehen? – Ein berühmter Digestenfall und das Abstraktionsprinzip

Fall 4

Ennius (E) gibt Titus (T) 100 Sesterzen in der Absicht, ihm diese zu schenken, weil sich Titus gerade in Geldnot befindet und er ihm in einem Anflug von Altruismus helfen will. Dieser geht aber davon aus, dass es sich um ein Darlehen handeln müsse, weil er Ennius für zu geizig und ein Geschenk daher für ausgeschlossen hält. Aus Taktgefühl äußert sich keiner der beiden dazu. Später geraten die beiden in Streit, dabei entdecken sie auch ihr Missverständnis. Ennius will sein Geld nun wiederhaben, Titus hat es aber bereits ausgegeben.

E hat T Geldmünzen im Wege der *traditio* übereignet; beide Parteien befinden sich aber in einem Dissens über den Rechtsgrund, die *causa*. Eine Schenkung ist nicht, wie im geltenden Recht im Fall des § 518 BGB, ein Schuldvertrag, sondern lediglich

77 Siehe auch Ulp. D. 12, 6, 26, 12.

Rechtsgrund für die Übereignung. Sie entfaltet keine obligierende Wirkung, was aber im vorliegenden Kontext keine Rolle spielt. Sie wäre auf jeden Fall ein Rechtsgrund zum Behaltendürfen der übergebenen Münzen, genauso wie der Darlehensvertrag. Weder über das eine noch über das andere haben sich die Parteien hier aber geeinigt. Welche Auswirkungen hat dies auf die Frage des Eigentums?

In den Digesten ist uns dieser Fall sogar zweimal überliefert, von zwei verschiedenen Juristen allerhöchsten Ranges und – wie könnte es anders sein – mit unterschiedlichem Ergebnis, jedenfalls auf den ersten Blick. Wiederum ist Julian beteiligt, sein „Kontrahent" ist diesmal (der nach ihm lebende) Ulpian[78].

Iul. D. 41, 1, 36

Cum in corpus quidem quod traditur consentiamus, in causis vero dissentiamus, non animadverto, cur inefficax sit traditio, veluti si ego credam me ex testamento tibi obligatum esse, ut fundum tradam, tu existimes ex stipulatu tibi eum deberi. nam et si pecuniam numeratam tibi tradam donandi gratia, tu eam quasi creditam accipias, constat proprietatem ad te transire nec impedimento esse, quod circa causam dandi atque accipiendi dissenserimus.

Wenn wir uns über den Gegenstand einigen, der übergeben wird, bzgl. des Erwerbsgrundes jedoch verschiedener Meinung sind, sehe ich nicht ein, warum die Übergabe unwirksam sein sollte. Etwa wenn ich glaube, ich sei dir auf Grund eines Testaments verpflichtet, ein Grundstück zu übereignen, du jedoch meinst, es werde dir aus einer Stipulation geschuldet. Denn auch wenn ich dir abgezähltes Geld in Schenkungsabsicht übergebe, du es aber gleichsam als Darlehen annimmst, steht fest, dass das Eigentum auf dich übergeht und kein Hindernis darin besteht, dass wir uns über den Veräußerungs- und Erwerbsgrund nicht geeinigt haben.

Julian nimmt also einen Eigentumserwerb durch T an, obwohl eine *iusta causa* nicht wirksam vereinbart war. Das wäre exakt die Lösung auf der Grundlage des Abstraktionsprinzips des BGB, für das römische Recht aber erstaunlich innovativ (es geht hier um eine *traditio,* nicht um eine *mancipatio).* Zu einer schuldrechtlichen Rückzahlungsverpflichtung im Wege einer Leistungskondiktion sagt Julian in diesem Fragment ausdrücklich nichts.

Nun die zweite Stelle:

78 Ausführlich *Meissel* in *Falk/Luminati/Schmoeckel,* Fälle aus der Rechtsgeschichte, 2008, S. 62–76 (dort auch die Übersetzung von D. 41, 1, 36 und zur weiteren Wirkungsgeschichte der Texte) und *Kaser/Knütel/Lohsse,* § 34, Rn. 12. Hierauf beruhen die folgenden Ausführungen.

Ulp. D. 12, 1, 18 pr.

Si ego pecuniam tibi quasi donaturus dedero, tu quasi mutuam accipias, Iulianus scribit donationem non esse: sed an mutua sit, videndum. et puto nec mutuam esse magisque nummos accipientis non fieri, cum alia opinione acceperit. quare si eos consumpserit, licet condictione teneatur, tamen doli exceptione uti poterit, quia secundum voluntatem dantis nummi sunt consumpti.

Wenn ich dir Geld in der Absicht gebe, es dir zu schenken, du es aber als Darlehen annimmst, liegt, wie Julian schreibt, eine Schenkung nicht vor; doch man müsse in Betracht ziehen, ob ein Darlehen vorliegt. Und ich meine, dass auch kein Darlehen gegeben ist und mehr dafür spricht, dass die Münzen nicht Eigentum des Empfängers werden, da dieser beim Empfang eine andere Vorstellung [als der Geber] hatte. Hat er also die Münzen verbraucht, kann er, obwohl er mit der Kondiktion haftet, dennoch die Einrede der Arglist geltend machen, da die Münzen dem Willen des Gebers entsprechend verbraucht worden sind.

Ulpian verneint im Gegensatz zu Julian eine wirksame Übereignung. Denn mangels Einigung über die *causa* fehlt es am Rechtsgrund für die *traditio*. Somit ist ein derivativer, rechtsgeschäftlicher Eigentumserwerb nicht möglich. Das ist die erwartete Lösung nach überkommenem Verständnis. Aber Ulpian bleibt bei diesem Ergebnis nicht stehen: Denn T erwirbt Eigentum an den fremden Münzen, nur auf anderem Wege, nämlich durch Vermengung mit den eigenen bzw. durch Verbrauch *(consumptio)*. Dazu muss man einen kurzen Vorausblick auf die Regeln des römischen Rechts zum Eigentumserwerb bei Verbindung und Vermischung werfen. Im Normalfall der ungewollten Vermengung von Festkörpern unterschiedlicher Eigentümer (z. B. Getreide, Flüssigkeiten, Vieh in einer Herde) verbleibt es beim jeweiligen Eigentum. Für Geld besteht jedoch eine Sonderregel: Vermischt jemand ununterscheidbar fremde Münzen mit eigenen, erwirbt er Alleineigentum[79].

Damit erwirbt T das Eigentum durch *originären* Erwerb. Kann E Zahlung des Geldwertes verlangen? Nicht mit der Darlehensklage, da aufgrund des Dissenses kein Darlehensvertrag *(mutuum)* zustande gekommen ist. Dann wäre an den Anspruch aus ungerechtfertigter Bereicherung zu denken, die *condictio (indebiti)*. Aber auch dieser führt nicht zum Erfolg, ihm steht die *exceptio doli* entgegen. Denn T hat mit dem ihm in Schenkungsabsicht übergebenen Münzen genau das getan, was er nach dem Willen des E tun sollte: Er hat sie verbraucht. Eine Rückforderung wäre daher ein *venire contra factum proprium*, ein widersprüchliches Verhalten. Letztlich ist dies ein

79 Iav. D. 46, 3, 78. Der Vermengung mit eigenem Geld steht die Zahlung an einen Dritten mit diesem Geld gleich. Anders §§ 948, 947 BGB.

Ergebnis, das auch dem Gerechtigkeitssinn entspricht, denn der Geber selbst wollte im maßgeblichen Moment ja schenken. Ulpian erweist sich hier, ohne an den dogmatischen Grundlagen zu rütteln, eben doch als kreativ bei der Findung einer angemessenen Lösung des Falles.

Wie könnte sich die Julian-Stelle erklären, wenn man einmal davon ausgeht, dass Julian, bei allem Sinn für Innovatives, nicht das Recht von Grund auf reformieren, kein „Lord Denning[80] des römischen Rechts" sein wollte? Im ersten Fall des Julianfragmentes erfolgt die Übereignung der Münzen zum Zweck der Erfüllung einer Verpflichtung, *solvendi causa,* und im Hinblick darauf stimmen die Parteien überein; lediglich über den konkreten Rechtsgrund herrscht Dissens. An dieser Stelle ist der oben behandelte Grundsatz der kausalen Tradition[81] zu vertiefen. Wir sahen, dass die Übereignung einer *res nec mancipi* die Übergabe der Sache durch den dinglich Berechtigten aufgrund einer *iusta causa* erfordert; als solcher Rechtsgrund kommen Kaufvertrag, Schenkung etc. in Betracht. Es gibt allerdings auch ein weiteres Kausalverhältnis: die Leistung zur Erfüllung einer Schuld (*solutio,* daher *solvendi causa).* Diese ist als gegenüber dem eigentlichen Verpflichtungsgeschäft selbstständiges Lösungsgeschäft ebenfalls ein tauglicher Erwerbsgrund, und damit auch dann, wenn die zugrunde liegende Schuld in Wahrheit nicht besteht. Wenn also jemand glaubt, aus einer *stipulatio* (einem förmlichen Schuldversprechen) oder einem Vermächtnis zur Leistung einer Sache verpflichtet zu sein und diese dann übergibt, um die – in Wirklichkeit nicht bestehende (!) – Obligation zu erfüllen, geht das Eigentum dennoch über. Es kann aber kondiziert werden[82]. In dieser speziellen Fallkonstellation ist also auch die *traditio* abstrakt[83], jedenfalls insoweit, als es nicht auf die Wirksamkeit des nur vorgestellten Rechtsgrundes ankommt, wenn die Übergabe der Erfüllung der daraus angenommenen Verpflichtung dienen soll. Dies gilt allerdings nicht für den wichtigsten Fall der Übergabe/Übereignung einer Kaufsache. Hier bleibt es dabei, dass die *traditio* nur auf der Grundlage eines gültigen Kaufvertrages das Eigentum überträgt; ein eigenständiges Erfüllungsgeschäft wird nicht angenommen.

---

80 Lord Denning, dessen Lebenszeit nahezu exakt das 20. Jahrhundert ausfüllt, als dessen bekanntester englischer Richter er gelten darf, beeinflusste in seinen höchsten Richterämtern die Entwicklung des Common Law maßgeblich, wobei er sich nie davor scheute, auch fundamentale Prinzipien des englischen Rechts in Frage zu stellen.

81 S. 82.

82 Gai. 3, 91 (Q10); Inst. 3, 14, 1; Gaius D. 44, 7, 5, 3.

83 *Kaser/Knütel/Lohsse*, § 34, Rn. 11; *Rabel,* S. 67.

Wenn nun im ersten Fall des Julianfragmentes E die Verpflichtung aus einem Vermächtnis erfüllen will, T dagegen von einer Stipulation ausgeht, stimmen beide doch darin überein, dass eine Schuld erfüllt werden soll, und dies ist eine wirksame *causa,* selbst wenn die Schuld, die erfüllt werden soll, nicht besteht (es liegt hier kein Kaufvertrag zugrunde, bei dem dies nicht der Fall wäre, sondern eine Verpflichtung aus anderem Rechtsgrund, Stipulation oder Vermächtnis). Damit kann wirksam übereignet werden.

Nun zum zweiten Fall, in dem es nicht darum geht, ob eine Schuld getilgt wird, also die Übereignung nicht *solvendi causa* erfolgt, sondern ob sie *begründet* wird: Julian verneint eine Schenkung, bejaht aber ein Darlehen als darin jedenfalls als *minus* enthalten[84] *(argumentum a maiore ad minus), „quasi creditum"*. Trifft diese Erklärung zu, hat Julian letztlich nicht auf die *causa traditionis* verzichtet, sondern lediglich einen Minimalkonsens zur Eigentumsübertragung ausreichen lassen, der sowohl in Darlehen als auch Schenkung als kausaler Erwerbsgrund steckt. Julian ist dann also nicht prinzipiell anderer Auffassung als Ulpian, nur großzügiger. Das Ergebnis ist aber auch hier: T muss das Geld nicht zurückzahlen.

Eine andere mögliche Erklärung für die (scheinbare?) Widersprüchlichkeit der beiden Stellen könnte die Interpolationenkritik liefern. Es geht zu Beginn der Stelle um ein Grundstück. Wir erinnern uns: Dieses konnte nach *ius civile* nicht durch *traditio* übereignet werden, sondern nur durch *mancipatio.* Justinian aber schaffte bekanntlich die *mancipatio* ab und ließ sie in allen Quellen durch *traditio* ersetzen, so vielleicht auch hier. Die *mancipatio* war aber unstreitig abstrakt. Das könnte einerseits der Stelle etwas von ihrer Brisanz nehmen, denn dass die *mancipatio* zu ihrer Wirksamkeit keiner *causa* bedarf, steht fest. Andererseits lässt sich demgegenüber wiederum einwenden, dass bereits in klassischer Zeit auf die *mancipatio* auch verzichtet und eine *res mancipi* formlos übergeben werden konnte, da der Erwerber daran ja prätorisches Eigentum erwarb; es ist also durchaus nicht fernliegend, dass es sich hier überhaupt nicht um eine Interpolation handelt, sondern bereits im Originaltext *traditio* stand[85]. Man sieht: Wie Diamanten das Licht können die Digesten juristisches Denken je nach Standpunkt und Blickwinkel in unterschiedlichster Weise brechen.

84 Vgl. Paul. D. 50, 17, 110 pr.: *In eo, quod plus sit, semper inest et minus* – „Im Größeren ist das Kleinere stets mit enthalten".

85 *Manthe,* Römisches Privatrecht, S. 461, in: Graf (Hg.), Einleitung in die lateinische Philologie, 1997.

Es lohnt sich bei diesem zivilrechtlichen Grundsatzthema ein kurzer Blick auf die weitere Entwicklung. Die kausale Übereignung des römischen Rechts – bezogen auf die *traditio* – wurde das Prinzip des *ius commune* und ist auch so in die meisten Kodifikationen eingegangen. In Deutschland ging man mit der abstrakten Übereignung demgegenüber einen Sonderweg, der auf *Savigny*, den Begründer der historischen Rechtsschule, zurückging[86]. Er hat das Trennungs-/Abstraktionsprinzip nicht erfunden (es gab Vorläufer im mittelalterlichen und gemeinen Recht), aber dogmatisch herausgebildet und ihm den Durchbruch im deutschen Recht verschafft, so dass es schließlich im BGB verankert wurde. Für dieses Prinzip sprach außer der oben genannten Julianstelle (auf die sich *Savigny* selbst allerdings gar nicht maßgeblich beruft, anders als später der BGB-Gesetzgeber[87]) v. a. folgende Institutionenstelle:

> **Inst. 2, 1, 40**
> *Per traditionem quoque iure naturali res nobis adquiruntur: nihil enim tam conveniens est naturali aequitati, quam voluntatem domini, volentis rem suam in alium transferre, ratam haberi.*
> Auch durch Übergabe erwerben wir Sachen nach Naturrecht. Denn nichts entspricht so sehr der natürlichen Gerechtigkeit, als den Willen des Eigentümers, der seine Sache einem anderen übereignen möchte, als wirksam anzuerkennen.

Savigny hat dem entnommen, dass allein der Wille – also unabhängig vom Kausalgeschäft – genüge (was wohl der oströmischen byzantinischen Schule entsprach, nicht aber dem klassischen römischen Recht). Neben den Quellen (in dieser Lesart) nimmt *Savigny* seinen dogmatischen Ausgangspunkt auch an anderer Stelle, nämlich von den Fällen, in denen die Übergabe einer Sache nicht als Erfüllung einer *obligatio* anzusehen ist: Dies trifft v. a. auf die Handschenkung zu (z. B. das Geschenk an den Bettler), der keinerlei irgendwie geartete Verpflichtung vorausgeht. Daraus leitet *Savigny* ab, dass es für die Übertragung des Eigentums allgemein nicht auf das Vorhandensein einer Obligation, eines schuldrechtlichen Grundgeschäftes im Sinn der *causa,* ankomme, sondern allein auf den Übertragungs*willen* (für dessen Vorhandensein die *causa,* wenn sie denn besteht, lediglich als Indiz in Betracht kommt); er liegt vor bei der Übergabe zur Erfüllung eines Kaufvertrages, nicht aber z. B. bei der Übergabe einer Sache zur Vermietung. Allerdings reicht der einseitige Wille des Eigentümers nicht aus, sondern erforderlich ist die vom schuldrechtlichen Grundverhältnis unabhängige und mit dem

86 Zum Folgenden *Huber,* in: Heldrich u. a. (Hg.), FS Canaris, 2007, S. 471, 496 ff.
87 Mot. III, S. 7.

äußeren Akt der Übergabe verbundene Einigung beider Parteien über den Eigentumsübergang, der *dingliche* Vertrag – und so erklärt sich § 929 S. 1 BGB.

2.7 Originärer Eigentumserwerb, insbesondere Verarbeitung

Eigentum kann rechtsgeschäftlich von einem anderen erworben werden, also *derivativ.* Man kann Eigentum aber auch nichtrechtsgeschäftlich und ohne Ableitung von einem Voreigentümer begründen, also *originär.* Zwei Möglichkeiten haben wir schon gesehen: die Ersitzung und den Eigentumserwerb an fremden Münzen durch Vermengung mit eigenen. Nun soll noch eine weitere betrachtet werden.

Fall 5

Titius ist handwerklich und künstlerisch sehr begabt, gerade aber nicht ganz ausgelastet. Aus einem Haufen Bretter, die er im Hof des von ihm bewohnten Mietshauses *(insula)* findet, baut er eine schöne Kommode; auf ein kleineres Brett malt er in tagelanger Arbeit mit eigenen Farben ein Bild der Venus. Die Nachbarn sind davon begeistert, bis auf Marcus, dem die Bretter gehörten und die er im Ofen verfeuern wollte. Da er von Kunst wenig hält und außerdem friert, verlangt er von Titius unter Berufung auf sein Eigentum Kommode und Bild zur Zuführung des Holzes zum ursprünglich vorgesehenen Zweck heraus.

Titius könnte hier durch Verarbeitung Eigentum an der Kommode und dem Bild erworben und Marcus sein ursprünglich an den Brettern bestehendes Eigentum verloren haben. Betrachten wir zunächst die Kommode. Zur Verarbeitung finden sich verschiedene Quellentexte, an denen sich auch sehr gut der Fortgang der Rechtsentwicklung ablesen lässt. In den Institutionen des Gaius, um 160 geschrieben, steht dazu Folgendes:

Gai. 2, 79

In aliis quoque speciebus naturalis ratio requiritur. proinde si ex uvis aut olivis aut spicis meis vinum aut oleum aut frumentum feceris, quaeritur, utrum meum sit id vinum aut oleum aut frumentum an tuum. item si ex auro aut argento meo vas aliquod feceris vel ex tabulis meis navem aut armarium aut subsellium fabricaveris […]. quidam materiam et substantiam spectandam esse putant, id est, ut cuius materia sit, illius et res, quae facta sit, videatur esse; idque maxime placuit Sabino et Cassio. alii vero eius rem esse putant, qui fecerit; idque maxime diversae scholae auctoribus visum est, sed eum quoque, cuius materia et substantia fuerit, furti adversus eum, qui subripuerit, habere actionem nec minus adversus eundem condictionem ei competere, quia extinctae res, licet vindicari non possint, condici tamen furibus et quibusdam aliis possessoribus possunt. Auch in anderen Fällen wird nach der natürlichen Vernunft gefragt. Wenn du demnach aus meinen Beeren, Oliven oder Ähren Wein, Öl oder Getreide gemacht hast, fragt sich, ob der Wein, das Öl oder das Getreide mir oder dir gehören. Ferner, wenn du aus meinem Gold oder Silber ein Gefäß gemacht hast oder aus meinen Brettern ein Schiff, einen Schrank oder eine Bank hergestellt hast [...]. Manche Juristen meinen, man müsse auf den Stoff und die Substanz schauen, das heißt, dass man annimmt, dass demjenigen, dem der Stoff gehört, auch die daraus hergestellte Sache gehört; diese Meinung vertraten v. a. Sabinus und Cassius. Andere meinen indes, die Sache gehöre dem, der sie hergestellt habe; dieser Ansicht waren v. a. die Gewährsleute der anderen Schule, aber dass auch der, dem Stoff und Substanz gehörten, die Diebstahlsklage gegen den, der sie entwendet habe, erheben könne und dass ihm auch ebenso gegen den Entzieher eine Bereicherungsklage zustehe, weil zugrunde gegangene Sachen zwar nicht mehr herausverlangt werden können, aber trotzdem ihretwegen die Bereicherung von denen, die sie entzogen haben, und von gewissen anderen Besitzern verlangt werden kann.

Wir haben hier ein Beispiel für einen Meinungsstreit der beiden Rechtsschulen. Nach den Sabinianern kommt es allein auf den Ausgangsstoff an, dessen Eigentümer auch am Arbeitsergebnis das Eigentum behält. Die Proculianer (für den Sabinianer Gaius die *diversae scholae auctores)* stellen demgegenüber auf die Form des neuen Gegenstandes ab. Wird eine neue Sache geschaffen, geht die alte Sache und damit das an ihr bestehende Eigentum unter. Diese neue Sache ist zunächst herrenlos, und an ihr erwirbt der Produzent durch Aneignung *(occupatio)* Eigentum.

In der Spätklassik kommt die vermittelnde Meinung auf, die darauf abstellt, ob die neue Sache in ihren Ausgangsstoff zurückgeführt werden könnte oder nicht, und nur im letztgenannten Fall einen Eigentumserwerb des Verarbeiters annimmt[88]. Dieser Meinung folgt Justinian.

Inst. 2, 1, 25

Cum ex aliena materia species aliqua facta sit ab aliquo, quaeri solet, quis eorum naturali ratione dominus sit, utrum is qui fecerit, an ille potius qui materiae dominus fuerit [...] et post multas Sabinianorum et Proculianorum ambiguitates placuit media sententia existimantium, si ea spe-

88 Paul. D. 41, 1, 24.

cies ad materiam reduci possit, eum videri dominum esse qui materiae dominus fuerat; si non possit reduci, eum potius intellegi dominum qui fecerit: ut ecce vas conflatum potest ad rudem massam aeris vel argenti vel auri reduci, vinum autem aut oleum aut frumentum ad uvas et olivas et spicas reverti non potest [...]. quodsi partim ex sua materia, partim ex aliena speciem aliquam fecerit quisque [...] dubitandum non est, hoc casu eum esse dominum qui fecerit: cum non solum operam suam dedit, sed et partem eiusdem materiae praestavit.

Wenn jemand aus fremdem Material eine Sache hergestellt hat, wird regelmäßig gefragt, wer von beiden kraft natürlicher Vernunft Eigentümer ist, der Hersteller oder eher derjenige, der Eigentümer des Materials gewesen ist [...]. Nach langem Streit zwischen den Sabinianern und Proculianern hat sich eine vermittelnde Meinung durchgesetzt. Danach wird, wenn die neue Sache in das Rohmaterial zurückgeführt werden kann, derjenige als Eigentümer anerkannt, dem das Material gehörte; ist dies nicht möglich, so wird vielmehr derjenige als Eigentümer angesehen, der das Material verarbeitet hat. So kann z. B. ein gegossenes Gefäß in das Rohmaterial des Kupfers, Silbers oder Goldes zurückgeführt werden. Dagegen können Wein, Öl oder Getreide nicht in Trauben, Oliven oder Ähren zurückverwandelt werden [...]. Wenn nun aber jemand teils aus eigenem, teils aus fremdem Material eine neue Sache hergestellt hat [...], so wird in diesem Fall unzweifelhaft derjenige Eigentümer, der hergestellt hat. Denn er hat nicht nur seine Arbeit eingesetzt, sondern auch einen Teil des Materials hergegeben.

Für die Lösung des Falles kommt es also darauf an, welcher Meinung man sich anschließt. Nach proculianischer und vermittelnder Meinung würde sich Titius durchsetzen und könnte die Kommode vor den Flammen bewahren, müsste Marcus allerdings den Wert der Bretter ersetzen über eine *actio in factum*[89] bzw. *rei vindicatio utilis,* also eine analoge Klage[90]. Wäre Marcus (noch oder wieder) Besitzer, hätte er gegenüber der Herausgabeklage des nunmehrigen Eigentümers Titius ein entsprechendes Zurückbehaltungsrecht. Hat Titius sie gestohlen, haftet er dem Eigentümer gegenüber aus der *condictio*[91].

Wie sieht es mit dem Bild der Venus aus? Ausgangspunkt ist hier zunächst nicht die Verarbeitung, sondern die Verbindung beweglicher Sachen zu einer einheitlichen Sache. Eigentümer wird der, dessen Sache den wesentlichsten Teil zur neuen Sache beigetragen hat; die Nebensache folgt in rechtlicher Hinsicht der Hauptsache, *acces-*

89 Paul. D. 6, 1, 23, 5.
90 Ulp. D. 6, 1, 5, 3.
91 Inst. 2, 1, 26.

sio cedit principali. Diese Wirkung tritt aber nur ein, wenn die Sachen fest miteinander verbunden werden; dies ist insbesondere dann der Fall, wenn die Trennung eine Beschädigung der zusammengefügten Sache zur Folge hätte oder nur mit unverhältnismäßigem Aufwand möglich wäre (Schulbeispiel: Anschweißen eines Arms an eine Statue). Liegt dagegen nur eine lose Verbindung vor, die jederzeit wieder aufgehoben werden kann (Anlöten des Arms der Statue), ändern sich die Eigentumsverhältnisse nicht[92], jeder Beteiligte kann die Trennung und Herausgabe seiner Sache verlangen.

Danach würde die Farbe als Nebensache der Tafel als Hauptsache folgen, und in unserem Fall würde Marcus als Eigentümer des Bretts auch Eigentümer des Venusbildes, denn eine Trennung von Farbe und Holz ist unmöglich; dies wird zum Teil auch so von den römischen Juristen vertreten. Anders Gaius, auch wenn er es nicht recht begründen kann:

Gai. 2, 78

Sed si in tabula mea aliquis pinxerit veluti imaginem, contra probatur; magis enim dicitur tabulam picturae cedere. cuius diversitatis vix idonea ratio redditur.

Wenn aber jemand auf meiner Holztafel gemalt hat, beispielsweise ein Bild, so ist das Gegenteil anerkannt; bekanntlich fällt nämlich eine Holztafel eher dem Verfertiger des Bildes zu. Ein genügender Grund für diese Unterscheidung wird eigentlich nicht angegeben.

Der dahinterstehende Gedanke des Wertverhältnisses erscheint bei Justinian (statt der dort namentlich erwähnten griechischen Maler des 5. und 4. Jahrhunderts v. Chr. müssen heutige Leserinnen und Leser gedanklich nur Picasso oder da Vinci einsetzen):

Inst. 2, 1, 34

Si quis in aliena tabula pinxerit, quidam putant tabulam picturae cedere: aliis videtur picturam, qualiscumque sit, tabulae cedere. sed nobis videtur melius esse tabulam picturae cedere: ridiculum est enim picturam Apellis vel Parrhasii in accessionem vilissimae tabulae cedere.

Wenn jemand auf fremder Tafel gemalt hat, meinen manche, die Tafel gehöre zum Gemälde. Nach Ansicht anderer gehört das Gemälde, wie es auch immer sein mag, zur Tafel. Aber uns scheint es richtiger zu sein, dass die Tafel zum Gemälde gehört. Denn es wäre doch lächerlich, wenn ein Gemälde des Apelles oder des Parrhasius als nebensächlicher Teil zu einer ganz wertlosen Tafel gehörte.

---

92 Paul. D. 6, 1, 23, 5.

Schließen wir uns Gaius und Justinian an, gehört auch das Bild Titius, der wiederum Marcus den Wert des Holzbretts ersetzen muss.

§ 950 I BGB folgt im Grundsatz der prokulianischen Ansicht, führt aber den Wertgedanken als maßgebliches Kriterium ein. Das Bild ist ausdrücklich in S. 2 geregelt, Wertausgleich in § 951 BGB. Ratio legis ist allein die Lösung des Interessenkonfliktes zwischen dem Rohstofflieferanten und dem Produzenten; die Vorschrift hat keinen sozialpolitischen Aspekt[93]. Ein Sonderproblem entsteht, wenn die Sache im Rahmen eines Arbeitsverhältnisses verarbeitet wird. Dann ist der Arbeitgeber als Hersteller anzusehen, denn er hat das Weisungsrecht und trägt das wirtschaftliche Risiko[94]. In diese Richtung geht auch schon das römische Recht, das für einen Eigentumserwerb des Verarbeiters fordert, dass dieser für sich, „im eigenen Namen" (*suo nomine*[95]) handelt. Im geltenden Recht hat dies zudem Bedeutung in den Fällen, in denen der Eigentümer unter Eigentumsvorbehalt die Ware liefert und diese dann vom Empfänger verarbeitet und anschließend weiterveräußert wird. Hat der Verarbeiter an der neuen Sache originär Eigentum erworben mit der Folge, dass der Eigentumsvorbehalt erlischt? Der BGH[96] hat entschieden, dass § 950 BGB als sachenrechtliche Vorschrift zwar nicht abdingbar sei, aber vereinbart werden könne, wer als Hersteller gelte. Im Falle einer Verarbeitungsklausel sei dies der Materiallieferant und Eigentümer der Ausgangsware, der dann Eigentümer des Verarbeitungsproduktes werde, die Verarbeitung erfolgt also für einen anderen (römisch: *alterius nomine).* Die Verarbeitung von Stoffen des Bestellers im Rahmen eines Werkvertrages führt daher ebenfalls nicht zum Eigentumserwerb des Unternehmers, sondern des Bestellers[97].

Kurz erwähnt seien noch weitere Fälle originären Eigentumserwerbs:

Occupatio ist Aneignung herrenloser Sachen, z. B. wilder Tiere[98] und derelinquierter Sachen; auch hier haben die Römer eine reiche Kasuistik entfaltet, die teilweise in §§ 958 ff. BGB noch fortlebt (wie z. B. in der dort zu findenden ausführlichen Rege-

93 BGH NJW 1971, 1175 („altes umstrittenes Rechtsproblem").

94 Vgl. BGH NJW 1956, 788; BGH NJW 1988, 1204.

95 Gaius D. 41, 1, 7, 7; Call. D. 41, 1, 25.

96 BGHZ 20, 159; kritisch und mit Überblick über das Meinungsspektrum *Medicus/Petersen,* Bürgerliches Recht, 27. Aufl. 2019, Rn. 515 ff.

97 BGHZ 14, 114.

98 Inst. 2, 1, 12.

lung der Bienenschwärme[99]). Ein Sonderfall ist der Schatzfund; seit Hadrian steht er je zur Hälfte Grundeigentümer und Finder zu[100] (§ 984 BGB).

Bei Verbindung beweglicher Sachen mit einem Grundstück ist dieses stets die Hauptsache: *superficies solo cedit*[101] (§ 946 BGB). Eine Besonderheit gilt allerdings beim Einbau fremden Materials, z. B. von Dachbalken: Diese könnten vom Gebäude an sich wieder getrennt werden, das verbieten aber bereits die XII Tafeln aus Gründen der öffentlichen Sicherheit (wir sehen: eine Beschränkung des privaten Eigentumsrechtes im öffentlichen Interesse). Sie geben dem Materialeigentümer aber eine Klage auf Ersatz des Wertes in doppelter Höhe *(actio de tigno iuncto).* Macht er dies nicht geltend, so ruht sein Eigentum *(dominium dormiens)* und lebt bei Abbruch oder Einsturz des Gebäudes wieder auf[102].

Die (nicht gewollte und untrennbare) Vermischung oder Vermengung schließlich hat grundsätzlich anteilmäßiges Miteigentum zur Folge; die Ausnahme für Münzen haben wir schon kennengelernt.

2.8 Besitz und Besitzschutz

Kommen wir nochmals auf Fall 2 zurück. Hier könnten Aulus auch besitzschutzrechtliche Rechtsbehelfe gegen Numerius zustehen, der den Sklaven eigenmächtig wieder mitgenommen hat. Mit dem Besitz haben sich die römischen Juristen sehr intensiv beschäftigt; u. a. geht auch die grundlegende Unterscheidung zwischen Eigentum und Besitz auf sie zurück[103]. Das Besitzrecht und der Besitzschutz haben im römischen Recht eine größere Bedeutung als bei uns, da mangels gutgläubigen Erwerbs der Besitz Grundlage der *usucapio* ist. Der Besitzerwerb erfolgt im Grundsatz *corpore et animo*[104], d. h. durch körperlichen Kontakt/faktische Sachherrschaft und den Willen, die Sache für sich zu haben. Dazu haben die Römer eine reiche Kasuistik entwickelt[105]. Wie im BGB[106] gibt es Surrogate für die tatsächliche Übergabe, so die Übergabe „lan-

99 §§ 961–964 BGB; Inst. 2, 1, 14.
100 Inst. 2, 1, 39.
101 Gai. 2, 73.
102 XII 6, 7.
103 Ulp. D. 41, 2, 12, 1.
104 Paul. D. 41, 2, 3, 1.
105 Siehe insbes. D. 41, 2.
106 Siehe §§ 930, 931 BGB.

ger Hand" *(longa manu)*[107], der die Vorstellung zugrunde liegt, der Erwerber könne die Sache ergreifen, wenn seine Hand lang genug wäre; die Übergabe „kurzer Hand" *(brevi manu)*[108], bei der der Inhaber der tatsächlichen Sachherrschaft aufgrund einer Vereinbarung mit dem Eigentümer die Sache nunmehr für sich selbst besitzt (Beispiel: Veräußerung einer verliehenen Sache an den Entleiher); und schließlich das Besitzkonstitut, bei dem der bisherige Eigenbesitzer die Sache nunmehr für den Erwerber innehat und diesen zum Eigenbesitzer macht[109].

Der Besitz wird rechtlich unterschiedlich qualifiziert. Eine Form haben wir schon kennengelernt: die *possessio civilis.* Sie erfordert neben der tatsächlichen Gewalt auch eine *iusta causa possessionis,* d. h. der Besitz muss aufgrund eines Rechtsgrunds (Besitztitel) erworben sein, der nach *ius civile* den Eigenbesitz rechtfertigt (Kauf, Schenkung etc.). Die *possessio civilis* ist Voraussetzung für die Ersitzung. Prätorischem Recht gehört der *Interdiktenbesitz* an. Das ist der Besitz, der durch besondere einstweilige Verfügungen des Prätors, sog. Interdikte, gegen eigenmächtige Entziehung oder Störung geschützt ist. Interdiktenbesitzer sind immer der Eigenbesitzer sowie bestimmte Fremdbesitzer (u. a. Erbpächter, Pfandgläubiger). Eine *iusta causa possessionis* ist nicht erforderlich; daher ist auch der Dieb Besitzer in diesem Sinn. Schließlich gibt es noch die *naturalis possessio,* auch als Detention bezeichnet: Sie haben alle Fremdbesitzer, die nicht zu den oben genannten Ausnahmen zählen (Mieter, Entleiher, Pächter, Verwahrer etc.). Diese haben keinerlei Besitzschutz, auch der Mieter nicht. Dies erscheint uns befremdlich, entspricht aber wohl der sozialen Realität in Rom.

Damit sind wir wieder beim Besitzschutz angelangt. Dieser wird nicht über *actiones* verwirklicht, sondern wie oben angedeutet über *interdicta,* einstweilige Verfügungen des Prätors; denn beim Besitzschutz muss es schnell gehen. Der römische Besitzschutz ist so angelegt, dass der Beklagte sich im Interdiktenverfahren nicht auf ein („materielles") Recht zum Besitz berufen kann (Ausschluss der petitorischen Einrede), genau wie § 863 BGB. Es gibt unterschiedliche prätorische Interdikte, je nachdem, ob es darum geht, die gewaltsame Besitzstörung zu untersagen (die prohibitorischen, d. h. verbietenden Interdikte) oder die sofortige Rückgabe der entzogenen Sache zu erwirken (die restitutorischen Interdikte). Ziel dieser Interdikte ist am Ende immer die Rückgabe der Sache *in natura.* Aber auch hier gilt der Grundsatz der Geldwertkondemnation uneingeschränkt. Verweigert der Beklagte die Herausgabe, wird er nur in den Geldwert

107 Iav. D. 46, 3, 79.

108 Gaius D. 41, 1, 9, 5; Inst. 2, 1, 44.

109 Cels. D. 41, 2, 18 pr.

des Besitzinteresses verurteilt. Erhebt der Kläger daraufhin die *rei vindicatio,* kann er zudem noch die Verurteilung in den Schätzwert der Sache erreichen. Auch hier ist es wirtschaftlich also mehr als geraten, die Sache beizeiten zurückzugeben.

Ein wichtiger Zweck des Besitzschutzes ist die Verteilung der Parteirollen in einem allfälligen Eigentumsstreit *(rei vindicatio)*[110]: Die im Interdiktenverfahren obsiegende Partei ist in diesem Streit im Vorteil, da den nicht besitzenden Gegner die – unter Umständen schwierige – Beweislast bezüglich seines Eigentums trifft. Denn „wenn die Berechtigung der beiden Parteien unklar ist, wird regelmäßig gegen den Kläger entschieden“[111].

In Fall 2 könnte Aulus also auch ein Besitzschutzinterdikt beim Prätor beantragen. Der Prätor wird ihm den Besitz an Pamphilus zuweisen. Aulus dürfte ihn auch mit Gewalt von Numerius wegführen, dagegen darf dieser sich nicht wehren. Wenn Numerius die Angelegenheit danach auf sich beruhen lässt, hat Aulus sein Ziel mit geringem Aufwand erreicht; wenn nicht, muss jedenfalls nicht mehr er sein Eigentum beweisen, sondern der dann seinerseits in die Klägerrolle gezwungene Numerius.

Der moderne Besitzschutz ist in seiner Funktion weiter. Er schützt auch den Fremdbesitzer (z. B. den Mieter) und dient nicht vorrangig der Rollenverteilung im Eigentumsprozess, sondern neben dem Individualinteresse an ungestörter Rechtsausübung vor allem der Friedenssicherung im öffentlichen Interesse[112]; er geht nicht nur auf das römische, sondern auch das mittelalterliche kanonische (kirchliche) Recht zurück.

110 Gai. 4, 148.

111 Inst. 4, 15, 4.

112 MünchKomm/*Schäfer*, 8. Aufl. 2020, § 854, Rn. 17 ff.; BeckOGK/*Götz*, BGB § 854, Rn. 7 f.

3. Schuldrechtliches

3.1 Die Obligation

Das moderne Schuldrecht hat seine Wurzeln im römischen Recht. Dies gilt nicht nur für das deutsche, sondern im Allgemeinen für das kontinentaleuropäische Recht und damit auch die davon abhängigen oder beeinflussten außereuropäischen Rechtsordnungen. Es waren die Römer, die das grundlegende Konzept der schuldrechtlichen Verpflichtung und die darauf anzuwendenden Regeln als Erste herausgearbeitet haben: eine „große und einmalige Leistung in der Geschichte der menschlichen Zivilisation“[1]. Viele der heute noch geltenden Regeln, v. a. aber die grundsätzlichen Denkkategorien im Schuldrecht, gehen auf das römische Recht zurück.

Beginnen wir mit einer klassisch gewordenen Beschreibung der schuldrechtlichen Beziehung zwischen Gläubiger und Schuldner:

> **Inst. 3, 13 pr.**
> *Obligatio est iuris vinculum, quo necessitate adstringimur alicuius solvendae rei secundum nostrae civitatis iura.*
> Das Schuldverhältnis ist ein rechtliches Band, durch das uns nach dem Recht unseres Gemeinwesens der Zwang auferlegt wird, irgendeinen Gegenstand zu leisten.

Die *obligatio* ist Schuldverpflichtung, *iuris vinculum*[2], schuldrechtlicher Anspruch, Sonderverbindung zwischen zwei Rechtssubjekten. Das darin enthaltene Verb *ligare* bedeutet „binden“[3]. Der Begriff ist durchaus wörtlich zu nehmen im Sinne der Bindung, Fesselung des Schuldners; und mit der deutschen Übersetzung „Verbindlichkeit“ hat sich dieser Ursprung bis heute sprachlich erhalten. Der Schuldner unterlag ursprünglich einer persönlichen Haftung, er war der körperlichen Zugriffsgewalt des

1 *Schulz,* CRL, Rn. 796, allerdings auch kritisch zu den Schwachstellen.
2 S. auch Mod. D. 44, 7, 54.
3 Vgl. auch *religio* – die Rückbindung an Gott.

Gläubigers auf seine Person für den Fall des Ausbleibens einer Leistung unterworfen; sehr deutlich haben wir das bereits oben in den XII Tafeln gesehen. Die Leistung war anfangs reine Haftungslösung. Vermutlich hat die Entwicklung ihren Ausgang genommen von den Folgen eines Delikts, von denen der Täter sich durch Sühneleistung befreien konnte[4]. Haftungsbegründend war aber bald nicht nur die Unrechtstat, sondern auch die Vereinbarung[5]. So konnte in alter Zeit in Manzipationsform durch eine Art „Selbstverpfändung" die Zugriffsgewalt des Gläubigers zur Absicherung der Rückzahlung eines Darlehens *(nexum)* begründet werden. Erfüllt wurde die Verpflichtung durch die ebenfalls wörtlich zu erklärende *solutio (solvere),* die Loslösung von den Fesseln dieser Bindung. Die gleichfalls in Manzipationsform vorgenommene *solutio per aes et libram*[6] war *actus contrarius* zur formell eingegangenen Verpflichtung und konnte sie alleine aufheben. Aus der entwicklungsgeschichtlich früheren *Haftung* hat das römische Recht dann den Gedanken der Schuld (Leisten*sollen)* herausgearbeitet; der Haftende *kann* nicht nur durch die Lösung befreit werden, sondern er *soll* sich durch Leistung befreien; er ist zur Leistung verpflichtet, und der andere hat darauf ein Recht[7]. Das ist die Obligation. Mit der Zeit lässt auch die informelle Erbringung der Leistung die *obligatio* erlöschen, die *solutio per aes et libram* bleibt als Instrument zum förmlichen Erlass von Schulden in bestimmten Fällen bestehen.

Der Inhalt der Obligation wird im Unterschied zum dinglichen Recht mit der Trias *dare facere praestare* beschrieben.

Paul. D. 44, 7, 3 pr.
Obligationum substantia non in eo consistit, ut aliquod corpus nostrum aut servitutem nostram faciat, sed ut alium nobis obstringat ad dandum aliquid vel faciendum vel praestandum.
Das Wesen der Verpflichtungen besteht nicht darin, dass es irgendeine Sache oder eine Dienstbarkeit in unser Eigentum überführt, sondern dass sie einen anderen uns verpflichtet, etwas zu geben oder zu tun oder zu leisten.

Dare ist technisch die Verschaffung quiritischen Eigentums, wird aber auch untechnisch gebraucht, z. B. für die Einräumung beschränkter Sachenrechte; *facere* meint jedes Tun oder Unterlassen; und *praestare* schließlich leitet sich von *praes stare* (als Bürge stehen)

---

4 Siehe S. 158.

5 Zur Entwicklung auch *Zimmermann,* S. 1 ff.

6 Gai. 3, 173 f.

7 *Kaser/Knütel/Lohsse,* § 42, Rn. 20.

her, es bedeutet die Gewährschaft für einen Erfolg, also das Einstehen dafür, dass ein angenommener oder gegebener Umstand eintritt, später dann jede Art von Leistung[8]. Die Leistung darf nicht sitten- oder rechtswidrig und muss zumindest bestimmbar sein. Zu jeder *obligatio* gehört eine entsprechende *actio.* Der Gläubiger *(creditor)* kann den Schuldner *(debitor)* aus der Obligation im Wege einer *actio in personam* verklagen.

Auf Gaius geht die heute übliche Aufteilung des Obligationenrechts in vertragliche und gesetzliche Schuldverhältnisse zurück:

> **Gai. 3, 88**
> *Nunc transeamus ad obligationes, quarum summa divisio in duas species deducitur: omnis enim obligatio vel ex contractu nascitur vel ex delicto.*
> Wir wollen jetzt zu den Verpflichtungen übergehen, deren Haupteinteilung auf zwei Arten zurückgeführt wird; denn jede Verpflichtung entsteht entweder aus einem Vertrag oder aus einer unerlaubten Handlung.

Die Institutionen teilen, in Fortführung von Gaius[9], die Obligationen noch weiter auf in Quasikontrakte und Quasidelikte und gelangen damit zu vier Kategorien[10]. Zur Gruppe der Quasikontrakte gehören Schuldverhältnisse, die sich nicht als Unrechtsfolge darstellen und primär auf Buße oder Schadensersatz abzielen, sondern auf rechtmäßigem Tun beruhen und zu vertragsähnlichen Rechtsfolgen führen, mangels Vertragsschlusses aber nicht zu den Verträgen gerechnet werden können[11]. Hierzu rechnen die Institutionen die Leistung auf eine Nichtschuld, die Geschäftsführung ohne Auftrag (unklassisch *negotiorum gestio),* das schuldrechtlich wirkende Vermächtnis (Damnationslegat), die Vormundschaft *(tutela)* und die Gemeinschaft *(communio).* Die Quasidelikte bilden verschiedene Fälle verschuldensunabhängiger außervertraglicher Haftung[12].

8 *Kaser/Knütel/Lohsse,* § 45, Rn. 1.
9 Gai. D. 44, 7, 5 pr.
10 Inst. 3, 13, 2 (Q11).
11 *Meincke,* S. 110.
12 Unten S. 171.

3.2 Die Schuldverträge

Klassisch ist die Unterteilung der vertraglichen Schuldverhältnisse in Realvertrag, Verbalvertrag, Litteralvertrag und Konsensualvertrag:

Gai. 3, 89
Et prius videamus de his, quae ex contractu nascuntur. harum autem quattuor genera sunt: aut enim re contrahitur obligatio aut verbis aut litteris aut consensu.
Und zuerst wollen wir solche [Verpflichtungen] betrachten, die aus einem Vertrag entstehen. Von ihnen gibt es vier Gattungen; eine Verpflichtung kommt nämlich entweder durch Sachübergabe oder durch Worte oder durch briefliche Ermächtigung oder durch Willensübereinstimmung zustande.

Der Konsens ist zur Begründung eines vertraglichen Schuldverhältnisses immer erforderlich, nicht nur bei den Konsensualverträgen[13]; bei den anderen Vertragsarten kommt aber jeweils ein weiteres Element zur Begründung der Verbindlichkeit hinzu.

3.2.1 Realverträge

Realkontrakte entstehen, auf konsensualer Grundlage, durch Geldzahlung oder Sachhingabe (daher der Name, abgeleitet von *res),* die den Empfänger zur Rückzahlung/-gabe verpflichtet. Es handelt sich nicht um einen synallagmatischen Vertrag nach modernem Verständnis, sondern es besteht nur *eine* Hauptpflicht, nämlich die zur Rückgabe. Vor Vollzug des Realaktes entsteht keine Verbindlichkeit; wenn eine solche gewollt ist, z. B. die Darlehenszusage, muss dies eigens vereinbart werden. Der Realvertrag umfasst das *mutuum* (Darlehen), aus dem mit der *condictio* auf Rückzahlung geklagt wird, sodann *commodatum* (Leihe), *depositum* (Verwahrung; der Verwahrer darf die Sache nicht gebrauchen) und *pignus* (schuldrechtlicher Verpfändungsvertrag, nicht die dingliche Verpfändung).

---

13 Ped./Ulp. D. 2, 14, 1, 3: *[...] nullum esse contractum, nullam obligationem, quae non habeat in se conventionem, sive re sive verbis fiat* – [Pedius sagt], „es gebe keinen Vertrag, kein Schuldverhältnis, das nicht ein Übereinkommen in sich trage, mag es durch Sachhingabe oder durch Worte zustandekommen“.

3.2.2 Verbalverträge, insbesondere die *stipulatio*

Verpflichtungsgrund der Verbalverträge ist die rituelle und mündlich geäußerte Wortform. Von herausragender Bedeutung ist die (schon den XII Tafeln bekannte) *stipulatio*[14]. *Manthe* nennt sie im Verein mit der *mancipatio* die „Leitfossilien“ des römischen Rechts[15]. *Stipulari* heißt „sich versprechen lassen“ und wird nur vom Gläubiger gesagt. Die Stipulation geschieht zwingend unter Anwesenden und verlangt ein eigentümliches Frage- und Antwortspiel:

Gai. 3, 92
Verbis obligatio fit ex interrogatione et responsione, velut: DARI SPONDES? SPONDEO. – DABIS? DABO. – PROMITTIS? PROMITTO [...] – FACIES? FACIAM.
Durch Worte kommt eine Verpflichtung zustande, wenn sie aus Frage und Antwort hervorgeht, zum Beispiel: GELOBST DU, DASS GEGEBEN WIRD? ICH GELOBE. – WIRST DU GEBEN? ICH WERDE GEBEN. – VERSPRICHST DU? ICH VERSPRECHE. [...] WIRST DU TUN? ICH WERDE TUN.

Die *stipulatio* zeigt deutlich die Vorliebe der Römer für Genauigkeit, Kürze und Einfachheit, „the Palladium of Romanity“[16]. Mit ihr kann in äußerst flexibler Weise jedes beliebige Leistungsversprechen gegeben und klagbar gemacht werden.

Inst. 3, 18, 3
Conventionales sunt, quae ex conventione utriusque partis concipiuntur [...]. quarum totidem genera sunt, quot paene dixerim rerum contrahendarum.
Vertraglich sind die Stipulationen, die aufgrund einer Vereinbarung beider Parteien formuliert werden [...]. Von ihnen gibt es so viele Arten, wie es – so möchte ich fast sagen – Vertragsgegenstände gibt.

Die *stipulatio* ist kein gegenseitiger Vertrag, sondern ein einseitiger, „das spezifisch Römische“ *(v. Jhering);* will man gegenseitige Verbindlichkeiten begründen, muss man zwei nebeneinanderstehende Stipulationen abschließen. Sie verlangt die genaue Formulierung des vollstreckungsfähigen Leistungsinhaltes: Nur exakt das, was stipu-

14 Andere Verbalkontrakte waren die *dotis dictio* (Zusage einer Mitgift bei Eheschließung) und die *promissio operarum* (Dienste von Freigelassenen), näher dazu u. S. 234f.

15 *Manthe,* S. 96.

16 *Schulz,* CRL, Rn. 807f.

liert wird, kann hinterher eingeklagt werden. Ist eine bestimmte Leistung (*certum:* der Sklave Stichus) versprochen, wird im Weg der *condictio* geklagt. Bei unbestimmter Leistung (*incertum:* 10 Fässer Wein) steht die *actio ex stipulatu* zur Verfügung. Auf die sich daraus ergebenden, nicht unbedeutenden Unterschiede werden wir noch eingehen.

Die Stipulation mit dem Wortlaut *spondeo* kann als dem *ius civile* zugehörig nur unter römischen Bürgern abgeschlossen werden. Für Peregrine steht die dem *ius gentium* zugehörende *fidei promissio* zur Verfügung, die mit jedem anderen Wortlaut, auch in einer anderen Sprache, formuliert werden kann[17] und die gleichen Rechtsfolgen hervorbringt. Wichtig ist, dass das Frage-und-Antwort-Spiel genau und in dieser Reihenfolge eingehalten wird und Frage und Antwort sich exakt entsprechen[18]. Es ist der Gläubiger, der den Vertragsinhalt formuliert, und er sollte dabei Vorsicht walten lassen, denn:

Cels. D. 34, 5, 26

Cum quaeritur in stipulatione, quid acti sit, ambiguitas contra stipulatorem est.

Wenn bei einer Stipulation gefragt wird, was wirklich vereinbart wurde, geht die Unklarheit zu Lasten des Stipulators [also des Formulierenden].

Diese Regel, nach ihrem Urheber auch „Celsinische“ genannt, findet sich heute im Recht der Allgemeinen Geschäftsbedingungen wieder, und zwar in § 305c II BGB.

Die *stipulatio* kann nicht nur zur (originären) Begründung eines Schuldverhältnisses genutzt werden, sondern auch zur zusätzlichen Absicherung bestehender, anderweitig begründeter Forderungen. Zum Beispiel kann der Käufer dem Verkäufer die Zahlung des geschuldeten Kaufpreises auch zusätzlich in Stipulationsform versprechen. Die *stipulatio* ist jedoch abstrakt (vgl. §§ 780, 781 BGB, diese sind allerdings Neuschöpfungen, die *stipulatio* wurde nicht rezipiert), d. h. in ihrer Wirksamkeit von diesem Grundgeschäft unabhängig. Auf dessen Mangelhaftigkeit, z. B. Nichtigkeit des Kaufvertrages, kann sich der beklagte Stipulationsschuldner dann nur über die *exceptio doli*[19] berufen, die wie gesehen ausdrücklich beantragt und vom Prätor gewährt werden muss. Die *stipulatio* kann allerdings auch kausal tituliert werden durch ausdrückliche Aufnahme des Grundgeschäftes (*Quod ex empto mihi debes, dari spondesne?* – „Versprichst Du mir das zu zahlen, was du aus dem Kauf schuldest?“). In diesem Fall ist

17 Gai. 3, 93.

18 Vgl. Ulp. D. 45, 1, 1 pr.

19 Gai. 4, 116; Ulp. D. 44, 4, 2, 3.

sie in ihrer Wirksamkeit und in ihrem Umfang abhängig vom Grundgeschäft, einer *exceptio* bedarf es dann nicht.

Beispiele für Anwendungsfälle der *stipulatio* (u. a.):

- Bürgschaft[20];
- Vertragsstrafe *(stipulatio poenae);*
- *cautio:* Versprechen einer Sicherheitsleistung;
- *vadimonium: stipulatio* mit dem Inhalt, sich an einem bestimmten Tag zum Prozess zu stellen oder eine Vertragsstrafe zu zahlen (ersetzt nicht die *in ius vocatio,* sondern sichert den späteren Prozess, der mit der Ladung beginnt[21]);
- *compromissum:* Schiedsabrede unter Ausschluss des ordentlichen Rechtswegs;
- Novation: Schuldumwandlung (zwischen den Parteien des bestehenden Schuldverhältnisses oder auch zur Auswechslung des Gläubigers oder Schuldners; bei Letzterem entsteht immer ein neues Schuldverhältnis, die Forderungs*übertragung* ist den Römern unbekannt[22]);
- Verpflichtung zu Gattungsschulden oder zu einer Schenkung;
- Vorverträge.

Die Verpflichtung aus der *stipulatio* erlischt in klassischer Zeit durch Erfüllung *(solutio)* oder ein förmliches Erlassgeschäft als *actus contrarius* in sozusagen umgekehrter Form *(acceptilatio)* mit der Wortfolge: *habesne acceptum? – habeo;* im frühen Recht war die *acceptilatio* als förmliches Erfüllungsgeschäft zur Haftungslösung aus Stipulationsschuld – wie die oben beschriebene *solutio per aes et libram* – stets erforderlich gewesen.

Die Stipulation erfolgt mündlich, sie verlangt keine Zeugen; diese kommen, wie auch eine schriftliche Dokumentation, allenfalls und allein zu Beweiszwecken in Frage. *Verba ligant homines, taurorum cornua funes,* so beschreibt es ein Sprachbild: „Wie Stricke die Hörner der Stiere binden, so binden Worte die Menschen". Die Schriftform als Wirksamkeitserfordernis ist dem römischen Recht generell fremd; reine Beweis-

20 Dafür gibt es drei Möglichkeiten: *sponsio* (Sicherung einer stipulierten Hauptschuld, nur für römische Bürger), *fidepromissio* (*stipulatio* für Peregrine) und als Hauptfall die *fideiussio* (Sicherung jeder Art von Schuld).

21 Ein solches rettet Horaz vor einem aufdringlichen Schwätzer, der ihn bei einem Spaziergang auf der Via Appia belästigt und sich auf keine Weise abschütteln lässt. Erst der zufällig auftauchende Prozessgegner, der den Menschen aufgrund des *vadimonium* zu dem Gerichtstermin abführt, bei dem dieser längst anwesend sein sollte, befreit den Dichter (zumindest ist dies eine mögliche Deutung der sat. 1, 9).

22 Siehe dazu unten S. 175 f.

urkunden sind seit der jüngeren Republik üblich. Die Schriftlichkeit der *stipulatio* kommt erst viel später und unter griechischem Einfluss auf. Ein Reskript des Kaisers Septimius Severus aus dem Jahre 200 n. Chr.[23] lässt ein schriftliches Schuldversprechen ausreichen, auch wenn dies nicht Frage und Antwort wiedergibt, allerdings noch formal an diesen als Wirksamkeitserfordernis festhaltend. Nach weiteren Lockerungen hinsichtlich des Wortlautes bestimmen die Institutionen, dass die schriftliche Fixierung zur Begründung der Verbindlichkeit ausreicht, es sei denn, der Gegenbeweis kann geführt werden, dass am Tage der Urkundenerstellung sich die Parteien an verschiedenen Orten aufhielten[24].

Aufgrund der nahezu unbegrenzten Einsatzmöglichkeiten der *stipulatio* werden wir auch im Folgenden immer wieder auf dieses „Leitfossil" stoßen.

3.2.3 Die Konsensualverträge

Die Verpflichtungswirkung der Konsensualverträge beruht allein auf dem *formfrei* erklärten Konsens[25]. Dies ist der Fall bei folgenden Vertragstypen:

Die *emptio venditio,* den Kaufvertrag, werden wir sogleich ausführlich besprechen.

Die *locatio conductio* umfasst Miete, Pacht, Dienst- und Werkvertrag. Der spezifischen Ausprägung als Arbeitsvertrag werden wir uns in Kapitel 5 widmen.

Die *societas* (Gesellschaft) ist ein reines Vertragsverhältnis (Innengesellschaft). Die Römer haben noch nicht die Vorstellung einer selbstständigen, von ihren Mitgliedern losgelösten juristischen Person als Trägerin von Rechten und Pflichten, sondern diese stehen der Gesamtheit der Mitglieder zu.

Mandatum (Auftrag) schließlich ist die unentgeltliche[26] Geschäftsbesorgung. Die *actio mandati* gibt dem Auftraggeber den Anspruch auf Durchführung des Auftrages und die Herausgabe des Erlangten, dem Auftragnehmer Aufwendungs- und Schadensersatz. Der Auftrag hat in der römischen Gesellschaft eine viel höhere praktische Bedeutung als bei uns, da die unentgeltliche Übernahme von Geschäften eine aus sittlichen Gründen bzw. aus Freundschaft *(amicitia)* zu übernehmende Pflicht *(officium)* ist[27]; das BGB bleibt in §§ 662 ff. gleichwohl dem römischen Vorbild verhaftet.

---

23 C. 8, 37, 1.

24 Inst. 3, 19, 12.

25 Inst. 3, 22, 1.

26 Erst in der Kaiserzeit gibt es einen im Wege der *extraordinaria cognitio* durchsetzbaren Entgeltanspruch.

27 Vgl. Paul. D. 17, 1, 1, 4; s. auch oben S. 77.

Societas und *mandatum* unterscheiden sich von den anderen beiden Konsensualverträgen dadurch, dass sie keine Austauschverträge sind.

Die Konsensualverträge sind *bonae fidei iudicia*[28]: Sie beruhen nicht auf Gesetz, sondern der „guten Treue", „Treu und Glauben" und wurden daraus entwickelt. Dies ist eine Weichenstellung von ungeheurer Tragweite, denn der Richter kann den Inhalt der Leistungspflicht *ex bono et aequo,* nach dem, was vernünftig und ausgewogen ist, eben nach Treu und Glauben bestimmen. Was das konkret bedeutet, werden wir in Kürze sehen.

Den *contractus* stehen die *pacta* gegenüber, diese erzeugen keine selbstständige, einklagbare Verpflichtung *(obligatio),* sondern lediglich eine Einrede *(exceptio)*[29], so z. B. das *pactum de non petendo* (formfreier Erlass bzw. Stundung). Zu den *pacta* zählen auch die Nebenabreden bei den *bonae fidei iudicia,* z. B. beim Kaufvertrag. Einzelne *pacta* werden aber später vom Prätor als einklagbar anerkannt.

3.2.4 Der Litteralkontrakt

Der Vollständigkeit halber muss der Litteralvertrag[30] erwähnt, er soll aber nicht weiter vertieft werden. Er besteht in einer vom Schuldner brieflich (*litterae,* daher der Name) bewilligten Eintragung einer Forderung ins Hausbuch des Gläubigers *(codex accepti et expensi)* als Begründung einer abstrakten Schuld (Klage aus *condictio).*

3.2.5 Nicht als Schuldverträge anerkannte Vereinbarungen

Keine Schuldverträge sind:

Tausch[31] *(permutatio).* Die rechtliche Einordnung des Tausches ist Gegenstand eines klassischen Schulenstreits. Die (siegreichen) Proculianer lehnen eine Gleichstellung mit dem Kauf ab, da die Käufer- bzw. Verkäuferrolle nicht zugeordnet werden kann,

---

28 Inst. 3, 22, 3; 4, 6, 28 ff.; Gai. 3, 137.

29 Ulp. D. 2, 14, 7, 4.

30 Gai. 3, 128 f.

31 Dazu Paul. D. 18, 1, 1, 1, Inst. 3, 23, 2 und Gai. 3, 141. Dort wird zur Stützung der These der Anerkennung des Tausches jeweils eine Stelle aus Homers Ilias zitiert, auf die schon Sabinus zurückgegriffen hat. Zitate der beiden „Dichterfürsten" Homer und Vergil finden sich auch an vielen anderen Stellen im *Corpus Iuris,* z. B. bei Mod. D. 38, 10, 4, 6.; Inst. 1, 2, 2; Flor. D. 45, 1, 65 pr.; Marci. D. 1, 8, 6, 5. Zu den rechtlichen Bezügen in Vergils Dichtung *Reiter,* NJW 2008, 704 ff.

woran das römische Recht aber weitreichende Folgen knüpft, z. B. für die Gefahrtragung. Gewisse Ansprüche können im Wege einer *actio in factum* durchgesetzt werden, dazu sogleich mehr[32]. Die Sabinianer sehen dagegen im Kauf lediglich eine historische Weiterentwicklung des Tausches und treten für die Anwendung der Kaufregeln ein; dazu kommt es aber erst im (sog.) Vulgarrecht.

Schenkung (donatio): Sie ist uns oben im Fall des Dissenses über den Rechtsgrund (Fall 4) schon begegnet. Wir sahen, dass sie u. a. als *causa* einer Übereignung taugt; das schenkungshalber Geleistete kann also nicht kondiziert werden. Eine eigenständige Verpflichtung aus einem Schenkungsversprechen kann aber nur über die *stipulatio* geschaffen werden, nicht aus einem „Schenkungsvertrag". Die Römer, hartgesottene Realisten wie stets, stehen der Schenkung sehr skeptisch gegenüber. Eine *lex Cincia* (204 v. Chr.) verbietet Schenkungen ab einem bestimmten Wert, ausgenommen davon sind nur Schenkungen an Verwandte. Dieses Gesetz ist im Übrigen das Standardbeispiel für eine *lex imperfecta,* d. h. ein Gesetz, das keine Sanktion für den Fall des Verstoßes vorsieht. Diese zu entwickeln bleibt dem Prätor überlassen, der das Problem dergestalt löst, dass er der *lex Cincia* zwar kein Rückforderungsrecht des Schenkers nach Leistung, aber eine Einrede (gegen die Klage aus stipulierter Schenkung) bis zur vollständigen Erfüllung entnimmt; das erinnert an § 518 II BGB. Schenkungen unter Ehegatten sind generell nichtig. Diese Regel verwundert uns Heutige, ihren Sinn werden wir im erbrechtlichen Kapitel zu ergründen versuchen.

Zu erwähnen sind schließlich die, auch im geltenden Recht bekannten, *Naturalobligationen.* Dabei handelt es sich um unvollkommene Verbindlichkeiten, z. B. „Verpflichtungen" von nicht Rechtsfähigen wie v. a. Sklaven[33]. Sie sind nicht einklag- bzw. vollstreckbar, haben aber dennoch verschiedene Rechtswirkungen. Sie sind Rechtsgrund (Erwerbsgrund), das zu ihrer Erfüllung Geleistete kann nicht als *indebitum* kondiziert werden. Sie können aufgerechnet werden und Gegenstand eines Pfandrechts sein[34]. Naturalobligationen bestehen auch im Innenverhältnis, z. B. wenn der Sklave seinem Herrn Geld „leiht"; nach Freilassung erstarkt die Naturalobligation zur echten Obligation.

32 S. 129.

33 Ulp. D. 44, 7, 14; Paul. D. 12, 6, 13 pr.

34 Im BGB nur bei schutzwürdigen Forderungen, z. B. verjährten, nicht dagegen bei §§ 656, 762, 814, 817: Palandt/*Wicke,* 80. Aufl. 2021, § 1204, Rn. 10.

3.3 Strengrechtliche Obligationen und *bonae fidei iudicia*

Es wurde schon erwähnt, dass die *stipulatio* eine sehr strenge Form der Verpflichtung ist, während die Konsensualverträge dem Richter mehr Freiheiten lassen. Eine wichtige Einteilung der Schuldverhältnisse[35] bestimmt sich nach dem Ermessen, das dem Richter im klassischen Formularprozess zusteht; danach richtet sich nämlich, was der Kläger konkret verlangen kann.

Fall 6

Decimus hat Quintus ein Darlehen von 1000 HS gewährt, das dieser aber nicht fristgemäß zurückzahlt. Daraufhin erhebt Decimus Klage. Eingeschüchtert von der imposanten Erscheinung des von seinen Amtsdienern, den Liktoren[36], mit ihren Rutenbündeln umgebenen Prätors und daher sehr nervös, verwechselt er allerdings verschiedene Forderungen und klagt 2000 HS ein. Erst im Termin vor dem *iudex* weist er darauf hin, dass er eigentlich nur 1000 HS beanspruche, was aber angesichts dessen, dass es sich um eine geringere Summe als ursprünglich angegeben handele, wohl kein Problem darstellen dürfe.

Abwandlung: Decimus klagt die korrekte Summe ein. Diesmal ist es Quintus, dem beim *iudex* noch etwas einfällt, nämlich der Umstand, dass beide formfrei die Stundung des Darlehens vereinbart hätten, was er durch mehrere anwesende Zeugen auch ohne weiteres beweisen könne und Decimus wohl aus Angst, sein Geld nicht wiederzusehen, „vergessen" habe zu erwähnen.

Wie wird der *iudex* jeweils entscheiden?

Die Fragen sind nicht ganz so einfach, wie es aus heutiger Sicht erscheint. Zu ihrer Beantwortung ist nämlich zu unterscheiden, aus welcher Art von Obligation jeweils geklagt wird.

Strengrechtlich (iudicia stricti iuris) sind die Klagen aus Stipulation *(actio ex stipulatu, condictio);* das gilt auch für die *condictio* als Darlehensklage. Strengrechtliche Klagen haben für den Kläger einen Nachteil: Ist ein *certum* geschuldet, wie hier eine genau bezifferte Geldsumme *(certa pecunia),* führt eine Zuvielforderung *(pluris petitio)*

---

35 Inst. 4, 6, 28.

36 Die *lictores* begleiteten die römischen Magistrate in der Öffentlichkeit und trugen ihnen als Symbol ihrer Amtsgewalt die *fasces* voran, Rutenbündel mit Richtbeil. Die Zahl der Liktoren richtete sich nach dem Rang des Beamten, beim Prätor waren es sechs.

immer zur Klageabweisung[37]. Der Richter kann also nicht der Klage zum Teil stattgeben und sie im Übrigen abweisen[38]. Der Kläger kann auch nicht mehr erneut und dann auf den richtigen Wert klagen. Er muss sich seinen Antrag also sehr sorgfältig überlegen. Ein Fall der *pluris petitio* ist auch die Klage vor Fälligkeit oder am falschen Ort. Die Klage des Decimus aus der *condictio* (Darlehensklage) muss der *iudex* daher abweisen. In der Abwandlung dringt Decimus dagegen durch, denn Quintus hätte die Stundungseinrede bereits vor dem Prätor vorbringen und die Einschaltung einer entsprechenden *exceptio* in die Klage beantragen müssen. Diesen Mechanismus haben wir oben bei der *rei vindicatio* schon gesehen. Der *iudex* kann diese Einrede jetzt aber nicht mehr berücksichtigen, selbst wenn sie unstreitig oder bewiesen wäre.

Abwandlung:

Wie ist die Rechtslage, wenn es sich bei der eingeklagten Summe statt eines Darlehens um den Anspruch des Decimus auf Zahlung des Kaufpreises aus einem zwischen ihm und Quintus geschlossenen Kaufvertrag handelt?

Anders ist die Rechtslage bei den *bonae fidei iudicia,* zu denen auch der Kaufvertrag gehört. Die *bonae fidei iudicia* sind immer beidseitig verpflichtend. Bei diesen Klagen soll der Richter in das verurteilen, was der Beklagte dem Kläger zu leisten schuldig ist nach der *bona fides (quidquid … dare facere oportet ex fide bona);* dies bedeutet einen großen Ermessensspielraum. Die Gefahr der *pluris petitio* besteht wegen des unbestimmten Klageantrages nicht. Die Parteien können sich bei Vertragsabschluss auf die Vereinbarung des Leistungsaustausches beschränken und müssen nicht ein detailliertes Rechtsfolgenprogramm (wie bei der *stipulatio*) aufstellen. Das Ermessen des Richters ist sehr weit. Es bezieht sich nicht nur auf die Höhe der Urteilssumme, sondern bereits auf den Schuld*inhalt.* Arglist[39], Täuschung, Zwang können hier vom Richter ohne weiteres berücksichtigt werden, die *exceptio* muss, anders als bei den Klagen strengen Rechts, nicht eigens auf Antrag des Beklagten beim Prätor in die Klageformel eingeschaltet werden. Denn die entsprechenden Einreden sind in den *bonae fidei iudicia* bereits ohne weiteres enthalten[40]. Dies gilt auch für andere Einreden wie Erlass oder

37 Die Forderung einer zu geringen Summe dagegen nicht, allerdings kann dann nicht ohne weiteres erneut auf den verbleibenden Rest geklagt werden, vgl. Gai. 4, 56.

38 Gai. 4, 53 f.

39 Ulp. D. 19, 1, 1, 1.

40 Ulp. D. 24, 3, 21 a. E.

Stundung oder sonstige Nebenabreden[41]. Gegenansprüche aus demselben Schuldverhältnis können verrechnet werden, aus dem Schuldverhältnis erwachsende Schutz- und Nebenpflichten kann der Richter in seine Entscheidung einbeziehen, schließlich kann er auch zu Nebenleistungen (wie Zinsen, Früchten) verurteilen.

Im Falle der Kaufvertragsklage wird der *iudex* daher Beweis erheben und dann der Klage i. H. v. 1000 HS stattgeben bzw. in der Abwandlung die Klage wegen der Stundungsabrede abweisen.

3.4 Entwicklung des Vertragsrechts, „Vertragsfreiheit“ und der Innominatvertrag

Für uns ist es selbstverständlich, dass mit Abschluss eines Vertrages gegenseitige Rechte und Pflichten entstehen und diese eingeklagt werden können. Für uns ist es auch selbstverständlich, dass Verträge – wenn das Gesetz nicht ausdrücklich etwas anderes bestimmt – formfrei sind und jeden beliebigen Inhalt haben können, der nicht gesetzes- oder sittenwidrig ist. Es ist nicht erforderlich, dass der Vertragstyp im BGB geregelt ist – man denke nur an den weitverbreiteten Leasingvertrag. Wir haben Vertragsfreiheit. Wie sah es in Rom aus?

Im altrömischen Recht erzeugte die bloße Willensübereinstimmung allein allerdings noch keine schuldrechtliche Verpflichtung, wenn sie nicht in die Form der *stipulatio* gekleidet wurde. Nur auf deren Einhaltung kam es an: Die Rechtsfolge trat nicht ein, weil sie gewollt war, sondern durch den Ausspruch der richtigen Formel (Realform, Wirkform)[42]; das haben wir oben auch bei der Betrachtung der Legisaktionen gesehen. Darüber hinaus kannte das Recht zunächst noch keine gegenseitigen Verpflichtungen. Dies änderte sich aber im 2. Jahrhundert v. Chr. Die Wirtschaft wurde komplexer, die formgebundenen und einer bäuerlichen Gesellschaft entstammenden Geschäfte erwiesen sich zunehmend als zu schwerfällig. Wieder war es der Prätor, der die Zeichen der Zeit erkannte und formlose Absprachen einklagbar machte – ein gewaltiger rechts-

41 Ulp. D. 2, 14, 7, 5: *[...] solemus enim dicere pacta conventa inesse bonae fidei iudiciis* – „[...] wir pflegen nämlich zu sagen, dass formlose Vereinbarungen in den Klagen nach Treu und Glauben enthalten sind“.

42 *Waldstein/Rainer*, § 13, Rn. 8: Die Form ist hier die unmittelbar wirkende Kraft, die per se (als real empfundene) Veränderungen in der Außenwelt hervorruft. Dem modernen Recht ist dies dagegen fremd. Form ist hier Schutzform (Beweis, Verkehrssicherheit), sie ist reiner *Ausdruck* des maßgeblichen Willens.

historischer und wirtschaftlicher Fortschritt. Es entstand der auf der bloßen Willensübereinstimmung der Parteien beruhende Vertrag, der Konsensualvertrag, der trotz Formfreiheit einklagbar war. Von den vielen juristischen (und sonstigen kulturellen) Leistungen der Römer ist diese sicherlich eine der größten. Die Bindungswirkung einer sich nicht in einem formalen Akt äußernden Willenseinigung entsprach der Billigkeit, der *bona fides,* die zu einem der zentralen Elemente des römischen Schuldrechts avancierte und heute neben der *exceptio doli* eine der Wurzeln des § 242 BGB ist. Cicero sieht die *fides,* die Einhaltung des Vereinbarten, geradezu als Fundament der Gerechtigkeit[43].

Ihren Ursprung nahm die Anerkennung der formfrei geschlossenen Verträge wohl beim *praetor peregrinus,* dem für Streitigkeiten unter Beteiligung von Nichtrömern zuständigen Magistrat. Dieses Amt war 242 v. Chr. eingerichtet worden, nach dem Ersten Punischen Krieg gegen Karthago, der einen Aufschwung für Roms Außenhandel und damit viel intensiver als zuvor den wirtschaftlichen (und nicht nur kriegerischen) Kontakt mit Nichtrömern mit sich gebracht hatte. Dem *praetor peregrinus* kam für die weitere Rechtsentwicklung eine enorme Bedeutung zu. Er war an der Anwendung des allein römischen Bürgern vorbehaltenen *ius civile* gehindert (hier nicht im Sinne des Gegenbegriffs zum *ius honorarium,* sondern als das in seiner Gesamtheit allein römischen Bürgern eigene Recht); stattdessen wandte er das *ius gentium* an. Die rein sprachlich naheliegende Übersetzung „Völkerrecht" führt allerdings in die Irre, denn *ius gentium* ist nicht zwischenstaatliches Recht[44]; es ist auch nicht das Recht eines bestimmten Volkes und noch weniger Internationales Privatrecht (Kollisionsrecht). Sondern es meint die – freilich nach Vorstellung allein der Römer – allen Völkern gemeinsamen Rechtsgrundsätze; eine moderne Parallele wäre das UN-Kaufrecht (United Nations Convention on Contracts for the International Sale of Goods – CISG). Diesem „Völkergemeinrecht" gehörte auch die *fides* an. Naturgemäß waren es dann die Rechtsverhältnisse, die infolge der römischen „Globalisierung" in besonderer Weise die Beteiligung Peregriner nach sich zogen: v. a. Kreditgeschäfte, *fideiussio* (hier zeigt uns schon der Begriff selbst seine Herkunft an) statt *stipulatio* und eben der Warenkauf. Im 1. Jahrhundert v. Chr. waren diese Schuldverhältnisse anerkannt[45].

---

43 Cicero, off. 1, 23: *Fundamentum autem est iustitiae fides, id est dictorum conventorumque constantia et veritas* – „Grundlage der Gerechtigkeit sind Zuverlässigkeit und Treue, d. h. Verlässlichkeit und Wahrhaftigkeit von Zusicherungen und Vereinbarungen".

44 Jedenfalls nicht primär; Rechtssätze des Völkerrechts können allerdings auch Teil des *ius gentium* sein, siehe Pomp. D. 50, 7, 18.

45 Vgl. Cicero, off. 3, 70.

Hatten die Römer also schon Vertragsfreiheit? Rein formal betrachtet nicht, denn sie waren, trotz Anerkennung der Konsensualverträge, dem oben beschriebenen Typenzwang der Schuldverträge bzw. der Unterscheidung in *contractus* und *pactum* unterworfen. In der Sache wurde aber (fast) das ganze Spektrum möglicher Vertragsbeziehungen abgedeckt, insbesondere über die *stipulatio,* mit der jede erlaubte Leistung einklagbar gemacht werden konnte.

Und nun ergab sich eine weitere Entwicklung.

Fall 7

Der umfassend gebildete, aber etwas zerstreute und in geschäftlichen Dingen wenig erfahrene Philosoph Epikrates braucht Geld. Sein Bekannter Crassus ist ein gewiefter Geschäftsmann, der für seinen Sohn von einer Karriere als Anwalt und Rhetor träumt. Da die beiden sich in ihren Fähigkeiten gut ergänzen, vereinbaren sie Folgendes: Crassus soll einen Originalbrief des Zeno, der sich in der Bibliothek des Epikrates befindet, zu einem Mindestwert von 500 Sesterzen verkaufen; einen eventuellen Mehrerlös darf Crassus für sich behalten. Kann er den Brief nicht innerhalb von drei Wochen veräußern, so soll er ihn Epikrates wieder zurückgeben. Dieser wird ihn dann einem anderen Freund mitgeben, der nach Athen reisen wird, wo sich Epikrates einen sicheren Markt für Derartiges erwartet. Außerdem überlässt Crassus dem Epikrates einen seiner Sklaven, um sein Haus in Ordnung zu halten. Dafür soll Epikrates dem Sohn des Crassus Griechisch-, Philosophie- und Rhetorikunterricht erteilen.

Beim Abendessen diskutiert Crassus mit einem befreundeten Juristen, ob hier einklagbare Ansprüche bestehen oder es sich nur um unverbindliche freundschaftliche Zusagen handelt.

Betrachten wir zunächst die zwischen Crassus und Epikrates geschlossene Vereinbarung zum Brief des Zeno[46], des Begründers der in Rom so wichtigen philosophischen Lehre der Stoa. Die Sache wird hingegeben, damit der Empfänger sie verkaufe, und zugleich verabredet, er solle, wenn der Verkauf gelingt, dem Geber eine feste Summe zahlen, die auch unter dem letztlich erzielten Kaufpreis liegen kann; der Mehrbetrag verbleibt dem Verkäufer als Gewinn. Gelingt der Verkauf nicht, wird die Sache an den Geber zurückgegeben. Diese Vereinbarung, später auch „Trödelvertrag" *(aestimatum)* genannt, enthält Elemente verschiedener Vertragsarten, fällt aber unter keine von ihnen in ein-

46 333/2–262 v. Chr.

deutiger Weise: Sie ist kein Kaufvertrag, da die Sache wieder zurückgegeben werden kann, und kein Werk-/Dienstvertrag mangels Lohnvereinbarung. Ein *mandatum* ist es aber auch nicht, da nicht völlig unentgeltlich: Der „Verkäufer" darf den eventuellen Mehrbetrag behalten. Und schließlich handelt es sich nicht um eine Gesellschaft, da kein gemeinsames Interesse und v. a. keine Gewinn-/Verlustteilung vorliegen. So sieht das auch Ulpian, mehr oder weniger aus den skizzierten Gründen, nur schafft er es als echter römischer Jurist, sich dabei noch kürzer zu fassen. Gleichwohl erkennt er ein rechtliches Interesse daran an, dieser Vereinbarung Bindungswirkung zu verleihen. Er gibt daher eine *actio in factum,* eine auf den konkreten Sachverhalt zugeschnittene Klage (die Klageformel ist *formula in factum concepta,* im Gegensatz zu den Klagen, die sich auf das *ius civile* stützen können und dementsprechend *formula in ius concepta* heißen, wie *rei vindicatio* oder *condictio,* und nicht auf den Sachverhalt zu verweisen brauchen[47]).

Ulp. D. 19, 5, 13 pr.

Si tibi rem vendendam certo pretio dedissem, ut, quo pluris vendidisses, tibi haberes, placet neque mandati neque pro pro socio esse actionem, sed in factum quasi alio negotio gesto, quia et mandata gratuita esse debent, et societas non videtur contracta in eo, qui te non admisit socium distractionis, sed sibi certum pretium excepit.

Wenn ich dir eine Sache mit der Abrede gegeben habe, dass du sie zu einem bestimmten Mindestpreis verkaufst und bei höherem Erlös den Überschuss behalten darfst, so ist anerkannt, dass weder die Auftragsklage noch die Gesellschafterklage, sondern eine auf den Sachverhalt zugeschnittene Klage zu gewähren ist, weil eine andere Art von Geschäft geführt worden ist. Denn einerseits muss ein Auftrag unentgeltlich sein, und andererseits kann man nicht annehmen, dass eine Gesellschaft mit jemandem eingegangen ist, der dich nicht zum gesellschaftsrechtlichen Partner des Verkaufs gemacht, sondern sich einen bestimmten Mindestpreis ausbedungen hat.[48]

Der Prätor erkennt diesen atypischen Vertrag an. Da es zunächst keine Bezeichnung dafür gibt, nennt man diese Verträge später „Innominatverträge", „unbenannte Verträge". In unserem Fall haben die Beteiligten also, was den Brief des Zeno angeht, gegeneinander einklagbare Ansprüche[49].

---

47 Gai. 4, 45 f. Typischerweise enthalten diese Klagen Formulierungen wie *ex iure Quiritium, dare (facere, praestare) oportere.*

48 Siehe auch Ulp. D. 19, 3, 1 pr.

49 Vgl. § 1086 ABGB: „Wenn jemand seine bewegliche Sache einem Andern für einen gewissen Preis zum Verkaufe übergibt, mit der Bedingung, daß ihm der Uebernehmer binnen einer

Wie sieht es mit dem Unterricht des Sohnes im Gegenzug für die Haushaltshilfe aus? Auch diese Vereinbarung entspricht keinem anerkannten Vertragstyp: Sie ist kein Kauf- oder Werk-/Dienstvertrag, da keine Gegenleistung in Geld vereinbart wurde, und aus den oben genannten Gründen auch kein Auftrag. Weigert sich Epikrates zu unterrichten, obwohl Crassus den Sklaven bereits überlassen hat, kann Crassus den Sklaven zurückverlangen im Wege der Kondiktion wegen Zweckverfehlung[50]. Er hat aber zunächst keinen Anspruch auf Durchsetzung der versprochenen Gegenleistung. Einen solchen Anspruch gewährt der Prätor aber unter der Voraussetzung, dass die eigene Leistung bereits erbracht wurde. Dies erinnert an den Realvertrag, und daher werden diese außerhalb der Schuldvertragstypen stehenden Vereinbarungen in der Nachklassik auch Innominatrealverträge genannt; die Ursprünge sind aber bereits klassisch[51]. Vor Erbringung der eigenen Leistung besteht kein Anspruch (es sei denn, er wäre ausdrücklich stipuliert worden). Der Kläger hat also die Wahl: entweder Klage auf Gegenleistung oder Klage auf Rückgewähr der eigenen Leistung (letztlich eine Art Reuerecht). Der Grundsatz der strengen Typengebundenheit wird hier durchbrochen. Die Schaffung einer allgemeinen Vertragsklage ist damit jedoch zunächst noch nicht bezweckt, sondern eher exzeptioneller Rechtsschutz, wo dies für erforderlich gehalten wird. Die gerichtliche Durchsetzung erfolgt über eine *actio praescriptis verbis*[52], der Klageformel vorgeschaltete *(praescribere),* den Sachverhalt bezeichnende Worte[53].

Sollte Epikrates Grieche sein, wofür viel im Sachverhalt spricht, ändert dies nichts am Ergebnis, da diese Art der vertraglichen Verpflichtung auch für Nichtrömer Anwendung findet: Denn es handelt sich um ein *bonae fidei iudicium.* Der befreundete Jurist wird Crassus also die Auskunft erteilen, dass auch diese Vereinbarung rechtlich verbindlich ist; da Crassus seine Leistung durch Zurverfügungstellung seines Sklaven bereits erbracht hat, hat er Anspruch darauf, dass Epikrates wie vereinbart seinen Sohn unterrichtet.

Die genannten Erwägungen gelten auch für den Tausch. Hat einer der beiden Parteien vorgeleistet, kann er zwar kondizieren (denn es ist ja nach römischem Ver-

---

festgesetzten Zeit entweder das bestimmte Kaufgeld liefern oder die Sache zurückstellen soll; so ist der Uebergeber vor Verlauf der Zeit die Sache zurück zu fordern nicht berechtiget; der Uebernehmer aber muß nach deren Ablauf das bestimmte Kaufgeld entrichten". Siehe auch Art. 1556 cod. civ.

50 Bei Justinian: *condictio causa data causa non secuta.*

51 *Kaser/Knütel/Lohsse,* § 56, Rn. 6f.

52 Marci. D. 19, 5, 25. Siehe zudem Cels. D. 12, 4, 16 (Q12); Ulp. D. 2, 14, 7, 2 (Q13).

53 Siehe o. Kap. 2, Fn. 50.

ständnis ohne Rechtsgrund geleistet worden), aber zunächst nicht die Gegenleistung einklagen. Auch hier gewährt der Prätor zur Abhilfe eine *actio in factum,* d.h. eine auf den individuellen Sachverhalt zugeschnittene Klage.

Im Ergebnis gewährte daher auch das römische Recht Vertragsfreiheit, v.a. auch im Sinne der Inhaltsfreiheit. *Natura enim rerum conditum est, ut plura sint negotia quam vocabula,* stellt Ulpian[54] lakonisch fest: „Denn es liegt in der Natur der Dinge, dass es in der Wirklichkeit mehr vertragliche Rechtsgeschäfte gibt als Worte dafür". Unsere heutige Vertragsfreiheit im oben genannten Sinne, also die grundsätzliche Verbindlichkeit des formfreien reinen Konsenses ohne Typenzwang, ist dennoch nicht unmittelbar auf das römische Recht zurückzuführen, sondern hat ihre Wurzeln in der mittelalterlichen Moraltheologie: Ein einmal gegebenes Versprechen war verbindlich und sein Bruch Sünde, gegenüber Gott und den Menschen. Das kanonische Recht übernahm diese Prinzipien; im weltlichen Recht gelangte es im Naturrecht und v.a. durch Hugo Grotius (Ende 16., Anfang 17. Jahrhunderts) zum Durchbruch. *Pacta* (im allgemeinen Sinne der Verträge) *sunt servanda* – ein immer wieder, gleichwohl fälschlicherweise den römischen Juristen zugeschriebener Satz[55]. Das Prinzip kam v.a. der Rechtswissenschaft des 18./19. Jahrhunderts und dem vorherrschenden Wirtschaftsliberalismus der Zeit entgegen[56].

3.5 Der Kaufvertrag

3.5.1 Allgemeines

Getreu dem in diesem Buch verfolgten Ansatz soll exemplarisch ein Schuldvertrag vertieft betrachtet werden, naheliegenderweise der Kaufvertrag, dessen römisches Modell dem neuzeitlichen Kaufrecht in Deutschland und allen Ländern des früheren *ius commune* zugrunde liegt[57]. Anhand dieses Vertrages sollen hier, mangels eines Allgemeinen Schuldrechts im römischen Recht, zugleich die Leistungsstörungen behandelt werden; dabei ist auch stets vergleichend die *stipulatio* einzubeziehen, die kein Kaufvertrag ist,

---

54 Ulp. D. 19, 5, 4.

55 Der Rechtssatz entstammt vielmehr dem mittelalterlichen Kirchenrecht. Das ähnliche *pacta conventa servabo* des Edikts, D. 2, 14, 7, 7 (Q14) bezog sich auf die *pacta* im oben beschriebenen Sinn als Ein- bzw. Nebenabreden; vgl. auch Cicero, off. 3, 92.

56 Zur Entwicklung *Liebs,* S. 257 ff.; *Zimmermann,* S. 537 ff.

57 HKK/*Ernst,* vor § 433, Rn. 2.

mit der aber dasselbe wirtschaftliche Ziel verfolgt werden kann und anhand derer die Römer viele schuldrechtlichen Regeln entwickelt haben.

Der Kaufvertrag – *emptio venditio* – ist Konsensualvertrag und *bonae fidei iudicium*[58]. Der Käufer klagt aus der *actio empti,* die wir zu Beginn des Buches schon kennengelernt haben; dem Verkäufer steht die *actio venditi* zu. Der Kaufvertrag setzt die Vereinbarung eines Kaufpreises (in Abgrenzung zum Tausch) und einer körperlichen oder unkörperlichen (auch einer künftig erst entstehenden) Kaufsache voraus. Der Kaufpreis muss hinreichend bestimmt oder bestimmbar sein *(pretium certum),* außerdem ernstgemeint *(pretium verum).* Letzteres ist nicht mehr gegeben bei einem rein symbolischen Preis, dann ist von einer Schenkung auszugehen[59]. Eine Angemessenheitskontrolle im Sinne eines gerechten Preises *(pretium iustum)* kennt das klassische Recht dagegen nicht. Dies widerspräche der Vertragsautonomie. *Invicem se circumscribere,* sich gegenseitig zu übervorteilen, ist erlaubt[60].

Eine Besonderheit des römischen Kaufs ist hervorzuheben. Der Kaufvertrag verpflichtet den Käufer, dem Verkäufer das Eigentum an den als Kaufpreis hingegebenen Münzen zu verschaffen, und den Verkäufer zur Übergabe der Sache, zur Einräumung und Erhaltung des ungestörten Besitzes; *nicht aber zur Übertragung des Eigentums* (anders als § 433 I 1 BGB). Der Verkäufer haftet also nicht für den Eigentumsübergang.

Ulp. D. 18, 1, 25, 1

Qui vendidit necesse non habet fundum emptoris facere, ut cogitur qui fundum stipulanti spopondit.

Wer ein Grundstück verkauft hat, braucht dem Käufer nicht das Eigentum daran zu verschaffen, wie derjenige es muss, der jemandem ein Grundstück durch Stipulation versprochen hat.

Was ist der Grund für diese aus unserer heutigen Sicht überraschende, eingeschränkte Verpflichtung des Verkäufers? Hier wie auch anderer Stelle ist zu erkennen, dass sich das römische Kaufrecht am Modell des Barkaufs orientiert. Bei sofortigem Leistungsaustausch erwirbt der Käufer das (zivile oder prätorische) Eigentum, und für eine dahingehende reine *Verpflichtung* des Verkäufers ist kein Raum mehr. Der römische Kaufvertrag ist also nicht nur Schuldvertrag in unserem Sinne, sondern mehr: Er

---

58 Ulp. D. 19, 1, 11, 1.

59 Ulp. 18, 1, 36/38 (keine Umgehung des Schenkungsverbotes unter Ehegatten).

60 Ulp./Pomp. D. 4, 4, 16, 4 (Q15); vgl. auch RGZ 111, 234; Paul. D. 19, 2, 22, 3. Erst durch Diokletian wurde die *laesio enormis* eingeführt (C. 4, 44, 2), zu den Rechten des Verkäufers eines Grundstückes, wenn der Kaufpreis weniger als die Hälfte des Wertes betrug, vgl. § 934 ABGB.

enthält auch alle Voraussetzungen zur Übereignung bis auf die Übergabe oder den „Vollzug“ (durch *traditio* oder *mancipatio).* Das römische Recht rechnet die Kaufsache sofort dem Vermögen des Käufers zu, der Eigentumserwerb ist nur noch erforderlich, um der Zuordnung der Sache auch Geltung gegenüber Dritten zu verschaffen[61]. Zwar lässt es als hochentwickeltes Wirtschaftsrecht später auch aufgeschobene Geschäfte (Terminkauf, bedingter Kauf) zu, aber vom Grundmodell kann es sich nie ganz lösen. Zudem ist der Kaufvertrag ein Rechtsinstitut des *ius civile* und des *ius gentium*[62]; Nichtrömer können aber eine *res mancipi* gar nicht wirksam übereignen bzw. das Eigentum daran erlangen, da ihnen die *mancipatio* verschlossen bleibt. Eine Verpflichtung zur Verschaffung des Eigentums kann, wie aus der oben zitierten Ulpian-Stelle ersichtlich, nur durch *stipulatio* begründet werden *(obligatio dandi).* Dieses Grundverständnis vom Kaufvertrag hat weitreichende Folgen, wie wir sehen werden.

Perfekt ist der Kaufvertrag mit (unbedingtem) Kaufabschluss, d. h. mit Einigung über die individuelle Kaufsache und den Preis. Daraus und aus dem oben Gesagten ergibt sich ein weiterer Unterschied des römischen Kaufvertrages zu unserem. Das römische Recht kennt nach h. M. keinen Gattungskauf (die Gattungsschuld allerdings schon). Die *emptio venditio* kann nur über bestimmte Einzeldinge abgeschlossen werden. Denn stellt der Kaufvertrag die Parteien so, dass der Käufer mit Vertragsschluss gleichsam das „wirtschaftliche Eigentum“ erwirbt, ist dies nur denkbar, wenn die Sache auch schon hinreichend konkretisiert ist. Solange noch ungewiss ist, welche konkrete Sache dem Käufer zu übergeben ist, kann kein Barkauf vollzogen werden. Außerdem enthält der römische Kaufvertrag, wie oben gesehen, alles Notwendige zur Übertragung des „rechtlichen“ (also zivilen oder prätorischen) Eigentums, es bedarf nur noch des Vollzuges. Das passt aber nicht zum Gattungskauf, denn die Übereignung kann nur erfolgen bei individualisierten Sachen. Möglich ist der beschränkte Gattungskauf (Vorratskauf: z. B. 100 Amphoren Wein aus einem bestimmten Keller[63]). Ein Gattungs„kauf“, genauer: die Verpflichtung zur Leistung nur nach Gattungsmerkmalen beschriebener Sachen und zur Zahlung des entsprechenden Preises, kann allerdings auch hier wiederum, wie jede denkbare Verpflichtung, über jeweilige Stipulationen bewirkt werden. Der Kaufvertrag kann auch Nebenabreden enthalten. So können die Parteien ein Rücktrittsrecht vereinbaren: zugunsten des Verkäufers für den Fall, dass sich innerhalb einer bestimmten Frist ein besseres Angebot ergibt *(in diem addictio)*

61 HKK/*Ernst,* vor § 433, Rn. 3 und §§ 446, 447, Rn. 2.

62 Paul. D. 18, 1, 1, 2.

63 Gaius D. 18, 1, 35, 7.

oder der Kaufpreis nicht gezahlt wird *(lex commissoria);* zugunsten des Käufers beim Kauf auf Probe *(pactum displicentiae).*

3.5.2 Anfängliche Unmöglichkeit

Fall 8 (Grundfall)

Numerius kauft von Aulus eine Kuh. Am nächsten Tag soll Aulus sie ihm bringen. Allerdings war die Kuh kurz vor dem Vertragsabschluss trotz artgerechter Haltung völlig unerwartet in ihrem Stall gestorben, was beide aber nicht wissen konnten, da die Vertragsverhandlungen im Haus des Numerius stattfanden. Aulus sagt, das könne ihm ja wohl kaum vorgeworfen werden, Numerius habe eben Pech gehabt und müsse trotzdem den Kaufpreis zahlen. Hat er Recht?

Die (nach der Terminologie des geltenden Rechts) rein subjektive Unmöglichkeit ist kein Wirksamkeitshindernis, die versprochene Leistung bleibt geschuldet[64]. Anders die anfängliche objektive Unmöglichkeit (faktisch oder rechtlich) wie in unserem Ausgangsfall: *Impossibilium nulla obligatio est*[65] – „Es gibt keine Verpflichtung, Unmögliches zu leisten“. Dieser Satz gilt uneingeschränkt allerdings nur für strengrechtliche Verpflichtungen, also v. a. solche aus Stipulation mit ihrer fest umschriebenen Leistungsverpflichtung[66]. Bei anderen Schuldverhältnissen, insbesondere den *bonae fidei iudicia* und damit dem hier behandelten Kauf, ist aufgrund der Weite des richterlichen Ermessens der Ansatz flexibler. Ist die Kaufsache zum Zeitpunkt des Vertragsschlusses nicht (mehr) existent, ist der Vertrag unwirksam[67]. Nichtig ist der Verkauf einer Sache, die dem Handelsverkehr entzogen ist (*res extra commercium,* wie z. B. eines Sakralgegenstandes), eines bereits verstorbenen Sklaven oder eines Freien als Sklaven, dessen wirklicher Status dem Käufer bekannt ist. Anders ist es aber beim Verkauf eines Freien als Sklaven an einen gutgläubigen Käufer[68]. Dieser uns Heutige seltsam anmutende Fall konnte z. B. eintreten, wenn ein Sklave testamentarisch freigelassen worden war,

64 Ven./Sab. D. 45, 1, 137, 5.

65 Cels. D. 50, 17, 185.

66 Gai. 3, 97 ff.; Mod. D. 45, 1, 103; Ulp. D. 13, 4, 2, 6.

67 Paul. D. 18, 1, 15 pr.; Pomp. D. 18, 1, 8 pr. Anders allerdings der ausdrückliche Kauf künftig erst entstehender Sachen (z. B. Tierjunges) und der sog. Hoffnungskauf (*emptio spei,* z. B. eines bevorstehenden Fischfanges), a. a. O.

68 Lic. D. 18, 1, 70.

davon aber nichts wusste. Außerdem konnte eine Entführung, die in der Antike leider nicht seltene, von den XII Tafeln[69] in bestimmten Fällen anscheinend sogar vorgeschriebene Kindesaussetzung oder auch ein rechtlich unwirksamer Selbstverkauf der Grund für den Status des Scheinsklaven sein. Offenbar erschien in manchen Fällen ein gesichertes Sklavendasein auch erträglicher als Freiheit in bitterer Armut[70]. Um dem Käufer die *actio empti* gegen den Verkäufer für den Fall zu geben, dass sich die Freiheit des als Sklaven Verkauften herausstellt, und nicht lediglich auf die Kondiktion oder die *actio doli* zu verweisen, wird der Kaufvertrag als wirksam angesehen. Das praktisch als wünschenswert verfolgte Ergebnis, der Schutz des Gutgläubigen und des Verkehrs, ist auch hier wichtiger als dogmatische Fixierung.

In unserem Ausgangsfall ist die Leistung objektiv unmöglich, was beide Parteien aber nicht wussten. Der Vertrag ist also unwirksam, Numerius muss den Kaufpreis nicht zahlen.

3.5.3 Nachträgliche Leistungsstörungen

Abwandlung 1:

Die Kuh verstirbt in der auf den Vertragsschluss folgenden Nacht.

Hier liegt nun ein Fall nachträglicher, von keiner Seite zu vertretender Unmöglichkeit vor. Wer trägt die Gefahr? In dieser Form ist die Frage aber, wie im geltenden Recht, noch zu allgemein gestellt. Zunächst ist zu klären, von welcher Gefahr überhaupt die Rede ist: Denn es ist zu unterscheiden zwischen Leistungsgefahr und Gegenleistungsgefahr, auch Preisgefahr genannt.

Im BGB ergibt sich die grundsätzliche Gefahrverteilung bei Unmöglichkeit aus den §§ 275 I, 326 I BGB. Der Schuldner wird im Falle der Unmöglichkeit unabhängig von der Frage des Vertretenmüssens von der (primären) Leistungspflicht befreit. Das Risiko, die geschuldete Leistung im Falle der Unmöglichkeit nicht zu erhalten (also trotz Vertrages am Ende mit leeren Händen dazustehen), die Leistungsgefahr, trägt der Gläubiger (Käufer), denn er verliert seinen Leistungsanspruch. Die Gegenleistungsgefahr (Preisgefahr) betrifft die Frage, ob trotz Ausbleibens der geschuldeten Leistung die Gegenleistung, beim Kauf also die Kaufpreiszahlung, noch erbracht

69 XII 4, 1.

70 *Wacke*, SZ 108 (1991), 123, 127; *Söllner*, in: Söllner u. a. (Hg.), GS Heinze, 2005, 867, 872.

werden muss. Im Falle der zufälligen Unmöglichkeit (oder auch Verschlechterung) trägt sie grundsätzlich der Schuldner (Verkäufer), denn er erhält den Kaufpreis nicht. Mit der Übergabe der Sache geht sie aber auf den Gläubiger (Käufer) über (§ 446 S. 1 BGB): Dieser muss nun den Kaufpreis zahlen, ohne die Gegenleistung zu erhalten. Mit dem Abstellen auf diesen Zeitpunkt trägt das BGB dem Sphärengedanken Rechnung: Die Gefahr des zufälligen Untergangs der Sache soll den treffen, in dessen Obhut sie sich – unabhängig von der Frage des Eigentums – befindet.

Das römische Recht verteilt die Preisgefahr (nicht die Leistungsgefahr) dagegen völlig anders als das BGB. Bereits mit Perfektion des Kaufes geht diese nämlich auf den Käufer über.

Paul. D. 18, 6, 8 pr.
Necessario sciendum est, quando perfecta sit emptio: tunc enim sciemus, cuius periculum sit: nam perfecta emptione periculum ad emptorem respiciet. et si id quod venierit appareat quid quale quantum sit, sit et pretium, et pure venit, perfecta est emptio [...].
Es ist für uns notwendig zu wissen, wann der Kaufvertrag „perfekt" ist; dann wissen wir nämlich, wer die Gefahr trägt; denn mit der Perfektion des Kaufvertrages trägt der Käufer die Gefahr. Und wenn das, was verkauft werden soll, nach Gegenstand, Beschaffenheit und Menge feststeht, auch ein Preis vereinbart ist und nicht unter einer Bedingung verkauft wurde, ist der Kaufvertrag perfekt [...].

Der Käufer trägt also die (Preis-)Gefahr schon *vor* Übergabe, *periculum est emptoris*[71]. Damit hat Aulus im Ausgangsfall Recht, Numerius muss den Kaufpreis zahlen:

Inst. 3, 23, 3
Emptoris damnum est, cui necesse est, licet rem non fuerit nactus, pretium solvere.
Es ist der Schaden des Käufers, der den Preis zahlen muss, obgleich er die Sache nicht erlangt.

---

71 Etwas anders beim aufschiebend bedingten Kauf: Hier trägt die Gefahr der Sach*verschlechterung* der Käufer, die des Sach*untergangs* vor Bedingungseintritt dagegen der Verkäufer, da dann der Kauf mangels Kaufsache gar nicht zustande gekommen ist und die Sachgefahr stets den Eigentümer trifft; vgl. Paul. D. 18, 6, 8 pr. (Q16), HKK/*Ernst*, §§ 446, 447, Rn. 2. Beim Vorratskauf (beschränkte Gattungsschuld) trägt der Käufer, selbst wenn der ganze Vorrat zufällig untergeht, zunächst keine Gefahr, sondern erst ab Zumessen/Abwiegen, weil erst dann die Perfektion eintritt, Gaius D. 18, 1, 35, 7.

Auf den ersten Blick wirkt diese Regelung für uns heute nur schwer nachvollziehbar. Das BGB geht davon aus, dass nur der Besitzer der Sache für diese verantwortlich ist und entsprechende Schutzvorkehrungen treffen kann, daher liegt eine solche Regel der Gefahrverteilung nahe. Dass ausgerechnet das römische Recht, vermeintliche *ratio scripta,* Buchstabe gewordene Vernunft schlechthin und damit lange als unantastbar empfunden, eine andere Regel aufgestellt hat (die Gefahr trägt derjenige, der weder Eigentümer noch Besitzer ist), hat die Romanisten über Jahrhunderte beschäftigt; manche haben sich schlicht geweigert, die Authentizität dieser Regel anzuerkennen[72]. Aber wie kann man sie erklären?

Zunächst muss man sich erneut vor Augen halten, dass der römische Kauf seinen Ausgangspunkt vom Barkauf nahm, bei dem Obligation und Vollzug zusammenfallen. Beim unmittelbaren Leistungsaustausch ist die Regel auch richtig (jedenfalls führt sie zum selben Ergebnis wie das moderne Recht) und unproblematisch. Davon ausgehend wird die Kaufsache wirtschaftlich mit Wirksamkeit des Vertrages und unabhängig von der sachenrechtlichen Übereignung bereits zum Vermögen des Käufers gerechnet, der folgerichtig auch den Verlust der Sache zu tragen hat[73] (Leserinnen und Leser mögen dies in Erinnerung behalten; am Ende dieses Buches wird dieser Gedanke auch beim Arbeitsvertrag eine Rolle spielen). Eine weitere Erklärung könnte darin liegen, dass das den Römern vor Augen stehende Modell nicht allein der Barkauf, sondern auch der Marktkauf war. Auch dieser ist immer auf den sofortigen Leistungsaustausch angelegt, der Verkäufer immer sofort leistungsbereit und auch -willig. Wenn nun die Übergabe der Sache verschoben wird, liegt dies fast immer im Interesse des Käufers (z. B. Kaufpreisstundung) und ist ein Nachteil für den Verkäufer (der das verkaufte Tier wieder heimtreiben, die verkaufte Ware zurücktransportieren muss). Dem Ausgleich dieses Nachteils könnte dann die ihm vorteilhafte Gefahrtragung gedient haben. Das römische Recht hat die harte Grundregel außerdem abgemildert: Dem Käufer gebühren als eine Art „Risikoprämie" auch die Nutzungen sowie der Zuwachs der Kaufsache.

Und ein Weiteres kommt hinzu, was die vermeintliche Härte der Regel ebenfalls relativiert:

---

72 Man sah sich gar dazu aufgerufen, „den Fleck von dem wissenschaftlichen Ehrenschild jener größten, unerreichbaren Meister endgültig auszutilgen", so *Haymann*, SZ 41 (1920), 48 f.

73 *Ernst,* SZ 99 (1982), 216, 243 ff., der im Anschluss an *Schulz* die Lösung auch als ideal, jedenfalls für Ereignisse höherer Gewalt, ansieht.

Abwandlung 2:

Wie ist die Rechtslage, wenn die Kuh in der Nacht nach Vertragsschluss nicht im Stall gestorben, sondern durch Unbekannte von der Weide gestohlen wurde?

Hier wird nun die sog. *custodia*-Haftung des Verkäufers relevant. Wer eine fremde Sache bei sich hat, muss sie bewachen (lat. *custodia).* Wird sie gestohlen, haftet derjenige, der sie hatte, auf Schadensersatz. Das ist der Grundgedanke der *custodia*-Haftung. Sie trifft den Schuldner in bestimmten Fällen, in denen er Sachen des Gläubigers in seinem Gewahrsam hat, die später herauszugeben sind (z. B. Entleiher, Werkunternehmer und Mieter). Diese hat er sorgsam zu bewachen und haftet für Schäden, die *typischerweise* (wenn vielleicht auch nicht im konkreten Fall) aus unzureichender Bewachung entstehen, wie Diebstahl oder Sachbeschädigung durch Dritte („niederer Zufall"), nicht aber für höhere Gewalt (oder „höheren Zufall") wie Naturkatastrophen, Krieg, natürlicher Tod: Diese Fälle gehen weiterhin zulasten des Käufers (vgl. Abwandlung 1). Zwar steht die Kaufsache bis zur Übergabe an den Käufer noch im Eigentum des Verkäufers, wirtschaftlich wird sie aber wie gesehen schon dem Vermögen des Käufers zugerechnet. Das rechtfertigt es, den Verkäufer demjenigen gleichzustellen, der eine fremde Sache bei sich und diese herauszugeben hat[74], und ihn damit der *custodia*-Haftung zu unterwerfen. Aulus muss daher dem Numerius Schadensersatz (das Interesse) leisten, Numerius bleibt dann natürlich zur Zahlung des Kaufpreises verpflichtet[75] (zum Umfang sogleich). Schadensersatz- und Kaufpreisanspruch können auch gegeneinander aufgerechnet werden mit dem Ergebnis, dass Numerius, wenn der Wert der Kuh exakt dem Kaufpreis entsprach, hier am Ende einfach den Kaufpreis nicht mehr bezahlen muss. Des Weiteren bleibt die bei einem unbekannten Dieb aber eher theoretische Möglichkeit des Käufers, sich die Herausgabeklagen des Verkäufers gegen den Dieb abtreten, d. h. vom Verkäufer zur Geltendmachung dieser Klagen ermächtigen zu lassen[76].

Die Gefahrtragungsregel, die durch Justinian, der die *custodia*-Haftung durch eine Verschuldenshaftung des Verkäufers ersetzt, zulasten des Käufers sogar noch ausgeweitet wird, ist wie gesehen nicht ins BGB übernommen worden, das den Gefahrüber-

74 Paul. D. 18, 6, 3.

75 *Harder,* in: Medicus/Seiler (Hg.), FS Kaser, 1976, S. 351, 353.

76 *Zimmermann,* S. 287 f. Eine echte Forderungsabtretung kennt das römische Recht nicht, dazu S. 175 f.

gang erst mit Sachübergabe eintreten lässt; nur beim Erbschaftskauf ist die Rechtslage wie im römischen Recht, § 2380 BGB, denn Gegenstand des Erbschaftskaufes sind keine bestimmten Einzelsachen, sondern der Inbegriff der Erbschaft. Das schweizerische Obligationenrecht (OR) dagegen folgt in Art. 185 dem römischen Recht in der Gefahrtragung beim Stückkauf:

Art. 185 OR. B. Nutzen und Gefahr
(1) Sofern nicht besondere Verhältnisse oder Verabredungen eine Ausnahme begründen, gehen Nutzen und Gefahr der Sache mit dem Abschlusse des Vertrages auf den Erwerber über.

Allerdings wird die Vorschrift von der Rechtsprechung restriktiv bzw. die Ausnahme weit ausgelegt[77], die Gefahrverteilung gilt in der Rechtspraxis häufig als stillschweigend abbedungen. Die gleiche Gefahrtragungsregel wie im römischen Recht findet sich im französischen Code civil (Art. 1138, 1583, 1624) und im italienischen Codice civile (Art. 1465). Allerdings geht dort auch das Eigentum beim Stückkauf mit Kaufvertragsabschluss über[78] (anders als im deutschen und auch im römischen Recht), so dass es am Ende nichts anderes ist als Ausdruck der Regel *res perit domino* – „der Eigentümer trägt die Sachgefahr“, d. h. das Risiko des zufälligen Untergangs einer ihm (bereits) gehörenden Sache.

Nach geltendem Recht ergibt sich für den Grundfall sowie für Abwandlungen 1 und 2 folgende Lösung: Aulus muss nach § 275 I BGB die Kuh nicht leisten. Numerius ist nach § 326 I 1 BGB von der Pflicht zur Kaufpreiszahlung befreit. Ob die Unmöglichkeit objektiv oder subjektiv, anfänglich oder nachträglich ist, spielt für § 275 I BGB keine Rolle. Ein Schadensersatzanspruch des Numerius gem. § 311a II BGB besteht im Grundfall nicht, da Aulus vom Tod der Kuh nichts wusste und auch nichts wissen konnte (die Vertragsverhandlungen fanden im Haus des Numerius statt). In den Abwandlungen 1 und 2 hat Numerius ebenfalls keinen Schadensersatzanspruch nach §§ 280 I, III, 283 BGB, da Aulus die Nichtleistung nicht zu vertreten hat, in Abwandlung 2 unter der Annahme, dass Aulus den Diebstahl nicht verhindern konnte und dies auch beweisen kann, § 280 I 2 BGB; außerdem könnte Numerius in diesem Fall wie im römischen Recht auch nach § 285 I BGB von Aulus die Abtretung des Herausgabeanspruchs gegen den Dieb als stellvertretendes commodum verlangen, bliebe dann aber nach § 326 III BGB zur Kaufpreisleistung verpflichtet, was bei einem

77 *Honsell*, S. 129.
78 S. 83.

unbekannten Dieb auch heutzutage (vorbehaltl. etwaiger Versicherungen) als ernsthafte Option ausscheidet.

Abwandlung 3:

Aulus treibt die Kuh am nächsten Tag zu Numerius, aber in so ungeschickter Weise, dass sie vom Pfad abkommt, die Böschung hinunterstürzt und
a) dabei verendet,
b) sich ein Bein bricht.
Welche Ansprüche stehen Numerius zu?

Hier hat der Verkäufer nun die Unmöglichkeit aufgrund seines fahrlässigen Handelns *(culpa)* zu vertreten[79]. Daher kann der Käufer im Wege der *actio empti* Schadensersatz verlangen; er muss so gestellt werden, wie er bei ordnungsgemäßer Erfüllung stünde *(id quod interest).* Auch entgangener Gewinn kann davon erfasst sein.

Ulp. D. 19, 1, 1 pr.
Si res vendita non tradatur, in id quod interest agitur, hoc est quod rem habere interest emptoris: hoc autem interdum pretium egreditur, si pluris interest, quam res valet vel empta est.
Wird die verkaufte Sache nicht übergeben, so wird auf das Interesse geklagt, d. h. auf das Interesse, das der Käufer daran hat, die Sache [in seinem Besitz] zu haben. Das Interesse überschreitet jedoch bisweilen den Wert oder den Preis der Sache, wenn es höher ist als der Betrag, den die Sache wert ist oder zu dem sie gekauft ist.

Die gleiche Rechtsfolge tritt ein, wenn die Kuh wie in Abwandlung 3b) nicht verendet, sondern verletzt und dadurch in ihrem Wert gemindert wird. Auch hier kann der Käufer entsprechenden Schadensersatz verlangen, wenn der Verkäufer eine vertragliche Pflicht verletzt und nicht leistet, wozu er verpflichtet ist. Wie seit 2002 auch im BGB, kommt es nicht auf die Form der spezifischen Vertragsverletzung an.

Nach geltendem Recht sind Aulus und Numerius auch in Abwandlung 3a) von der Leistungs- bzw. Kaufpreiszahlungspflicht befreit. Allerdings kann Numerius nach §§ 280 I, III, 283 Schadensersatz verlangen. In Abwandlung 3b) bleibt Aulus zur Leistung der verletzten Kuh verpflichtet, Numerius muss den Kaufpreis zahlen, hat aber wegen der nunmehr mit einem Mangel behafteten Kuh die Gewährleistungsrechte des § 437 BGB, darunter einen Schadensersatzanspruch nach §§ 437 Nr. 2, 280 I, III, 283 BGB.

---

79 Zum Haftungsmaßstab unten S. 157.

Abwandlung 4:

Wie ist die Rechtslage in Abwandlung 3, wenn Aulus dem Numerius die Übereignung der Kuh ausschließlich in Stipulationsform versprochen hat?

Unserer bisherigen Fallbetrachtung lag ein Kaufvertrag zugrunde, also ein *bonae fidei iudicium.* Hat der Schuldner nicht oder schlecht erfüllt, ändert dies nichts am Bestehen der kaufrechtlichen Obligation, denn diese beschränkt sich nicht auf eine bestimmte Leistung, sondern geht auf ein *incertum,* und das Urteil lautet ohnehin immer auf eine Geldsumme. Schadensersatz ist davon ohne weiteres erfasst. Etwas schwieriger ist die Situation, wenn die bestimmte Kaufsache nicht aufgrund eines *bonae fidei iudicium,* sondern aufgrund einer strengrechtlichen Obligation, z.B. einer *stipulatio,* geschuldet ist. Denn diese richtet sich auf eine genau beschriebene Leistung und beinhaltet keine Nebenpflichten, wenn sie nicht ausdrücklich stipuliert wurden. Eine Änderung der strengrechtlichen Klageformel scheidet aus. Geht der Gegenstand unter, geht auch die Verpflichtung unter. Einen Übergang von einer Primär- zu einer Sekundärleistungspflicht kennt das römische Recht nicht. Folglich gäbe es keine Klage mehr aus der Stipulation, und der „Käufer" (genauer: Stipulationsgläubiger) ginge leer aus.

Da dies aber nicht das Ergebnis sein kann, wenn der Schuldner die Nichtleistung zu vertreten hat, greifen die römischen Juristen zu einem Trick bzw. zu einer Fiktion, der *perpetuatio obligationis* – „Verewigung des Schuldverhältnisses"[80]. Ist der Stipulationsschuldner für die nachträgliche Unmöglichkeit verantwortlich, wird das Fortbestehen der Sache und damit der Obligation zum Zeitpunkt der Prozessbegründung *(litis contestatio)* fingiert. Die Verurteilung erfolgt dann in den Wert der Sache. Die Juristen ergänzen also, ohne dies ausdrücklich zu sagen, die Hauptleistungspflicht um eine Nebenpflicht, deren schuldhafte Verletzung zur Verurteilung führt, nämlich die Leistung nicht unmöglich zu machen[81]. Ist die Sache nur verschlechtert (im Beispiel: die Kuh rutscht ab, kommt aber mit einem Beinbruch davon), richtet sich die Klage auf die Wertdifferenz[82].

Beachte: Es geht hier um die nachträgliche *objektive* Unmöglichkeit. Kann hingegen nur der Stipulationsschuldner nicht leisten, ein anderer aber schon (subjektive Unmöglichkeit, z.B. bei Diebstahl), oder handelt es sich um eine Gattungsschuld,

80 Paul. D. 45, 1, 91, 3 unter Berufung auf die republikanischen Juristen *(veteres).*

81 *Harke,* § 7, Rn. 17.

82 *Kaser/Knütel/Lohsse,* § 47, Rn. 4.

kann der Schuldner in den Wert der Sache verurteilt werden; der Fiktion der Verewigung des Schuldverhältnisses bedarf es dazu nicht. Voraussetzung der Verurteilung ist auch hier *culpa,* also Vorwerfbarkeit, in römisch-rechtlicher Ausdrucksweise *si per eum stetit, quo minus daret* – „wenn es an ihm lag, dass er nicht leistet (übereignet)". Ein direkter Vergleich mit dem deutschen Recht ist hier nicht möglich, da die Stipulation nicht rezipiert wurde.

Abwandlung 5:

Aulus und Numerius vereinbaren, sich am nächsten Tage zur Mittagszeit auf halbem Wege zur Übergabe der Kuh zu treffen. Als Numerius wie verabredet erscheint, ist Aulus nicht da, dem der Termin in der Zwischenzeit leider entfallen ist. Daher muss Numerius unverrichteter Dinge wieder abziehen. In der folgenden Nacht stirbt die Kuh.

Hier haben wir es mit einem Fall des Schuldnerverzugs *(mora debitoris)* zu tun. Dieser liegt vor, wenn eine klagbare und fällige Leistung nicht erbracht wird und das Ausbleiben der Leistung dem Schuldner zuzurechnen ist; ob es eines Verschuldens zur Verzugsbegründung bedarf, ist unklar[83]. In Abwandlung 5 ist ein Termin vereinbart worden, was die ansonsten typischerweise erforderliche Mahnung wohl entbehrlich macht. Der Schuldnerverzug bewirkt als eine wichtige Folge die unbedingte Haftung für Zufall: Der Schuldner hat für den zufälligen Untergang oder die zufällige Verschlechterung des Gegenstandes einzustehen, auch dann, wenn diese bei rechtzeitiger Leistung eingetreten wäre.

Ulp. D. 30, 47, 6

Item si fundus chasmate perierit, Labeo ait utique aestimationem non deberi: quod ita verum est, si non post moram factam id evenerit: potuit enim eum acceptum legatarius vendere.

Zu dem Fall, dass ein [vermachtes] Grundstück in einer sich öffnenden Erdspalte versunken ist, sagt Labeo, der Schätzwert werde auf keinen Fall geschuldet. Das ist dann richtig, wenn sich dies nicht nach Verzugseintritt ereignete. Denn der Vermächtnisnehmer hätte das Grundstück, wenn er es schon gehabt hätte, verkaufen können.

83 Siehe dazu HKK/*Lohsse,* §§ 286–292, Rn. 12 ff.

Wie oft im alten Rom Grundstücke in Erdspalten verschwanden, ist nicht überliefert[84]. Diese Regel gilt aber auch für die etwas alltäglicheren Fälle, für strengrechtliche Schuldverhältnisse wie für die der *bona fides* unterliegenden. § 287 S. 2 BGB folgt der Grundregel, allerdings unter Ausschluss der Haftung, wenn der Schaden auch bei rechtzeitiger Leistung eingetreten wäre (was der Schuldner zu beweisen hat). In unserem Fall kann Numerius von Aulus den Wert der Kuh (abzüglich des Kaufpreises) ersetzt verlangen. Der Schuldner hat außerdem die während des Verzugs gezogenen Früchte herauszugeben, Geldschulden sind zu verzinsen. In manchen Fällen ist ferner der Verzögerungsschaden zu ersetzen, z. B. entgangener Gewinn oder ein durch Verfall von Pfändern oder einer Vertragsstrafe beim Gläubiger entstandener Schaden[85]. Ein Schadensersatzanspruch stünde Numerius auch nach §§ 280 I, III, 283, 287 S. 2 BGB zu.

Der Schuldnerverzug und damit auch die Zufallshaftung werden aufgehoben, wenn der Schuldner die Sache nun ordnungsgemäß anbietet, der Gläubiger sie aber, ohne einen berechtigten Grund dafür zu haben, nicht annimmt und nun seinerseits in Gläubigerverzug gerät[86]. Bei diesem *(mora creditoris, mora accipiendi)* haftet der Schuldner nur noch für *dolus*[87]. Geht die geschuldete Sache unter, ohne dass er dies arglistig verursacht hat, wird er frei; bei Gattungs- und sogar Geldschulden steht ihm in diesem Fall die *exceptio doli* zu[88]. Der Schuldner kann – im Wege des Zurückbehaltungsrechts – Ersatz für Aufwendungen verlangen (z. B. Fütterungskosten für die nicht abgeholte Kuh)[89] oder die geschuldete Sache sogar aufgeben[90]; vgl. im geltenden Recht §§ 300, 304 BGB.

Die vielen Parallelen all dieser Regelungen zu denen des BGB im Grundsätzlichen haben wir bereits beim Vergleich der jeweiligen Lösungen gesehen. Auf einen Unterschied ist jedoch hinzuweisen: Das römische Recht kennt kein *allgemeines* einseitiges Rücktrittsrecht als Folge einer Leistungsstörung (wie ihm einseitige Gestaltungsrechte ohnehin fremd sind).

---

84 Dafür aber die Sage des Marcus Curtius, der sich in voller Rüstung in eine solche Erdspalte mitten in Rom gestürzt haben soll, um durch Erfüllung eines Orakelspruchs den römischen Staat zu retten, vgl. Livius 7, 6, 1–6.

85 *Honsell,* S. 98.

86 Paul. D. 45, 1, 91, 3.

87 Pomp. D. 18, 6, 18.

88 Marcell. D. 46, 3, 72 pr.

89 Cels. D. 19, 1, 38, 1, der sogar Sextus Aelius zitiert. Zu weiteren Folgen des Gläubigerverzugs siehe den interessanten Fall bei Scaev. D. 18, 3, 8.

90 Ulp. D. 18, 6, 1, 3: Ausgießen des verkauften Weines, um die Fässer wieder verwenden zu können.

3.5.4 Rechtsmängelhaftung

Fall 9

Paulus hat nach dem Tod seines Vaters den griechischen Hauslehrer Chrysippus geerbt, für den er allerdings keine Beschäftigung hat, da seine Kinder alle schon erwachsen sind. Am liebsten würde er ihn freilassen, da er selbst als Kind auch schon von ihm unterrichtet wurde. Da er aber gerade Geldsorgen hat und sein Nachbar Numerius nach einem Hauslehrer für seinen Sohn sucht, verkauft und manzipiert er Chrysippus an Numerius, lässt sich aber von diesem versprechen, dass er Chrysippus nicht weiterverkaufen und nach zwei Jahren freilassen werde; für den Fall eines Verstoßes gegen diese Abrede behält sich Paulus ein Rückholungsrecht vor. Numerius hält sich aber nicht daran; nachdem sein Sohn seine Studien früher als geplant abgeschlossen hat, lässt er den Sklaven mitnichten frei, sondern verkauft und übergibt ihn bereits nach einem Jahr an Aulus, der von der Abrede zwischen Paulus und Numerius nichts weiß. Als Paulus dies erfährt, wird er zornig und verlangt von Aulus die sofortige Rückgabe des Chrysippus; notfalls werde er ihn sich auch selbst zurückholen.

Wie ist die Rechtslage?

Paulus könnte von Aulus die Herausgabe des Sklaven im Wege der *rei vindicatio* geltend machen. Zunächst ist festzustellen, dass Paulus dem Numerius aufgrund der Manzipation formgerecht ziviles (quiritisches) Eigentum an dem Sklaven verschafft hat. Aulus wiederum hat von Numerius den Sklaven mangels Manzipation zwar nicht zu zivilem Eigentum erworben, er könnte aber auf der Grundlage der formlosen Übergabe prätorischer (bonitarischer) Eigentümer geworden sein. Fraglich ist, wie sich das zwischen Paulus und Numerius vereinbarte Verkaufsverbot auswirkt. Hier handelt es sich um eine Nebenvereinbarung im Rahmen der zwischen Paulus und Numerius vorgenommenen *mancipatio,* eine *lex mancipio dicta*[91]. Diese Nebenabrede wirkt *ding-*

91 In diesem Terminus ist übrigens die ursprüngliche Bedeutung von *lex* zu erkennen: das gesprochene Wort (von griechisch *legein* – „sprechen"), das Rechtswirkungen hat. Die *lex publica* ist das für alle Angehörigen der Rechtsgemeinschaft verbindliche Gesetz; die *lex privata* ist Rechtsgeschäft, Rechtsetzung durch private Erklärung, Vertrag (so z. B. bei Iav. D. 18, 1, 77: *lex fundi vendundi,* Kaufvertrag über ein Grundstück, und Vergil, Aeneis 12, 315). In Art. 1372 cod. civ. klingt dies sprachlich als Ausdruck der Privatautonomie ebenso: Il contratto ha forza di legge tra le parti – „Der Vertrag hat für die Vertragsparteien Gesetzeskraft". Ebenso Art. 1134 cc.

lich und damit auch gegenüber einem Dritterwerber; auf dessen Kenntnis von dieser Abrede kommt es nicht an. Der erste Verkäufer kann damit die Verfügungsbefugnis des Käufers wirksam einschränken; verstößt dieser gegen die Vereinbarung, hat der Veräußerer ein dingliches Zugriffsrecht *(manus iniectio)* von eigener Art[92]. Damit kann Paulus den Sklaven Chrysippus hier erfolgreich von Aulus herausverlangen. Das geltende Recht schließt dagegen in § 137 S. 1 BGB die dingliche Wirkung von Verfügungsverboten im Interesse des Verkehrsschutzes und der Verfügungsfreiheit des Rechteinhabers aus. Der Veräußerer ist auf Schadensersatzansprüche gegen seinen Vertragspartner verwiesen, da die schuldrechtliche Wirkung des Verfügungsverbotes nach S. 2 der Vorschrift unberührt bleibt.

Fraglich ist, welche Rechte dem Aulus gegenüber seinem Vertragspartner Numerius nach Verlust des Sklaven zustehen. Das römische Kaufrecht kennt, wie gesehen, keine Verpflichtung zur Übertragung lastenfreien Eigentums aus dem Kaufvertrag. Also kann dies, anders als im BGB, auch nicht Ausgangspunkt der kaufrechtlichen Rechtsmängelhaftung sein.[93] Der Verkäufer muss aber dafür sorgen, dass dem Käufer die Sache nicht wieder von einem anderen, besser Berechtigten, abgenommen wird. Der Verkäufer hat dem Käufer verschuldensunabhängig für die ungestörte Nutzung, das Fruchtziehen, Haben und Besitzen der Sache einzustehen *(uti frui habere possidereque licere)*. Der Anspruch aus Rechtsmängelgewährleistung entsteht daher erst, wenn die Kaufsache erfolgreich von einem Dritten herausverlangt (evinziert, „entwehrt") wird; dies nennt man Eviktionsprinzip. Eine Haftung für den Bestand rechtsmängelfreien Eigentums besteht also nicht, eine wirkliche Übereignungspflicht kann nur durch Stipulation begründet werden *(obligatio dandi)*. Zu ersetzen ist (jedenfalls) der Wert der Sache aus der *actio empti*. Wenn Chrysippus dem Paulus zurückgeben wird, kann Aulus von Numerius den Wert des Sklaven verlangen (der bei einem griechischen Hauslehrer nicht gering sein dürfte[94]).

92 Das Kaiserrecht lässt den abredewidrig nicht freigelassenen Sklaven mit Fristablauf frei werden, Call. D. 40, 8, 3 u. a. Eine dingliche Wirkung hat auch das rechtsgeschäftliche Verbot, einen Sklaven freizulassen oder eine Sklavin zu prostituieren, u. a. Paul. D. 18, 1, 56. Zum ganzen *Kaser*, S. 293, 562; *ders.*, Rechtsgeschäftliche Verfügungsbeschränkungen im römischen Recht, in: Römische Rechtsquellen und angewandte Juristenmethode, 1986, S. 174 ff., 184 ff.

93 Zum Folgenden *Harke*, § 8, Rn. 14 ff.

94 Für einen Grammatiker ist der Preis von 700.000 Sesterzen überliefert, *Jakab*, Praedicere und cavere beim Marktkauf, 1997, S. 9 (mit weiteren Beispielen).

Das Prinzip haben wir schon bei der Klage auf Gewährschaft *(actio auctoritatis)* auf das Doppelte des Kaufpreises gesehen[95], die eine der Wurzeln der Rechtsmängelhaftung ist. Allerdings folgt die Gewährschaftshaftung nicht aus dem schuldrechtlichen Kaufvertrag, sondern aus dem Übereignungsgeschäft der *mancipatio*. Der Verkäufer muss den Käufer bei Klagen Dritter unterstützen, verweigert er dies oder bleibt er damit erfolglos, muss er den doppelten Kaufpreis an den Käufer leisten (möglicherweise im Sinne einer Strafe[96]). Der Käufer kann also, auch wenn er nicht Eigentümer geworden ist, so lange nicht gegen den Verkäufer vorgehen, wie er im ungestörten Besitz der Sache verbleibt.

Aulus hätte hier, wäre ihm Chrysippus manzipiert worden, sogar das Doppelte des Kaufpreises verlangen können. Mit der Zeit wird es üblich, standardmäßig neben jedem Kaufvertrag unabhängig von der Form der Übereignung dieses Strafversprechen in Form der Stipulation abzugeben *(stipulatio duplae)*[97]. Die Haftung ist verschuldensunabhängig, d. h. sie trifft den Verkäufer auch dann, wenn er das fremde Recht an der Sache gar nicht erkennen konnte. In der Hochklassik wird der Inhalt der *stipulatio duplae* automatisch in den Kaufvertrag, der ja *bonae fidei iudicium* ist, einbezogen, auch wenn der Verkäufer das Versprechen gar nicht explizit abgegeben hat (v. a. bei wertvollen Sachen, wie hier beim Sklavenkauf):

Ulp. D. 21, 1, 31, 20

Quia adsidua est duplae stipulatio, idcirco placuit etiam ex empto agi posse, si duplam venditor mancipii non caveat: ea enim, quae sunt moris et consuetudinis, in bonae fidei iudiciis debent venire.

Da die Stipulation des doppelten Kaufpreises [für den Fall der Eviktion] ständig vorkommt, hat sich die Ansicht durchgesetzt, es könne auch aus Kauf geklagt werden, wenn der Verkäufer des Sklaven keine Sicherheit in Höhe des doppelten Kaufpreises geleistet hat. Denn das, was Sitte und Herkommen entspricht, muss von den Klagen nach Treu und Glauben erfasst werden.

Der Käufer kann dann – anstelle des *duplum* – aus der *actio empti* (die ursprünglich Arglist, *dolus*, des Verkäufers vorausgesetzt hatte) das Interesse am ungestörten Besitz

---

95 S. 85.

96 Doppelter Ersatz als Strafe kommt bereits in den XII Tafeln an mehreren Stellen und auch in griechischen Rechten häufiger vor.

97 Bei wertvollen Gegenständen konnte diese auch erzwungen werden, z. B. Perlen, Schmuck oder Seidengewändern: Ulp. D. 21, 2, 37, 1; bei Grundstücken nach Ortsüblichkeit, Gaius D. 21, 2, 6.

der Kaufsache verlangen. Das Interesse umfasst z. B. den Wert einer Erbschaft, die der verkaufte, dann aber evinzierte Sklave angetreten (und damit für seinen Herrn erworben) hätte.[98]

Die Haftung für Rechtsmängel erfährt zudem eine zusätzliche Erweiterung: Gegen den arglistigen Verkäufer, der den Rechtsmangel kannte, wird ein Schadensersatzanspruch auch ohne Eviktion gegeben, wenn der Käufer ein besonderes Interesse daran hatte, Eigentümer der Kaufsache zu werden, z. B. weil er sie verpfänden oder einen Sklaven freilassen wollte.

Afr./Iul. D. 19, 1, 30, 1

Si sciens alienam rem ignoranti mihi vendideris, etiam priusquam evincatur utiliter me ex empto acturum putavit in id, quanti mea intersit meam esse factam: quamvis enim alioquin verum sit venditorem hactenus teneri, ut rem emptori habere liceat, non etiam ut eius faciat, quia tamen dolum malum abesse praestare debeat, teneri eum, qui sciens alienam, non suam ignoranti vendidit: id est maxime, si manumissuro vel pignori daturo vendiderit.

Für den Fall, dass du eine Sache, von der du weißt, dass sie einem anderen gehört, mir, der ich das nicht weiß, verkauft hast, hat er [Julian] die Meinung vertreten, dass ich, auch bevor sie evinziert wird, aus Kauf erfolgreich auf den Betrag klagen kann, auf den sich mein Interesse daran beläuft, dass die Sache mir übereignet worden wäre. Denn auch wenn es an sich zutreffe, dass der Verkäufer nur darauf haftet, dass der Käufer die Sache ungestört besitzen kann, nicht auch darauf, dass der Käufer sie zu Eigentum erwerbe, so hafte der Verkäufer, da er nichtsdestoweniger für das Fehlen von Arglist einstehen müsse, wenn er eine Sache, von der er weiß, dass sie nicht ihm, sondern einem anderen gehört, jemandem verkauft, der das nicht weiß, das heißt insbesondere dann, wenn er einen Sklaven jemandem verkauft, der ihn freilassen oder verpfänden will.

Einmal mehr ist es Julian, der vorangeht, in der Erkenntnis, dass es Fälle gibt, in denen das Eviktionsprinzip bzw. das *habere licere* zu kurz greift: nämlich dann, wenn der Erwerber die Sache nicht lediglich nutzen will, sondern einen weiteren – wenn nicht gar hauptsächlichen – Zweck damit verbindet, an dessen Verwirklichung ihn der Rechtsmangel an sich und nicht erst die Eviktion hindert. Diese Haftung auf das Interesse trifft aber nur den bösgläubigen Verkäufer; zu einer grundsätzlichen Eigentumsverschaffungspflicht des Verkäufers kommt es noch nicht. Das Eviktionsprinzip bleibt lange erhalten, im BGB war bis 2002 die Entwehrung der Kaufsache Voraus-

98 Iul. D. 21, 2, 8 (Q17).

setzung eines Schadensersatzanspruches des Käufers (§ 440 II BGB a. F.), trotz der den Verkäufer treffenden Rechtsverschaffungspflicht. Erst seit der Schuldrechtsreform werden Rechts- und Sachmängel im Rahmen des Rechts der Leistungsstörungen gleichbehandelt.

3.5.5 Sachmängelhaftung

Fall 10

Wir kommen zurück auf Fall 2, den Verkauf des Sklaven Pamphilus durch Numerius an Aulus. Diesmal ist es aber nicht Numerius, der den Sklaven wieder mitnimmt, sondern dieser versucht selbst, aus dem Haus des Aulus und der Sklaverei zu entkommen, wird aber nach wenigen Tagen gefasst und dem Aulus zurückgebracht. Dabei kommt heraus, dass er bei seinem vorherigen Eigentümer Numerius ebenfalls schon zwei Fluchtversuche unternommen hatte. Dies hat Numerius bei den Verkaufsverhandlungen nicht offengelegt, Aulus hat allerdings auch nicht danach gefragt. Aulus möchte nun wissen, welche Rechte ihm gegen den Verkäufer zustehen, auch für den Fall, dass Pamphilus weitere Sklaven zur Flucht anstiften sollte. Am liebsten möchte er ihn seinem früheren Eigentümer zurückgeben und sein Geld wiederhaben.

Wie wäre es, wenn sich herausstellt, dass Pamphilus schon seit langer Zeit an einer Lungenkrankheit leidet, die seine Arbeitsfähigkeit stark beeinträchtigt, dies Numerius jedoch unbekannt war?

3.5.5.1 Ausgangspunkt: Schadensersatz aus der actio empti

Die Erwartungen des Käufers an die tatsächliche Beschaffenheit der Kaufsache wurden anfangs nur in begrenztem Umfang geschützt; es lag am Käufer, sich darüber ausreichend Gewissheit zu verschaffen *(caveat emptor).* Ein Anspruch des Käufers bestand nur, wenn der Verkäufer eine Zusicherung über die Beschaffenheit der Sache abgegeben *(dictum;* in Stipulationsform: *promissum)* oder einen Fehler arglistig verschwiegen hatte. Der Käufer konnte dann mittels der *actio empti* bzw. im Falle eines *promissum* mit der *actio ex stipulatu* gegen den Verkäufer vorgehen. Einen Sonderfall betraf die sehr alte *actio de modo agri* (übrigens auch ein Fall einer *lex mancipio dicta):* Mit ihr konnte der Käufer eines manzipierten Grundstücks, dessen Größe vom Verkäufer zugesichert worden war, die teilweise Rückerstattung des Kaufpreises verlangen, wenn sich das Grundstück in Wirklichkeit als kleiner erwies.

Hier kommen wir zurück auf unseren Ausgangsfall zu Beginn dieses Buches, den Verkauf eines Hauses auf dem *mons Caelius.* Zur Erinnerung: Ein Haus wird verkauft, dessen Abriss bzw. Rückbau vom Priesterkollegium der Auguren bereits angeordnet war, weil es die Vogelflugschau behindert, was der Verkäufer dem Käufer aber nicht mitteilt. Marcus Porcius Cato entscheidet als *iudex* die Sache zugunsten des Käufers auf Schadensersatz; den konkreten Inhalt und Umfang des Schadensersatzes kennen wir leider nicht. Zu denken ist an die Abrisskosten, den verminderten Wert des kleineren Gebäudes und die entgangenen Mieteinnahmen. Der Kaufvertrag ist, wie wir sahen, ein *bonae fidei iudicium,* und das Verschweigen des Verkäufers verletzte aus Sicht des Cato – wie auch aus unserer – die *bona fides*[99]. Damit ist der Fall richtig entscheiden; dies ist aber ein eng begrenztes Feld. Sanktioniert durch den Schadensersatzanspruch wird eben lediglich der „Treubruch" des Verkäufers, die Verletzung der *bona fides.* Und erreicht werden kann nur Schadensersatz; die Rückgabe der Kaufsache ist zunächst ebenso wenig vorgesehen wie weitere Rechtsbehelfe, wenn der Verkäufer nichts vom Mangel wusste[100]. Da die meisten Menschen und damit auch Verkäufer nicht immerzu arglistig handeln und, wenn sie es doch einmal tun, dies nicht immer so leicht zu beweisen ist, bestünde hier eine nicht unerhebliche Rechtsschutzlücke.

3.5.5.2 Das Edikt der Ädilen

Diese Lücke schlossen, jedenfalls für bestimmte praktisch wichtige Fälle, die römischen Ädilen. Die Ädilität war in der republikanischen Ämterlaufbahn die zweite Stufe nach der Quästur. Jährlich wurden vier Amtsträger gewählt, zwei plebejische und zwei patrizische (kurulische[101]) Ädilen. Ihnen oblag u. a. die Aufsicht über die öffentlichen Märkte. Den kurulischen Ädilen stand eine besondere Marktgerichtsbarkeit und damit verbunden das *ius edicendi* zu. Im Rahmen ihrer Zuständigkeit erließen sie, wie der Prätor in der seinen, ein Edikt über ihre Rechtsschutzverheißungen, das ädilizische Edikt. Damit schufen sie bereits im 3./2. Jahrhundert v. Chr. ein Sonderrecht für Kauf-

99 Cicero, off. 3, 67: „Er legte also fest, der Maßstab von Treu und Glauben bedeute, dass ein Mangel, den der Verkäufer kannte, auch dem Käufer bekannt sein müsse"; *Liebs* (Kap. 1, Fn. 1), S. 196.

100 Ulp. D. 19, 1, 13, 14.

101 Der Name leitet sich von der Amtsinsignie der *sella curulis* (eigentlich „Rollsessel", von *currus,* Wagen) ab. Dieser elfenbeinerne Klappstuhl geht auf die etruskische Königszeit zurück und steht auch anderen höheren Magistraten zu (u. a. Konsuln, Prätoren) – wie unser heutiger „Chefsessel".

verträge über Sklaven und Zugtiere, die auf dem öffentlichen Markt abgeschlossen wurden[102]; diese zählten zu den wichtigsten Wirtschaftsgütern überhaupt, und Sklavenhändler standen nicht in dem besten Ruf. Das Edikt statuiert die Verpflichtung des Verkäufers zur Kundmachung bestimmter Mängel der Kaufsache und ist eines der folgenreichsten Edikte der Rechtsgeschichte überhaupt.

Ulp. D. 21, 1, 1, 1
Aiunt aediles: Qui mancipia vendunt certiores faciant emptores, quid morbi vitiive cuique sit, quis fugitivus errove sit noxave solutus non sit: eademque omnia, cum ea mancipia venibunt, palam recte pronuntianto, quodsi mancipium adversus ea venisset, sive adversus quod dictum promissumve fuerit cum veniret, fuisset, quod eius praestari oportere dicetur: emptori omnibusque ad quos ea res pertinet iudicium dabimus, ut id mancipium redhibeatur. si quid autem post venditionem traditionemque deterius emptoris opera familiae procuratorisve eius factum erit, sive quid ex eo post venditionem natum adquisitum fuerit, et si quid aliud in venditione ei accesserit, sive quid ex ea re fructus pervenerit ad emptorem, ut ea omnia restituat. item si quas accessiones ipse praestiterit, ut recipiat. item si quod mancipium capitalem fraudem admiserit, mortis consciscendae sibi causa quid fecerit, inve harenam depugnandi causa ad bestias intromissus fuerit, ea omnia in venditione pronuntianto: ex his enim causis iudicium dabimus. hoc amplius si quis adversus ea sciens dolo malo vendidisse dicetur, iudicium dabimus.
Die Ädilen sagen: Diejenigen, die Sklaven verkaufen, müssen die Käufer darüber aufklären, was jeder Sklave an Krankheiten oder Mängeln hat, wer zur Flucht neigt oder ein Herumtreiber ist oder von einer Schadenstat nicht befreit ist. Und sie müssen all dies, wenn solche Sklaven zum Verkauf kommen, öffentlich und wahrheitsgemäß anzeigen. Ist aber ein Sklave entgegen diesen Bestimmungen verkauft worden oder entgegen dem, was beim Kauf erklärt oder versprochen worden war, sofern zu sagen ist, dass nach Zivilrecht dafür eingestanden werden muss, werden wir dem Käufer und allen, die diese Angelegenheit betrifft, eine Klage darauf gewähren, dass dieser Sklave zurückgegeben wird. Wenn aber der Sklave nach Verkauf und Übergabe durch eine Handlung des Käufers, seiner Sklaven [und Gewaltunterworfenen] oder seines Verwalters verschlechtert worden ist oder wenn nach dem Verkauf ein Sklavenkind geboren oder etwas [durch den Sklaven] erworben wurde und wenn bei dem Verkauf etwas anderes als Nebensache zu dem Sklaven hinzugekommen ist oder wenn der Käufer aus dieser Sache etwas an Früchten erlangt hat, muss der Käufer all dies ersetzen

102 Horaz, epist. 2, 2, 1–19 schildert sehr anschaulich einen Sklavenkauf, inkl. Anpreisungen, Zusicherungen und Gewährleistungsauschluss, siehe dazu *Jakab* (Fn. 94) S. 162 ff.

> und herausgeben. Ferner muss der Käufer seinerseits erstattet bekommen, wenn er etwas zusätzlich [zum Kaufpreis] geleistet hat. Wenn ferner der Sklave ein Kapitalverbrechen begangen oder etwas unternommen hat, um sich zu töten, oder wenn er zum Tierkampf in die Arena geschickt worden ist – all dies müssen die Verkäufer beim Verkauf anzeigen. Denn in all diesen Fällen werden wir eine Klage gewähren. Darüber hinaus werden wir eine Klage gewähren, wenn vorgetragen wird, jemand habe entgegen diesen Bestimmungen wissentlich und arglistig verkauft.

Dieses Sonderrecht verschärft die Haftung des Verkäufers: Sie stützt sich auf eine ausdrückliche oder stillschweigende Garantie und ist damit *verschuldensunabhängig.* Entsprechende Regeln der Ädilen gelten für den Kauf von Zugtieren *(edictum de iumentis)*[103].

Das Edikt zählt ausdrücklich auf:

Nichtanzeige der genannten Mängel: Anzuzeigen sind *morbus* und *vitium,* also Krankheiten und sonstige Fehler, aber nur solche, die nicht offen erkennbar sind und die Gebrauchstauglichkeit beeinträchtigen. Maßgeblicher Zeitpunkt ist der des Kaufvertragsabschlusses. Charakterfehler fallen, soweit sie nicht ausdrücklich im Edikt aufgezählt sind, nicht darunter (z. B. Spiel- oder Streitsucht). Besonders wichtig ist, ob der Sklave ein *noxa non solutus* ist, d. h. ob eine Haftung aus einem von ihm begangenen Delikt besteht: Denn diese Haftung geht auf den neuen Eigentümer über *(noxa caput sequitur*[104]). Zur Frage, was alles einen Mangel darstellt, enthält D. 21 im 1. Titel eine lange Liste konkreter Fälle, deren Lektüre allerdings unweigerlich sehr traurig stimmt, wenn man sich einmal in die Lage der betroffenen Sklaven versetzt, um die es dabei geht und deren körperliche und geistige Gebrechen en détail offengelegt und besprochen werden – so brutal wird hier die Menschenwürde aus Sicht des modernen Lesers verletzt. Das Sachmängelrecht ist eines der Gebiete des römischen Rechts, in der die Unmenschlichkeit der Sklavenwirtschaft besonders deutlich hervortritt.

Behauptung (dictum) oder Stipulation (promissum), dass er andere Mängel nicht habe oder besondere Eigenschaften habe; dies ist im Einzelfall abzugrenzen von unverbindlichen Anpreisungen.

Schließlich *sonstiges arglistiges Verhalten des Verkäufers:* Ein Gewährleistungsausschluss ist als vertragliche Nebenabrede *(pactum adiectum)* zulässig, der Verkäufer kann sich allerdings nicht darauf berufen, wenn er den Mangel kannte.

---

103 Ulp. D. 21, 1, 38 pr.

104 Siehe S. 182.

Hat die Sache einen Mangel bzw. weist sie nicht die zugesicherten Eigenschaften auf, kommen verschiedene Rechtsfolgen in Betracht. Zunächst die uns sehr bekannt vorkommenden ädilizischen Rechtsbehelfe:

Rücktritt, früher auch *Wandelung* genannt *(actio redhibitoria):* Rückabwicklung des Kaufes; die Frist beträgt sechs Monate und beginnt in dem Zeitpunkt, zu dem der Käufer den Mangel erkennen konnte. Der Vertrag wird ex tunc aufgelöst; die erbrachten Leistungen sind zurückzugewähren, wobei der Käufer durch Rückgewähr der Kaufsache vorleisten muss. Beide Parteien sind so zu stellen, als hätte der Verkauf nicht stattgefunden. Wertminderungen der verkauften Sache hat der Käufer auszugleichen, z. B. wenn der verkaufte Sklave beim Käufer in schlechte Gesellschaft geraten und nach dem Vorbild der dortigen Sklaven zum Alkoholiker oder Spieler geworden ist[105].

Minderung (actio quanti minoris): dem Mangel der Kaufsache wertmäßig entsprechende Herabsetzung des Kaufpreises, also letztlich Rückerstattung eines Teils des Kaufpreises; die Frist zur Geltendmachung beträgt ein Jahr.

Der Käufer kann vom Verkäufer auch die *Stipulation der Mangelfreiheit* verlangen; daraus erwächst die Klage *ex stipulatu* vor dem Prätor auf Schadensersatz. Die Ädilen empfehlen diese und halten im Edikt auch eine Musterformel bereit[106]. Weigert sich der Verkäufer, diese abzugeben, liegt darin ein starkes Indiz für den Käufer, dass möglicherweise etwas nicht stimmen kann mit dem Sklaven, was sich regelmäßig auch in einem geringeren Kaufpreis niedergeschlagen haben wird. Dann gelten verkürzte Fristen[107]: zwei Monate für den Rücktritt, sechs für die Geltendmachung des Interesses.

In unserem Fall weist Pamphilus in beiden Fällen einen Mangel auf (er ist ein *fugitivus* bzw. lungenkrank; dass Numerius nichts von der Krankheit wusste, ist unerheblich). Dem Aulus stehen daher die Gewährleistungsrechte – zunächst vorausgesetzt, dass es sich um einen Marktkauf handelte (zur weiteren Rechtsentwicklung sogleich) – in Ansehung des Pamphilus zu. Er kann unter ihnen wählen und sich wie gewünscht für Rückabwicklung im Wege der *actio redhibitoria* entscheiden.

Abwandlung:

Bevor die Rückabwicklung durchgeführt werden kann, kommt Pamphilus bei einem Unfall auf der Via Appia ums Leben.

---

105 Ulp. D. 21, 1, 25, 6.

106 Erwähnt bei Ulp. D. 21, 2, 31, Wortlaut aber nicht in den Digesten überliefert.

107 Gaius D. 21, 1, 28 (Q18).

Ist die Kaufsache bereits untergegangen, fragt sich, ob der zur Wandelung berechtigte Käufer dem Verkäufer, dem er die Sache nicht mehr zurückgeben kann, Wertersatz leisten muss.

> **Ulp. D. 21, 1, 31, 11**
> *Si mancipium quod redhiberi oportet mortuum erit, hoc quaeretur, numquid culpa emptoris vel familiae eius vel procuratoris homo demortuus sit: nam si culpa eius decessit, pro vivo habendus est, et praestentur ea omnia, quae praestarentur, si viveret.*
> Ist der Sklave, der zurückgenommen werden muss, gestorben, so ist zu fragen, ob er durch Verschulden des Käufers oder eines seiner Sklaven oder seines Verwalters gestorben ist. Denn wenn er durch deren Verschulden ums Leben gekommen ist, gilt er als lebend, so dass [dem Verkäufer] alles geleistet werden muss, was geleistet werden müsste, wenn er noch lebte.

Danach schuldet der Käufer also nur bei (evtl. zuzurechnendem) Verschulden Wertersatz. Das Zufallsrisiko trägt der Verkäufer. Man nennt diese Regel nach den Quellen auch *mortuus redhibetur*[108]: Auch der tote Sklave wird gewandelt, womit natürlich nicht die Rückgabe der Leiche gemeint ist, vielmehr handelt es sich um eine Fiktion. Wenn Pamphilus hier ohne Verschulden des Aulus ums Leben kam, der Verkehrsunfall (den es auch in der Antike schon gab, wovon nicht zuletzt die Digesten berichten[109]) also ohne Beteiligung des Aulus geschah, kann dieser vom Kaufvertrag zurücktreten, ohne seinerseits zum Wertersatz verpflichtet zu sein.

Der Fall ist auch im BGB geregelt: Nach § 346 III Nr. 3 BGB springt die Gefahr des zufälligen *mangelunabhängigen* Untergangs zurück auf den Verkäufer. Der Käufer muss also nur dann Wertersatz leisten, wenn er die Sorgfalt in eigenen Angelegenheiten, *diligentia quam in suis* (vgl. § 277 BGB), nicht beachtet und grob fahrlässig gehandelt hat. Dahinter steht die gesetzgeberische (umstrittene) Entscheidung, von zwei Schuldlosen den Rücktrittsberechtigten zu privilegieren, da der *Rücktritt als solcher* auf einer Pflichtverletzung des Rücktrittsverpflichteten beruht und dieser nicht darauf vertrauen darf, dass der Gefahrübergang endgültig ist[110]. Anders ist dies beim vertraglichen Rücktrittsrecht: Hier trägt die Gefahr des zufälligen Untergangs der Rücktrittsberechtigte und hat Wertersatz zu leisten, § 346 II BGB. Im vorliegenden

108 Ulp. D. 21, 1, 31, 24; Paul. D. 21, 1, 47, 1.
109 Z. B. Alf. D. 9, 2, 52, 2.
110 *Medicus/Lorenz,* Schuldrecht I Allgemeiner Teil, 21. Aufl. 2015, Rn. 605 ff., auch zur Kritik an dieser gesetzlichen Lösung.

Fall kommen römisches und geltendes Recht zu dem gleichen Ergebnis. Das römische Recht ist aber für den Käufer strenger, sobald dieser den Untergang oder die Verschlechterung verschuldet hat, denn es lässt Fahrlässigkeit ausreichen, im BGB tritt die Haftung dagegen nur ein bei der Verletzung der eigenüblichen Sorgfalt, welche den Käufer, jedenfalls den unsorgfältigen, privilegiert.

3.5.5.3 Ädilizisches Sonderrecht und allgemeines Kaufrecht

Neben dem ädilizischen Sonderrecht für den Marktkauf von Sklaven und Zugtieren steht weiterhin das allgemeine Kaufrecht und die, vor dem Prätor zu erhebende, *actio empti.* Diese sieht – anders als das ädilizische Edikt – weitergehenden Schadensersatz vor, ist aber verschuldensabhängig, setzt also Kenntnis des Verkäufers vom Mangel oder Zusicherung der Mangelfreiheit voraus. Dem steht das Fehlen von Eigenschaften gleich, deren Erwartung selbstverständlich ist, z. B. die Dichtheit eines Gefäßes[111]; eine Haftung kann der Verkäufer nur dadurch vermeiden, dass er sie ausdrücklich ausschließt[112].

Die Klassik gleicht die *actio empti* erweiternd an die ädilizischen Rechtsbehelfe an, die somit ebenfalls zu Rücktritt und Minderung führen kann[113]. Julian nimmt eine weitere Differenzierung der Rechtsfolgen vor: Ein Anspruch auf Schadensersatz in Höhe des vollen Erfüllungsinteresses besteht nur bei arglistigem Verschweigen des Mangels. Der redliche Verkäufer haftet dagegen nur auf den Betrag, um den der Kaufpreis bei Kenntnis des Mangels niedriger ausgefallen wäre. Der Verkäufer hat also die Pflicht zur Leistung einer fehlerfreien Sache[114].

Ulp./Iul. D. 19, 1, 13 pr.-2

Iulianus libro quinto decimo inter eum, qui sciens quid aut ignorans vendidit, differentiam facit in condemnatione ex empto: ait enim, qui pecus morbosum aut tignum vitiosum vendidit, si quidem ignorans fecit, id tantum ex empto actione praestaturum, quanto minoris essem empturus, si id ita esse scissem: si vero sciens reticuit et emptorem decepit, omnia detrimenta, quae ex ea emptione emptor traxerit, praestaturum ei: sive igitur aedes vitio tigni corruerunt, aedium aestimationem, sive pecora contagione morbosi pecoris perierunt, quod interfuit idonea venisse erit praestandum.

---

111 Pomp./Lab./Sab. D. 19, 1, 6, 4.

112 Vgl. § 434 I Nr. 2 BGB.

113 Ausführlich *Baldus,* OIR 1999, 20, 40 ff.

114 *Harke,* § 8, Rn. 28.

> *Item qui furem vendidit aut fugitivum, si quidem sciens, praestare debebit, quanti emptoris interfuit non decipi: si vero ignorans vendiderit, circa fugitivum quidem tenetur, quanti minoris empturus esset, si eum esse fugitivum scisset, circa furem non tenetur [...].*
> *Quod autem diximus „quanti emptoris interfuit non decipi", multa continet, et si alios secum sollicitavit ut fugerent, vel res quasdam abstulit.*
> Julian macht im 15. Buch [seiner Digesten] zwischen dem, der eine Sache in Kenntnis, und dem, der sie in Unkenntnis [ihres Mangels] verkauft hat, einen Unterschied bei der Verurteilung aus Kauf. Er sagt nämlich, dass derjenige, der ein krankes Stück Vieh oder einen mangelhaften Balken verkauft hat, dann, wenn er dies in Unkenntnis des Mangels getan hat, aufgrund der Klage aus Kauf lediglich das leisten müsse, um wieviel weniger ich gekauft hätte, wenn ich die Beschaffenheit der Sache gekannt hätte; wenn er jedoch den Mangel wissentlich verschwiegen und den Käufer getäuscht hat, dann müsse er dem Käufer für allen Schaden einstehen, den dieser aus diesem Kauf erleidet. Stürzt daher das Haus aufgrund des Mangels des Balkens ein, so ist für den Schätzwert des Hauses einzustehen; geht Vieh infolge von Ansteckung durch das kranke Stück Vieh ein, so ist für das Interesse des Käufers daran einzustehen, dass dies nicht geschehen wäre.
> Ebenso muss derjenige, der einen Sklaven verkauft hat, welcher ein Dieb ist oder zur Flucht neigt, falls er dies wissentlich getan hat, dem Käufer das Interesse leisten, das dieser daran hatte, nicht getäuscht zu werden. Hat er ihn dagegen ohne Kenntnis des Mangels verkauft, dann haftet er zwar hinsichtlich des zur Flucht neigenden Sklaven, um wieviel weniger der Käufer gekauft hätte, wenn er gewusst hätte, dass der Sklave zur Flucht neigt; hinsichtlich dessen, der einen Diebstahl begangen hat, haftet er nicht [...].
> Was aber unsere Formulierung betrifft „das Interesse, das der Käufer daran hatte, nicht getäuscht zu werden", so umfasst sie vieles, wie zum Beispiel den Fall, dass der Sklave andere angestiftet hat, mit ihm zu fliehen, oder dass er einige Sachen entwendet hat.

Wir sehen hier, nach moderner – nicht römischer – Nomenklatur, den Mangelschaden (§§ 437 Nr. 3, 280 I, III, 281 BGB, Schadensersatz statt der Leistung, z. B. entgangener Gewinn) und den Mangelfolgeschaden (§§ 437 Nr. 3, 280 I BGB), d. h. mangelbedingte Schäden an sonstigen Rechten oder rechtlich geschützten Interessen. Vom *venditor ignorans,* der keine Kenntnis vom Mangel hatte, kann nur Minderung (bzw. Wandelung) verlangt werden, vom *venditor sciens,* dem bösgläubigen, gegen die *bona fides* verstoßenden Verkäufer, dagegen auch der Ersatz des Mangelfolgeschadens[115].

---

115 Ebenso Marci. D. 18, 1, 45 (Q19); Ulp. D. 19, 1, 13, 1. Wie weit dieser Mangelfolgeschaden geht, ist eine andere Frage, restriktiv *Medicus,* Id quod interest, 1962, S. 129, 135 f.

Würde also Pamphilus in Fall 10 wie von Aulus befürchtet weitere Sklaven zur Flucht anstiften, könnte Aulus vom bösgläubigen Verkäufer Numerius auch insoweit Schadensersatz verlangen.

Das ädilizische Sonderrecht wird bei Justinian zum allgemeinen Kaufrecht. Allerdings schafft er die ädilizischen Rechtsbehelfe nicht ganz ab, was ja angesichts ihrer Rezeption in die *actio empti* nahegelegen hätte, sondern beide Rechtsbehelfe bleiben aus dem für Justinian typischen Traditionalismus nebeneinander und in getrennten Digestentiteln erhalten. Der Gedanke, dass sich das angestrebte Gleichgewicht statt durch Wandelung/Minderung auch durch Nachbesserung/Fehlerbeseitigung erreichen lässt, kommt erst später auf, so z. B. im preußischen ALR oder im österreichischen AGBG. Das BGB kehrt 1900 dagegen vordergründig wieder zum römischen Recht zurück: Beschränkung der Rechtsbehelfe auf Wandelung/Minderung beim Stückkauf und keine Nachbesserung; darin liegt aber ein Wertungswiderspruch zum Gattungskauf, bei dem der Käufer einen Anspruch auf Nachlieferung einer mangelfreien Sache hat (§ 480 BGB a. F.). Erst durch die Schuldrechtsreform 2002 wird das Sachmängelrecht dem allgemeinen Leistungsstörungsrecht angeglichen und der Verkäufer generell zur Mangelbeseitigung durch Nachlieferung oder Nachbesserung verpflichtet (§§ 437 Nr. 1, 439 BGB). Die Wandelung ist nur gegeben als Rücktrittsrecht bei Scheitern oder Unmöglichkeit der Mangelbeseitigung. Damit wendet sich das BGB 2002 wieder vom Sonderrecht des Kaufes ab, das unabhängig neben dem allgemeinen Leistungsstörungsrecht stand, und kehrt zu einem allgemeinen Kaufrecht zurück, wie es Julian im 2. Jahrhundert beschrieben hat[116].

3.6 Vertraglicher Schadensersatz

Ein Resümee[117]. Im Rahmen der Leistungsstörungen haben wir uns schon mehrfach mit der Verpflichtung zum Schadensersatz befasst, und dies ganz so, wie es auch die römischen Juristen taten: Nicht im Sinne eines allgemeinen, für vertragliche wie deliktische Obligationen gleichermaßen Anwendung findenden Schadensrechts nach dem Muster der §§ 249 ff. BGB; denn ein solches kennt das römische Recht nicht. Vielmehr gilt auch hier die Abneigung der römischen Juristen gegenüber Abstraktionen und „Vor-die-Klammer-Ziehen". Es kommt immer auf die konkrete *actio* und den Wort-

116 *Harke,* § 8, Rn. 38 f.; *ders.,* AcP 205 (2005), 67.

117 Vgl. *Zimmermann,* S. 824 ff.; *Kaser/Knütel/Lohsse,* § 44, Rn. 20 ff.

laut der jeweiligen Formel an und somit darauf, worauf diese Obligation jeweils geht. Daneben müssen wir stets den Grundsatz der *condemnatio pecuniaria* in Erinnerung behalten. „Schadensersatz" in Geld ist nicht, wie im deutschen Recht, eine von mehreren möglichen Rechtsfolgen, kein Übergang von einer Primär- zu einer Sekundärleistungspflicht, sondern *jedes* Urteil lautet auf eine Geldsumme; d. h. bei jeder *actio* muss der Richter überlegen, welche Geldsumme der Beklagte dem Kläger zu zahlen hat, um dessen Rechtsschutzinteresse Genüge zu tun. Darum geht es im Kern, weshalb bereits der hier im Einklang mit modernen Vorstellungen benutzte Begriff des „Schadensersatzes" selbst nicht vollständig zutrifft: „Schaden zu ersetzen war nicht die erste Aufgabe des römischen Leistungsstörungsrechts"[118]. Dies vorausgeschickt, sollen die aus den Quellen zu gewinnenden allgemeinen Gesichtspunkte, soweit dies im Rahmen der Zielsetzung dieses Buches möglich ist, hier in Kürze zusammengefasst werden.

Ist die Klage auf ein *certum* gerichtet, also einen bestimmten Gegenstand (Formel: *quanti ea res est/erit* – „wie viel der Streitgegenstand wert ist/sein wird"), erfolgt die Verurteilung auf den objektiven (ggf. im Wege der Schätzung zu ermittelnden) Sachwert zum Zeitpunkt der *litis contestatio* (*est* – Präsens) bzw. Urteils (*erit* – Futur). Größer ist der Spielraum bei einer Klage auf *incertum* (Formel: *quidquid N. N. dare facere oportet* – „was auch immer der Beklagte zu leisten schuldig ist"). Klagen aus *bonae fidei iudicia,* wie z. B. die *actio empti* aus dem Kaufvertrag, gehen immer auf ein *incertum.* Hier kann der Richter über den reinen Sachwert hinausgehen und das weitere Interesse berücksichtigen, z. B. entgangenen Gewinn, Schäden am Vermögen etc.

Die Berechnung erfolgt nicht im Wege der eine konkrete Methode bietenden Differenzhypothese. Der Richter vergleicht nicht das bestehende Vermögen des Klägers mit dem hypothetischen Zustand, der bestünde, wäre das schädigende Ereignis nicht eingetreten. Sondern er bewertet das Interesse des Klägers an ordnungsgemäßer Erfüllung. Dies nennen die Römer *id quod interest*[119], es ist von *actio* zu *actio* verschieden, unterliegt jeweils einer wertenden Betrachtung und hat anders als das geltende Recht nicht stets denselben Bezugspunkt. Allgemeine Prinzipen hierzu haben die römischen Juristen wie gesagt nicht entwickelt. Die Entscheidung über die Höhe des „Schadensersatzes", des Interesses, wird letztlich vom *iudex* (und nicht vom Prätor) getroffen, daher ist hierzu nichts überliefert: Die römischen Juristen sammeln Responsen und Reskripte, aber keine „Gerichtsentscheidungen"; und die Ausgestaltung der *actio* liegt

118 HKK/*Schermaier,* § 280–285, Rn. 46; dort auch zum Folgenden.

119 Der Begriff kommt nicht von *interesse,* „dazwischen liegen", sondern von *quod (mea, tua …) in re est,* „woran mir gelegen ist", *Kaser,* S. 500.

ihnen viel mehr am Herzen als ihr Inhalt im konkreten Fall. Diesen zu bestimmen ist eine eben dem *iudex* zukommende Aufgabe und die Juristen deutlich weniger interessierende Tatsachenfrage[120]. Ausgangspunkt beim kaufrechtlichen Schadensersatz ist jedenfalls immer der Sachwert, das Interesse kann ihn wertmäßig aber auch übersteigen[121]. Auch der entgangene Gewinn kann unter Umständen berücksichtigungsfähig sein; ein Beispiel sahen wir oben im Rahmen der Rechtsmängelhaftung beim gekauften Sklaven, der als Erbe eingesetzt, aber evinziert wird, wodurch dem Käufer die Erbschaft entgeht. Schließlich können auch Mangelfolgeschäden oder vom Gläubiger an Dritte zu leistende Vertragsstrafen das Interesse des Geschädigten bestimmen.

Auf gleiche Weise, also fall- und *actio*-bezogen, ist die Frage des Haftungsmaßstabes zu beantworten. Er reicht von *dolus, culpa, custodia* bis zur *diligentia quam in suis,* je nach *actio.* Für die vertragliche Haftung geht die Richtung, grob gesagt, dahin, dass für *dolus* und *culpa* gehaftet wird, soweit nicht eine schärfere *(custodia)* oder eine mildere Haftung (Beschränkung auf *dolus)* eintritt. Objektiver Maßstab ist der *diligens pater familias,* der sorgfältige Hausvater. Hinzu kommt der Utilitätsgedanke: Danach hat die am Vertrag stärker interessierte Partei auch für *culpa* oder *custodia* einzustehen (Beispiel: Rückgabepflicht des Entleihers), die weniger interessierte dagegen nur für *dolus* (Beispiel: Rückgabepflicht des Verwahrers)[122].

Wie gesehen kennt das römische Recht kein allgemeines einseitiges Rücktrittsrecht als Folge von Leistungsstörungen. Die Rückgängigmachung des Vertrages mit der Folge der Rückerstattung des Kaufpreises kann aber wie gesehen Inhalt der *actio empti* sein oder auch im Rahmen der Sachmängelgewährleistung erreicht werden.

3.7 Deliktischer Schadensersatz: Die *lex Aquilia*

Fall 11

Stichus, der Sklave des Lucius, lässt sich von dem Barbier *(tonsor)* Tiberius rasieren. Dieser hat seinen Sessel neben einem Sportplatz aufgestellt, auf dem regelmäßig Ballspiele stattfinden; so haben seine Kunden während des Rasierens oder Wartens etwas Unterhaltung. Leider trifft ein verirrter Ball den Tiberius an der Hand, so dass diese abrutscht und dem Stichus eine tiefe Schnittwunde an der Wange zufügt.

120 Paul. D. 50, 17, 24.

121 Ulp. D. 19, 1, 1 pr.

122 *Kaser/Knütel/Lohsse,* § 46, Rn. 19 f.; HKK/*Schermaier,* §§ 276–278, Rn. 18 f.

Lucius muss zur Heilung 100 HS aufwenden. Der Ballwerfer kann nicht ermittelt werden. Kann Lucius den Ersatz dieser Kosten von Tiberius verlangen?

Abwandlung 1: Drei bösartige Spieler bemerken den Barbier und bewerfen ihn und seinen Kunden gezielt mit Bällen. Einer davon trifft Stichus auf die Stirn, woraufhin dieser vom Sessel fällt und sich einen Arm bricht. Die Übeltäter können von Lucius, der daneben stand und ebenfalls dem Ballspiel zusah, mithilfe seiner anderen beiden Sklaven sofort festgehalten werden. Wer von den dreien getroffen hat, lässt sich allerdings nicht mehr feststellen. Auch hier betragen die Heilungskosten 100 HS.

Abwandlung 2: Die Übeltäter bewerfen nicht den Sklaven und den Barbier, sondern direkt den Lucius, einen bekannten, aber unbeliebten Senator, verbunden mit üblen Schmähungen gegen seine Person und seine Familie.

3.7.1 Allgemeines

In archaischer Zeit ergab sich als Rechtsfolge aus einem Delikt das Recht zur körperlichen Vergeltung, die der Geschädigte am Schädiger vollziehen konnte. Daneben entwickelte sich aus einer zunächst freiwilligen (der Geschädigte konnte, musste sich aber nicht die Rachebefugnis abkaufen lassen), später vom Staat erzwungenen Ablösung des Racherechts die Geldbuße *(poena)*. Der Bußgedanke ist noch im entwickelten Recht stets deutlich zu erkennen. Die XII Tafeln enthielten Bestimmungen zu Schadensersatz bzw. Privatbuße. Sie führten als Beschränkung der Blutrache für einige Fälle das Talionsprinzip ein (die Vergeltung von Gleichem mit Gleichem, „Auge um Auge, Zahn um Zahn“) und bestimmten im Übrigen feste Bußsätze – wieder ein Beispiel für rechtliche Innovation durch dieses Gesetzeswerk. Die Todesstrafe drohte dagegen bei (vorsätzlicher) Brandstiftung an Wohnhäusern, Vernichtung von Saat, Abmähen oder -weiden von Feldern. Auch der Schadenszauber, der uns Heutige natürlich kurios anmutet, war erfasst: das „Heraussingen“ *(excantare)* fremder Feldfrüchte oder das magische Herüberlocken fremder Saat auf den eigenen Acker[123].

Das römische Deliktsrecht, oder besser das gegenüber der reinen Racheablösung fortschrittlichere Recht des Schadensersatzes für Sachbeschädigung, erhielt dann eine

123 XII, 8, 8. Der in der zweiten Häfte des letzten vorchristlichen Jahrhunderts lebende Dichter Properz nimmt über 400 Jahre später Motiv und Wortwahl in seiner Elegie 3, 3 auf: *Ut per te clausas sciat excantare puellas, qui volet austeros arte ferire viros*; hier geht es allerdings um das „Heraussingen“ eingeschlossener Frauen durch ihre Liebhaber.

neuere Grundlage in einem Gesetz, der *lex Aquilia* von 287 (oder 286) v. Chr. Der Gesetzestext ist uns nicht direkt überliefert, sondern nur durch die Zitate der klassischen Juristen, manches ist daher unklar. Die *lex Aquilia* sieht eine individuelle Schadensberechnung vor. Sie regelt im 1. Kapitel den Schadensersatz des Eigentümers bei Tötung von Sklaven und vierfüßigen Herdentieren[124].

Gaius D. 9, 2, 2 pr.
Lege Aquilia capite primo cavetur: „ut qui servum servamve alienum alienamve quadrupedem vel pecudem iniuria occiderit, quanti id in eo anno plurimi fuit, tantum aes dare domino damnas esto".
Im ersten Kapitel der lex Aquilia wird bestimmt: „Wenn jemand einen fremden Sklaven oder eine fremde Sklavin oder ein [fremdes] vierfüßiges Herdentier widerrechtlich tötet, soll er verpflichtet sein, dem Eigentümer so viel Kupfergeld zu geben, wie die Sache in diesem Jahr maximal wert gewesen ist".

Im 3. Kapitel geht es um die Haftung für Verletzung/Beschädigung anderer Sachen.[125]

Ulp. D. 9, 2, 27, 5
Tertio autem capite ait eadem lex Aquilia: „ceterarum rerum praeter hominem et pecudem occisos si quis alteri damnum faxit, quod usserit fregerit ruperit iniuria, quanti ea res erit[126] *in diebus triginta proximis, tantum aes domino dare damnas esto".*
Im 3. Kapitel aber sagt die lex Aquilia: „Wenn jemand einem anderen an anderen Sachen – abgesehen von der Tötung eines Sklaven oder Herdentieres – dadurch Schaden zugefügt hat, dass er sie widerrechtlich verbrannt, zerbrochen oder zerrissen hat, soll er verpflichtet sein, dem Eigentümer so viel Kupfergeld zu geben, wie die Sache in den voraufgegangenen 30 Tagen wert war".

Die XII Tafeln stellten die Verletzung eines Sklaven der eines Freien noch grundsätzlich gleich, lediglich der zu zahlende Betrag betrug die Hälfte. Zwei Jahrhunderte später

124 Auch vor der Frage, welche Tiere im Einzelnen darunterfallen, hat die Kasuistik nicht Halt gemacht: Gaius D. 9, 2, 2, 2 (Q20) erinnert geradezu an einen Zoo.

125 Das 2. Kapitel behandelte die Haftung wegen Nachlasses einer Schuld, hat mit den hier behandelten Themen nichts zu tun und wurde in der Klassik auch nicht mehr angewandt, vgl. Gai. 3, 215.

126 In der zitierten Digestenstelle heißt es *erit;* in D. 9, 2, 29, 8 *quanti in triginta diebus proximis fuit,* vgl. die oben wiedergegebene Übersetzung; bei Gai. 3, 218 dagegen *fuerit;* zu den unterschiedlichen Zeitformen unten S. 163.

hat sich die Stellung der Sklaven erheblich verschlechtert, nun stehen sie auf einer Stufe mit den Tieren. Andererseits kann die Sklaventötung auch zur strafrechtlichen Verurteilung wegen Mordes führen; daran zeigt sich (wie an anderer Stelle auch[127]), dass der Sklave *res* und *persona* in einem ist.

3.7.2 Tathandlung und Kausalität

Die Juristen interpretieren den Gesetzeswortlaut so, dass der Schaden durch unmittelbare Einwirkung hervorgerufen sein muss *(damnum corpore corpori datum*[128]). *Occidere* bedeutet ursprünglich *unmittelbare* Tötung, zu unterscheiden von der sonstigen Setzung einer Todesursache *(mortis causam praestare)*. Das Erfordernis der Unmittelbarkeit ist z. B. nicht erfüllt, wenn ein Reiter dadurch zu Tode kommt, dass sein Pferd gereizt wird, so dass er abgeworfen wird und in einen Wasserlauf stürzt[129]; ebenso nicht bei Unterlassen oder durch mittelbare Einwirkung (Bereitstellen von Gift, das das Opfer trinkt[130]). Wenn die Voraussetzungen nach dem – auszulegenden – Gesetzeswortlaut nicht gegeben sind (so wird *rumpere* als *corrumpere* – „beschädigen" verstanden[131]), weiten die Juristen die *lex Aquilia* im Wege der Analogie jedoch aus. So gibt später der Prätor bei Unterlassen oder nicht unmittelbarer Einwirkung auf das Opfer eine *actio utilis* bzw. eine *actio in factum* (z. B. Lösen der Fußfessel eines Sklaven, damit dieser flieht; Durchschneiden der Taue eines Schiffes, wonach dieses fortgetrieben wird[132]; ein Ring wird in den Fluss geworfen[133]; das Schwenken einer Fahne versetzt eine Rinderherde in Panik, die sich daraufhin einen Abgrund hinabstürzt[134]). Auch hier wird wieder die große Flexibilität des prätorischen Rechts sichtbar. Ein praktischer Unterschied zwischen der *actio utilis* und *in factum* besteht jedenfalls in der Hochklassik nicht mehr, viele Juristen benutzen beide Begriffe synonym zur Bezeichnung einer analogen Klage[135].

---

127 Z. B. Ulp. D. 21, 1, 35 (Berücksichtigung familiärer Beziehungen unter Sklaven zur Vermeidung von Trennung). Zur Fähigkeit von Sklaven, Rechtsgeschäfte vorzunehmen, unten S. 177.

128 Vgl. Gai. 3, 219.

129 Ulp./Ofilius D. 9, 2, 9, 3.

130 Ulp./Cels. D. 9, 2, 7, 6.

131 Gai. 3, 217.

132 Ulp. D. 9, 2, 29, 5.

133 Alf. D. 19, 5, 23.

134 Ulp. D. 47, 2, 50, 4; Gaius D. 47, 2, 51; Ner. D. 9, 2, 53.

135 *Zimmermann,* S. 995 f.

Im Ausgangsfall ist die Tathandlung gegeben, denn Tiberius verletzt den Sklaven unmittelbar mit seinem Messer. Allerdings könnte man eine Handlung insofern auch verneinen, als die Hand durch den Aufprall des Balles bewegt wurde, nicht willentlich; dann muss insgesamt auf den Rasiervorgang an diesem aufgrund seiner Gefährlichkeit eher ungeeigneten Ort abgestellt werden. In der Abwandlung 1 ist problematisch, dass sich nicht feststellen lässt, welcher der drei – vorsätzlich handelnden – Ballwerfer den Erfolg verursacht hat. Hier haften nach römischem Recht wie nach § 830 I 2 BGB alle Beteiligten gleichermaßen (s. u.).

Tatobjekt kann nur eine Sache im Rechtssinne sein. Die Verletzung Freier ist mangels Bewertungsmöglichkeit *(liberum corpus nullam recipit aestimationem*[136]) jedenfalls nicht vom Gesetz unmittelbar erfasst[137]. Für die Körperverletzung eines *filius familias,* also eines Sohnes aus freier römischer Familie, kann jedoch der Hausvater Schadensersatz verlangen[138], und zwar Heilungskosten und entgangenen Verdienst[139]. Lucius kann in Abwandlung 2 Schadensersatz nach der *lex Aquilia* daher nicht geltend machen, jedenfalls deshalb nicht, weil kein materieller Schaden ersichtlich ist.

3.7.3 *Iniuria*

Iniuria bedeutet anfangs sowohl rechtswidrig (die Notwehr war ein als Rechtssatz des *ius gentium* anerkannter Rechtfertigungsgrund[140]) als auch vorsätzlich. Später wird auch die Fahrlässigkeit mit erfasst[141]. Bereits die XII Tafeln enthalten Ansätze zur Unterscheidung zwischen Vorsatz und Fahrlässigkeit und damit eine erste Abkehr von der reinen Erfolgshaftung (im Germanischen: „Die Tat tötet den Mann").

---

136 Gaius D. 9, 3, 7.

137 Ulp. D. 9, 2, 13 pr. (Q21) gibt eine *actio utilis;* diese Stelle wird allerdings von manchen für interpoliert oder einen anderen Sachverhalt betreffend gehalten, nämlich den eigenen Schadensersatzanspruch eines gutgläubig als Sklaven dienenden Freien, vgl. *Kaser,* S. 622; *Zimmermann,* S. 1016 f.; *Rabel,* S. 97; *Harke,* § 12, Rn. 3, und *Liebs,* S. 207 („fraglos") gehen von einer analogen Anwendung aus, ebenso *Kaser/Knütel/Lohsse,* § 62, Rn. 17 (fallweise), *Schulz,* CRL, Rn. 1011, 1022 führt diese aber erst auf die Nachklassik zurück.

138 Iul./Ulp. D. 9, 2, 5, 3 ff. (Q22) und D. 19, 2, 13, 4: Lehrling verliert bei übermäßiger Züchtigung durch seinen Meister ein Auge; Klage aus *lex Aquilia* und *locatio conductio,* mangels Schädigungsvorsatzes aber nicht aus *iniuria* (s. u.).

139 Ulp. D. 9, 2, 7 pr.

140 Paul. D. 9, 2, 45, 4.

141 Gai. 3, 211.

XII 8, 24a
Si telum manu fugit magis quam iecit, aries subicitur.
Wenn ein Geschoss mehr aus der Hand entkommen ist, als er [der Täter] es geworfen hat [also ohne Absicht], wird ein Widder gestellt [als Sühne statt des Talionsprinzips].

Die Schuldfrage beantworten die Römer – wie jede andere Rechtsfrage auch – nicht mit der Anwendung feststehender Formeln, sondern von Fall zu Fall. Generell tendieren sie zu einem objektiven Maßstab und stellen auf die typisierte Vorhersehbarkeit und Vermeidbarkeit ab[142]. So ist individuelle berufliche Unerfahrenheit beispielsweise kein Grund zum Ausschluss der *culpa,* sondern führt im Gegenteil zu einer Garantiehaftung dafür, bei der vertraglichen Übernahme einer Leistung auch über die erforderlichen Fähigkeiten zu verfügen (*imperitia culpae adnumeratur*[143] – „auch Unerfahrenheit ist dem Verschulden zuzurechnen").

Im Ausgangsfall handelte Tiberius insofern nicht schuldhaft, als das Abrutschen des Messers Folge des Treffers mit dem Ball war. Der Schuldvorwurf ist hier aber darin zu sehen, dass er seinen Sessel an einem so gefährlichen Ort aufgestellt hat. Allerdings kann man Stichus ebenfalls vorwerfen, sich dort rasieren zu lassen und damit in diese Gefahr zu begeben. Nach § 254 I BGB würde dies zu einer Haftungsminderung führen. Im römischen Recht schließt Mitverschulden dagegen die Haftung zur Gänze aus[144], es sei denn, der Schädiger hat vorsätzlich gehandelt[145]. Daher würde Lucius hier letztlich keinen Schadensersatz für die Verletzung seines Sklaven von Tiberius erhalten.

Ulp. D. 9, 2, 11 pr.
Item Mela scribit, si, cum pila quidam luderent, vehementius quis pila percussa in tonsoris manus eam deiecerit et sic servi, quem tonsor habebat, gula sit praecisa adiecto cultello: in quocumque eorum culpa sit, eum lege Aquilia teneri. Proculus in tonsore esse culpam: et sane si ibi tondebat, ubi ex consuetudine ludebatur vel ubi transitus frequens erat, est quod ei imputetur:

---

142 Paul. D. 9, 2, 31: *Mucius dixit […] culpam autem esse, quod cum a diligente provideri poterit, non esset provisum* – „Mucius hat gesagt […], Verschulden liege [schon immer dann] vor, wenn Vorkehrungen nicht getroffen wurden, obwohl sie von einem umsichtigen Mann getroffen werden konnten".

143 Cels./Ulp. D. 19, 2, 9, 5.

144 Dieses Alles-oder-nichts-Prinzip zeigt sich auch anderer Stelle: wie gesehen bei den Folgen der *pluris petitio,* und auch die Erhebung der *exceptio doli* gab dem Richter nur die Wahl zwischen Verurteilung in voller Höhe oder Klageabweisung.

145 Ulp. D. 9, 2, 9, 4 (Q23).

quamvis nec illud male dicatur, si in loco periculoso sellam habenti tonsori se quis commiserit, ipsum de se queri debere.

Ebenso schreibt Mela: Als einige spielten und dabei einer den Ball mit Wucht auf die Hände eines Barbiers schleuderte und dadurch die eine Hand nach unten drückte, wurde die Kehle eines Sklaven, den der Barbier gerade rasierte, von dem angesetzten Rasiermesser durchschnitten: Derjenige von den Beteiligten hafte nach der lex Aquilia, den Verschulden treffe. Proculus meint, den Barbier treffe Verschulden. Und in der Tat, wenn er dort rasierte, wo man gewöhnlich spielte oder lebhafter Verkehr herrschte, gibt es etwas, was ihm vorgeworfen werden kann. Doch könnte man nicht zu Unrecht auch folgende Meinung vertreten: Vertraut sich jemand einem Barbier an, der seinen Sessel auf einem gefährlichen Platz aufgestellt hat, so muss er sich bei sich selbst beklagen.

Anders dagegen in der Abwandlung 1, in der die Täter eindeutig mit (jedenfalls bedingtem) Vorsatz gehandelt haben; hier haften sie.

3.7.4 Umfang des Schadensersatzes

Das 1. und 3. Kapitel der *lex Aquilia* stellen zur Bestimmung der Schadensersatzhöhe, d. h. zur Ermittlung des Wertes der beschädigten Sache, auf unterschiedliche Zeiträume ab (ein Jahr bzw. 30 Tage). Zudem ist uns das 3. Kapitel in zwei verschiedenen sprachlichen Fassungen überliefert: einmal in der Futurform *erit*[146], was bedeuten würde, dass es auf den Wert der Sache innerhalb von 30 Tagen *nach* der Verletzungshandlung ankäme (vielleicht, um das endgültige Schadensausmaß absehen zu können[147]). Die herrschende Meinung hält dies jedoch für einen Abschreibfehler und liest *fuit* bzw. *fuerit,* also Indikativ bzw. Konjunktiv Perfekt und damit wie im 1. Kapitel einen Vergangenheitsbezug[148]. Diese (für das 1. Kapitel unstreitige) Rückschau soll die Berechnung des Schadens von saisonalen Zufälligkeiten und Wertschwankungen befreien. Das bewirkt eine erhebliche Privilegierung des Geschädigten[149], die mit der von uns heute angewandten Differenzhypothese, dem Gedanken des reinen Schadensausgleiches, nicht mehr vereinbar wäre, mit dem Strafzweck der *lex Aquilia* dagegen schon. An einem Beispiel aus den Digesten lassen sich die praktischen Auswirkungen gut

146 Siehe Fn. 126.

147 Vgl. *Apathy/Klingenberg/Pennitz,* S. 204.

148 Ausführlich dazu *Zimmermann,* S. 963 ff. (der selbst den Zukunftsbezug für richtig hält).

149 Gai. 3, 214, 218.

erkennen: Ein Sklave, der einmal als wertvoller Maler beschäftigt war, wird getötet; er hat allerdings elf Monate vor der Tat bereits seinen Daumen eingebüßt und hatte daher zum Tatzeitpunkt einen deutlich geringeren Wert. Zu ersetzen ist gleichwohl der des gesunden Malers[150].

Aktivlegitimiert sind der Eigentümer sowie bestimmte dinglich Berechtigte (wie der Pfandgläubiger). Die *lex Aquilia* ist als Bestandteil des *ius civile* nur auf römische Bürger anwendbar, wird aber durch Fiktion des Bürgerrechts auf Peregrine erstreckt. Maßstab bei der *lex Aquilia* ist der individuelle Schaden des Verletzten, der Ersatzanspruch geht also (trotz des insoweit anderen Gesetzeswortlautes) auf das *quanti interest:* Der Schaden ist weder auf den reinen Sachwert begrenzt[151], noch muss immer der Gesamtwert der beschädigten Sache ersetzt werden, was bei kleineren Beschädigungen z. B. an einem Gebäude zu absurden Folgen führen würde. Einige Beispiele aus den Digesten sollen die Grundsätze verdeutlichen:

> Zum 1. Kapitel:
> Getöteter Sklave war Musiker in einem Ensemble *(symphoniacus)*: Dann ist auch der Gesamtverlust des nun im Wert gesunkenen Ensembles zu berücksichtigen[152].
> Getöteter Sklave war als Erbe eingesetzt: Dann zählt, wie beim vertraglichen Schadensersatz[153], auch der Wert der Erbschaft zum ersatzfähigen Schaden[154], was im Ergebnis zur „Verdoppelung“ der Erbschaft führt: Der Intestaterbe erhält sie im Wege der Erbfolge, und der Eigentümer des Sklaven erhält deren Wert als Ersatz vom Schädiger.
> Das reine Affektionsinteresse ist indes unbeachtlich: „Wer daher seinen [von einer Sklavin geborenen] leiblichen Sohn besitzt, ist nicht deshalb vermögender, weil er ihn für einen sehr hohen Preis zurückkaufen würde, falls ein anderer ihn besäße; und wer einen fremden Sklaven besitzt, hat nicht den Betrag im Vermögen, für den er ihn an dessen Vater verkaufen könnte“[155].

150 Ulp. D. 9, 2, 23, 3.
151 Gai. 3, 212, 214; Ulp. D. 9, 2, 21, 2.
152 Paul. D. 9, 2, 22, 1.
153 Siehe S. 146, 157.
154 Ulp./Ner. D. 9, 2, 23 pr.; Inst. 4, 3, 10.
155 Paul. D. 9, 2, 33 pr.

Zum 3. Kapitel:
Ersatzfähig sind die Heilungskosten eines verwundeten Sklaven, auch wenn keine Verringerung des Wertes eingetreten ist[156]; bei Zerstörung eines Fischernetzes dessen Materialwert, nicht aber der des entgangenen Fischfanges, weil dieser unsicher war[157].

In unserem Fall hat Lucius damit Anspruch auf Erstattung der Heilungskosten für den Sklaven. In der Abwandlung 1 kann Lucius die Summe *von jedem* der Ballwerfer erhalten, es entsteht hier also keine Gesamtschuld wie nach § 840 I BGB:

Ulp. D. 9, 2, 11, 2[158]
Sed si plures servum percusserint, utrum omnes quasi occiderint teneantur, videamus. et si quidem apparet, cuius ictu perierit, ille quasi occiderit tenetur: quod si non apparet, omnes quasi occiderint teneri Iulianus ait, et si cum uno agatur, ceteri non liberantur: nam ex lege Aquilia quod alius praestitit, alium non relevat, cum sit poena.
Haben aber mehrere einen Sklaven erschlagen, müssen wir untersuchen, ob alle wegen Tötung haften. Und stellt sich nun heraus, durch wessen Schlag er umgekommen ist, so haftet nur dieser, weil er getötet hat. Kann dies aber nicht bewiesen werden, so haften nach Julian alle wegen Tötung. Und wird nur gegen einen geklagt, werden die anderen nicht befreit; denn was der eine aufgrund der lex Aquilia leistet, entlastet den anderen nicht, weil es sich um eine Buße handelt.

Erneut tritt der Strafcharakter der *lex Aquilia* erkennbar hervor, der neben dem Schadensausgleich stets erhalten bleibt; einem römischen Juristen genügen zum Ausdruck dieses Gedankens in lakonischer Kürze vier Silben: *cum sit poena.* Daher wird auch der die Tat leugnende, aber im Prozess überführte Täter in den doppelten Betrag verurteilt (Litiskreszenz)[159], und die Klage ist passiv unvererblich.

156 Ulp. D. 9, 2, 27, 17.
157 Ulp. D. 9, 2, 29, 3.
158 Siehe auch Iul. D. 9, 2, 51, 1.
159 Ulp. D. 9, 2, 23, 10.

3.7.5 Klagekonkurrenzen

Fall 12

Lucius bringt den beim Rasieren verletzten Sklaven Stichus nun zu dem Arzt Asklepios, der das römische Bürgerrecht besitzt. Dieser erweist sich aber als ein seines Namens unwürdiger rechter Quacksalber. Er behandelt die Wunde mit den falschen Mitteln und so ungeschickt, dass sich daraus eine Blutvergiftung ergibt, an der Stichus stirbt. Lucius möchte daher Asklepios vor dem Prätor auf Schadensersatz verklagen, und zwar sowohl deliktsrechtlich nach der *lex Aquilia* als auch vertraglich wegen Verletzung der Pflichten aus dem Behandlungsvertrag. Was ist ihm zu raten?

Das römische Recht beruht wie gesehen auf *actiones.* Wie bei unserem System der Anspruchsgrundlagen kann auch hier der Fall auftreten, dass ein Lebenssachverhalt die Voraussetzungen mehr als nur einer *actio* erfüllt. Dann stellt sich die Frage, in welchem Verhältnis diese Aktionen zueinander stehen, ob sie sich gegenseitig ausschließen oder der Kläger auch mehrere nebeneinander erheben kann. Zu dieser Frage haben sich die römischen Juristen Gedanken gemacht und die *actiones* in verschiedene Kategorien eingeteilt:

- *Sachverfolgende Klagen (actiones reipersecutoriae)* dienen der Wiedererlangung einer Sache (*persequi* – verfolgen) bzw. Verurteilung in den Geldwert und Schadensersatz; darunter fallen die *rei vindicatio,* die *condictio furtiva* und alle Vertragsklagen.
- *Bußklagen (actiones poenales)* sind Klagen mit Strafcharakter, z. B. die *actio furti,* die Diebstahlsklage. Die Verurteilung erfolgt in ein Vielfaches des Sachwertes.
- *Gemischte Klagen (actiones mixtae)* schließlich vereinen beide Aspekte in sich. Musterbeispiel ist die *lex Aquilia.* Sie ist eine Pönalklage mit sachverfolgender Funktion.

Die Konkurrenzen dieser *actiones* sehen nun im Grundsatz folgendermaßen aus: Pönalklagen können kumulativ erhoben werden, was zu mehrfachem Schadensersatz führt. Die *actio legis Aquiliae* und die Vertragsklage schließen sich gegenseitig aus (sog. elektive Konkurrenz). So kann der Eigentümer wegen der fehlerhaften Behandlung eines Sklaven durch einen Arzt entweder aus der *lex Aquilia* klagen oder die *actio locati,* also der Klage aus dem Dienstvertrag *(locatio conductio)* erheben, aber nicht beide nebeneinander[160]. Lucius muss sich also für eine der beiden *actiones* entscheiden. Für

160 Ulp./Proc. D. 9, 2, 7, 8; Gaius D. 9, 2, 8 pr.

die *lex Aquilia* könnte hier z. B. sprechen, dass Lucius den doppelten Schadensersatz erhält, wenn Asklepios die Haftung abstreitet, am Ende aber unterliegt.

Die Begrenzung auf eine *actio* ist im Übrigen der allgemeine Grundsatz[161]. Bereits bei der Festlegung der richtigen *actio* vor dem Prätor kommt es daher aufs Detail an. Eine nachträgliche Änderung der *actio* im Prozess nach der *litis contestatio* ist ausgeschlossen (es gibt jedenfalls im Grundsatz keine Klageänderung). Dies kann gravierende Folgen haben: Wählt der Kläger eine *actio* aus, obwohl nur eine andere zum Erfolg geführt hätte, muss anders als heute die Klage abgewiesen werden. Wegen des Prinzips der Klagenkonsumption (*bis de eadem re agere non licet* – „man darf nicht zweimal über denselben Streitgegenstand prozessieren") ist der Anspruch nach Abweisung der *actio* durch den *iudex* unwiederbringlich verloren: auch dies ist ein Unterschied des aktionenrechtlichen Denkens zu unserem System von Ansprüchen, die auch nebeneinander bestehen können, und zu unserem Zivilprozess, der die objektive Klagehäufung und die Stellung von Eventualanträgen zulässt und den Kläger noch nicht einmal dazu zwingt, sich überhaupt zur einschlägigen Anspruchsgrundlage zu äußern. Dagegen kommt es für den römischen Kläger entscheidend darauf an, sich genau zu überlegen, welche *actio* am sichersten den angestrebten Erfolg verwirklichen wird, und allein diese dann vor dem Prätor zu beantragen. Dass dies zumeist nicht ohne rechtliche Beratung geht, liegt auf der Hand[162].

3.8 Weitere zum Schadensersatz verpflichtende Tatbestände

Das römische Deliktsrecht kennt keine Generalklausel, sondern einzelne Tatbestände, genau wie die „torts" des englischen Rechts. Neben *damnum* sind dies insbesondere die folgenden:

3.8.1 *Furtum*

Furtum, meist mit Diebstahl übersetzt, geht viel weiter als unser Tatbestand dieses Namens, wie wir oben im Sachenrecht bei den Voraussetzungen der Ersitzung schon sahen[163].

161 Vgl. Ulp. D. 50, 17, 43, 1.

162 Zum ganzen *Bürge,* S. 6ff.

163 S. 87f.

Gai. 3, 195 f.

Furtum autem fit non solum, cum quis intercipiendi causa rem alienam amovet, sed generaliter, cum qui rem alienam invito domino contrectat. itaque si quis re, quae apud eum deposita sit, utatur, furtum committit; et, si quis utendam rem acceperit eamque in alium usum transtulerit, furti obligatur [...].

Diebstahl liegt aber nicht nur vor, wenn jemand eine fremde Sache wegnimmt, um sie zu entwenden, sondern ganz allgemein, wenn jemand eine fremde Sache ohne Willen des Eigentümers an sich nimmt. Wenn daher jemand eine Sache, die ihm in Verwahrung gegeben worden ist, in Gebrauch nimmt, begeht er einen Diebstahl; auch wenn jemand eine fremde Sache zu einem bestimmten Gebrauch erhalten hat und von ihr einen anderen Gebrauch macht [...].

Furtum ist Sachentziehung, also Diebstahl und Unterschlagung, aber ebenso der unrechtmäßige Gebrauch einer beweglichen Sache gegen den Willen des Eigentümers, die vorsätzliche Annahme einer nicht geschuldeten Leistung, der wissentliche Verkauf einer fremden Sache, die Zerstörung einer Schuldurkunde. Das bekannteste Beispiel für die Weite des *furtum*-Tatbestandes ist die Verurteilung eines Mannes, der ein Pferd gemietet hatte, um damit nach Aricia (eine unweit von Rom in den Albaner Bergen liegende Stadt) zu reiten, dann aber noch ein Stück weiter geritten war[164]. Aber auch derjenige, der einen Maultiertreiber böswillig vor Gericht lädt, begeht an den Maultieren, wenn diese zwischenzeitlich verloren gehen, ein *furtum*[165]. *Furtum* setzt immer Vorsatz voraus. Folgende *actiones* können daraus entstehen:

Zur Wiedererlangung der Sache/Sachwertes (reipersekutorisch) die *rei vindicatio/actio Publiciana* sowie eine vertragliche Klage, wenn das *furtum* im Rahmen eines Vertragsverhältnisses verübt wurde (z. B. jemand nutzt unerlaubt die ihm zur Verwahrung übergebene Sache), und schließlich die *condictio furtiva* (Hauptfall der ausnahmsweise dem Sacheigentümer zustehenden Eingriffskondiktion). Die *condictio furtiva* hat den Nachteil, dass sie nur gegen den Dieb angestrengt werden kann, nicht wie die *rei vindicatio* gegen jeden Besitzer (*ubi rem meam invenio, ibi vindico* – „wo ich meine Sache antreffe, da vindiziere ich sie"). Demgegenüber besitzt sie aber auch einen Vorteil: Die Haftung des Diebes auf Wertersatz bleibt nach Untergang oder Verschlechterung der Sache bestehen, auch für Zufall: *Fur semper in mora* – „Der Dieb

164 Überliefert bei Gellius, noct. Att. 6, 15, 1; vgl. auch Gai. 3, 196.

165 Paul. D. 47, 2, 67, 2.

ist immer in Verzug"[166]; das entspricht § 848 BGB. Zwischen diesen Klagen herrscht *elektive* Konkurrenz.

Pönalklage ist die *actio furti*. Bei geheimem Diebstahl *(furtum nec manifestum)* geht sie auf den doppelten Sachwert[167] *(duplum)*, bei offenem, wenn der Täter auf frischer Tat ertappt wurde *(furtum manifestum)*, auf das Vierfache. Die *actio furti* kann neben den oben genannten reipersekutorischen Klagen erhoben werden (kumulative Konkurrenz)[168]. Da auch die Verurteilung aus reipersekutorischen Klagen immer auf den Geldwert ging, konnte im Extremfall bei offenem Diebstahl der Bestohlene den fünffachen Wert der Sache verlangen. Um ihn aber auch zu erhalten, bedurfte es eines zahlungskräftigen Diebes, was vermutlich schon in der Antike nicht der Regelfall war. Bereits in der Klassik nahm daher die Bedeutung der privatrechtlichen *actio furti* zugunsten der strafrechtlichen Sanktionierung des Diebstahls ab[169].

3.8.2 *Iniuria (actio iniuriarum)*

Die XII Tafeln drängten wie gesehen das Talionsprinzip, die private Vergeltung von Gleichem mit Gleichem, zurück und stellten den Gedanken der Geldbuße in den Vordergrund. Knochenbrüche führten zu einer festen Buße von 300 As (bei Sklaven 150 As), bei sonstigen Angriffen auf den Körper *(iniuria)* betrug sie 25 As. Lediglich bei der Verletzung Freier durch Verstümmelung konnte Vergeltung geübt werden, vorrangig war aber auch hier die Einigung auf einen Sühnevergleich[170]. Die nach Jahrhunderten der Inflation lächerlich gering gewordenen festen Bußsätze wurden später durch prätorische ersetzt. Anlass dazu soll ein bösartiger Mensch gewesen sein, der auf der Straße Passanten ohrfeigte und ihnen umgehend die nach XII Tafeln geschuldeten, mittlerweile aber praktisch wertlosen 25 As auszahlen ließ[171].

Mit der *actio iniuriarum*, der Klage wegen rechtswidriger Taten (die durch spezifische Sondertatbestände ergänzt wird), kann ein ganzer Strauß von typischerweise vorsätzlich begangenen Handlungen verfolgt werden, denen allen ein sittenwidriger

166 Vgl. Ulp. D. 13, 1, 8, 1.

167 So schon XII 8, 16.

168 Inst. 4, 1, 19.

169 Ulp. D. 47, 2, 93.

170 XII 8, 2: *Si membrum rupsit, ni cum eo pacit, talio esto* – „Wenn jemand [einem anderen] ein Glied verstümmelt, soll [der Täter] das Gleiche erleiden, wenn er sich nicht [mit dem Verletzten] gütlich einigt".

171 Gellius, noct. Att. 20, 1, 13, der als Quelle Labeos Kommentar zu den XII Tafeln zitiert.

Angriff auf die Ehre und das Ansehen eines Freien gemein ist. Dieser Angriff kann in physischer oder psychischer Weise, direkt oder indirekt geschehen.

Inst. 4, 4, 1

Iniuria autem committitur non solum, cum quis pugno puta aut fustibus caesus vel etiam verberatus erit, sed etiam si cui convicium factum fuerit, sive cuius bona quasi debitoris possessa fuerint ab eo, qui intellegebat nihil eum sibi debere, vel si quis ad infamiam alicuius libellum aut carmen scripserit composuerit ediderit dolove malo fecerit, quo quid eorum fieret, sive quis matremfamilias aut praetextatum praetextatamve adsectatus fuerit, sive cuius pudicitia attemptata esse dicetur: et denique aliis pluribus modis admitti iniuriam manifestum est.

Begangen wird eine Verletzung der Person nicht nur, wenn jemand mit der Faust oder mit Knüppeln geschlagen oder sogar geprügelt wird, sondern auch, wenn er öffentlich geschmäht wird oder wenn seine Güter wie die eines Schuldners von jemanden in Besitz genommen worden sind, der wusste, dass der Betreffende ihm nichts schuldete, oder wenn jemand, um einen anderen zu verleumden, eine Schrift oder ein Gedicht entwirft, verfasst, herausgibt oder vorsätzlich veranlasst, dass so etwas geschieht, oder wenn jemand einer verheirateten Frau oder einem jungen Mann oder einem jungen Mädchen unablässig folgt oder wenn geltend gemacht wird, jemandes Ehrbarkeit sei angegriffen worden. Und dass schließlich auf vielerlei andere Weise eine Personenverletzung begangen werden kann, ist offensichtlich.

Wie der Text zeigt, wird beispielsweise bereits das „Stalking“ sanktioniert (im geltenden Recht als Verletzung des allgemeinen Persönlichkeitsrechts mögliche Grundlage eines Schadensersatzanspruches nach § 823 I BGB und strafbar nach § 238 StGB). Aber auch derjenige, der vorgibt, den Ausgang eines Rechtsstreits durch Bestechung des Richters beeinflussen zu können, und damit den Verdacht der Bestechlichkeit auf den Richter lenkt[172], erfüllt den Tatbestand, so wie derjenige, der einen fremden Sklaven schlägt[173] oder in böser Absicht das Haus eines anderen betritt, ohne dazu berechtigt zu sein (also Hausfriedensbruch begeht)[174]. Weitere Fälle sind: Hinderung eines anderen daran, seine eigene Sache zu benutzen, sich an einem öffentlichen Ort niederzulassen oder im Meer zu fischen[175]; Mahnung der Bürgen eines zahlungsfähigen

172 Ulp./Pap. D. 47, 10, 15, 30.

173 Ulp. D. 47, 10, 15, 34. Falls der Sklave dabei verletzt wird, steht der Anspruch aus der *lex Aquilia* in kumulativer Konkurrenz.

174 Paul. D. 47, 2, 21, 7.

175 Ulp. D. 47, 10, 13, 7.

und -willigen Schuldners[176]; Verlesen eines hinterlegten Testaments[177]. Der Schutz des Persönlichkeitsrechts geht hier also deutlich weiter als heute. Die Höhe der Buße steht nach Festlegung einer Höchstgrenze durch den Prätor in tatrichterlichem Ermessen. Die exklusiv persönliche Natur der *actio iniuriarum* zeigt sich auch in der passiven und aktiven Unvererblichkeit[178], ihr pönaler Charakter daran, dass mehrere Täter kumulativ haften (wie im Rahmen der *lex Aquilia).* Daneben bürgert sich in der Kaiserzeit auch die Möglichkeit der strafrechtlichen Ahndung ehrverletzenden Verhaltens ein.

In Abwandlung 2 von Fall 11 (Beleidigung des Lucius durch die Ballspieler) kann Lucius daher eine Bußzahlung im Wege der *actio iniuriarum* verlangen. Da ein Senator das Opfer war und die Tat öffentlich geschah, nehmen die Institutionen – sowohl die des Justinian als die des Gaius – hier sogar einen schweren Fall an *(atrox iniuria)*[179].

Die *actio iniuriarum* erfreute sich in „ritterlichem" Mittelalter und Neuzeit großer Beliebtheit. In Deutschland begann ihr Abstieg im 18. und 19. Jahrhundert, als man eine finanzielle Bewertung der Ehre als anstößig und mit „germanischer Tradition" unvereinbar anzusehen begann. Daher rechnete das BGB sie auch nicht unter die nach § 823 I BGB zu schützenden Rechtsgüter. Bekanntlich führte der BGH die *actio iniuriarum* in den 1950er Jahren dann doch ein, indem er das allgemeine Persönlichkeitsrecht unter „sonstiges Recht" der Vorschrift subsumierte[180] und entgegen § 253 BGB Geldentschädigung wegen des durch die Persönlichkeitsverletzung entstandenen immateriellen Schadens zusprach (erstmals im berühmten „Herrenreiterfall"[181]). Des Hauses verwiesen, kam sie durch die Hintertür wieder herein[182].

3.8.3 Quasidelikte

Ein Fall der von Justinian unter diesem Namen zusammengefassten sog. Quasidelikte[183] ist die Gefährdungshaftung für aus dem Haus herausgeworfene, gegossene oder heruntergefallene Gegenstände *(actio de deiectis vel effusis).* Dies stellt eine konstante

176 Gaius D. 47, 10, 19.
177 Ulp. D. 9, 2, 41 pr.
178 Inst. 4, 12, 1.
179 Inst. 4, 4, 9; Gai. 3, 225.
180 BGHZ 13, 334.
181 BGHZ 26, 349.
182 *Zimmermann,* S. 1090–1094.
183 Inst. 4, 5.

Gefahr im römischen Nachtleben dar. Der Satiriker Juvenal erregt sich darüber[184]: Man solle abends nicht ausgehen, ohne zuvor sein Testament gemacht zu haben, und darum beten, nur vom Inhalt und nicht vom Nachttopf selbst getroffen zu werden. Trifft einen Freien dieses in jedem Fall unangenehme Schicksal doch, kann er Schadensersatz für die Körperverletzung verlangen (wozu auch entgangener Arbeitslohn zählt[185]), bei Tötung sind feste Geldbußen vorgesehen[186]. Die Haftung ist verschuldensunabhängig, sie richtet sich gegen den Inhaber der Wohnung, gleich, wer der Urheber des Schadens ist.

Ein weiterer Fall der Quasidelikte ist die Haftung des Richters, der den Rechtsstreit „zu seinem eigenen macht" (*si iudex litem suam fecerit*[187]), also nicht unparteiisch entscheidet. Er haftet der dadurch benachteiligten Partei auf Schadensersatz. Da dies auch bei Unkenntnis der Fakten oder des Rechts geschehen kann, wird die Haftung nicht als deliktische, sondern quasideliktische verstanden[188]. Ein eigenes Amtshaftungsrecht kennen die Römer nicht; abgesehen davon, dass der *iudex* ohnehin kein Amtsträger ist, können bzw. müssen auch Magistrate wegen rechtswidriger Amtshandlungen nach der *lex Aquilia* verklagt werden[189].

3.8.4 Prätorische Klagen bei Vermögensschäden

Unter Zwang oder Täuschung zustande gekommene Verträge sind zivilrechtlich gültig. Auch hier interveniert der Prätor und entkräftet die Verträge. Diese Klagen stammen aus dem l. Jahrhundert v. Chr., der in mehrere Bürgerkriege mündenden Zeit der zunehmend durch Gewalt und Missachtung des Rechts geprägten untergehenden Republik; ein Zeitalter voller Machtkämpfe, politischer Morde, Straßenschlachten und Privatarmeen, von dem uns nicht nur Ciceros Werk einen so unmittelbaren Eindruck gibt. Folgende Klagen gewährt der Prätor, um auf dem Gebiet des Vertragsrechts Linderung zu verschaffen:

- *actio quod metus causa:* Bei einem erpressten Geschäftsabschluss kann die Zurückgewähr des erlangten Vorteils oder der vierfache Wert (nach Ablauf eines Jahres

184 Juvenal, sat. 3, 269 ff.

185 Inst. 4, 5, 1; Gaius D. 9, 3, 7.

186 Ulp. D. 9, 3, 1 pr.

187 Inst. 4, 5 pr.

188 Dazu *Meincke,* S. 140 f.

189 Paul./Iul. D. 18, 6, 13–15 pr. (Q24).

nur noch der einfache) verlangt werden, übrigens nicht nur vom Erpresser, sondern auch von gutgläubigen Dritten, die etwas aus dem erpressten Gut erlangt haben.

- *actio de dolo:* Ursprünglich auf Betrugsfälle begrenzt, lässt sich die Klage, die wir bereits als Schöpfung des Aquilius Gallus kennengelernt haben, später bei allen vorsätzlichen Machenschaften zur Schädigung des Vermögens eines anderen einsetzen.

3.9 Ungerechtfertigte Bereicherung

Hier sollen einige kurze Anmerkungen zum Recht der ungerechtfertigten Bereicherung genügen, soweit dieses Rechtsgebiet im Zusammenhang mit anderen bereits angesprochen wurde. Den bereicherungsrechtlichen Anspruch nennen wir heute noch „Kondiktion". Der Begriff, den auch die Römer für diesen Anspruch verwenden, leitet sich, wie bereits zu Beginn ausgeführt[190], von der *legis actio per condictionem* ab, weist also weit in die römische Rechtsgeschichte zurück. Inhaltlich dient die *condictio* der Durchsetzung eines Anspruches auf *certa pecunia* oder *certa res,* also einen bestimmten Geldbetrag oder Gegenstand. Die Formel ist abstrakt gefasst, nennt den Verpflichtungsgrund also nicht. Sie kann daher in allen Fällen eingesetzt werden, in denen eine Übertragung von Vermögen stattgefunden hat, der Empfänger aber nicht oder nicht mehr berechtigt ist, dieses zu behalten[191]. Dazu gehört die Rückzahlung eines Darlehens, denn das Darlehen als Realvertrag kennt keine vertragliche Rückgabepflicht, nach Ende der Laufzeit ist der Darlehensnehmer um die Darlehenssumme rechtsgrundlos bereichert und muss sie herausgeben. Bereits die klassischen Juristen haben darüber hinaus unterschiedliche Fallkonstellationen der *condictio* herausgearbeitet, die uns alle sehr vertraut vorkommen[192]:

- *condictio indebiti (indebitum solutum):* Irrtümliche Leistung (Übereignung als Grundfall) auf eine in Wahrheit nicht bestehende Schuld, der Hauptfall der *condictio,* z. B. Manzipation einer Sache bei unwirksamem Kaufvertrag; dies entspricht § 812 I 1 1. Alt. BGB.
- *condictio causa data causa non secuta (ob causam datorum; ob rem):* Diese Kondiktion ist uns oben schon beim Innominatvertrag begegnet. Der Empfänger tut nicht das (Handlung oder Unterlassung), was er nach der von den Parteien vereinbarten,

190 S. 30.

191 Vgl. Gai. 3, 91.

192 Zum ganzen *Kaser/Knütel/Lohsse*, § 59, dort auch zur Frage der Klassizität, a. a. O., Rn. 23 ff.

mit der Leistung verbundenen Zweckabrede hätte tun sollen: A leistet, um B zu etwas zu bewegen, z. B. zahlt er ihm Geld, um ihn zur Freilassung eines Sklaven oder Rücknahme einer Klage zu veranlassen *(datio ob rem).* Diese Vereinbarung entspricht keinem der anerkannten Vertragstypen. Ursprünglich konnte A nicht die Gegenleistung einklagen, aber seine Leistung kondizieren (vgl. § 812 I 2 2. Alt. BGB). Dieses Recht behielt er auch, als diese Fallgestaltungen später als Innominatrealverträge anerkannt waren. Dann hatte er nach Vorleistung bis zur Erbringung der Gegenleistung die Wahl zwischen Klage auf die Gegenleistung oder auf Rückgabe der Vorleistung, also faktisch ein Reuerecht. Mit der Anerkennung der Vertragsfreiheit und dem Bedeutungsverlust der Innominatverträge wird auch der ursprüngliche Anwendungsbereich dieser Kondiktion sehr schmal.
- *condictio ob turpem vel iniustam causam:* Leistung auf einen sittenwidrigen oder verbotenen Zweck, z. B. Erpressungsgeld. Es kommt auf die dem Empfänger vorzuwerfende Sittenwidrigkeit an. Handeln beide sittenwidrig, kann der Leistende nicht kondizieren[193]: § 817 BGB.

Auf die folgenden wichtigen Unterschiede zum geltenden Bereicherungsrecht sei besonders hingewiesen: Anders als nach § 818 III BGB geht der Anspruch grundsätzlich auf das seinerzeit Empfangene; Entreicherung kann also nicht eingewendet werden. Ausnahmen sind die Fälle des gutgläubigen Erbschaftsbesitzers (den wir noch sehr ausführlich betrachten werden), der Rückforderung einer nichtigen Ehegattenschenkung und des Minderjährigen, der ohne Zustimmung seines Vormunds einen Vertrag geschlossen hat. Zu beachten ist allerdings im geltenden Recht die Einschränkung des § 818 III BGB durch die Saldotheorie (bzw. die in der Literatur vertretene Zweikondiktionentheorie), die wie die verschärfte Haftung nach §§ 818 IV und 819 BGB bei der bereicherungsrechtlichen Rückabwicklung gegenseitiger Verträge in vielen Fällen im Ergebnis letztlich die erfolgreiche Einrede der Entreicherung verhindert[194]. Ein weiterer Unterschied besteht darin, dass das römische Recht im Grundsatz nur die Leistungskondiktion kennt, nicht aber eine allgemeine Eingriffskondiktion; Ausnahmen haben wir ebenfalls schon gesehen: *condictio pretii*[195] und v. a. die *condictio furtiva*[196].

193 Verkürzt aus Paul. D. 12, 5, 8: *In pari turpitudine melior est causa possidentis* – „Haben beide gleich schändlich gehandelt, ist der Besitzer in der besseren Rechtslage".

194 Vgl. *Medicus/Petersen,* Bürgerliches Recht, 27. Aufl. 2019, Rn. 224 f.

195 S. 98 f.

196 S. 168.

3.10 Dritte in Schuldverhältnissen

3.10.1 Vertragliche Bindung durch Dritte?

Fall 13

Pamphilus, der Sklave des Numerius, kauft von Aulus einen kleinen silbernen Tisch zu einem aus seiner Sicht sehr günstigen Preis und zum Zwecke der gewinnbringenden Weiterveräußerung. Ähnliche Geschäfte hat er in der Vergangenheit schon häufiger getätigt, gelegentlich für seinen Herrn, oft auf eigene Rechnung. Aulus verlangt nun von Numerius Bezahlung. Numerius bestreitet, dass überhaupt ein Kaufvertrag mit ihm zustande gekommen sei, da er Pamphilus niemals beauftragt habe, diesen Tisch zu kaufen. Er solle sich an Pamphilus selbst halten, denn dieser bekomme regelmäßig eine Art „Taschengeld" von ihm. Davon könne dieser den Tisch ja bezahlen. Ansonsten solle Aulus doch versuchen, Pamphilus zu verklagen. Aulus, der fürchtet, dass eine solche Klage auf Hindernisse stoßen könnte, besteht auf Zahlung durch Numerius. Wie ist die Rechtslage?

Nach geltendem Recht besteht der Zahlungsanspruch des Aulus gem. § 433 II BGB, wenn Numerius von Pamphilus bei Abschluss des Kaufvertrages vertreten wurde und dieser mit Vertretungsmacht gehandelt hat. Um feststellen zu können, ob die Voraussetzungen des § 164 I BGB hier vorliegen, müsste der Sachverhalt weiter aufgeklärt werden, auch unter dem Gesichtspunkt einer möglichen Anscheins- oder Duldungsvollmacht. Sollte am Ende das Bestehen einer Vertretungsmacht zu bejahen sein, ist ein Kaufvertrag zwischen Aulus und Numerius zustande gekommen, Letzterer vertreten durch Pamphilus, und Aulus kann von Numerius Zahlung des Kaufpreises verlangen.

Nicht so im römischen Recht: denn dieses kennt keine direkte, rechtsgeschäftlich begründete Stellvertretung[197].

Gai. 2, 95

[...] Per extraneam personam nobis adquiri non posse.

[...] Durch eine außenstehende Person kann nicht für uns erworben werden.

Schuldrechtliche Verpflichtungen sind im römischen Denken so sehr mit der sie abschließenden Person verbunden, dass man sich Verschiebungen nicht vorstellen kann

197 Umfassend zum Folgenden *Wacke,* SZ 111 (1994), 280.

(im Mittelalter umschrieb man das mit dem Satz *nomina ossibus inhaerent* – „Forderungen haften an den Knochen"). Nachvollziehbar wird dies, wenn man sich wieder den Grundsatz der Personalvollstreckung vor Augen hält; auch der strenge Formalismus des archaischen Rechts kann hier eine Rolle gespielt haben. Daher ist auch der echte Vertrag zugunsten Dritter, bei dem dieser die Leistung selbst einklagen kann, grundsätzlich nicht vorgesehen: *Alteri stipulari nemo potest*[198] – „Für einen anderen kann man sich nicht versprechen lassen". Lediglich der unechte Vertrag zugunsten Dritter, der dem Vertragspartner eine Klage auf Leistung an den Dritten gibt, ist wirksam, wenn der Vertragspartner ein eigenes, in Geld abschätzbares Interesse hat, insbesondere weil er dem Dritten selbst als Schuldner verpflichtet ist[199]. Dies kann durch die Stipulation einer Strafe für den Fall der Nichtleistung an den Dritten bewerkstelligt werden. Und schließlich ist auch die Forderungsabtretung nicht möglich. Ihr wirtschaftliches Ergebnis kann zwar mehr oder weniger über andere Wege erreicht werden, namentlich die Novation (Schuldumwandlung), die aber von der Mitwirkung des Forderungsschuldners abhängt, und die Prozessvertretung, die jedoch mit einigen Unsicherheiten für den „Zessionar" verbunden ist. Beides entspricht daher nicht einer echten Abtretung im heutigen Sinne.

Die grundsätzliche Unzulässigkeit direkter Stellvertretung wird von den römischen Juristen nie in Frage gestellt, kein Versuch zur Abschaffung des Dogmas unternommen. Darin zeigt sich die im ersten Kapitel beschriebene, mit dem Traditionalismus der Römer einhergehende Unbeweglichkeit, der Unwille, einen als unzureichend, ja hinderlich erkannten überkommenen Rechtssatz abzustoßen. Lieber sucht man nach Umwegen, als das Hindernis beiseitezuräumen. Damit stellt sich die Frage, wie eine wirtschaftlich entwickelte Gesellschaft wie die römische, der auch internationale Handelsniederlassungen nicht unbekannt sind[200], ohne die Einschaltung Dritter beim Abschluss von Verträgen auskommen kann. Die Antwort ist, dass sie das auch gar nicht versucht, sondern auf anderen Wegen, eben auf Umwegen, zur Verbindlichkeit unter Einschaltung Dritter geschlossener Rechtsgeschäfte gelangt.

Zunächst ist bei Konsensualverträgen die reine Willensübermittlung durch Boten *(nuntius)* möglich. Auch die „indirekte Stellvertretung" bietet einen Weg, so wenn A im eigenen Namen etwas von B kauft, dieses aber letztlich für C tut und diesem dann die Sache weiterübereignet. Das zwischen A und C bestehende Innenverhältnis kann

---

198 Ulp. D. 45, 1, 38, 17.

199 Ulp. D. 45, 1, 38, 22 f.

200 Belegt bei Gaius D. 40, 9, 10; Ulp. D. 14, 3, 13 pr.

ein Auftragsverhältnis sein. Aber auch das *mandatum* (Auftrag) als Konsensualvertrag unter Freien hat keine rechtliche Außenwirkung gegenüber Dritten. Vertragliche Beziehungen zwischen B und C können dadurch nicht begründet werden. Besondere Bedeutung kommt hier aber der Sklavenwirtschaft zu. Der Sklave ist, wie schon angemerkt, *res* und *persona* zugleich. Als Mensch ist er geschäftsfähig, er ist aber nicht rechtsfähig. Er selbst haftet nicht und kann auch nicht verklagt werden. Aulus' diesbezügliche Bedenken sind also vollauf begründet. Der Sklave kann aber mit Wirkung für seinen Herrn handeln; der *Erwerb von Rechten* des Eigentümers durch Sklaven ist ohne weiteres möglich. Alles, was der Sklave erwirbt, fällt dem Gewalthaber automatisch zu[201]. Durch dieses quasi organschaftliche Handeln ist bereits vielen Anforderungen des Geschäftslebens Genüge getan, für deren Bewältigung wir heute das Institut der Stellvertretung brauchen. Hinzu kommt, dass das Gleiche für gewaltunterworfene, ebenfalls privatrechtlich nicht vermögensfähige Personen wie sog. Hauskinder gilt. Das sind Personen, deren Vater oder (Ur-)Großvater väterlicherseits noch lebt und deren Rechtsposition, wie wir gleich im erbrechtlichen Kapitel näher sehen werden, in mancher Hinsicht derjenigen von Sklaven ähnelt: Auch sie erwerben für ihr Familienoberhaupt, den *pater familias,* der dann aus den von den Gewaltunterworfenen abgeschlossenen Rechtsgeschäften die Leistung vom Vertragspartner verlangen kann[202].

Doch stößt dieses System auch an seine Grenzen. Ein Rechtserwerb durch *freie* und *nicht in der Gewalt* des Geschäftsherrn stehende Personen ist grundsätzlich ausgeschlossen[203]. Und es erlaubt nur den *Erwerb* von Rechten, nicht aber die Eingehung von *Verpflichtungen* für einen anderen. Diese treffen grundsätzlich immer nur den Handelnden. Ist dies ein Sklave, dann kann eben grundsätzlich – mangels Verpflichtung – nicht der Herr verklagt werden und mangels Rechtsfähigkeit nicht der Sklave. Damit kämen wir zu dem *vorläufigen* Ergebnis, dass Aulus nicht gegen den Sklaven Pamphilius vorgehen könnte und auch keine Klage gegen Numerius hätte.

Das wäre für die andere Partei des Vertrages allerdings eine ungünstige Position. Wieder einmal besteht also die Gefahr, dass überkommenes Recht sich als Hemmnis für wirtschaftliche Bedürfnisse und Realitäten erweist. Die Lösung des römischen Rechts wird uns nicht mehr überraschen: Wieder ist es der Prätor, der (mit Hilfe der hinter ihm stehenden Fachjuristen) einen praktisch gangbaren, aktionenrechtlich

201 Auch durch *mancipatio,* deren Formel auf Erwerb durch den Gewaltanhaber anzupassen ist, da der Sklave ja nicht eigenen Eigentumserwerb behaupten kann, Gai. 3, 167.

202 Inst. 3, 17, 1.

203 Eine Ausnahme bildet der freie Vermögensverwalter *(procurator),* der Besitz und damit auch Eigentum für den Geschäftsherrn erwerben kann, *Kaser/Knütel/Lohsse,* § 21, Rn. 5.

gepflasterten Weg weist; und wieder zeigt sich die wirtschafts- und verkehrsfreundliche Tendenz und Flexibilität des Honorarrechts.

Pamphilus erhält in unserem Fall einen gewissen Geldbetrag zur freien Bewirtschaftung. Dieses nennt man *peculium*, ein Sondervermögen (wörtlich „kleines Geld"), das der Herr dem Sklaven (oder auch seinen zu seinen Lebzeiten nicht vermögensfähigen Söhnen) überlässt, das entgegen seiner Bezeichnung auch sehr beträchtlich und sogar ein Mittel zum Freikauf der eigenen Person aus der Sklaverei sein kann. Darüber kann im vom Eigentümer vorgegebenen Rahmen verfügt werden, auch völlig frei. Rechtlich liegt darin die Zustimmung zur Verfügung eines Nichtberechtigten (denn rechtlich vermögensfähig ist weiterhin ausschließlich der Gewalthaber). Aus diesen Geschäften haftet der Herr bis zur Höhe des Wertes des *peculium*. Ob das getätigte Geschäft mit dem *peculium* zusammenhängt, ist irrelevant. Vollstreckt wird in das gesamte Vermögen des Gewalthabers, nicht lediglich in das *peculium*. Dazu bildet der Prätor am *ius civile* vorbei eine Klage des Verkäufers gegen den Eigentümer des „Käufers", die aber verschiedene Hürden überspringen muss:

> *Actio de peculio vel de in rem verso*[204]
> *Titius iudex esto. quod Aulus Agerius Pamphilo, qui in Numerii Negidii potestate est, mensam argenteam vendidit, qua de re agitur, quidquid ob eam rem Pamphilum, si liber esset ex iure Quiritium, Aulo Agerio dare facere oporteret ex fide bona, eius, iudex, Numerium Negidium Aulo Agerio dumtaxat de peculio et si quid dolo malo Numerii Negidii factum est, quominus peculii esset, vel si quid in rem Numerii Negidii inde versum est, condemnato, si non paret absolvito.*
> Klage wegen Geschäften von Gewaltunterworfenen
> Titius soll Richter sein. Was das betrifft, dass der Kläger dem Pamphilus, der in der Gewalt des Beklagten steht, einen silbernen Tisch verkauft hat, um den sie sich streiten, und was deswegen Pamphilus dem Kläger nach Treu und Glauben leisten müsste, wenn er nach quiritischem Recht ein freier Bürger wäre, dazu, Richter, verurteile den Beklagten zugunsten des Klägers, allerdings nur in Höhe des *peculium*, aber wenn der Beklagte arglistig bewirkt hat, dass es nicht mehr im *peculium* vorhanden oder wenn es von dort in das unbeschränkte Vermögen des Beklagten gelangt ist, dann verurteile ihn in voller Höhe, und wenn es sich nicht erweist, dann weise die Klage ab.

Es handelt sich, wie an anderer Stelle auch schon gesehen, um eine *actio in factum*. Der auf den konkreten Sachverhalt hinweisende Gebrauch des Begriffes *quod* zeigt, dass

---

204 Text und Übersetzung nach *Wesel*, Geschichte des Rechts, 3. Aufl. 2006, S. 182 f.

sich diese *actio* nicht auf das überkommene *ius civile* stützen kann, sondern vom Prätor aus den Notwendigkeiten des Lebens, des Tatbestandes heraus entwickelt wurde. Dem aufgezeigten Problem, dass der Handelnde nicht rechtsfähig ist, und der, der haften soll, nicht gehandelt hat, begegnet der Prätor mit der Rechtstechnik der Umstellung des Subjektes: In der *intentio* steht der Sklave als der Handelnde, in der *condemnatio* dagegen sein rechtsfähiger Eigentümer. Die Lösung ist wieder *Wieackers* „legitime Rechtslist“[205], die Fiktion. Die Rechtsfähigkeit des Sklaven wird – für die Zwecke der Prozessformel – fingiert: „wenn Pamphilus römischer Bürger wäre“. Die Rechtsfolge – (im Grundsatz) beschränkte oder unbeschränkte Haftung – wird in der *condemnatio* ergänzt. In unserem Fall kann daher Aulus von Numerius mit dieser Klage Bezahlung des Tisches verlangen, wertmäßig begrenzt auf die Höhe des *peculium*.

Die (hier in Teilen) vorgestellte *actio* gehört zu den später so genannten adjektizischen Klagen (*actiones adiectitiae qualitatis:* Klagen mit hinzugefügter Qualität, nämlich der Auswechslung oder Subjektumstellung auf Beklagtenseite; Haftungsüberleitungsklagen). Diese Klagen, die die wachsende Bedeutung der exportorientierten und arbeitsteiligen Wirtschaft im 2./1. Jahrhundert v. Chr. widerspiegeln, ermöglichen *im Ergebnis* und bei Vorliegen bestimmter Voraussetzungen eben doch eine Art Stellvertretung. So kann gegen den Geschäftsherrn auch aus solchen Geschäften geklagt werden, die der Sklave oder Haussohn auf Geheiß oder mit Zustimmung des Gewalthabers dem Dritten gegenüber getätigt hat *(actio quod iussu)*, sowie auf den Vorteil, den das Geschäft dem Vermögen des Geschäftsherrn eingebracht hat, allerdings begrenzt auf die Höhe der Bereicherung *(actio de in rem verso)*. Ein Unternehmer haftet für bestimmte Geschäfte des als Betriebsleiter *(institor)* eingesetzten Gewaltunterworfenen oder auch – und das ist das Besondere – *freien* Angestellten *(actio institoria)*, ein Reeder *(exercitor navis)* für seinen Kapitän *(actio exercitoria)*.

Insbesondere die Betriebsleiterklage bei Handeln eines Freien kommt einer Stellvertretung im Ergebnis schon recht nahe. Die Verpflichtung des Geschäftsherrn tritt aber *neben* diejenige des Handelnden, der Geschäftspartner kann also gegen beide klagen: Das ist der grundlegende Unterschied zu unserer heutigen Stellvertretung. Und es betrifft nur die *Verpflichtung*, nicht die *Berechtigung*, die sich beim Handeln nicht Gewaltunterworfener, wie oben gezeigt, nicht von selbst ergibt. Seit der Hochklassik gewähren aber manche Juristen dem Geschäftsherrn eine analoge Klage, mit der er seinerseits die seinem Angestellten zugesagte Leistung einfordern kann; und Papinian weitet die Betriebsleiterklage auf den Vermögensverwalter *(procurator)* aus.

205 Oben Kap. 2, Fn. 62.

Das ist schon fast unsere moderne Stellvertretung, allerdings auf diese Fallkonstellationen beschränkt und noch nicht als generelle Regel. Der Hauptunterschied liegt wieder darin, dass immer auch *der Angestellte selbst* berechtigt und verpflichtet ist. Die moderne Stellvertretung, die ohne eigene Verpflichtung des Vertreters auskommt, ist erst ein vergleichsweise junges Produkt der Neuzeit[206].

3.10.2 Haftung für Hilfspersonen

Fall 14

Numerius gibt schließlich nach, weil er doch Gefallen an dem Tisch findet, willigt in den Kauf ein und zahlt den Kaufpreis. Mit der Abholung und Lieferung des Tisches beauftragt er den Spediteur Marcus. Marcus schickt seinen Mitarbeiter Plotius, der seit vielen Jahren bei ihm stets zuverlässig arbeitet. Plotius hat aber einen schlechten Tag und bringt dem Tisch beim Transport einige tiefe Kratzer bei. Kann Numerius von Marcus Schadensersatz verlangen?

Wie ist die Rechtslage, wenn Plotius ein Sklave des Marcus ist?

Das römische Recht geht von dem Grundsatz aus, dass das Handeln einer Person in erster Linie nur ihr selbst schadet, nicht aber einem anderen[207]. Eine Haftung kommt daher zunächst einmal nur bei Eigenverschulden in Betracht, das auch in Form des Auswahlverschuldens *(culpa in eligendo)*[208] vorliegen kann, sowie im Fall des Verschuldens bei der Überwachung; das ist heute noch das § 831 BGB zugrunde liegende Prinzip. Eine strikte Haftung trifft die Gastwirte, Stallwirte und Schifffahrtsunternehmer (sog. *receptum*-Haftung, *receptum nautarum, cauponum, stabulariorum,* die formfreie Übernahme der Garantie für einen bestimmten Erfolg). Diese haften unabhängig von der mit ihren Gästen abgeschlossenen *locatio conductio* für alle eingebrachten Sachen, auch für durch Gehilfen verübten Diebstahl oder verursachte Schäden[209]. Dies lag daran, dass Reisende sich und ihre Habe ihnen anvertrauen mussten, ohne eine Wahl

---

206 Vgl. *Harke,* § 6, Rn. 8 ff. Das zuweilen geschmähte „Vulgarrecht“ (s. oben S. 66) war hier allerdings auch schon fortschrittlicher.

207 Ulp. D. 39, 1, 5, 5.

208 Ulp./Ner. D. 9, 2, 27, 9 (Q25).

209 Paul. D. 4, 9, 6, 1; Ulp. D. 47, 5,1 pr.

zu haben, diese Personengruppe zugleich aber in keinem guten Ruf stand[210]. Unterliegt der Schuldner einer *custodia*-Haftung, muss er ebenfalls für den Diebstahl durch Hilfspersonen haften.

Fraglich ist nun, ob es in weitergehender Weise bei vertraglichen Schuldverhältnissen auch eine verschuldensunabhängige Haftung des Geschäftsherrn, vergleichbar § 278 BGB, gibt. Für den Werkvertrag, bei dem der Einsatz Dritter zur Erfüllung des Vertragszwecks durchaus typisch ist, finden wir eine berühmte Digestenstelle:

> **Gaius D. 19, 2, 25, 7**
> *Qui columnam transportandam conduxit, si ea, dum tollitur aut portatur aut reponitur, fracta sit, ita id periculum praestat, si qua ipsius eorum*que, *quorum opera uteretur, culpa acciderit: culpa autem abest, si omnia facta sunt, quae diligentissimus quisque observaturus fuisset. idem scilicet intellegemus et si dolia vel tignum transportandum aliquis conduxerit: idemque etiam ad ceteras res transferri potest.*
> Wer den Transport einer Säule übernommen hat, muss für den Schaden einstehen, wenn die Säule beim Abbau, beim Transport oder beim Wiederaufstellen bricht, vorausgesetzt, dass sich der Schaden durch irgendein Verschulden seinerseits *und/oder* derjenigen, deren Hilfe er sich bediente, ereignet hat. Verschulden ist aber nicht gegeben, wenn alles geschehen ist, was äußerst sorgfältige Dritte beachtet hätten. Dasselbe müssen wir natürlich auch annehmen, wenn jemand es übernommen hat, Fässer oder Balken zu transportieren, und dasselbe kann auch auf andere Sachen übertragen werden.

Dieses Fragment ist seit langem hochumstritten. Es geht um drei Buchstaben, nämlich die Frage, wie man *-que* übersetzt: mit „und" oder „oder"? Im ersten Fall ist sowohl das Verschulden des Geschäftsherrn als auch des Angestellten erforderlich, im zweiten Fall genügt dasjenige des Angestellten. Für die zweite – vorzugswürdige[211] – Ansicht (sie gewann auch die Oberhand im Gesetzgebungsverfahren zum BGB und ging in § 278 ein[212]) spricht die ohnehin schon strenge Haftung des Werkunternehmers im römischen Recht im Rahmen der *custodia*. So haftet z. B. der Schneider oder Wäscher, der ein

210 Horaz, sat. 1, 5, 4: *nautis cauponibus malignis* („bösartig"); Juvenal sat. 8, 172 nennt sie in einem Atemzug mit Dieben und anderen Gesetzesbrechern; ähnlich Ulp. D. 4, 9, 1, 1.

211 *Knütel*, SZ 100 (1983), 340, 419 ff., u. a. mit dem Nachweis des Gebrauches von *-que* im Sinne von „oder" bei Gaius auch an anderer Stelle sowie mit dem Argument, dass andernfalls der Werkunternehmen niemals hafte, wenn er schuldunfähige Gehilfen einsetze.

212 *Kaser/Knütel/Lohsse*, § 46, Rn. 25.

Kleidungsstück ausbessern bzw. reinigen soll, für Diebstahl[213] sowie dafür, dass Mäuse an der Kleidung geknabbert haben[214]. Eine Haftung für Mäuse, nicht aber für Mitarbeiter? Das wäre nun doch erstaunlich. Danach haftet Marcus hier für die Unachtsamkeit des Plotius, Numerius kann von ihm Schadensersatz für den beschädigten Tisch verlangen.

Die Abwandlung betrifft den Fall der Haftung für Sklaven/Hauskinder, die sog. Noxalhaftung (von *noxa,* Schaden, Schuld, Vergehen), die auf die XII Tafeln zurückgeht. Der Gewalthaber haftet für Delikte seiner Gewaltunterworfenen, kann sich aber dadurch befreien, dass er den Täter dem Geschädigten ausliefert *(noxae deditio)*[215]. Die Haftung belastet den Täter persönlich (*noxa caput sequitur* – „die Belastung mit der Haftung folgt der Person"), bei Veräußerung trifft sie den neuen Eigentümer: Dieses Problem haben wir bereits als eines der Sachmängelhaftung kennengelernt. Mit dem Tod des Täters erlischt sie, mit Freilassung bzw. Gewaltfreiwerdung trifft sie ihn selbst. Die *noxae deditio* für Hauskinder gerät später außer Übung, Justinian schafft sie ganz ab. Der Eigentümer haftet selbst aus der *lex Aquilia,* wenn er es trotz Kenntnis unterlässt, das Delikt zu verhindern[216]. Die Haftung für Sklaven als Hilfspersonen im Rahmen vertraglicher Pflichten ist wie bei Freien ebenfalls unklar[217].

213 Gai. 3, 205.

214 Ulp. D. 19, 2, 13, 6.

215 Als Ausnahme vom Grundsatz der *condemnatio pecuniaria* geht die Klageformel auf Zahlung oder Auslieferung.

216 Ulp. D. 9, 2, 44; Paul. D. 9, 2, 45 pr.

217 Zum Brand des Mietshauses durch Verschulden der Sklaven des Mieters: Ulp./Ner. D. 9, 2, 27, 9 (Q25) verlangen Auswahlverschulden, Ulp./Proc. D. 9, 2, 27, 11 (Q26) dagegen für strikte Haftung, aber mit der Möglichkeit der *noxae deditio.* Vgl. *Kaser/Knütel/Lohsse,* § 46, Rn. 25; *Kaser,* S. 513; umfassend *Knütel* (Fn. 211).

4. Erbrechtliches

4.1 Grundsätze

Im Erbrecht kann man das Wachsen und Werden des römischen Rechts, seine unterschiedlichen Rechtsschichten, den in der Regel nur punktuell eingreifenden Gesetzgeber, die Arbeit der Juristen, das Festhalten an archaischen Dogmen einerseits, die kreative Lösungsfindung andererseits, allerdings auch die damit zuweilen einhergehende Rechtsunklarheit[1] besonders gut beobachten. Das Erbrecht kann durchaus als Lieblingsgebiet der römischen Juristen gelten (ganze 7 der insgesamt 50 Bücher der Digesten sind allein dem Vermächtnisrecht gewidmet). Die Stärken und Schwächen römischer Rechtskunst zeigen sich in vollem Licht: „The Roman law of succession is indeed the focus of the Roman will to law"[2]. Vieles wird uns bekannt, manches aber auch fremd vorkommen.

Die Testierfreiheit wird von den Römern schon früh entwickelt und bald zum Prinzip, ihr Gebrauch zur gesellschaftlichen Erwartung. Von Cato dem Älteren (Censorius) ist die Aussage überliefert, dass er nur drei Dinge bedauert habe, darunter, einen Tag in seinem Leben ohne gültiges Testament gewesen zu sein[3] – hierin offenbar einig mit dem Jahrhunderte später lebenden, sich vor den Gefahren römischer Straßen fürchtenden Dichter Juvenal[4]. Auch der Stellenwert der Testierfreiheit ist Ausdruck des römischen Freiheitssinnes. Ein weiteres Grundprinzip ist das der Gesamtrechtsnachfolge oder Universalsukzession *(per universitatem*[5]), vgl. § 1922 I BGB. Der Erbe tritt in die gesamte Rechtsstellung des Erblassers, soweit diese ver-

1 *Rabel,* S. 200: „Fast darf man annehmen, das Erbrecht sei schon den römischen Juristen nur halb durchsichtig gewesen".

2 *Schulz,* CLR, Rn. 359.

3 Plutarch, Cato maior, 9, 6.

4 S. 172.

5 Gai. 2, 97.

erblich ist, ein[6]. Das römische Recht sieht zwei Berufungsgründe vor: *ex testamento* oder *ab intestato,* also testamentarische oder gesetzliche Erbfolge. Der Erbvertrag wird als unzulässige und sittenwidrige Beschränkung der Testierfreiheit abgelehnt[7] (wie heute noch in den romanischen Ländern, vgl. z. B. Art. 1130 cc). Die testamentarische Erbfolge schließt die gesetzliche aus, und zwar vollständig: *Nemo pro parte testatus, pro parte intestatus decedere potest*[8]– „Niemand kann sterben als jemand, der teils testiert, teils nicht testiert hat". Ursprung dieser uns fremd anmutenden Regel war die bäuerliche Alleinerbfolge, der Hof sollte als Ganzes nur auf eine Person übergehen. Später, als es nicht mehr um das Vererben von Bauernhöfen ging, sondern um ganz andere Vermögen, verliert die Regel ihren Sinn, wird aber von den klassischen Juristen wie vieles andere nicht hinterfragt oder gar geändert; erst das „Vulgarrecht" löst sich davon.

4.2 Intestaterbfolge nach *ius civile*

Fall 15 (Grundfall)

Der freie und vermögende römische Bürger Flavius stirbt. Er hat, für einen Römer sehr ungewöhnlich, kein Testament gemacht. Er hinterlässt seine Witwe Tullia, mit der er in freier Ehe verheiratet war; die unverheiratet gebliebene Tochter Terentia; die mit Gaius in ebenfalls freier Ehe verheiratete Tochter Publia, die ihrerseits zwei Kinder (Gaia und Servius) hat; den Sohn Seius, der allerdings emanzipiert wurde; und den Sohn Aulus. Aulus hatte einen Bruder Titus, der im Krieg gefallen ist. Dieser Bruder war mit Secunda verheiratet, aus der Verbindung entstammt der zehnjährige Marcus. Aulus, dessen Frau bereits verstorben ist, hat einen ehelichen Sohn namens Manlius. Außerdem hat Aulus väterlicherseits noch einen alten Onkel, Marius, und eine Tante, Claudia. Weitere Verwandte sind nicht vorhanden. Wer sind die Erben?

6 Iul. D. 50, 17, 62; Gaius D. 50, 16, 24.

7 Iul. D. 45, 1, 61; ebenso § 311b IV BGB für Nachlass eines noch lebenden Dritten.

8 Vgl. Inst. 2, 14, 5.

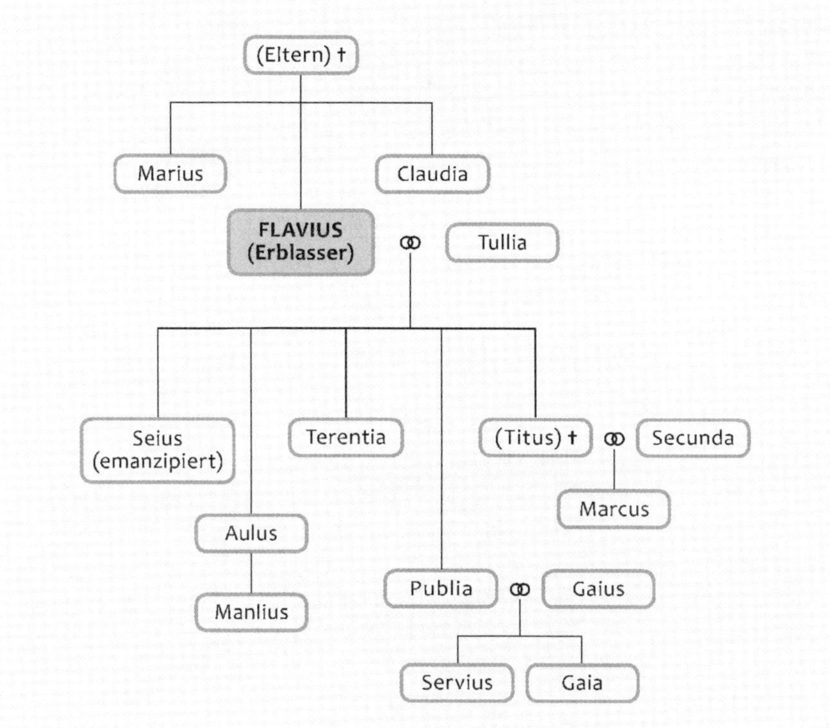

4.2.1 Das Erbrecht der *sui heredes*: Römisches Familienrecht und die *patria potestas*

Nach *ius civile* sind als Haus- oder Eigenerben[9] *(sui heredes)* alle freien Personen berufen, die mit dem Tod des Gewalthabers gewaltfrei und damit privatrechtlich selbstständig *(sui iuris)* werden. Um festzustellen, was dieser Satz bedeutet und welche Personen dies sind, müssen wir einen Blick ins römische Familienrecht werfen. Die römische Familie ist streng hierarchisch gegliedert. An ihrer Spitze steht der Hausvater *(pater familias)*, dessen unbeschränkte Hausgewalt *(patria potestas)* alle seine ehelichen Kinder sowie die Kinder der Söhne umfasst: die Hauskinder. Diese Gewaltunterworfenheit bedeutet Vermögensunfähigkeit, nicht anders als bei Sklaven. Alles Erworbene (durch Rechtsgeschäft oder durch Erbschaft) fällt dem Hausvater zu. Er allein ist *sui*

9 Zum ganzen Gai. 3, 1–24.

iuris, eigenen Rechts und vermögensfähig; alle anderen sind *alieni iuris,* einer anderen, nämlich der hausväterlichen Rechtssphäre unterworfen und vermögensunfähig. Auch freigeborene Kinder können damit kein Eigentum haben (*Verpflichtungsgeschäfte* von Hauskindern haben wir oben betrachtet bei der Behandlung der römischen „Stellvertretung"[10]). Mit Minderjährigenschutz oder Geschäftsfähigkeit hat dies nichts zu tun (dem nicht geschäftsfähigen Gewaltfreien wird ein Vormund bestellt): Auch ein Volljähriger bleibt Hauskind, solange der *pater familias* lebt; umgekehrt kann bereits ein Säugling *sui iuris* sein. Die *patria potestas* ist umfassend. Sie betrifft nicht nur die vermögensrechtliche Seite, sondern schließt die Befugnis zum Abhalten eines Hausgerichts zur Ausübung der Strafgewalt und sogar das *ius vitae necisque* ein, das Recht, über Leben und Tod der Hausangehörigen entscheiden zu dürfen[11]. Diese Macht ist jedoch durch gesellschaftliche Konvention[12] und (in republikanischer Zeit) die Aufsicht des Zensors eingeschränkt. Wir sahen bereits, wie stark diese außerrechtlichen Bindungen in Rom sind, deren Missachtung sich die wenigsten leisten können[13], daher muss auch dieses drastische Recht in den gesellschaftlichen Gesamtzusammenhang eingeordnet werden. Lediglich in der Ausübung öffentlicher Ämter ist der Sohn von der *patria potestas* befreit[14]. Diese absolutistisch-monarchische, geradezu gottgleiche[15] Gewalt des römischen *pater familias* erstaunt nicht nur den modernen Betrachter, sondern wurde bereits in der Antike als römisches Spezifikum vermerkt[16]. Die Vermögensunfähigkeit der Kinder wird erst im Laufe der Zeit durchbrochen. Unter Augustus wird der als Soldat dienende Haussohn immerhin Eigentümer seines Soldes und seiner Beuteanteile *(peculium castrense).* Unter Konstantin, also im 4. Jahrhundert n. Chr., erweitern sich die Eigentumsmöglichkeiten, wenn auch in der Regel mit väterlichem

---

10 S. 177.

11 Ein Beispiel bei Livius, 2, 41, 10.

12 Vgl. Marci. D. 48, 9, 5: *Patria potestas in pietate debet, non atrocitate consistere* – „Die *patria potestas* muss in liebevoller Zuneigung bestehen, nicht in unbeugsamer Strenge". Ähnlich äußern sich die Dichter: Terenz, Adelphoe 58, und Phaedrus, 3, 15, die beide den Eltern empfehlen, Güte walten zu lassen statt Strenge und furchteinflößenden Verhaltens.

13 *Baldus*, AcP 210 (2010), 2, 12.

14 Pomp. D. 1, 6, 9. Die damit einhergehenden protokollarischen Probleme behandelt eine hübsche Andekdote bei Gellius, noct. Att. 2, 2, 13: Wer muss als der Rangniedrigere vom Pferd steigen, wenn ein römischer Magistrat seinem Vater begegnet? Der Vater, denn der römische Staat geht schließlich über alles.

15 Cicero, Planc. 12, 29.

16 Vgl. Gai. 1, 55.

Nießbrauchsrecht, erst unter Justinian wird im Prinzip die Vermögensfähigkeit der Hauskinder erreicht.

Die Hausgewalt endet mit dem Tod des *pater familias*. Die männlichen Nachkommen (Söhne bzw. Enkel, wenn ihr Vater nicht mehr lebt und der Groß- oder gar Urgroßvater die Hausgewalt innehatte) werden selbst zum *pater familias* und üben nun ihrerseits die Hausgewalt aus, unverheiratete Töchter erlangen dagegen lediglich die Gewalt über sich selbst, sie werden *sui iuris* (zur Rechtsstellung verheirateter Frauen sogleich). Die *patria potestas* kann auch rechtsgeschäftlich begründet und v. a. beendet werden. Hier leistet die *mancipatio* wieder einmal nützliche Dienste. Der Vater kann sein Hauskind veräußern. Entlässt der Erwerber es aus seiner Gewalt *(manumissio)*, fällt es wieder in die Hausgewalt des Vaters zurück. Die XII Tafeln legen fest, dass dies nur dreimal geschehen darf, danach wird das Hauskind frei.

XII 4, 2
Si pater filium ter venum duit, filius a patre liber esto.
Wenn der Vater den Sohn dreimal verkauft hat, soll der Sohn vom Vater frei sein.

Daraus wird das Institut der *emancipatio*[17] entwickelt. Der emanzipierte Haussohn wird nach dreimaliger (die Tochter nach einmaliger) Manzipation mit jeweils anschließender Freilassung *sui iuris*, die rechtlich relevante Verwandtschaft erlischt. Auch die *emancipatio* ist Produkt der pontifikalen Jurisprudenz. Erneut zeigt sich die juristische Phantasie und Originalität dieser Priesterjuristen, wenn es darum ging, mit dem vorgefundenen Normenbestand der XII Tafeln, der ursprünglich ganz andere Zwecke gehabt haben wird (hier den Jugendschutz), neue gesellschaftliche Herausforderungen rechtlich zu bewältigen (hier die offenbar als Bedürfnis erkannte Befreiung von der väterlichen Gewalt zu Lebzeiten des *pater familias*). Das emanzipierte Kind gilt als verstorben, seine Kinder rücken in der Erbfolge nach (wird also ein Sohn emanzipiert, der seinerseits bereits Kinder hat, fallen diese nun nicht in seine Gewalt, sondern bleiben in derjenigen des emanzipierenden Großvaters). Umgekehrt kann dieses Institut in Verbindung mit der *in iure cessio* zur Adoption eines Hauskindes genutzt werden[18]: Nach dreimaliger Veräußerung und anschließender Freilassung behauptet der Adoptierende vor dem Prätor, dass das Kind das seine sei, der Vater (oder ein Dritter, dem

17 Gai. 1, 132 (Q27).

18 Die Annahme an Kindes statt eines Gewaltfreien erfolgte in alter Zeit vor der Volksversammung bzw. später vor Vertretern der Volksversammlung (*adrogatio* – Hinzubefragung).

das Kind manzipiert wurde) unterlässt vereinbarungsgemäß die Gegenbehauptung, und das Kind wird dem Adoptierenden zugesprochen.

Wir können also nach der Betrachtung der *patria potestas* festhalten: Eheliche, nicht emanzipierte Kinder des *pater familias* sind immer als *sui heredes* qualifiziert; dazu zählen auch nachgeborene Kinder *(postumi)*, die in die Gewalt des Hausvaters und Erblassers zu dessen Lebzeiten gefallen wären.

4.2.2 Agnatische und kognatische Verwandtschaft

Damit ist der Kreis der *sui heredes* aber noch nicht abschließend beschrieben. Denn außer den Kindern des Erblassers kommen noch weitere Familienangehörige in Frage. Allerdings sind dies nicht einfach wie heute alle weiteren Abkömmlinge, denn die Verwandtschaft nach römischem *ius civile* unterscheidet sich erheblich von unserem heutigen System. Wir stellen auf die Blutsverwandtschaft ab (§ 1589 BGB), diese wird auch kognatisch genannt. Anders das römische Recht: Hier zählt allein die Verwandtschaft *im Mannesstamm,* auch *agnatisch* genannt: Die Verwandtschaft muss durch eine Person männlichen Geschlechts vermittelt werden[19]. Die agnatisch Verwandten sind alle Personen, die unter der Gewalt eines gemeinsamen Hausvaters stehen oder stünden, wenn dieser noch leben würde. Das Prinzip entstammt der beschriebenen archaischen Gliederung der römischen Gesellschaft in Hausverbände, an deren Spitze der jeweils allein rechtsfähige *pater familias* steht. Damit sind alle ehelichen Kinder des *pater familias* mit diesem verwandt, von den Enkeln aber nur die Kinder der Söhne, nicht diejenigen der Töchter. Frauen können selbst durchaus agnatische Verwandte *sein,* sie können diese Verwandtschaft aber nicht *weitergeben.* Da sie keine *patria potestas* ausüben können und mit ihrem Tod niemand gewaltfrei wird, haben Frauen auch keine *sui heredes.* Sie selbst erben zwar (mit gleichem Anteil wie ihre Brüder), aber ihre Kinder erben nicht nach dem mütterlichen Großvater, sondern nur nach dem väterlichen Großvater, mit dem alleine sie agnatisch verwandt sind. Nichteheliche Kinder sind mit dem Vater nicht verwandt (im klassischen Recht gibt es auch keine Anerkennung); da die Mutter weder die Familiengewalt haben noch vermitteln kann (also auch keine *patria potestas* des Großvaters), sind sie mit Geburt *sui iuris.* Kinder, die durch *emancipatio* oder *adoptio* ausgeschieden sind, verlieren die agnatische Verwandtschaft und damit ihr Erbrecht nach der Herkunftsfamilie. Mit dem Erblasser agnatisch verwandt sind in Fall 15 also seine Kinder mit Ausnahme des

19 Gai. 1, 156.

emanzipierten Seius, seine Enkel Manlius und Marcus, nicht aber Gaia und Servius, die Kinder seiner Tochter Publia; außerdem seine eigenen Geschwister, Marius und Claudia, denn sie stünden, lebte ihr Vater noch, alle unter dessen *patria potestas*. Sie sind als agnatische Seitenverwandte aber keine *sui heredes* und haben, solange solche vorhanden sind, kein gesetzliches Erbrecht.

Nach dem Gesagten erweitert sich der Kreis der potentiellen *sui heredes* also auf die agnatisch verwandten weiteren Abkömmlinge des Erblassers. Diese erben allerdings nur, wenn ihr Vater zum Zeitpunkt des Erbfalles nicht mehr lebt. Denn in einem Stamm schließt der Gradnähere (Sohn des Erblassers) den Gradferneren (Enkel des Erblassers) von der Erbfolge aus. Man nennt dies Repräsentationsprinzip (vgl. § 1924 II BGB).

4.2.3 Die familienrechtliche Stellung der Ehefrau

Eine Sonderstellung nimmt die Ehefrau ein. Das römische Recht kennt zwei Arten der Ehe mit unterschiedlichen vermögens- und personenrechtlichen Folgen. Die *manus*-Ehe (von lat. Hand, die beherrschende wie schützende) ist die altrömische Form, mittels derer der Ehemann die Hausgewalt über die Ehefrau *(uxor in manu)* erwirbt. Diese erhält die Rechtsstellung einer Haustochter, sie steht *filiae loco.* Hat sie Vermögen, fällt dieses an den Mann bzw. dessen *pater familias.* Die *manus* wird erworben durch *confarreatio* (ein feierlicher sakraler Akt unter Mitwirkung des Jupiterpriesters *flamen dialis)* oder *coemptio* (eine weitere Anwendung der Manzipationsform)[20]. Bei der *manus*-freien Ehe ändert sich der familienrechtliche Status der Frau dagegen nicht. Lebt ihr Vater (oder Großvater) noch, verbleibt sie in dessen *patria potestas;* ist sie bei Eheschließung *sui iuris,* so bleibt sie es auch weiterhin. Die Frau muss nur einmal im Jahr wachsam sein. Denn auch bei anfänglich freier Ehe ersitzt der Ehemann die *manus* nach einem Jahr, wenn die Frau nicht in dieser Zeit drei Nächte außer Haus verbracht hat. Dieses archaische Institut des *trinoctium* wurde ebenfalls auf die XII Tafeln zurückgeführt[21], ein weiteres Beispiel der Modifikation vorgefundener Rechtsinstitute durch das erste Gesetz Roms. Es ermöglicht die dauerhafte *manus*-freie Ehe. Zur Fristberechnung berichtet Gellius[22] von einem Gutachten des Q. Mucius Scaevola, gewohnt streng und unbeugsam: Eine Frau lebt seit dem 1.1. bei ihrem Mann; am 29.12. verlässt sie für drei Nächte das Haus. Es braucht nicht viel Phantasie, um

20 Gai. 1, 110 ff.

21 Gai. 1, 111.

22 Gellius, noct. Att. 3, 2, 12 f.

sich die Begleitumstände vorzustellen; es wird ihr vermutlich siedend heiß eingefallen sein – aber noch rechtzeitig mit der Folge, dass ihre Ehe *manus*-frei bleibt? Nein, denn die zweite Hälfte der dritten Nacht fällt schon ins neue Kalenderjahr, und damit sind die Voraussetzungen, die den *manus*-Erwerb durch den Ehemann ausschließen, nicht erfüllt. Für die betroffene Frau wäre es vermutlich kein Trost gewesen, wenn sie gewusst hätte, dass die freie Ehe schon in spätrepublikanischer Zeit zur Regel wird und sich in der weiteren Entwicklung auch niemand mehr auf die Ersitzung beruft.

Nun ist die *manus*-Ehe nicht durchweg negativ für die betroffene Frau, denn immerhin erwirbt sie damit die Erbberechtigung in der Familie ihres Mannes; der Nachteil liegt wiederum im Verlust des eigenen Vermögens sowie der Erbberechtigung in der Herkunftsfamilie. In der freien Ehe herrscht strikte Gütertrennung. Dem römischen Recht ist es besonders wichtig, dass es durch die *manus*-freie Ehe nicht zur Vermischung der Vermögen der beiden beteiligten Familien kommt, insbesondere nicht das Vermögen der Familie der Frau in die Mannesfamilie übergeht. Dem dient auch eine bereits erwähnte und uns besonders befremdlich anmutende Regel: das – mit Nichtigkeitssanktion belegte – Verbot der Schenkung unter Ehegatten. Dieses Verbot gilt nicht nur für die Ehegatten, sondern erstreckt sich auch auf alle Personen beider Hausverbände. Lediglich Schenkungen aus Anstandspflicht oder zum Unterhalt sind wirksam; ebenso Schenkungen vor und nach der Ehe und auf den Todesfall.

Ein rechtliches Formgebot der Ehe gibt es – abgesehen von den oben erwähnten altertümlichen Formen zur Begründung der *manus* – nicht, nur Brauchtum (z. B. das bis heute bekannte Tragen der Braut über die Türschwelle). *Nuptias non concubitus, sed consensus facit*[23] – „Konsens begründet die Ehe, nich Vollzug". Die Ehe kann auch jederzeit frei und durch eine Seite wieder geschieden werden, ohne Begründung und ohne irgendwelche Formalitäten[24]; vertragliche Verpflichtungen zur Eingehung oder Aufrechterhaltung der Ehe sind unwirksam. *Libera matrimonia antiquitus placuit* – „Seit jeher ist die Ehe frei"[25]. So frei, dass man in der späten Republik beginnt, sich ob der ständigen Scheidungen Sorgen zu machen und den Bürgern die Bedeutung des

23 Ulp. D. 50, 17, 30. Der Satz ist allerdings eine justinianische und mittelalterliche schlagwortartige Verkürzung; er entstammt eigentlich dem Vermächnisrecht und betrifft die Frage des Eintretens der Bedingung „wenn die Frau in die Familie heiratet": *Baldus,* AcP 2010 (2010), 22 f.

24 Bei der *manus*-Ehe bedarf es allerdings der formalen Aufhebung der Ehe*gewalt* durch *remancipatio.*

25 C. 8, 38, 2.

Ehestandes einzuschärfen[26]; Augustus verordnet später gar die Ehepflicht. Ausgehend vom einstigen „Brautkauf" hätte man, so *Mommsens* süffisanter Vorschlag, der korrekten Bezeichnung willen irgendwann eigentlich die „Ehemiete" einführen müssen[27].

4.2.4 Die *sui heredes* im Ausgangsfall

Nun können wir die Erben des Flavius aus Fall 15 nach *ius civile* bestimmen:

- Tullia, die Witwe des Erblassers, hatte keine *manus*-Ehe geschlossen und stand daher niemals in der Gewalt ihres Ehemannes, sondern in der ihres *pater familias* bzw. war nach dessen Tod gewaltfrei. Dann erbt sie nach *ius civile* auch nicht von ihrem Ehemann, sondern lediglich in ihrer Herkunftsfamilie.
- Aulus wird gewaltfrei. Sein Sohn Manlius fällt nun unter seine *patria potestas* und wird nach dem Repräsentationsprinzip von ihm in der Erbfolge nach seinem Großvater ausgeschlossen.
- Marcus wird ebenfalls gewaltfrei, da er keinen Vater mehr hat, auf den die *patria potestas* des verstorbenen Großvaters und Erblassers übergehen könnte; seine Mutter Secunda kommt als Frau dafür nicht in Frage. Er ist noch minderjährig, das Mündigkeitsalter liegt für Jungen bei 14, für Mädchen bei 12 Jahren (wobei uneingeschränkte Geschäftsfähigkeit damit freilich noch nicht verbunden ist). Das ist für die Erlangung der Gewaltfreiheit (Rechts- bzw. Vermögensfähigkeit) aber irrelevant.
- Bei seiner Mutter Secunda, der Schwiegertochter des Erblassers, kommt es wieder darauf an: War sie *uxor in manu* des verstorbenen Titus, teilt sie den auf diesen Stamm entfallenden Anteil mit ihrem Sohn Marcus, da sie erbrechtlich wie eine Tochter ihres vorverstorbenen Mannes und somit wie eine Schwester ihres Sohnes steht. War sie gewaltfrei oder untersteht sie noch der Gewalt ihres Vaters (Großvaters), erbt sie nichts.
- Terentia wird mit dem Tod ihres Vater *sui iuris.*
- Publia ist nicht in *manus*-Ehe verheiratet, daher wird sie gewaltfrei und erbt (wäre sie dagegen in *manus*-Ehe verheiratet, erbte sie nur nach ihrer Schwiegerfamilie, s. o.). Wäre Publia dagegen schon vorverstorben, würden ihre Kinder hier nichts erben, weil diese nicht agnatisch mit ihrem Großvater mütterlicherseits, dem Erblasser, verwandt sind; denn Frauen können die agnatische Verwandtschaft nicht weitergeben. Die Erbschaft entfiele dann nur auf die anderen Stämme.

26 Gellius, noct. Att. 1, 6.

27 *Mommsen,* Bd. 3, S. 417.

- Seius hat mit der Emanzipation sein Erbrecht verloren.
- Onkel Marius und Tante Claudia erben nicht, weil *sui heredes* vorhanden sind.

Der Erbteil bestimmt sich nach Stämmen, nicht nach Köpfen. Alle (ehelichen) Abkömmlinge des Erblassers bilden jeweils einen Stamm (vgl. § 1924 III BGB, allerdings nicht identisch, da das BGB keine agnatische Verwandtschaft kennt). Jeder Stamm erhält den gleichen Teil. In unserem Fall gibt es vier Stämme: Aulus, Terentia, Publia und sowie der vorverstorbene Titus, pro Stamm also ein Viertel der Erbschaft. Es erben damit zu gleichen Teilen Aulus, Terentia und Publia. Beim letzten Stamm kommt es wie oben gezeigt auf die Art der Ehe an: Bei freier Ehe der Secunda erhält Marcus ein Viertel der Erbschaft, während sie selbst leer ausgeht. Bei *manus*-Ehe steht Secunda einer Tochter ihres Mannes gleich und damit auf gleicher Stufe wie ihr Sohn Marcus. Da sie beide in den Stamm des vorverstorbenen Titus eintreten, teilen sie sich den auf diesen entfallenen Anteil der Gesamterbschaft (ein Viertel) zu gleichen Teilen; damit werden sie zu je ein Achtel Erbe. Alle Erben bilden eine Erbengemeinschaft bis zur einverständlichen oder gerichtlich durchgesetzten Erbteilung.

4.2.5 Das Erbrecht der *extranei heredes*

Abwandlung 1:

Flavius ist kinderlos gestorben.

Sind keine *sui heredes* vorhanden, weil der Erblasser keine agnatischen Abkömmlinge hatte (wie immer auch beim Tod einer gewaltfreien Frau), sind die *extranei heredes* zur Erbfolge berufen, die Außenerben; dies sind die nächsten Agnaten *(proximi adgnati)*. Diese Regelung führten die XII Tafeln ein, um zu verhindern, dass der Nachlass eines ohne Eigenerben gestorbenen Erblasser herrenlos wurde.

> XII 5, 4–5
> *Si intestato moritur, cui suus heres nec escit, adgnatus proximus familiam habeto. si adgnatus nec escit, gentiles familiam habento.*
> Wenn einer, der keinen Hauserben hat, ohne Testament stirbt, soll der nächste Agnat das Familiengut haben. Ist kein Agnat vorhanden, sollen die Gentilen das Familiengut haben.

Die Gentilen sind der Sippenverband, der sich auf den gemeinsamen, meist legendären, Stammvater beruft (z. B. *gens Iulia);* aus den Oberhäuptern der *gentes* setzte sich einstmals der Senat zusammen. Das Gentilenerbrecht kommt aber später, schon in der Klassik, außer Übung. Die Auswahl der Erbberechtigten unter den Agnaten richtet sich nach dem Verwandtschaftsgrad, der wie heute durch die Anzahl der sie vermittelnden Geburten bezeichnet wird *(tot gradus quot generationes,* vgl. § 1589 I 3 BGB). Erbberechtigt ist der Agnat, der durch die kleinste Anzahl vermittelnder Geburten mit dem Erblasser verwandt ist. Er schließt die Gradferneren aus. Es gilt nicht (wie bei den Hauserben) das Stammesprinzip. Ist der Gradnächste vorverstorben, werden nicht etwa seine Kinder berufen (wie im BGB), sondern der im Grade danach kommende Agnat. Mehrere gleich nahe Agnaten teilen sich die Erbschaft nach Köpfen. In der Abwandlung eines kinderlosen Erblassers würden also Marius und Claudia als mit dem Erblasser im selben Grad agnatisch Verwandte je zur Hälfte erben.

Abwandlung 2:

Nicht Flavius, sondern Aulus ist der Erblasser, er war Einzelkind und hatte keine Kinder.

Die Agnaten des Aulus sind Onkel Marius und Tante Claudia; sein Vater muss schon verstorben sein, auch wenn der Sachverhalt in der Abwandlung dies nicht ausdrücklich mitteilt: Denn sonst wäre Aulus, abgesehen von der ebenfalls nicht erwähnten Möglichkeit einer *emancipatio,* im Zeitpunkt seines Todes ja gar nicht vermögensfähig gewesen und hätte rechtlich auch nichts zu vererben gehabt. Nach den oben geschilderten Grundsätzen wären hier wiederum die beiden je zur Hälfte Erben. Aber: Tanten, Cousinen oder Nichten, also weibliche Verwandte im Mannesstamm ab dem dritten Grad, die eigentlich „perfekt agnatisch" wären, werden in restriktiver (von Justinian später beseitigter) Auslegung der XII Tafeln von der Erbfolge ausschlossen, sie können nicht als *agnatus proximus* erben (Onkel, Cousins und Neffen dagegen schon). Danach erbt Onkel Marius alleine.

4.3 Die Modifikation der zivilen Erbfolge durch das prätorische Recht

Die bisher dargestellten Grundsätze sind die des althergebrachten *ius civile,* der XII Tafeln. Die Prätoren greifen in diese Erbfolge aber massiv ein und schaffen eine eigene prätorische Ordnung[28]. Diese berücksichtigt stärker Blutsverwandte und Ehegatten.

28 Gai. 3, 25–38.

Es ist derselbe Mechanismus, den wir oben schon beim bonitarischen Eigentum gesehen haben[29]. Das prätorische Recht legt sich als Rechtsschicht über oder neben das XII-Tafel-Recht; der Prätor wird *adiuvandi vel supplendi vel corrigendi iuris civilis gratia*[30] tätig, wobei hier eine gewisse Betonung auf das *corrigere,* die Korrektur, zu legen sein dürfte. Die prätorische Erbfolge heißt *bonorum possessio,* Nachlassbesitz: Wie der Prätor niemanden zum quiritischen Eigentümer machen kann, kann er auch keinen zivilen Erben – *heres* – kreieren:

Inst. 3, 9, 2

Quos autem praetor solus vocat ad hereditatem, heredes quidem ipso iure non fiunt (nam praetor heredem facere non potest: per legem enim tantum vel similem iuris constitutionem heredes fiunt, veluti per senatusconsultum et constitutiones principales): sed cum eis praetor dat bonorum possessionem, loco heredum constituuntur et vocantur bonorum possessores.

Diejenigen aber, die allein der Prätor zur Erbschaft beruft, werden zwar nach Zivilrecht nicht Erben (denn der Prätor kann keinen zum Erben machen; Erbe wird man nämlich nur durch Gesetz oder eine ähnliche Rechtsetzung, zum Beispiel durch Senatsbeschluss oder kaiserliche Konstitutionen). Wenn ihnen aber der Prätor den Nachlassbesitz erteilt, werden sie in die Stellung von Erben eingesetzt und Nachlassbesitzer genannt.

Das prätorische System besteht in der Einteilung in Klassen von Personen[31], die hintereinander berufen werden. Der Prätor setzt eine Frist; meldet sich innerhalb dieser Frist kein der jeweiligen Klasse Angehörender, um die Erbschaft zu beanspruchen, kommt die nächste Klasse zum Zuge. Für Eltern und Kinder beträgt die Frist ein Jahr, für alle anderen 100 Tage. Findet sich niemand, der die Erbschaft antreten will, leitet der Prätor auf Antrag der Nachlassgläubiger den Nachlasskonkurs ein. Die prätorische Erbfolge wurde entwickelt, um innerhalb gewisser Zeit einen sicheren Erben und damit jemanden zu haben, der den Erbschaftsgläubigern haftet[32].

In der ersten Klasse *unde liberi*[33] sind die (agnatischen) Abkömmlinge berufen; auch emanzipierte und adoptierte Kinder, nicht allerdings durch Adoption ausgeschiedene. Da emanzipierte Kinder im Gegensatz zu den in der Hausgewalt verbliebenen *sui iuris*

29 S. 90 f.

30 Oben S. 92.

31 Ulp. D. 38, 6, 1.

32 Ulp. D. 38, 9, 1 pr.

33 Zur Bezeichnung *unde:* „aus dem Teil des Edikts, (von wo) aus dem die Kinder berufen sind"; die Bezeichnung der Klassen stammt aus den Juristenschriften und stand so nicht im Edikt.

wurden und damit den Vorteil hatten, schon vor Erbfall eigenes Vermögen erwerben zu können, nun aber den gleichen Erbteil erhalten, müssen sie ihr eigenes Vermögen zugunsten ihrer Miterben einbringen, wenn sie den Antrag auf Erteilung der *bonorum possessio* stellen. Berücksichtigung finden nur (eheliche) Abkömmlinge des Mannes, da nur solche zählen, die beim Tod des Erblassers in dessen Gewalt stehen. Konsequenterweise gibt es nach einer Frau keine Klasse *unde liberi.* Der einzige Unterschied zur zivilen Erbfolge besteht also in der zusätzlichen Berücksichtigung der Emanzipierten, die es in klassischer Zeit in reicher Zahl gegeben haben muss. In Fall 15 würde also zusätzlich zu den Genannten auch Seius erben, der Anteil des Erbes reduziert sich dann pro Stamm auf ein Fünftel.

Die zweite Klasse *unde legitimi* enthält die Erbberechtigten nach den XII Tafeln. Die dritte Klasse *unde cognati* umfasst alle Blutsverwandten nach Männern und Frauen, auch nichteheliche Kinder nach der Mutter und Emanzipierte[34]. Adoptivverwandtschaft gilt wie Blutsverwandtschaft. Agnatische Verwandtschaft ist hier irrelevant, d. h. auch die durch Frauen vermittelte Blutsverwandtschaft zählt gleichberechtigt; Gradnähere schließen Gradfernere aus, Gleichnahe erben nach Köpfen.

In der vierten Klasse *unde vir et uxor* ist schließlich der Ehegatte berufen; dies betrifft nur die freie Ehe, da die Ehefrau in *manus*-Ehe die erbrechtliche Stellung einer Tochter des Erblassers hat und daher in der ersten und zweiten Klasse berufen ist. Der Grund dafür, dass Ehegatten in der prätorischen *bonorum possessio* so weit hinten stehen bzw. in der zivilen Erbfolge gar nicht berücksichtigt werden, liegt im Prinzip der Gütertrennung, das eine gegenseitige Begünstigung der Ehegatten wie gesehen generell ausschließt. Die Versorgung der überlebenden Ehefrau wird durch Eheschenkung bei Eingehung der Ehe und v. a. durch die *dos,* die „Mitgift", gesichert, die beim Tod des Ehemannes oder Scheidung an die Frau zurückfällt (und im Wege der *actio rei uxoriae* eingeklagt werden kann), ggf. unter Abzug von Verwendungen sowie weiterer Anteile bei Verschulden der Frau an der Scheidung. Während der Ehe dient die *dos* dem Unterhalt, sie ist Eigentum des Mannes, dem auch die Früchte zustehen, nicht der Frau. Eine rechtliche Pflicht zur Bestellung der *dos* besteht nicht, wohl aber eine gesellschaftliche. Wenn im Ausgangsfall kein Angehöriger der vorrangigen Klassen die *bonorum possessio* beantragt, kann Tullia dies am Ende tun.

In Abwandlung 1 des Ausgangsfalles (Flavius als kinderloser Erblasser) erben danach Marius und Claudia als Angehörige der zweiten Klasse, wenn sie die Antragsfrist ein-

34 Modestin führt die Beachtung der Blutsverwandtschaft auf das *ius naturale* zurück, Mod. D. 38, 10, 4, 2; zum *ius naturale* vgl. auch Ulp. D. 1, 1, 1, 3.

halten[35]. In Abwandlung 2 (Aulus als kinder- und geschwisterloser Erblasser) erbt in der zweiten Klasse nur Onkel Marius, da der Ausschluss von Tante Claudia nach *ius civile* (s. o.) auch hier beachtet wird. Wird die Antragsfrist durch die Angehörigen der vorrangigen Klassen nicht gewahrt, kann Tullia in Abwandlung 1 als Witwe des Flavius (vierte Klasse), in Abwandlung 2 als Mutter des Aulus (dritte Klasse) die Erteilung des prätorischen Nachlassbesitzes beantragen.

Der prätorische Nachlassbesitzer steht wie gesehen nur *heredis loco,* wie ein Erbe. In die Klageformel wird, um ihn berücksichtigen zu können, wie bei der *actio Publiciana* oder der *actio de peculio* eine Fiktion eingeschoben („wenn er Erbe wäre"). Die prätorische Erbfolge beseitigt die zivile nicht. Zur Konkurrenz kann es kommen, wenn der zivile Erbe mit seiner Erbenstellung zufrieden ist und keinen Antrag beim Prätor stellt, aber nachrangige Klassen nach prätorischem Erbrecht dies tun. In manchen Fällen setzt sich die prätorische *bonorum possessio* durch, in diesen Fällen spricht man davon, dass der Prätor sie *cum re* gewährt, d. h. mit Sachzugriff (dauerhaft). Muss dagegen der prätorische Erbe die Erbschaft an den zivilen Erben wieder herausgegeben, war diese nur *sine re* erteilt (ohne Dauerwirkung). Die Einzelheiten und verschiedenen Fallkonstellationen sollen hier nicht vertieft werden[36].

4.4 Weitere Entwicklung

Die weitere Entwicklung des Intestaterbrechts ist durch die immer stärkere Berücksichtigung der Blutsverwandtschaft gekennzeichnet. Dies zeigt sich bei der Erbfolge zwischen Mutter und Kind. Eine zivile Erbfolge gibt es hier nur bei *manus*-Ehe, also bei agnatischer Verwandtschaft zur Mutter. Denn dann steht die Mutter agnatisch wie eine Schwester zu ihren Kindern, und sie beerben sich gegenseitig als *proximi agnati.* Aus einer gewaltfreien Ehe oder unehelich Geborene sind nach prätorischem Recht immerhin in der Klasse der *cognati* berufen, was aber nichts hilft, wenn vorrangige Klassen, v. a. die *unde legitimi,* das Erbe beanspruchen. Genau diesen Fall haben wir gerade gesehen: Tullia als Mutter des verstorbenen Aulus ist in Fallabwandlung 2 nach-

35 Außerdem wären sie als Blutsverwandte auch in der dritten Klasse berechtigt, können dies aber nicht mehr beantragen, wenn sie die Frist für die zweite Klasse haben verstreichen lassen; *Schulz,* CRL, Rn. 421.

36 Dazu Gai. 3, 35 ff.

rangig hinter Onkel Marius. Ein – ziviles – Erbrecht wird endlich durch zwei kaiserzeitliche Senatsbeschlüsse Mitte/Ende des 1. Jahrhunderts geschaffen.

Justinian regelt durch Einteilung in Klassen die gesetzliche Erbfolge dann grundlegend neu, insbesondere durch Abschaffung der Unterscheidung *heres/bonorum possessor* und die endgültige Ersetzung der Agnation durch die Blutsverwandtschaft. Er führt die „Quart der armen Witwe“ ein: Sie erbt ein Viertel neben Kindern, wenn sie nicht ehegüterrechtlich versorgt ist.

Das gesetzliche Erbrecht des BGB beruht auf dem Parentelsystem. Es gliedert die Verwandten in Ordnungen (Parentelen, von *parentes* – „Eltern“), deren Mitglieder sich auf der jeweiligen Etage des Familienstammbaums auf dieselben Vorfahren zurückführen lassen. Dies beginnt bei jeder Parentel von Neuem: Die erste Parentel (Ordnung) geht vom Erblasser aus (§ 1924 BGB), die zweite von dessen Eltern (§ 1925 BGB) usw. Neben dem gesetzlichen Erbrecht des Ehegatten erkennen wir zwei Elemente aus dem römischen Recht wieder: zum einen die Einteilung der Verwandten in Gruppen, von denen die jeweils im Rang vorgehende die Mitglieder der im Rang nachgehenden ausschließt (§ 1930 BGB), und zum anderen die Erbfolge nach Stämmen, in Rom nur für Abkömmlinge des Erblassers, jetzt allgemein geltend.[37] Das Gradualsystem, das auf die verwandtschaftliche Nähe zum Erblasser abstellt und das die Römer für die Erbfolge der *proximi agnati* anwenden, gilt im BGB erst ab der vierten Ordnung, § 1928 III BGB; innerhalb der ersten drei Ordnungen ist die Gradnähe zum Erblasser irrelevant. Dies dient der Bevorzugung der jüngeren Generation.

Exkurs: Die rechtliche Position der römischen Frau

Hier ist anlässlich der von Justinian verfolgten, bereits wiederholt erwähnten Rechtspolitik vielleicht der geeignete Ort für einige kurze, bei weitem nicht erschöpfende Bemerkungen zur Thematik, nachdem wir manches schon im Erbrecht und im Eherecht gesehen haben. Zunächst soll hier zu einer weiteren Institution nachgetragen werden, der Geschlechtsvormundschaft über Frauen *(tutela mulierum).* Im klassischen Recht standen Frauen, die *sui iuris* waren, unter Vormundschaft *(tutor mulieris),* die sich auf förmliche Geschäfte, das Eingehen von Schulden und Verfügungen über *res mancipi* bezog. Oftmals wurde dies aber in der Praxis schlicht nicht beachtet; als Beispiel für die wirtschaftliche Bewegungsfreiheit der (vermögenden) römischen Frau wird immer Ciceros Gattin Terentia angeführt, eine ebenfalls gute Bekannte aus seinen Briefen. Augustus schwächte die Tutel durch Gesetze weiter ab. Die Vormundschaft

---

37 *Harke,* § 19, Rn. 7.

über Frauen verschwand dann bereits in nachklassischer Zeit. Allerdings verbot das *SC Vellaeanum*[38] aus der Mitte des 1. Jahrhunderts n. Chr. Frauen die Interzession, d. h. die Eingehung von Verbindlichkeiten im Interesse Dritter, wie z. B. Bürgschaften. Diese Geschäfte waren nach Zivilrecht gültig, aber es konnte eine *exceptio* erhoben werden. Diese Rechtslage galt in Deutschland bis 1900.

Eine „emanzipierte" (im modernen Sinne des Wortes!) Sichtweise vertritt Gaius:

Gai. 1, 190
Feminas vero perfectae aetatis in tutela esse fere nulla pretiosa ratio suasisse videtur. nam quae vulgo creditur, quia levitate animi plerumque decipiuntur et aequum erat eas tutorum auctoritate regi, magis speciosa videtur quam vera; mulieres enim quae perfectae aetatis sunt, ipsae sibi negotia tractant, et in quibusdam causis dicis gratia tutor interponit auctoritatem suam; saepe etiam invitus auctor fieri a praetore cogitur.
Dass aber volljährige Frauen unter Vormundschaft stehen, dazu dürfte kaum ein gewichtiger Grund geraten haben; denn wenn man gemeinhin glaubt, dass Frauen wegen ihrer Leichtfertigkeit häufig betrogen würden und es deshalb angemessen sei, dass sie durch die Zustimmung ihres Vormunds geleitet würden, so ist das wohl eher ein scheinbarer und kein wahrer Grund. Volljährige Frauen führen ihre Geschäfte nämlich selbst, und in einigen Fällen gibt ein Vormund nur der Form halber seine Zustimmung, und er wird auch oft vom Prätor gegen seinen Willen zur Zustimmung gezwungen.

Dem werden heutige Leserinnern und Leser vorbehaltlos zustimmen.

Stadtrömische Grabinschriften überliefern im Übrigen viele berufliche Tätigkeiten von Frauen, zum Teil auch hochangesehene wie Sekretärin, Bibliothekarin, Stenotypistin, Vorleserin und in einem Fall sogar eine Philosophin[39]. Juristinnen sind uns nicht überliefert. Der römische Komödiendichter Titinius (ein Zeitgenosse des Plautus, 3./2. Jahrhundert v. Chr) soll eine Komödie mit dem Titel „Die Juristin" *(iurisperita)* geschrieben haben. Vielleicht wird man sich die darin enthaltenen Witze wie in den erhaltenen thematisch einschlägigen griechischen Komödien des Atheners Aristophanes vorzustellen haben[40]. Die Ausübung öffentlicher Ämter war Frauen generell nicht gestattet. Der spätklassische Jurist Paulus kritisiert dies allerdings, ebenfalls erstaunlich

38 Ulp. D. 16, 1, 2, 1.

39 *Kolb,* Rom, 2. Aufl. 2002, S. 488 ff.

40 Wie z. B. in den „Ekklesiazusen" (aufgeführt 391 v. Chr.), in der die athenischen Frauen als Männer verkleidet die Volksversammlung (ekklesia) kapern, um die Regierung zu übernehmen.

modern anmutend: Der Ausschluss der Frauen beruhe keineswegs auf einem Mangel an Urteilsfähigkeit, sondern allein auf der Tradition[41]. Ebenso modern erscheint die im Zusammenhang mit der Strafbarkeit wegen Ehebruchs von Ulpian geäußerte Kritik an der Doppelmoral unterschiedlicher Maßstäbe der ehelichen Treue für Männer und Frauen[42].

Justinian, der „frühe Vorkämpfer der Gleichberechtigung"[43], wertete die Rechtsstellung der Frau auf. So beseitigte er, wie schon gesehen, in der gesetzlichen Erbfolge die Zurücksetzung der weiblichen Agnaten im dritten Grad[44]. Ein weiteres Beispiel ist die Aufhebung des *SC Claudianum* (54 n. Chr.); danach wurde eine Freie, die sich in einen fremden Sklaven verliebte und an dieser Liebe festhielt, selbst Sklavin des Eigentümers, dem auch ihr Vermögen zufiel. Dies war für Justinian *indignum nostris temporibus,* „heutiger Zeit unwürdig"[45]. Vermutlich hat ihn seine Gattin Theodora dabei unterstützt, die eine ganz besondere Persönlichkeit gewesen sein muss und deren Einfluss auch auf die Politik durchaus bezeugt ist; Justinian selbst nannte sie seine „von Gott gegebene Beraterin" und Mitregentin, *consors imperii*[46]. Eine Gleichberechtigung der Geschlechter erreicht die Spätantike freilich nicht[47], genauso wenig wie die folgenden Zeiten.

4.5 Erbfolge durch Testament

Fall 16 (Fortsetzung von Fall 15)

Nach längerem Suchen findet sich doch ein Testament, das eigenhändig von Flavius geschrieben wurde. In ihm setzt er seine unverheiratete Tochter Terentia zur Alleinerbin ein, um ihre Versorgung sicherzustellen. Publia erhält eine wertvolle attische Vase aus dem *triclinium* (Esszimmer). Weitere Bestimmungen enthält das Testament nicht.

41 Paul. D. 5, 1, 12, 2.

42 Ulp. D. 48, 5, 14, 5: *Periniquum videtur esse, ut pudicitiam vir ab uxore exigat, quam ipse non exhibeat* – „Höchst ungerecht erscheint es doch, dass der Mann von der Frau Sittsamkeit verlangt, die er selbst nicht zeigt".

43 *Liebs,* S. 144.

44 Inst. 3, 2, 3–3b.

45 Inst. 3, 12, 1. Zu diesen und weiteren einschlägigen Regeln der Institutionen *Meincke,* S. 57 ff.

46 *Demandt,* Geschichte der Spätantike, 3. Aufl. 2018, S. 167.

47 Deutlich ausgesprochen von Pap. D. 1, 5, 9.

4.5.1 Form

Altrömische Formen[48] des Testaments waren das *testamentum calatis comitiis* (vor der Volksversammlung) und das *testamentum in procinctu* (vor dem kampfbereiten Heer), beide Formen verloren sich aber. Zur wichtigsten und für die weitere Entwicklung bedeutsamsten Form wird das Libraltestament (*testamentum per aes et libram,* d. h. mit Kupfer und Waage)[49]. Dabei überträgt der Erblasser in Manzipationsform sein Vermögen an einen Treuhänder *(familiae emptor)* und fügt in einseitiger Erklärung *(nuncupatio)* bei, wem dieses Vermögen nach seinem Tode zufallen soll *(mancipatio familiae).* Der Erblasser behält zu Lebzeiten die volle Verfügungsgewalt über das Vermögen, mit seinem Tode wird der endgültig Bedachte Eigentümer. Um dieses Ergebnis zu erreichen, sind aber einige Hürden zu überwinden: An die vorgesehenen Erben kann das Vermögen nicht übertragen werden, denn zum einen sind diese, soweit es sich dabei um Hauserben handelt, zu Lebzeiten des Erblassers ja vermögens- und erwerbsunfähig. Zum anderen verträgt die aktuelle Eigentumsbehauptung des *emptor* keine Bedingung. Die Lösung suchen die *pontifices* zunächst darin, das Vermögen *inter vivos* auf eine Person *sui iuris* zu übertragen. Das Problem dabei besteht wiederum darin, dass der *familiae emptor* in doppelter Weise gebunden werden soll: Zu Lebzeiten des Erblassers darf er überhaupt nicht, danach nur in dessen Sinne über das Vermögen verfügen. Die *nuncupatio* sieht zwar genau dies vor, aber mit ihr kann eine „dingliche" und vollständige Beschränkung der Verfügungsgewalt des *emptor* nicht erreicht werden. Daher wird das Geschäft als Doppelverfügung ausgebaut: volle Übertragung der Vermögensherrschaft *(custodela)* auf den *emptor* und sofortige Abspaltung und Rückübertragung einer Auftragsgewalt *(mandatela)* auf den Testator[50]. So erklärt sich die bei Testamentserrichtung zu sprechende Formel: *Familiam pecuniamque tuam endo mandatela tua custodelaque mea esse aio* – „ich behaupte, dass die Familienhabe in deiner Verfügungsmacht und in meiner Obhut ist".

Für diese Konstruktion beruft man sich auf eine Regelung der XII Tafeln (auch wenn diese ursprünglich nicht die volle Testierfreiheit, sondern zunächst nur die Grundlage für die Vergabe von Vermächtnissen enthielt[51]):

48 Zum Folgenden Gai. 2, 101–108.

49 Beschreibung bei Gai. 2, 104 (Q28).

50 *Wieacker,* RG I, S. 338.

51 *Schanbacher,* SZ 137 (2020), 1, 26.

XII 5, 3

Uti legassit super pecunia tutelave suae rei, ita ius esto.

Wie jemand hinsichtlich seines Geldes und der Herrschaft über sein Vermögen letztwillig verfügt hat, so soll es rechtsverbindlich sein.

Die *pontifices* gehen hier, wie wir deutlich sehen, mit der eigenen Rechtsschöpfung des Libraltestaments über bloße und v. a. unflexible Gesetzesinterpretation weit hinaus; und wieder greifen sie auf das „Allheilmittel" der *mancipatio* zurück. Eine Testamentsvollstreckung hat das römische Recht allerdings nicht entwickelt, obwohl die Figur des *familiae emptor* dazu hätte Anlass geben können.

Nach *ius civile* muss das Manzipationsritual ordnungsgemäß vollzogen sein, der Erblasser kann allerdings in der *nuncupatio* auch auf Geschriebenes verweisen. Allein die schriftliche Beurkundung des Vorgangs reicht aber nicht aus. Mit der Zeit nimmt die Bedeutung der Form aber immer mehr ab, es kommt nur noch auf das schriftlich Fixierte, also die Testamentsurkunde an. Der Text der letztwilligen Verfügung wird in mit Wachs überzogene Holztäfelchen *(tabulae)* geritzt. Diese werden mit einem Faden verschlossen und mit den Siegeln der Zeugen versiegelt[52]. Erforderlich sind sieben Zeugen (die ursprünglichen fünf Zeugen der Manzipation + Waagehalter + *familiae emptor).* Ob das Ritual wirklich vollzogen wurde, ist für die Verleihung der *bonorum possessio* durch den Prätor zweitrangig, solange Testamentsurkunde und Zeugensiegel echt sind. Aus diesem Testament wird mit der Zeit das Siebenzeugentestament[53].

Die Schriftform alleine genügt in Fall 16 also nicht (wie es nach § 2247 I BGB der Fall wäre). Das Testament ist nur gültig, wenn es wie oben ausgeführt mit den Siegeln der sieben Zeugen versehen oder nachweisbar als Manzipationstestament zustande gekommen ist, was sich dem Sachverhalt aber nicht entnehmen lässt. Damit hat der Erblasser kein wirksames Testament errichtet, und es tritt die Intestaterbfolge ein.

Unter Augustus stellen sich weitere Formerleichterungen ein. Geltung erlangen Kodizille[54] (von lat. *codicilli* – Kurzschreiben), in denen der Erblasser bestimmte Anordnungen treffen kann (allerdings keine Erbeinsetzung), in Ergänzung oder auch ohne Bezug zu einem Testament. Das Soldatentestament[55] befreit von allen Formvorschriften des zivilen und prätorischen Rechts und lässt auch inhaltlich Erb-

52 *Babusiaux,* S. 170; a.a.O, S. 15 ff. auch der Text eines erhaltenen Originaltestaments.

53 Zur Entwicklung vgl. Inst. 2, 10, 1 ff.

54 Gai. 2, 270a, 273. Dazu, wie sich diese Anerkennung vollzog, unten S. 214 f.

55 Inst. 2, 11.

einsetzungen zu, die ansonsten nicht möglich wären[56]. Dies bezeichnen die Juristen als *ius singulare,* allein aus rechtspolitischen Gründen eingeführtes Recht, dessen Anwendung es tunlichst einzuhegen gilt[57]. Nur im Westen wird das eigenhändige Testament (ohne Zeugen) anerkannt (446), ebenso das wechselseitige Testament unter Ehegatten. Auch mündliche, vor sieben Zeugen erklärte Testamente bestehen fort[58]. Die Entwicklung von strenger Formgebundenheit (*ius civile:* Manzipationstestament, das allerdings nie völlig außer Übung geriet) zu immer größerer Formfreiheit (prätorisches Recht: Urkunde ausreichend, Kaiserrecht: teilweise sogar formlos) ist deutlich zu erkennen. Damit einher geht es, mit der Zeit dem Willen des Erblassers mehr Bedeutung zu verschaffen.

Aufgehoben wird das Testament durch neues Testament (vgl. § 2254 BGB), nach prätorischem Recht auch, wenn der Erblasser es zerstört (vgl. § 2255 BGB). Anderes gilt dagegen nach *ius civile:* Für dieses kommt es allein auf das – mündliche – Manzipationsritual an. Wurde es ordnungsgemäß durchgeführt, rüttelt eine Änderung lediglich der geschriebenen Urkunde nicht an der zivilrechtlichen Wirksamkeit. Der Prätor gibt dem Intestatserben aber die *exceptio doli* gegen die Klage des Testamentserben[59] – auch dies letztlich ein Sieg prätorischer Freiheit über die Strenge des *ius civile.*

4.5.2 Inhalt und Grenzen der Testierfreiheit

Ein Testament kann folgende Bestimmungen enthalten: Erbeinsetzung, Enterbungen, Vermächtnisse, Freilassungen und Vormundsbestellungen. Die Testierfähigkeit *(testamenti factio)* besitzen nur gewaltfreie und geschäftsfähige römische Bürger, Frauen *sui iuris* können mit Zustimmung des Tutors testieren. Der zentrale Punkt ist die Erbeinsetzung *(heredis institutio).* Sie ist *caput et fundamentum totius testamenti*[60] – „Kopf (Hauptsache) und Grundlage des gesamten Testaments". Sie muss in Befehlsform gekleidet sein (*Titius heres esto* – Titius soll Erbe sein) und am Anfang stehen. Was davor steht, gilt als nicht geschrieben. Erbfähig sind gewaltfreie römische Bürger. Für Frauen gab es in der Republik erhebliche Einschränkungen (nach der *lex Voconia* aus

56 Z. B. zugunsten von Nichtbürgern; da aktiven römischen Soldaten lange Zeit die Ehe nicht erlaubt war, konnten sie auf diese Weise ihre Kinder versorgen, auch solche, die aus Verbindungen mit einheimischen Frauen (in den Provinzen) stammten.

57 *Babusiaux,* S. 194 f.

58 Inst. 2, 10, 14.

59 Gai. 2, 151 f.

60 Inst. 2, 20, 34.

der Mitte des 2. Jahrhunderts v. Chr. durften Frauen nicht als Erben von Erblassern der ersten Zensusklasse eingesetzt werden; außerdem bedurften gewaltfreie Frauen zur Annahme der Erbschaft der Zustimmung ihres Vormundes), vom Prinzipat an werden diese aber zurückgedrängt oder fallen ganz weg[61]. Das beim Tode des Erblassers gezeugte, aber noch nicht geborene Kind *(nasciturus)* kann erben. Wie wir bereits gesehen haben, können auch Sklaven als Erben eingesetzt werden: Eigene, wenn zugleich die Freilassung verfügt wird; fremde Sklaven erwerben dagegen für ihren Gewalthaber, wenn sie auf dessen Weisung die Erbschaft antreten. Auch von Dritten testamentarisch als Erben eingesetzte Hauskinder erwerben die Erbschaft mangels Rechtsfähigkeit nicht für sich selbst, sondern für ihren *pater familias.*

Enterbungen sind zulässig[62]. Nach *ius civile* müssen Haussöhne *nominatim* enterbt werden, also unter ausdrücklicher Namensnennung, ansonsten ist das ganze Testament unwirksam und die Intestaterbfolge tritt ein. Bei Töchtern, Enkeln und der *uxor in manu* reicht Enterbung *inter ceteros.* Wenn dies nicht eingehalten wird, bleibt das Testament wirksam, aber die Übergangenen erhalten neben dem Testamentserben ebenfalls einen Anteil. Auch Nachgeborene *(postumi)* müssen ausdrücklich enterbt werden. Das prätorische Recht greift stellenweise auch hier modifizierend ein.

Die Testierfreiheit ist wie im geltenden Recht durch ein Pflichtteilsrecht beschränkt, das nicht an die Form von Erbeinsetzung und Enterbung anknüpft, sondern an die Motivation des Erblassers. Es wird entwickelt für die Fälle, in denen der Erblasser entgegen der sittlichen Pflicht *(officium)* seine nächsten Verwandten nicht oder nicht ausreichend bedacht hat. Die Geltendmachung erfolgt im Wege der Klage wegen pflichtwidrigen Testaments *(querela inofficiosi testamenti)* vor dem Zentumviralgericht, was insbesondere den Rhetoren ein weites Feld eröffnet, später im kaiserlichen Kognitionsverfahren. Die Höhe des „Pflichtteils", den der Erblasser hinterlassen muss, um eine Anfechtung auszuschließen, beträgt ein Viertel des Intestatserbteils (Justinian erhöht die Quoten). Obsiegt der Kläger, wird das Testament durch Urteil für ungültig erklärt und die Intestaterbfolge tritt ein; einzelne Bestimmungen werden jedoch aufrechterhalten (z. B. Freilassungen). Unterliegt er hingegen, gilt er als erbunwürdig; er verliert auch das, was ihm im Testament zugewendet wurde, es verfällt als *bona caduca* an den Staat[63]. Das Pflichtteilsrecht des BGB lässt demgegenüber die Wirksamkeit des Testaments und die Ausschließung der nächsten Angehörigen von der Erbfolge

61 *Babusiaux,* S. 105 ff.

62 Gai. 2, 123 f.

63 Ulp. D. 5, 2, 8, 14.

unangetastet, sichert ihnen aber eine Mindestbeteiligung am Nachlass in Höhe der Hälfte des Wertes des gesetzlichen Erbteils durch einen schuldrechtlichen Anspruch gegen den Erben (§ 2303 BGB).

Massive Eingriffe in das Erbrecht bringen die weitreichenden, in vielerlei Hinsicht mit Tradition und überkommenem Recht brechenden und (nicht nur deswegen) auf heftigen gesellschaftlichen Widerstand stoßenden Ehegesetze des Augustus: *lex Iulia de maritandis ordinibus* (18 v. Chr.) und *lex Papia Poppaea* (9 n. Chr.), oft zusammenfassend zitiert als *lex Iulia et Papia.* Mit ihnen will der Prinzeps die römisch-italische Stammbevölkerung stärken und der bereits erwähnten weitverbreiteten Ehe- und Kinderlosigkeit in den oberen Schichten entgegenwirken. Diese Gesetze führen ein grundsätzliches Ehegebot sowie das Verbot unerwünschter Ehen ein (z. B. Ehen mit Prostituierten; für Senatoren gelten noch strengere Regeln). Der Ehepflicht unterliegt nicht, wer drei (für Freigelassene: vier) eheliche Kinder gezeugt oder geboren hat *(ius trium liberorum);* dieses Recht kann auch als Privileg verliehen werden (so erhielten es u. a. die Schriftsteller Sueton und Martial). Unverheiratete können nicht, Kinderlose nur zur Hälfte testamentarisch als Erbe oder Vermächtnisnehmer eingesetzt werden (mit gewissen Ausnahmen zugunsten naher Verwandter), der ihnen zugedachte Teil verfällt *(caducum)* bei Erbenmehrheit an den oder die Erben/Vermächtnisnehmer, die die gesetzlichen Voraussetzungen erfüllen, ansonsten an den Staat. Diese Einschränkung gilt nur für Testatserbfolge, die gesetzliche Erbfolge bleibt unbeeinträchtigt. Verfallgründe können durch *delatores* angezeigt werden, die als Belohnung eine Quote der Erbschaft erhalten. Horaz lobt die Ehegesetzgebung in seinem *carmen saeculare* (einem in staatlichem Auftrag verfassten offiziellen Kultgesang). Damit ist er aber eher in der Minderheit unter seinen Zeitgenossen, die diese drastischen Einschränkungen ihrer persönlichen Freiheit niemals akzeptieren. Tacitus urteilt später: *Utque antehac flagitiis ita tunc legibus laborabatur* – „Wie früher unter den Verletzungen der Gesetze, so litt man jetzt unter den Gesetzen selbst“[64]. Justinian, der die Regelung endgültig abschafft, wird vom „Joch“ des Gesetzes und seinen „Listen“ *(machinationes)* sprechen[65].

In Fall 16 hätte Erblasser Flavius den Haussohn Aulus ausdrücklich enterben müssen. Das hat er nicht getan. Das Testament und damit die Erbeinsetzung der Terentia ist damit (auch) aus diesem Grunde unwirksam. Man sieht, dass es sich in Rom generell empfahl, bei der Abfassung des Testaments juristischen Rat einzuholen. Mit innerer

64 Tacitus, ann. 3, 25.

65 C. 6, 51, 1, 1b.

Schadenfreude wird Cervidius Scaevola den Fall eines Erblassers berichtet haben, der sich rühmte, auf den Rat der Juristen verzichtet und sich lieber auf seinen gesunden Menschenverstand als deren *misera diligentia,* „übertriebene und erbärmliche Pedanterie", verlassen zu haben – natürlich stellte sich das Testament als unwirksam heraus[66].

4.5.3 Testamentsauslegung: Die *cause célèbre Curiana*

Juristischen Rat hätte wohl auch ein anderer historischer Erblasser einholen sollen. Im Jahre 93 v. Chr. fand in Rom ein Erbschaftsprozess statt, der schon damals großes Aufsehen erregte und bis heute in der Literatur zum römischen Recht präsent ist. Cicero, der ihn selbst als Zuschauer erlebt hat, berichtet darüber an mehreren Stellen[67]. Der Fall wurde vor dem Zentumviralgericht verhandelt – ein altehrwürdiges Gericht, besetzt mit einer Vielzahl von Richtern, wie der Name schon sagt[68]. Hier hatte sich bis in die Kaiserzeit sogar die im Übrigen bereits der Vergangenheit angehörende *legis actio sacramento in rem* noch eine Bedeutung bewahrt. Das Zentumviralgericht war hoch angesehen, allerdings konnten die Prozesse hier wohl etwas länger dauern als im Formularverfahren vor dem Prätor (das innerhalb dessen einjähriger Amtszeit abzuschließen war). Der als Kaiserbiograph bekannte Schriftsteller Sueton bemerkt dazu, dass die Lebenszeit der Parteien oftmals kaum ausreiche, den Abschluss des Prozesses zu erleben[69]; er konnte sich ein Urteil erlauben, war er doch wie sein Freund Plinius selbst Advokat und unter Hadrian an juristisch wichtiger Stelle in der kaiserlichen Ministerialbürokratie tätig. Auch hier bietet sich übrigens wieder eine (literarische) Parallele zu England an, der epische Erbstreit *Jarndyce v. Jarndyce* aus dem Roman „Bleak House" von Charles Dickens, dessen ironische Kritik am englischen Court of Chancery seiner Zeit derjenigen des Sueton am Zentumviralgericht durchaus ähnelt.[70]

---

66 Scaev. D. 31, 88, 17 (Q29). Scaevola erweist sich allerdings als großherzig und verhilft dem letzten Willen am Ende doch zur Geltung.

67 Nachweise bei *Manthe,* Die Gerichtsrede in der Antike, in: Walter (Hg.), Die Mündlichkeit im Rechtsleben, 2016, S. 85 ff., 94, Fn. 2. Zum Folgenden auch *Liebs* (Kap. 1, Fn. 1), S. 45 ff.

68 *Centumviri:* wörtlich 100 Männer. Es waren 105 Richter, nämlich 3 für jeden der 35 *tribus,* der alten Einteilung der römischen Bevölkerung; später stieg die Zahl sogar auf 180 Richter, i. d. R. wurde aber in kleineren Kammern getagt.

69 Sueton, Vespasian 10, 1.

70 „Innumerable children have been born into the cause; innumerable young people have married into it; innumerable old people have died out of it", so die Charakterisierung des Prozesses in der köstlichen Gerichtsszene des ersten Kapitels.

Folgender Fall lag nun dem Prozess zugrunde, der nach dem Beklagten bis heute *causa Curiana* heißt.

Fall 17

Coponius hat in seinem Testament Folgendes verfügt: „Wenn mir binnen zehn Monaten ein Sohn geboren wird, soll er mein Erbe sein. Und wenn er stirbt, bevor er mündig geworden ist, soll nach ihm Manius Curius die Erbschaft erhalten." Coponius stirbt leider kinderlos, und der erwartete Sohn kommt nicht zur Welt. Manius Curius nimmt die Erbschaft in Besitz. Marcus Coponius, der Sohn des bereits verstorbenen Bruders des Coponius und einziger lebender Verwandter, hält allerdings sich für den rechtmäßigen Erben und klagt gegen Curius auf Herausgabe der Erbschaft.

Ein Erblasser kann – ganz allgemein gesprochen – den Wunsch haben, für den Fall vorzusorgen, dass die als Erbe vorgesehene Person nicht Erbe wird, weil sie noch vor dem Erblasser verstirbt oder die Erbschaft ausschlägt. Für diesen Fall kann er testamentarisch einen Ersatzerben bestimmen; es handelt sich dabei um eine *aufschiebend* bedingte Erbeinsetzung, im deutschen (§ 2096 BGB) wie im römischen Recht eine zulässige Gestaltung. Die Einsetzung eines Ersatzerben *(substitutio)* ist nach römischem Recht auf zwei Wegen möglich. Als *substitutio vulgaris* (der Ersatzerbe wird Erbe, falls der primär Berufene nicht Erbe wird, weil er die Erbschaft ausschlägt oder vorverstirbt) oder in der Sonderkonstellation der *substitutio pupillaris:* Für den Fall, dass der als Erbe eingesetzte unmündige Haussohn *(pupillus),* der mit dem Tod des Erblassers gewaltfrei wird, noch als Unmündiger nach Eintritt des Erbfalls verstirbt, wird ein anderer als Erbe eingesetzt (in dieser Situation wird übrigens im Ergebnis ein Testament für jemanden anderen errichtet, denn der zuletzt Bedachte wird Erbe des Sohnes, nicht des Vaters, des ursprünglichen Erblassers und Testators; er erhält das Gesamtvermögen des Kindes). Die überlieferte Testamentsklausel zur Regelung solcher Fälle lautet folgendermaßen:

> *Titius filius meus mihi heres esto: si filius mihi heres non erit sive heres mihi erit et prius moriatur, quam in suam tutelam venerit, tunc Seius heres esto.*[71]

71 Inst. 2, 16 pr.

> Mein Sohn Titius soll mein Erbe sein. Sollte mein Sohn nicht Erbe werden [Vulgarsubstitution] oder zwar mein Erbe werden, aber sterben, bevor er mündig geworden ist [Pupillarsubstitution], dann soll Seius Erbe sein.

In der *causa Curiana* starb der Sohn, der im Testament bedacht war, jedoch nicht nach Erbfall und vor Erreichen der Mündigkeit, sondern er kam erst gar nicht zur Welt. Diesen Fall hatte der Testator Coponius im Testament aber nicht geregelt, denn er hatte lediglich die oben im Sachverhalt wiedergegebene Verfügung getroffen, die ausdrücklich nur die Pupillarsubstitution erfasste. Galt die Einsetzung des Manius Curius zum Ersatzerben gleichwohl auch für den eingetretenen Fall? Anders gewendet: Beinhaltete die Pupillarsubstitution im Zweifel auch die Vulgarsubstitution? Oder trat mangels Erbeinsetzung die gesetzliche Erbfolge ein, auf die sich Marcus Coponius hier als *agnatus proximus* zu Recht berufen hätte?

Das hohe öffentliche Interesse an dem Fall bestand wohl nicht zuletzt der plädierenden Anwälte wegen; große Rhetorik fand in der Antike stets ihr Publikum. Auf der einen Seite: Q. Mucius Scaevola *pontifex,* „der" Quintus Mucius, der bedeutendste Rechtswissenschaftler seiner Zeit, nach Cicero „der größte Redner unter den Rechtskundigen"[72] (wir haben ihn schon bei unserem Abriss der Rechtsgeschichte kennengelernt und werden gleich noch mehr über ihn erfahren). Er vertrat den gesetzlichen Erben und argumentierte mit dem Wortlaut des Testaments, das nun einmal keine Vulgarsubstitution vorsehe. Die gegenstandslos gewordene Pupillarsubstitution könne keine Vulgarsubstitution sein, denn wer nicht geboren sei, könne auch nicht sterben. Der Fall sei schlicht nicht geregelt im Testament und die Berufung auf einen nur durch Vermutung zu erschließenden angeblichen Willen des Erblassers für die Rechtssicherheit sehr gefährlich. Daher sei das Testament hinfällig und es trete die Intestaterbfolge ein.

Auf der anderen Seite: Licinius Crassus, der berühmteste Redner im Rom dieser Jahre, der seinerzeit mit seinem Prozessgegner Scaevola die Ämterlaufbahn bis zum Konsulat in großer Eintracht bekleidet hatte[73]; er wiederum war für Cicero der „Rechtskundigste unter den Rednern"[74]. Er vertrat den Testamentserben Manius Curius und

---

72 Cicero, Brutus 39, 145.

73 In den Jahren um 93 v. Chr. kam es dann zum Bruch der beiden Männer, der sich an verschiedenen Stellen zeigte; die Curiana mag darin ein Mosaikstein gewesen sein. Vgl. *Manthe,* in: Manthe/v. Ungern-Sternberg (Hg.), Große Prozesse der römischen Antike, 1997, S. 83 f.

74 S. Fn. 72: *eloquentium iuris peritissimus Crassus, iuris peritorum eloquentissimus Scaevola;* siehe auch Cicero, Brutus, 40, 148, sowie Cicero, de or. 1, 180, wo beide Epitheta auf Scaevola bezogen werden.

argumentierte in der Sache mit dem hypothetischen Willen des Erblassers, ganz allgemein für den Ausfall des Sohnes vorzusorgen. Seinem Kontrahenten warf er ein für Juristen typisches zu starres Festhalten am Wortlaut vor – und obsiegte. Den hypothetischen Willen sprach er allerdings nicht so deutlich aus, sondern stellte das Problem als eines der reinen Testamentsauslegung (des mutmaßlichen Willens) dar. Crassus sparte auch nicht – ähnlich wie später der mit ihm sympathisierende Cicero in der Rede *Pro Murena* – an humoristischen Spitzen gegen die Juristen, die im Gerichtssaal für große Belustigung der Zuhörer sorgten. Der Sieg des Rhetors Crassus gegen den großen Juristen Scaevola war, auch wenn Crassus sich ebenfalls auf die Meinung angesehener Juristen berief, daher auch ein wenig ein Sieg der Rhetorik über die Jurisprudenz[75].

Die Pupillarsubstitution ist also im Zweifel auch Vulgarsubstitution[76]. Damit hat sich die freiere Auslegung bzw. Berücksichtigung des hypothetischen Willens im Ergebnis durchgesetzt; wir finden dieses Ergebnis Jahrhunderte später auch in einer Konstitution des Kaisers Marc Aurel[77]. Man darf die *causa Curiana* allerdings nicht so zuspitzen, dass bis zu diesem Prozess die strenge, objektive Wortlautorientierung *(verba)* geherrscht habe und danach die freiere, den subjektiven Willen der Parteien stärker berücksichtigende Auslegung quasi über Nacht „eingeführt" worden sei, und noch dazu von einem, der gar kein *iuris consultus* war. Es zeigt aber, dass die Dinge im Fluss waren. Die nicht nur bei Testamenten, sondern auch Verträgen angewandte starre Wortlautmethode der Frühzeit war lange überwunden, und die Berücksichtigung des Parteiwillens, *voluntas,* war auf dem Vormarsch bei der Suche nach dem *id, quod actum est* – dem Geschäftsinhalt. Es setzte sich die Erkenntnis durch, dass beides zu berücksichtigen sei. *Zimmermann* fasst die Situation der Vertragsauslegung im klassischen Recht daher zusammen als „unstable, but happy equilibrium. Neither *verba* nor *voluntas* reigned supreme"[78]. Ein großer Teil der dem Erbrecht gewidmeten Digestenstellen befasst sich mit der Testamentsauslegung; oft geht es dabei um Vermächtnisse, aus diesem Zusammenhang stammt auch der heute noch jeder Juristin und jedem Juristen bekannte Satz *falsa demonstratio non nocet*[79] – „eine reine Falschbezeichnung ist unschädlich". Das folgende Beispiel mag illustrieren,

75 So *Manthe* (Fn. 73), S. 74 ff.

76 Vgl. auch § 2102 II BGB, zu beachten ist aber, dass die Pupillarsubstitution nicht dasselbe ist wie die Nacherbschaft, dazu unten S. 215.

77 Mod. D. 28, 6, 4 pr.

78 *Zimmermann,* S. 634.

79 Marci. D. 35, 1, 33 pr.; Gaius D. 35, 1, 17 pr.

wie intensiv sich die römischen Juristen um die korrekte Erfassung des subjektiven Erblasserwillens[80] bemühen:

Iav. D. 34, 5, 28
Qui habebat Flaccum fullonem et Philonicum pistorem, uxori Flaccum pistorem legaverat: qui eorum et num uterque deberetur? placuit primo eum legatum esse, quem testator legare sensisset. quod si non appareret, primum inspiciendum esse, an nomina servorum dominus nota habuisset: quod si habuisset, eum deberi, qui nominatus esset, tametsi in artificio erratum esset. sin autem ignota nomina servorum essent, pistorem legatum videri perinde ac si nomen ei adiectum non esset.
Jemand, dem ein Kleiderreiniger mit Namen Flaccus und ein Bäcker namens Philonicus gehörten, hatte seiner Frau „Flaccus, den Bäcker“ vermacht. Welcher von beiden wurde geschuldet – oder womöglich beide? Es wurde anerkannt, dass in erster Linie der vermacht ist, den der Erblasser hatte vermachen wollen. Sofern sich das nicht feststellen lasse, müsse man zunächst untersuchen, ob der Eigentümer die Namen seiner Sklaven im Kopf hatte. Hatte er sie im Kopf, dann werde der geschuldet, der namentlich genannt wurde, auch wenn hinsichtlich seines Handwerks ein Irrtum unterlaufen ist. Waren aber die Namen der Sklaven [dem Eigentümer] unbekannt, dann werde ersichtlich der Bäcker geschuldet, so als wäre kein Name hinzugefügt worden.

Exkurs: Quintus Mucius Scaevola *pontifex*

Einem anderen Namen sind wir nun schon mehrfach begegnet: Mucius Scaevola. Ihn tragen mehrere Angehörige des republikanischen Adels, von denen sich nicht wenige durch ihre herausgehobenen juristischen Fähigkeiten und Verdienste auszeichnen[81]. Zu unterscheiden sind sie durch ihre *cognomina,* ihre Beinamen. Quintus Mucius Scaevola *pontifex*, Protagonist (nicht nur) der *causa Curiana*, und Quintus Mucius Scaevola *augur* waren Angehörige der großen Priesterschaften und Honoratioren alten Schlages, was zu dieser Zeit wie gesehen allerdings keine Voraussetzung mehr für eine Juristenkarriere war. Dieser *augur* war juristischer Lehrer des Cicero, der ihn in vielen seiner Werke (u. a. in *de re publica)* als Gesprächsteilnehmer auftreten lässt, und wiederum – Ironie der Geschichte – Schwiegervater des Licinius Crassus, der ihn in der *causa Curiana* auch zitierte. Publius Mucius Scaevola, Vater unseres

---

80 Ein literarisches Beispiel für eine besonders schwierige Testamentsauslegung findet sich bei Phaedrus 4, 5; alle befragten *iuris periti* scheitern, erst ein Dichter kann den Sinn des unerfüllbar erscheinenden Erblasserwillens erhellen.

81 Zu dieser „Juristendynastie“ *Wieacker*, RG I, S. 545 ff.

pontifex, war Konsul im geschichtsträchtigen Jahr 133 v. Chr., Anfang vom Ende der römischen Republik, dem Jahr der Ermordung des Sozialreformers Tiberius Gracchus, die Publius Mucius noch zu verhindern versucht hatte. Er betätigte sich bereits als wegweisender juristischer Schriftsteller und wird von Pomponius in seiner rechtsgeschichtlichen Einführung unter die Juristen gezählt *qui fundaverunt ius civile,* „die die Grundlagen des Zivilrechts gelegt haben"[82]. Auf ihn berief sich Quintus Mucius in der *causa Curiana,* die damit geradezu zum Brennglas republikanischer Rechtswissenschaft wird. Der Name Scaevola kehrt Jahrhunderte später wieder beim hochklassischen Juristen Cervidius Scaevola[83]. Quintus Mucius Scaevola *pontifex* war unter ihnen allen als Jurist der bedeutendste und auch als aktiver Politiker und umfassend gebildeter Mensch, dem bei der Nutzbarmachung griechischer wissenschaftlicher Methoden für das Recht eine führende Rolle zukam, eine interessante Persönlichkeit. Er schrieb wie erwähnt zu Beginn des 1. Jahrhunderts v. Chr. ein Lehrbuch mit dem Titel *ius civile* in 18 Büchern, das „Grundbuch der europäischen Rechtswissenschaft" *(Schulz),* das von späteren Juristen ihren Kommentarwerken wie ein Gesetzestext zugrunde gelegt wurde (*ad Quintum Mucium,* ähnlich wie das Werk des Sabinus aus der frühen Kaiserzeit[84]). Er wurde geboren um 140 v. Chr. und hatte ein bewegtes Leben. Den Konsulat bekleidete er im Jahr 95 v. Chr. Die Quellen beschreiben ihn als zuweilen zur Pedanterie neigenden, in seiner Ehrenhaftigkeit aber exemplarischen Menschen. Sein Amt als Statthalter in Asien führte er so unbestechlich und vorbildlich, dass die Provinzbewohner später ihm zu Ehren das Fest der „Muciana" feierten und der Senat seine Amtsführung als mustergültig empfahl. Cicero berichtet folgende Geschichte von ihm[85]: Scaevola habe ein Grundstück kaufen wollen und den Verkäufer nach dem Preis gefragt. Als dieser ihn genannt habe, habe Scaevola ihm entgegnet, das Grundstück sei doch viel mehr wert, und von sich aus den Preis um 100.000 Sesterzen erhöht. Servius Sulpicius, der Freund Ciceros und ebenfalls einer der herausragenden Juristen der Republik, verdankte ihm, so wird berichtet, seine für die Rechtsgeschichte folgenträchtige Berufung zur Rechtswissenschaft. Als junger Mann war Servius, damals noch als Prozessredner tätig, mit einer anscheinend recht klaren Rechtsfrage an den alten Scaevola herangetreten, hatte aber dessen Antwort nicht auf Anhieb verstanden. Darauf schalt ihn dieser heftig wegen seiner eines römi-

82 Pomp. D. 1, 2, 2, 39.

83 Oben S. 205.

84 Oben S. 59.

85 Cicero, off. 3, 62.

schen Patriziers unwürdigen, offensichtlich mangelhaften Rechtskenntnis[86], was sich Servius so zu Herzen nahm, dass er sich fortan auf das Rechtsstudium verlegte. Er scheint diese Kränkung allerdings nie ganz verwunden zu haben, denn er verfasste später ein eigenes, der Kritik des Mucius gewidmetes Buch, *reprehensa Scaevolae capita*. Scaevola war auch Lehrer des Aquilius Gallus (des Erfinders der *actio doli)* und dieser wiederum des Servius: eine wirklich herausragende Juristengenealogie. Im Jahre 82 v. Chr. wurde Scaevola in den Bürgerkriegswirren und Kämpfen zwischen sullanischer und marianischer Partei ermordet, zwischen denen er vermitteln wollte, aufrecht bis zum Ende. Seine Leiche warf man in den Tiber. Cicero nennt ihn *vir sanctissimus atque ornatissimus nostrae civitatis*, „den tadellosesten und angesehensten Mann unseres Staates, dessen in der Erinnerung des römischen Volkes bewahrten Verdienste man gar nicht genug loben kann“[87].

Durch Cicero wissen wir auch von folgender privater Begebenheit ohne staatstragende Bedeutung, die gleichwohl ein Schlaglicht auf den Stellenwert des Juristen Quintus Mucius wirft und uns zudem einen direkten Eindruck verschafft von einem geselligen Abend in Rom auf intellektuell-juristisch hohem Niveau. Ciceros schreibt (wiederum) an Trebatius Testa:

> Du machtest dich gestern bei einem Glas Wein lustig über mich, weil ich gesagt hatte, dass es einen Meinungsstreit zu der Frage gebe, ob ein Erbe aus einem *furtum* klage könne, das bereits vor dem Erbfall begangen wurde. Also sah ich nach meiner Heimkehr – obwohl es schon spät war und ich dem Wein gut zugesprochen hatte – den Abschnitt *(caput)* nach, in dem der Streit behandelt wird, markierte ihn, ließ ihn kopieren und dir zusenden. So siehst du, dass die Meinung, von der du sagtest, kein Mensch habe sie vertreten, vielmehr von Sextus Aelius, Manius Manilius und Marcus Brutus vertreten wurde. Gleichwohl schließe ich mich Scaevola und Testa an.[88]

Man merkt Cicero die Freude darüber an, dass er in dieser Diskussion mit einem berühmten Juristen auf dessen ureigenem Terrain Recht behalten sollte (die angeführ-

86 Pomp. D. 1, 2, 2, 43: *[…] turpe esse patricio et nobili causas oranti ius in quo versaretur ignorare* – „[…] eine Schande sei es für einen Patrizier, Angehörigen der Nobilität und Gerichtsredner, von dem Recht, in dem er sich bewege, keine Ahnung zu haben!“

87 Cicero, S. Rosc., 33.

88 Cicero, fam. 7, 22.

ten Autoritäten für die Gegenmeinung sind beachtlich[89]). Das Werk, das er griffbereit hat und konsultiert, ist das nach *capita* eingeteilte *ius civile* des Quintus Mucius Scaevola *pontifex*.

4.6 Erbschaftserwerb

Damit ist der Bogen wieder zurück zum Erbrecht geschlagen. Hauserben *(sui heredes)* erwerben *ipso iure,* als testamentarische wie als gesetzliche Erben. Sie können die Erbschaft nach *ius civile* auch nicht ausschlagen (daher *heredes necessarii* – „notwendige Erben“) und haften persönlich für Nachlassverbindlichkeiten. Der Prätor kann aber ein Ausschlagungsrecht gewähren und sie so mit der Erbschaft auch von Nachlassverbindlichkeiten befreien, solange sie sich noch nicht in Angelegenheiten der Erbschaft eingemischt haben. Der freigelassene und zugleich als Erbe eingesetzte Sklave hat dagegen kein Ausschlagungsrecht; er ist „Zwangserbe“ und muss die Schulden und die Folgen der Insolvenz auf sich nehmen, allerdings mit der Möglichkeit der Haftungsbeschränkung auf den Nachlass.

Die Außenerben *(extranei heredes)* erlangen das Erbe dagegen erst mit Antritt, d. h. durch schlüssiges Verhalten oder förmliche Annahme. In der Zwischenzeit oder wenn es keine Erben gibt, ist die Erbschaft *hereditas iacens:* ein vorübergehend subjektloses Vermögen, keine selbstständige juristische Person[90]. Jedermann kann sie ergreifen, ohne ein *furtum* zu begehen, und mit einjähriger Frist (auch für Erbschaftsgrundstücke) ersitzen *(usucapio pro herede).* Zunächst konnte dies sogar der bösgläubige Ergreifer (anders als bei der „normalen“ Ersitzung!), der wusste, dass er nicht Erbe war; Zweck dieser überraschenden Regel war, die Fortführung des Hauskultes und die Haftung gegenüber den Erbschaftsgläubigen zu sichern. Erst unter Hadrian wird das geändert[91].

Die *bonorum possessio* fällt niemals *ipso iure* an, sondern wird immer nur auf Antrag vom Prätor gewährt.

89 Sextus Aelius schrieb den ersten Kommentar zu den XII Tafeln (oben S. 52), und Manilius und Brutus gehörten ebenfalls zu den „Begründern des Zivilrechts“, Pomp. D. 1, 2, 38 f.; Brutus’ Buch über das Zivilrecht war die erste lateinische Schrift überhaupt in Dialogform.

90 Wie dies z. B. im österreichischen Recht der Fall ist, § 546 ABGB.

91 Gai. 2, 55 ff.

4.7 Vermächtnis *(legatum)* und Fideikommiss

In Fall 16 hinterlässt der Erblasser seiner Tochter eine attische Vase. Es handelt sich, im Gegensatz zur Erbeinsetzung mit der Konsequenz der Gesamtrechtsnachfolge, um die Zuwendung eines einzelnen Gegenstandes, ein *legatum* (Vermächtnis). Dieses ist nur wirksam, wenn auch das Testament wirksam ist und das Erbe angenommen wird; mit einem Legat kann nur der Testamentserbe belastet werden. Das römische Recht kennt zwei Grundtypen des Vermächtnisses. Beim Vindikationslegat mit dinglicher Wirkung *(legatum per vindicationem)* wird der Bedachte mit Erbfall Eigentümer ohne Zwischenerwerb des Erben und kann die Sache von diesem mit der *rei vindicatio* herausverlangen; Voraussetzung der Wirksamkeit ist, dass der vermachte Gegenstand dem Erblasser gehört. Das Damnationslegat hingegen *(legatum per damnationem)* begründet einen schuldrechtlichen Anspruch des Bedachten gegen den mit dem Erbfall Eigentümer werdenden Erben (durchzusetzen im Wege der *actio ex testamento,* einer Klage strengen Rechts wie diejenige aus Stipulation). Es kann auch bezüglich fremder Sachen ausgesetzt werden und auch andere Inhalte als nur Einzelgegenstände haben, z. B. eine Altersversorgung zugunsten bestimmter Personen in Form von Nutzungsrechten an Wohnungen oder Rentenzahlungen, Schuldenerlass u. a. m. BGB (§ 2174) und ABGB (§ 684) kennen nur das schuldrechtliche Vermächtnis; in Art. 1014 cc und Art. 649 II cod. civ. hat sich dagegen auch das Vindikationslegat erhalten.

Legate können unter einer (aufschiebenden) Bedingung ausgesetzt werden. Hierbei kann folgendes Problem auftauchen: Wird das Vermächtnis unter der Bedingung ausgesetzt, dass der Vermächtnisnehmer eine bestimmte Handlung *nicht* ausführt (z. B. dass die bedachte Witwe nicht wieder heiratet), steht erst mit dem Tod des *Bedachten* sicher fest, ob das Vermächtnis angefallen ist oder nicht. Es kann daher keine aufschiebende Bedingung sein; und die auflösende Bedingung lässt das römische Recht hier nicht zu[92] (wie auch bei der Erbeinsetzung, dazu sogleich). Die Lösung des Problems findet Q. M. Scaevola *pontifex*, die als *cautio Muciana* nach ihm benannt ist: Der Vermächtnisnehmer erhält das Vermächtnis, leistet aber Sicherheit: Er verspricht in Stipulationsform für den Fall, dass er gegen die negative Potestativbedingung verstößt, das Vermächtnis zurückzuzahlen[93]. Wieder wird die Vielseitigkeit der „Allzweckwaffe" *stipulatio* deutlich. Und was in Kapitel 1 angedeutet wurde, kann man hier anhand eines Beispiels sehen: Das römische Recht ist vom aktionenrechtlichen Denken geprägt; das

92 Pomp. D. 30, 55.

93 Ulp. D. 35, 1, 7 pr.; Pap. D. 35, 1, 73.

bedeutet aber nicht, dass die Lösung für *jedes* Rechtsproblem eine aktionenrechtliche sein muss. Das BGB nimmt hier im Zweifel eine auflösende Bedingung an (§ 2075).

Das Problem der Legate bestand allerdings darin, dass sie erheblichen gesetzlichen Einschränkungen unterworfen waren, z. B. denen der bereits erwähnten augusteischen Ehegesetze oder der Beschränkung auf römische Bürger. Die *lex Voconia* (169 v. Chr.) verbot es, den einzelnen Legataren (Vermächtnisnehmern) mehr zu hinterlassen als dem oder den Erben. Nach der *lex Falcidia* (41 v. Chr.), die die *lex Voconia* insoweit ablöste, durften nur drei Viertel der Erbschaft mit Vermächtnissen belastet sein (ein Viertel musste dem Erben also verbleiben, die sog. „falzidische Quart"; die Regelung galt noch bis 31. Dezember 1899 in Deutschland). Daher konnte es nicht ausbleiben, dass nach Wegen gesucht wurde, diese Einschränkungen zu umgehen: Man fand das Fideikommiss[94]. Es handelte sich dabei um eine formlose Bitte des Erblassers, deren Erfüllung er der Treue des Erben überließ *(fidei commissum).* Dies hatte zunächst nur die sittliche Verpflichtung des Erben zur Folge, den Erblasserwillen zu respektieren. Dafür unterlagen die Fideikommisse aber auch nicht den für Legate geltenden Beschränkungen. Das Fideikommiss war auch mündlich möglich, es setzte nicht einmal ein Testament voraus, sondern konnte auch bei gesetzlicher Erbfolge ausgesprochen werden. Und es konnte auch Ausländer begünstigen, denen die Erbfähigkeit nach *ius civile* abging. All das half allerdings wenig, wenn der Erbe sich weigerte, den Willen des Erblassers zu erfüllen – rechtlich konnte er dazu nicht gezwungen werden[95].

Doch dies sollte sich ändern. Den Ausgangspunkt der rechtlichen Anerkennung der Fideikommisse bildet der Fall des Lucius Lentulus, den die Institutionen der Nachwelt überliefert haben[96]. Dieser Fall ist von großer Bedeutung, da er in Zusammenhang mit gleich zwei Neuerungen im römischen Recht steht: den formfreien Verfügungen von Todes wegen und dem Aufschwung des Kognitionsverfahrens[97]. Der Erblasser liegt in Afrika im Sterben. Er schreibt Kodizille (also kurze Schreiben, die nicht der Testamentsform entsprechen), die im Testament schon angelegt waren, und bittet die Erben um Ausführung bestimmter Anordnungen. Von weitreichender Bedeutung ist der Umstand, dass sich Kaiser Augustus höchstselbst unter diesen Erben befindet. Er kommt der Bitte nach und seinem Beispiel folgend (wie freiwillig, sei dahingestellt)

94 Gai. 2, 246ff.

95 Von einem solchen betrüblichen Fall, in dem die Tochter des Erblassers, die wegen der *lex Voconia* nicht als Erbin eingesetzt werden durfte, letztlich das Nachsehen hatte, berichtet Cicero, fin. 2, 55.

96 Inst. 2, 25 pr.

97 Zum ganzen *Bürge,* S. 80ff.

auch die anderen Erben. Danach fragt Augustus sein *consilium,* ob sein Verhalten richtig gewesen sei und als künftige Regel gelten könne. Der uns bereits bestens bekannte Trebatius, mittlerweile ein betagter Mann und das angesehenste Mitglied des Rates, spricht sich dafür aus. Damit ist die Entscheidung gefallen, einen solcherart geäußerten Willen des Erblassers als bindend anzuerkennen. In der Durchsetzbarkeit der Fideikommisse liegt jedoch auch ein „tiefer Einbruch in die zivil- und amtsrechtliche Erbrechtsordnung der Republik, dessen Ausgleichung der Gesetzgebung und den Juristen der folgenden Jahrhunderte das Meiste zu tun gab“[98].

Hier liegt zugleich eine Wurzel des Kognitionsverfahrens. Die Rechtsfrage wird nicht vor dem Prätor erörtert, sondern in einer „Regierungsinstitution“. Für die Entscheidung ausschlaggebend sind zwar weiterhin die großen Juristen, aber nicht mehr als Berater der Parteien oder des Gerichts, sondern des Kaisers. Künftig können Fideikommisse eingeklagt werden, aber nicht vor dem *praetor urbanus,* sondern im Wege der *extraordinaria cognitio;* zunächst vor den Konsuln, später wird sogar das eigene Amt des *praetor fideicommissarius* geschaffen[99]. Es entwickeln sich die Grundsätze der Fideikommisse, schrittweise und in wesentlichen Punkten erfolgt eine Angleichung an die Legate (inkl. der Beschränkungen), bis Justinian sie schließlich gleichstellt[100].

Das Fideikommiss kann nun auch so ausgestaltet sein, dass es erst beim Tod *des Beschwerten* zu leisten ist. Damit lässt sich eine testamentarisch geregelte Aufeinanderfolge mehrerer Erben erzielen (auch von Generationen innerhalb einer Familie). Im geltenden Recht erreicht man dies durch Vor- und Nacherbschaft (§§ 2100 ff. BGB): Der Erblasser kann einen Vorerben einsetzen; mit Eintritt eines bestimmten Ereignisses (z. B., aber nicht nur, mit dem Tod des Vorerben, § 2106 I BGB) wird dann ein anderer als Nacherbe berufen (§ 2139 BGB). Dieser ist Erbe des Erblassers, nicht des Vorerben. Das römische Recht lässt dagegen eine *auflösend* bedingte oder aufschiebend befristete Erbeinsetzung als mit der absoluten Erbenstellung unvereinbar nicht zu (*semel heres semper heres* – „einmal Erbe, immer Erbe“)[101]. Erbe wird also immer nur der erste Nachfolger des Erblassers. Ihm kann aber per Fideikommiss auferlegt werden, die Erbschaft an einen weiteren Nachfolger herauszugeben[102] (Erbschaftsfideikommiss, Universalfideikommiss). Das Problem dabei ist, dass die Schulden nicht ebenfalls auf den zweiten Nachfolger übergehen und der Ersterbe sich dem Risiko einer Haftung

98 *Wieacker,* RG II, S. 21.

99 Inst. 2, 23, 1.

100 Inst. 2, 20, 3.

101 Inst. 2, 14, 9.

102 Gai. 2, 184.

nach Übergang der Erbschaft gegenübersieht, wenn der Zweiterbe zahlungsunfähig ist. Dies veranlasst viele, die mit einem Universalfideikommiss belastete Erbschaft gar nicht erst anzunehmen. Daher muss hier schon bald gesetzlich eingegriffen werden. Die Kodifikationen entwickeln daraus die Vor-/Nacherbschaft, eine zeitliche Beschränkung ergibt sich im BGB aus § 2109.

4.8 Die *hereditatis petitio* (Erbschaftsklage)

Dem Schutz des Erben dient die Erbschaftsklage, eine *actio in rem.* Mit ihr verfolgt der Kläger als ziviler Erbe die Feststellung des Erbrechts und die Herausgabe der Erbschaft von dem, der sie besitzt; passivlegitimiert war anfänglich nur der, der unter Berufung auf ein ihm zustehendes Erbrecht besaß, seit der Hochklassik sind dies auch andere Besitzer. Dem prätorischen Erben stand ursprünglich das *interdictum quorum bonorum* zu Gebote; in der Kaiserzeit erhält auch er die *hereditatis petitio.* Diese Klage umfasst die Erbschaft in ihrer Gesamtheit, nicht nur die Einzelgegenstände, hinsichtlich derer Erbschaftsklage und *rei vindicatio* konkurrieren und der Kläger sich entscheiden muss. Der Vorteil der *hereditatis petitio* liegt in ihrer Rechtskraftwirkung, die auch die Erbenstellung umfasst[103].

Die römische Erbschaftsklage wurde in §§ 2018 ff. ins BGB übernommen und war auch Vorbild für die Regelung des Eigentümer-Besitzer-Verhältnisses der §§ 987 ff. BGB. Zum Abschluss des erbrechtlichen Kapitels sollen daher römisches und geltendes Recht zur Haftung des Erbschaftsbesitzers gegenüber dem Erben miteinander verglichen werden[104]. Dies erweist sich als reizvoll, da das BGB hier dem römischen Recht besonders nahesteht. Daher soll der folgende Fall, der zudem Anlass zur Wiederholung einiger Grundregeln des Erb- und Sachenrechts bietet, etwas ausführlicher gelöst werden, und auch die Quellen lassen wir reichlich zu Wort kommen.

Fall 18

Numerius hat einen kleinen Bauernhof in Latium. Bei ihm wohnen seit Jahren sein alter Onkel Spurius (der Bruder seines nicht mehr lebenden Vaters) und dessen Frau Gaia (in freier Ehe). Der einzige Sohn aus dieser Verbindung, Marcus, der in Rom lebte und mit Numerius keinen Kontakt hatte, ist bereits verstorben. Dem

---

103 *Baldus* in: Handbuch des römischen Privatrechts (Kap. 2, Fn. 25), § 59, Rn. 317.

104 Vgl. hierzu *Babusiaux,* S. 131 ff.; *Kaser/Knütel/Lohsse,* § 86, Rn. 9 ff.

Onkel war das Schicksal nicht gewogen, außer einem Pferd nennt er nichts Nennenswertes sein Eigen. Als Spurius stirbt, geht Numerius, der sich für den einzig lebenden Verwandten hält, davon aus, dass das Tier nun ihm gehört.

Er verkauft und übergibt das Pferd für 1000 HS an den ehrenvoll aus dem Dienst entlassenen Centurio Cassius, der sich damit auf sein Altenteil in einer entlegenen römischen Provinz im Osten begibt. Der objektive Wert des Pferds betrug allerdings 1500 HS. Mit dem Erlös erwirbt Numerius eine Kuh, die jedoch nur 500 HS wert ist und die er in seinen eigenen Bauernhof einstellt.

Nach einigen Wochen kommt ein dem Numerius völlig unbekannter junger Mann namens Aulus auf den Hof. Er stellt sich als einziges Kind des Marcus und dessen ebenfalls verstorbener Ehefrau und Enkel des Spurius vor und präsentiert ein mit sieben Siegeln versehenes Testament; weder Testament noch Enkel hatte der Onkel jemals gegenüber Numerius erwähnt. Im Testament setzt Spurius gleich zu Beginn Aulus als Alleinerben ein. Unter Berufung auf dieses Testament verlangt Aulus von Numerius die Herausgabe der Erbschaft. Numerius verweist darauf, dass der ohnehin überschaubare Nachlass leider nicht mehr vorhanden sei und man da wohl nichts mehr machen könne. Aulus kehrt daher unverrichteter Dinge nach Rom zurück und begibt sich sofort zu einem *iuris consultus,* um sich über die Rechtslage insgesamt und seine Handlungsoptionen beraten zu lassen. Als Stadtrömer möchte er am liebsten einen Geldbetrag erhalten, an den Tieren selbst hat er weniger Interesse. Was wird der Rechtskundige ihm raten?

Erbe des verstorbenen Spurius ist Aulus geworden. Aulus war nicht nur Testaments-, sondern als (einziger) agnatischer Abkömmling des Spurius auch Hauserbe *(suus heres)* nach *ius civile;* als solcher erwirbt er das Erbe unmittelbar und unabhängig von seinem Willen mit dem Tod des Erblassers (wohingegen ein Außenerbe das Erbe sowohl bei testamentarischer als auch gesetzlicher Erbfolge erst willentlich antreten muss). Das Testament ist daneben auch nach prätorischem Recht wirksam, unabhängig von der – nach dem mitgeteilten Sachverhalt auch nicht zu klärenden – Frage, ob die Manzipationsform eingehalten wurde; da Spurius jedoch einziger gesetzlicher Erbe ist, kommt es auf die Frage ohnehin nicht an. Mit dem Erbfall wurde Aulus also im Wege der Universalsukzession Eigentümer des Pferdes. Numerius war lediglich Erbschaftsbesitzer. Das Pferd ist jetzt jedoch nicht mehr beim Erbschaftsbesitzer vorhanden, denn dieser hat es an Centurio a. D. Cassius verkauft und übergeben. Hat Cassius daran das Eigentum erworben? Nicht nach *ius civile,* denn hier liegt gleich ein doppelter Mangel des Übereignungsgeschäftes vor. Ein Pferd ist eine *res mancipi* und hätte daher manzipiert werden müssen, die Form wurde also nicht eingehalten;

und Numerius war Nichteigentümer, das römische Recht kennt aber keinen rechtsgeschäftlichen gutgläubigen Erwerb. Cassius könnte aber die Möglichkeit offenstehen, im Wege der *usucapio* ziviles Eigentum zu erwerben. Dazu darf es sich bei dem Pferd nicht um eine *res furtiva* handeln. Das *furtum* umfasst auch die Unterschlagung. Numerius hielt sich aber für den wahren Erben und damit Eigentümer der Sache, so dass er mit der Veräußerung mangels Vorsatzes kein *furtum* beging[105]. Vom Vorliegen der übrigen Ersitzungsvoraussetzungen[106] ist hier auszugehen. Daher kann Cassius nach Ablauf eines Jahres das Pferd ersitzen; mit der Übergabe erwirbt er bereits prätorisches (bonitarisches) Eigentum, wäre aber vor Ablauf der Ersitzungsfrist der Vindikation des zivilen Eigentümers Aulus ausgesetzt: Die *exceptio rei venditae et traditae* könnte Cassius ihm nicht entgegenhalten, da er mit Aulus keinen Kaufvertrag geschlossen hat. Eine theoretische Option für Aulus wäre also die Erhebung der *rei vindicatio* gegen Cassius auf Herausgabe des Pferdes, was aber weder seinem Interesse entspricht noch praktisch realisierbar erscheint.

Nun zur Kuh: Aulus könnte als wahrer Erbe das Eigentum an der Kuh erworben haben. Dies wäre bei einer dinglichen Surrogation der Fall, wenn also das mit Mitteln der Erbschaft Erworbene *ipso iure* in die Erbschaft fiele und dann vom Erben herausverlangt werden könnte. Das römische Recht sieht eine Surrogation nur in Ausnahmefällen vor. Ein solcher liegt hier zwar im Grundsatz vor:

Ulp. D. 5, 3, 20 pr.

Item veniunt in hereditatem etiam ea, quae hereditatis causa comparata sunt, ut puta mancipia pecoraque et si qua alia, quae necessario hereditati sunt comparata. et si quidem pecunia hereditaria sint comparata, sine dubio venient.

Ferner wird von der Erbschaftsklage auch das erfasst, was der Erbschaft wegen erworben worden ist, wie z. B. Sklaven und Vieh und was sonst notwendigerweise für die Erbschaft erworben wurde. Wenn es freilich mit Erbschaftsgeld erworben worden ist, wird es zweifellos von der Erbschaftsklage erfasst.

Zu beachten ist aber, dass die Ersatzsache hier nicht der Erbschaft einverleibt wird, sondern dem eigenen Vermögen des Numerius, denn dieser stellt die Kuh in seinen eigenen Stall. Dies schließt eine Surrogation wiederum aus:

105 Vgl. Inst. 2, 6, 4.

106 Oben S. 87 ff.

Ulp. D. 5, 3, 25, 1

Item si rem distraxit et ex pretio aliam rem comparavit, veniet pretium in petitionem hereditatis, non res quam in patrimonium suum convertit.

Ebenso wird, wenn er [der Erbschaftsbesitzer] eine Sache veräußert und mit dem Erlös eine andere Sache erworben hat, der Erlös von der Erbschaftsklage erfasst, nicht die Sache, die er seinem Vermögen einverleibt hat.

Damit hat Aulus gegen Numerius keinen Anspruch auf Herausgabe der Kuh.

Aus dem Gesagten ergeben sich folgende Handlungsoptionen für Aulus: Der Herausgabeanspruch gegenüber dem Centurio ist praktisch wertlos, und Aulus ist weder am Pferd noch an der Kuh interessiert. Ein Urteil wird ohnehin auf eine Geldsumme lauten *(condemnatio pecuniaria),* was ihm aber auch völlig recht ist. Er wird sich daher allein an den Erbschaftsbesitzer Numerius halten und dabei versuchen, folgende Ziele zu erreichen:

- Ersatz des objektiven Wertes des Pferdes i. H. v. 1500 HS;
- hilfsweise: den Kaufpreis des Pferdes i. H. v. 1000 HS;
- hilfsweise: den Wert der Kuh i. H. v. 500 HS.

Damit ist nun der Umfang der Haftung des (unverklagten) Erbschaftsbesitzers zu klären. Dazu stellt das römische Recht, wie das deutsche, entscheidend darauf ab, ob der unverklagte Erbschaftsbesitzer gut- oder bösgläubig war[107]. Der gutgläubige Erbschaftsbesitzer wird privilegiert. Er muss zwar den Kaufpreis, den er für die Sache (hier das Pferd) erhalten hat, dem Erben herausgeben:

Ulp. D. 5, 3, 20, 17

[...] Bonae fidei possessor si vendiderit res hereditarias [...] debebit pretium praestare.

[...] Wenn der gutgläubige Besitzer Sachen aus der Erbschaft verkauft hat, muss er für den Kaufpreis einstehen [...].

Hat er damit allerdings eine andere Sache erworben, die weniger wert ist (hier: die Kuh), beschränkt sich seine Haftung auf diesen Wert:

107 Auschlaggebend dafür war ein Senatsbeschluss, das SC Iuventianum (129 n. Chr., eingebracht unter dem Konsulat keines Geringeren als Celsus), vgl. *Müller-Ehlen,* Hereditatis petitio, 1998, S. 46; zum gegenteiligen Haftungsmodell Julians, das den Erben begünstigt, vgl. *Kaser/Knütel/Lohsse*, § 86, Rn. 9 ff. Das Iuventianische Modell wird später auch auf die *rei vindicatio* übertragen.

Ulp. D. 5, 3, 25, 1

[...] Sed si res minoris valet quam comparata est, hactenus locupletior factus videbitur, quatenus res valet: quemadmodum si consumpsisset, in totum locupletior factus non videbitur.

[...] Wenn aber die Sache weniger wert ist als der Preis, zu dem sie gekauft wurde, so ist er ersichtlich nur um so viel bereichert, wie die Sache wert ist – genau so, wie er, wenn er die Sache [ohne Aufwendungen zu ersparen] verbraucht hat, insgesamt gesehen nicht als bereichert betrachtet wird.

Der gutgläubige unverklagte Erbschaftsbesitzer haftet also nach Bereicherungsrecht nur auf den Wert der bei Prozessbeginn noch vorhandenen Bereicherung (*locupletior*-Haftung), genau wie nach § 818 III BGB. Dieses Haftungsprivileg ist jedoch im römischen Bereicherungsrecht, wie wir bereits sahen, nicht die allgemeine Regel, sondern eine der wenigen Ausnahmen.

Anders sieht dagegen die Haftung des bösgläubigen Erbschaftsbesitzers aus. Bösgläubigkeit setzt, wie auch sonst im römischen Recht, positive Kenntnis voraus (fahrlässige Unkenntnis schadet nur ausnahmsweise[108]).

Ulp. D. 5, 3, 20, 6c

Item eos qui bona invasissent, cum scirent ad se non pertinere, etiamsi ante litem contestatam fecerint, quo minus possiderent, perinde condemnandos, quasi possiderent: eos autem, qui iustas causas habuissent, quare bona ad se pertinere existimassent, usque eo dumtaxat, quo locupletiores ex ea re facti essent.

Ferner sollen diejenigen, die den Nachlass eigenmächtig in Besitz genommen haben, obwohl sie wussten, dass er ihnen nicht gehörte, auch wenn sie vor Prozessbegründung vorsätzlich den Besitz aufgegeben haben, so verurteilt werden, als ob sie besäßen. Diejenigen aber, die gute Gründe für die Annahme hatten, dass der Nachlass ihnen zusteht, sollen nur soweit verurteilt werden, wie sie aus diesem Vermögen bereichert worden sind.

Der bösgläubige Erbschaftsbesitzer haftet also auf den objektiven Wert der veräußerten Erbschaftssache.

Ulp. D. 5, 3, 20, 21

[...] Et si quidem res apud emptorem exstent nec deperditae nec deminutae sunt, sine dubio ipsas res debet praestare malae fidei possessor aut, si recipere eas ab emptore nullo modo possit,

108 Vgl. Pomp. D. 14, 6, 19 für einen außerhalb der Erwerbstatbestände liegenden Fall.

tantum quantum in litem esset iuratum. at ubi deperditae sunt et deminutae, verum pretium debet praestari, quia si petitor rem consecutus esset, distraxisset et verum pretium rei non perderet. [...] Und wenn allerdings die Sachen noch beim Käufer vorhanden und weder untergegangen noch [der Erbschaft] verlorengegangen sind, so muss ohne Zweifel der bösgläubige Besitzer die Sachen selbst leisten oder, wenn er sie auf keine Weise vom Käufer zurückerlangen kann, so viel Geld, wie der Streitgegenstand geschätzt wurde. Wenn sie aber untergegangen oder [der Erbschaft] verlorengegangen sind, muss er für den wahren Wert einstehen; denn wenn der Kläger die Sache erhalten hätte, hätte er sie verkauft und würde den wahren Wert nicht verloren haben.

Daher kommt es darauf an, ob Numerius gutgläubig war. Numerius wusste nichts von der Existenz des Aulus. Gäbe es diesen nicht, wäre er selbst als gradnächster Agnat im Wege der gesetzlichen Erbfolge nach *ius civile* als *extraneus heres* berufen, nach prätorischem Recht könnte er in der zweiten Klasse der *legitimi* die *bonorum possessio* beantragen. Seine angeheiratete Tante Gaia, die Witwe des Spurius, wäre nach *ius civile* überhaupt nicht Erbin ihres Mannes geworden (da nicht in *manus*-Ehe verheiratet), nach prätorischem Recht könnte sie die *bonorum possessio* nur nachrangig in der vierten Klasse beantragen. Numerius durfte sich daher mit guten Gründen für den gesetzlichen Erben und damit nach Antritt der Erbschaft durch schlüssiges Verhalten auch für den Eigentümer des Pferdes halten; positive Kenntnis von seinem fehlenden Erbrecht hatte er jedenfalls nicht.

Damit haftet er allein in dem Umfang, in dem er noch bereichert ist: Das sind 500 HS, nämlich der Wert der Kuh. Hätte Numerius dagegen gewusst, dass er nicht Erbe ist, müsste er den Wert des Pferdes i.Hv. 1500 HS ersetzen. Der *iuris consultus,* der dem Recht und nicht den Parteien dient, wird bei Kenntnis des gesamten Sachverhaltes dem Aulus raten, den gutgläubigen Numerius im Wege der Erbschaftsklage auf Zahlung von 500 HS zu verklagen.

Lösung nach BGB (Ansprüche des Aulus gegen Numerius): Unter der Annahme der Einhaltung der Testamentsform gem. § 2247 I BGB ist Aulus testamentarischer Erbe[109]. Mit dem Erbfall wurde er nach § 1922 I BGB Eigentümer und nach § 857 BGB Besitzer des Pferdes. Centurio a. D. Cassius kann vom nichtberechtigten Numerius nicht nach §§ 929 S. 1, 932 I 1 BGB gutgläubig Eigentum an dem Pferd erwerben, da

109 Aulus wäre auch gesetzlicher Erbe gem. § 1924 I, III BGB, allerdings neben Gaia, der Ehegattin des Spurius; auf das gesetzliche Ehegattenerbrecht nach §§ 1931, 1371 BGB kann hier nicht näher eingegangen werden.

es dem wahren Erben abhanden gekommen ist, § 935 I 1 BGB. Auch das deutsche Recht sieht eine Surrogation vor, § 2019 I BGB. Die Vorschrift erfasst, insoweit anders als das römische Recht, sowohl die Kettensurrogation als auch Sachen, die für den persönlichen Gebrauch des Erbschaftsbesitzers angeschafft wurden[110]. Die Veräußerung des Pferdes war jedoch wegen § 935 I 1 BGB nicht wirksam. Umstritten ist, ob § 2019 BGB eine von vornherein wirksame Verfügung über die Erbschaftsmittel verlangt[111]. Lässt man eine unwirksame Verfügung für die Surrogation ausreichen, könnte der Erbe streng genommen sowohl den weggegebenen Nachlassgegenstand nach § 985 BGB vom Dritten als auch das Surrogat vom Erbschaftsbesitzer nach §§ 2018, 2019 I BGB verlangen. Darüber, dass dies nicht das Ergebnis sein kann, besteht jedoch Einigkeit. Daher ist in dem Herausgabeverlangen des Surrogats vom Erbschaftsbesitzer die (durch die tatsächliche Herausgabe aufschiebend bedingte) Genehmigung der unwirksamen Verfügung gegenüber dem Dritten zu sehen. Aulus könnte also die Kuh von Numerius herausverlangen; mit Wirksamwerden der Verfügung durch Genehmigung wird Cassius Eigentümer des Pferdes. Eine Verurteilung des Numerius in Geld sieht das deutsche Recht, solange die herauszugebende Sache noch beim Beklagten vorhanden ist, nicht vor (vgl. § 249 I BGB). Es gibt keine Geldwertvindikation. Eine auf Zahlung von 500 HS gerichtete Klage wäre also abzuweisen. Eine Verurteilung zum Schadensersatz in Geld kann Aulus nur über § 281 I 1 BGB erreichen, soweit man von der Anwendbarkeit dieser Vorschrift auf die Vindikation ausgeht[112].

Den Kaufpreis, den Numerius von Cassius für das Pferd erhalten hat (1000 HS), kann Aulus nicht verlangen: § 2021 BGB verweist auf das Bereicherungsrecht (Rechtsfolgenverweis). Die Herausgabe ist nicht unmöglich, da aufgrund der Surrogation ein Anspruch auf die Kuh besteht. Bleibt der Wert des Ersatzgegenstands – wie hier – hinter dem hingegebenen Nachlassgegenstand zurück, kommt für den Differenzbetrag ein Anspruch nach §§ 2021, 818 II BGB zwar grundsätzlich in Betracht; zu beachten ist aber § 818 III BGB, auf den sich der Gutgläubige berufen kann. So auch hier: Numerius ist insoweit nicht mehr bereichert, da die 1000 HS für die Kuh ausgegeben wurden. Die Differenz zwischen dem Wert der Kuh (500 HS) und dem Wert des Pferdes (1500 HS) schuldet auch nach geltendem Recht nur der bösgläubige/verklagte Erbschaftsbesitzer als Wertersatz (§§ 2024, 818 II BGB; die Berufung auf § 818 III

110 MünchKomm/*Helms,* 8. Aufl. 2020, § 2019 Rn. 2 f.

111 MünchKomm/*Helms,* § 2019 Rn. 10.

112 Ablehnend mit überzeugenden Gründen MünchKomm/*Baldus,* 8. Aufl. 2020, § 985, Rn. 158 ff. (dort auch Darstellung des Streitstandes).

BGB ist dem Bösgläubigen verwehrt, § 818 IV BGB); gegen diesen besteht unter den Voraussetzungen der §§ 2023–2025 BGB auch ein Schadensersatzanspruch wegen Entwertung des Nachlasses[113].

Das Ergebnis in unserem Fall ist also wirtschaftlich gleich; nach deutschem Recht wird Numerius primär aber in die Sache verurteilt, nach römischem dagegen in Geld, was sich im konkreten Fall als gar nicht so unpraktisch erweist.

113 MünchKomm/*Helms*, § 2019, Rn. 2; § 2023, Rn. 3; BeckOGK/*Lindner*, BGB § 2019, Rn. 17.

5. Aktualität der Rechtsgeschichte und des römischen Rechts

5.1 Die „Betriebsrisikolehre“ als Paradigma eines zeitlosen privatrechtlichen Problems

5.1.1 Ohne Arbeit kein Lohn?

Zum Abschluss soll anhand der *locatio conductio* in ihrer Anwendungsform des Arbeitsvertrages die – zuweilen überraschende – Aktualität der Rechtsgeschichte und die Zeitlosigkeit mancher privatrechtlicher Fragen beleuchtet werden; hier am Beispiel der Gefahrtragung, die wir auch schon im Rahmen des Kaufvertrages näher betrachtet haben.

Fall 19

Servius verdingt sich als Hilfsarbeiter in einem nahe am Tiber gelegenen Handwerksbetrieb. Als der Fluss in einem „Jahrhunderthochwasser“ über die Ufer tritt[1], wird auch die Werkstatt überschwemmt und steht tagelang unter Wasser. Für diese Zeit steht Servius nach Ansicht seines Arbeitgebers kein Lohn zu, da er schließlich auch nicht gearbeitet habe. Servius sieht das anders, da er arbeitsbereit gewesen sei und für die Überschwemmung nichts könne. Wer hat Recht?

Es geht hier um das, was wir im geltenden Arbeitsrecht als „Betriebsrisiko“ kennen: Umstände, die weder Arbeitgeber noch Arbeitnehmer anzulasten sind, führen dazu, dass der Betrieb stillsteht und die Arbeitsleistung nicht erbracht werden kann. Dies können z. B. extreme Witterungsverhältnisse sein wie hier (also ein Fall höherer Gewalt), hoheitliche Anordnungen, das Ausbleiben von Zulieferungen oder Stromausfall. Wer trägt in diesen Fällen das Lohnrisiko? Das Bundesarbeitsgericht (BAG) weist in Fortführung der Rechtsprechung des Reichsgerichts und Reichsarbeitsgerichts dieses Risiko seit jeher dem Arbeitgeber zu: Obwohl der Arbeitnehmer die Arbeitsleistung nicht

1 Von solchen Tiberüberschwemmungen berichtet z. B. Plinius, naturalis historia 36, 15/24.

erbringen kann, bleibt der Arbeitgeber – soweit keine explizite anderweitige Regelung besteht – in Abweichung vom Grundsatz „ohne Arbeit kein Lohn" zur Lohnzahlung verpflichtet (auf die besonderen Regeln im Arbeitskampf soll mangels jeglicher Parallele zur römischen Welt nicht eingegangen werden). Begründet wurde dies mit der bei genauem Hinsehen recht gewagten These, dass dem BGB-Gesetzgeber weder die soziale noch die rechtliche Problematik der Frage vor Augen gestanden habe; man sah sich zum Rückgriff auf „allgemeine Grundsätze des Arbeitsrechts und der Wirtschaftsverfassung" und § 242 BGB gezwungen:

> Danach gilt in erster Linie der Grundsatz, dass der Arbeitgeber das Betriebsrisiko trägt. Der Arbeitgeber muss, wenn die Arbeit aus im Betrieb liegenden Gründen nicht geleistet werden kann, gleichwohl den vollen Lohn weiterzahlen. Das folgt daraus, dass der Arbeitgeber, der den Betrieb organisiert und leitet, die Verantwortung trägt und die Erträge bezieht, seinen Arbeitnehmern dafür einstehen muss, dass der Betriebsorganismus in Funktion bleibt und die Arbeitsmittel zur Verfügung stehen, die dem Arbeitnehmer die Arbeit und damit die Erzielung des Lohnes ermöglichen.[2]

Diese Risikoverteilung zugunsten des Arbeitnehmers wäre also letztlich eine Errungenschaft modernen sozialstaatlichen Denkens des 20. Jahrhunderts. Ist das wirklich richtig? Betrachten wir das römische Recht.

5.1.2 Arbeit und Recht in Rom

Das moderne Arbeitsrecht ist eine Frucht des 19. Jahrhunderts, der einsetzenden Industrialisierung und des damit verbundenen Bewusstwerdens der sozialen Frage. Wer in der Rechtsgeschichte nach Tarifvertrag, Betriebsverfassung, Kündigungsschutz etc. sucht, der wird erst in vergleichsweise jüngerer Zeit fündig. Ein Gesamtsystem des Arbeitsrechts, ein Arbeitsrecht als „Sonderrecht der abhängig Beschäftigten", gibt es noch nicht lange. Gleichwohl haben sich manche der Einzelprobleme, zu deren Lösung das, was wir heute Arbeitsrecht nennen, beitragen will, auch schon vor 2000 Jahren gestellt, und das römische Recht hat hierzu ebenfalls bereits Lösungen entwickelt. Dies gilt in besonderem Maße für die Zuweisung der Lohngefahr. Die einschlägigen Regeln des römischen Rechts sind dabei nicht von allein antiquarischem Interesse,

2 BAGE 3, 348; in diese Richtung bereits RGZ 106, 272.

sondern wirkten in der Rechtsgeschichte und wirken in modernen Konstruktionen zur Lösung dieses zeitlosen Problems bis heute weiter.

Zunächst einmal ist die häufig anzutreffende Sichtweise näher zu betrachten, das Arbeitsrecht könne in Rom schon deshalb keine Rolle gespielt haben, da sämtliche (körperliche) Arbeit von Sklaven ausgeführt worden sei und es daher überhaupt kein Bedürfnis für vertragliche Regeln gegeben habe. Dies erweist sich bei näherem Hinsehen als nicht zutreffend[3]. Juristische und nichtjuristische Schriften (Cato der Ältere und Varro in ihren jeweiligen Werken über die Landwirtschaft) bezeugen die große Bedeutung der Lohnarbeit Freier im Agrarsektor. Cato empfiehlt, den Kauf eines Gutes davon abhängig zu machen, ob in seiner Nähe leicht Lohnarbeiter zu beschaffen sind[4] (auch heute noch ein Standortfaktor). Zum Einsatz kamen sie v. a. als Saisonarbeiter in der Erntezeit oder auch bei gefährlichen und gesundheitsgefährdenden Arbeiten (z. B. in Sumpfgebieten), bei denen der Einsatz befristeter Arbeitnehmer für den Gutsherrn deutlich wirtschaftlicher war als der eigener Sklaven[5]. Daneben begegnet uns die Lohnarbeit auch an anderen Stellen. Von Caesar ist ein antikes „Arbeitsförderungsgesetz“ überliefert, das Hirtengesetz, das den Betreibern von Viehwirtschaft vorschrieb, unter ihren Hirten mindestens ein Drittel Freie zu beschäftigen[6]; ähnliche Gesetze gab es auch schon vorher. Freie Besatzungsmitglieder von Schiffen werden in den Digesten erwähnt[7]; und nicht zuletzt die oben betrachteten adjektizischen Klagen[8] sind ein Beleg für die Beschäftigung auch freier Angestellter. Eine große Bedeutung hatte die Lohnarbeit auch im Handwerk sowie, wiederum als gegenüber der Sklavenarbeit unter Umständen billigere Alternative[9], im Bergbau – auf Letzteres werden wir noch zurückkommen.

Die soziale Einordnung der freien Lohnarbeit in Rom ist durchaus umstritten. Von christlichem Arbeitsethos war man auf jeden Fall weit entfernt. Oft zitiert wird ein „berühmt-berüchtigtes“ Diktum Ciceros[10]:

---

3 Vgl. *Möller,* Freiheit und Schutz im Arbeitsrecht, 1990, S. 3 ff.

4 *Möller* (Fn. 3), S. 4.

5 Varro, res rusticae, 1, 17, 2: *[…] gravia loca utilius esse mercenariis colere quam servis* – „[…] für die Arbeit in beschwerlichen Gebieten sei es es besser, Lohnarbeiter einzusetzen als Sklaven“.

6 Sueton, Caesar, 42, 1.

7 Ulp. D. 4, 9, 7 pr.; D. 47, 5, 1, 5.

8 S. 179.

9 Siehe *Manthe,* TR 54 (1986), 394.

10 Cicero, off. 1, 150.

> Eines Freien unwürdig und schmutzig *(sordidus)* sind die Erwerbsformen aller Tagelöhner *(mercennarii),* deren Arbeitskraft, nicht deren Kunstfertigkeit gekauft wird; es bedeutet nämlich bei jenen der Lohn selbst den Gegenwert für die Knechtschaft.

Gleiches gelte für Handwerker und kleine Kaufleute. Als *mercennarii* verunglimpft der Anwalt Cicero gerne auch Prozessbeteiligte auf der Gegenseite, z. B. Zeugen, die er für gekauft hält.[11] Noch weiter geht der philosophische Schriftsteller Seneca mit seiner Gleichsetzung von Lohnarbeiter und Sklave: *servus [...] perpetuus mercennarius est*[12]. Zweifellos übten Lohnarbeiter und Sklaven zuweilen dieselben Tätigkeiten aus[13]. Das Kompromittierende an der Lohnarbeit waren für den Römer (der Oberschicht!) der dem Arbeitsvertrag inhärente freiheitsbeschränkende Charakter[14] und die Tätigkeit gegen Geld. Arbeit für Lohn entwürdigt, und zwar den freien Lohnarbeiter[15]: eine Einstellung, die *Mommsen* mit Recht als „Abgrund von Kapitalistenübermut und Kapitalistenfrevel"[16] geißelt. Ein anderes Verständnis setzt sich erst im Mittelalter durch, das in einem persönlichen Unterordnungsverhältnis nichts per se Verwerfliches sieht; auch die christliche Sozialethik der Arbeit trägt ganz wesentlich zur Änderung der Perspektive bei. Die körperliche Arbeit in der Landwirtschaft, der ewigen Ur- und Idealform des Wirtschaftens nach römischem Empfinden[17], war dagegen auch für die

11 *Bürge,* SZ 107 (1990), 110 f.

12 Seneca, benef. 3, 22.

13 Ein literarisches Beispiel dafür und für typische soziale Motive zum Abschluss eines Arbeitsvertrages bietet der Gepäckträger Corax, der sich über die ihm aufgebürdeten Lasten beschwert: „Haltet ihr mich für ein Lasttier oder ein Transportschiff für Steine? Die Dienste eines Menschen habe ich verdungen, nicht eines Pferdes! Ich bin nicht weniger ein Freier als ihr, auch wenn mein Vater mich in Armut zurückgelassen hat". Die Figur entstammt dem in vielerlei Hinsicht bemerkenswerten Roman *Satyricon,* 117, 11 f., des Petronius, Freund und später Opfer Neros.

14 Dies zeigt sich z. B. daran, dass dem Arbeitgeber bei einem Diebstahl durch den Arbeitnehmer nicht die *actio furti* zustand, Paul. D. 47, 2, 90; denn dieser war insoweit, wie Sklaven und Hauskinder, der Hausgerichtsbarkeit des *pater familias* unterstellt.

15 *Möller,* SZ 110 (1993), 319. Eine Fabel des Phaedrus (1, 8) illustriert anschaulich diese Geringschätzung: Der Kranich erbringt dem Wolf, der sich an einem Knochen verschluckt hat, eine ärztliche Dienstleistung, indem er ihm mit seinem langen Hals den Knochen aus dem Rachen holt. Als er seinen Lohn *(merces)* einfordert, wird er vom Wolf geschmäht, wie er dies wagen könne; der Kranich solle ihm vielmehr dankbar sein, dass er nicht zugebissen habe.

16 *Mommsen,* Bd. 2, S. 378.

17 Siehe nur Cicero, off. 1, 151.

Römer ehrenvoll, wenn sie auf dem eigenen Acker geschah: Man denke an so schöne Geschichten wie die des Cincinnatus, den das Vaterland direkt von seiner Arbeit am Pflug wegrief und zum *dictator,* zum außerordentlichen Staatslenker in Notzeiten, beförderte, um den Staat vor den Feinden zu retten; nach Verrichtung dieses Werkes kehrte er ohne weiteres wieder an den Pflug zurück[18]. Dass dieses Ideal nichts mehr mit der Wirklichkeit senatorischer Großgrundbesitzer, die ihre Latifundien durch Pächter oder Sklaven bewirtschaften ließen, zu tun hatte, steht auf einem anderen Blatt.

Demgegenüber wurde mit umfangreichen Quellen – u. a. Grabinschriften sowie den in Pompeji erhaltenen Graffiti – eine gesellschaftliche Hochschätzung auch der abhängigen Arbeit nachzuweisen versucht[19], v. a. bei den breiten Schichten der Bevölkerung, im Gegensatz zur Oberschicht, zu deren Repräsentanten der gewesene Konsul Cicero und der schwerreiche Philosoph und Kaisererzieher Seneca zählen. Im Einzelnen kann dieser hochinteressanten Frage hier nicht nachgegangen werden[20]; festzuhalten bleibt, dass der Arbeitsvertrag freier Bürger in der gesellschaftlichen Realität der römischen Antike auf jeden Fall eine nicht zu unterschätzende Bedeutung hatte[21]. Und daher mussten sich auch die römischen Juristen mit dem Thema befassen. Dass sie sich ihm bei weitem nicht in derselben Intensität widmeten wie beispielsweise dem Erbrecht, spiegelt sehr gut die gesellschaftliche Verankerung des römischen Privatrechts und der *iuris consulti* wieder, deren Mandanten die Besitzenden waren, nicht die Tagelöhner. Einer Bewertung der Arbeit vom gesellschaftlichen oder gar ethischen Standpunkt aus enthielten sich die Juristen gleichwohl.

5.1.3 Die *locatio conductio*

Der Arbeitsvertrag – Dienstvertrag – ist im römischen Recht Konsensualvertrag und ein Unterfall des Vertragstypus der *locatio conductio,* zu der auch der Mietvertrag und der Werkvertrag zählen[22]. Das römische Recht unterscheidet hier allerdings nicht so

18 Livius 3, 26, 8–12; 3, 29, 7.

19 *De Robertis,* Lavoro e lavoratori nel mondo romano, 1963, passim.

20 Vgl. *Nörr,* SZ 82 (1965), 67 ff., der *de Robertis* Thesen eingehender Kritik unterzieht.

21 In diese Richtung weist auch eine von Sueton berichtete Anekdote: Kaiser Vespasian habe den Einsatz einer Arbeitskräfte und Geld sparenden technischen Erfindung zum Transport von Säulen abgelehnt, um den Menschen nicht die Möglichkeit zu nehmen, ihren Lebensunterhalt zu verdienen; *Kolb* (Kap. 4, Fn. 39), S. 478.

22 Von der „nahen Verwandtschaft beider Verträge" ging noch das Gesetzgebungsverfahren zum BGB aus, Mot. II, 455.

trennscharf wie spätere Zeiten in *locatio conductio rei, operis und operarum.* Auch hier erkennt man die Abneigung der römischen Juristen gegen abstrakte Begriffsbildung und die Tendenz zur Vereinfachung, zur Sparsamkeit in der Ausbildung und Verwendung von Rechtsinstituten. Diese müssen oft verschiedenen Zwecken dienen, doch werden die aus der Natur der Sache gebotenen Unterscheidungen in kasuistischer Manier gefunden; denn auch die römischen Juristen schlagen die drei in der *locatio conductio* aufgehenden Rechtsverhältnisse keineswegs über einen Leisten.

Allen diesen Verträgen, die unter dem Dach der *locatio conductio* vereint sind, ist das Zurverfügungstellen einer Leistung gemein, die nicht wie eine Sache „gekauft" werden kann. *Locator* ist derjenige, der eine Leistung „hinstellt", „zur Verfügung stellt", *conductor* derjenige, der sie „mitführt", „entgegennimmt". Deswegen ist beim Mietvertrag der Mieter der *conductor,* beim Arbeitsvertrag dagegen der Arbeitgeber; die Bezeichnung hat also nichts mit sozialer Schutzwürdigkeit oder Machtposition zu tun. Vergegenwärtigen kann man sich die Begrifflichkeit anhand des biblischen Gleichnisses von den Arbeitern im Weinberg[23]. Der Gutsbesitzer kommt morgens auf den Markt, wo Tagelöhner stehen und ihre Arbeitskraft anbieten, und nimmt sie mit in seinen Weinberg – *conducere:* Und das ist auch der exakte Sprachgebrauch der lateinischen Bibel (Vulgata) an dieser Stelle. Der Einfachheit halber sollen hier aber immer die modernen Begriffe Arbeitgeber und Arbeitnehmer Verwendung finden (statt „Dienstgeber"/„Dienstnehmer", „Dienstmieter", „Dienstverpflichteter" etc.).

Auch Dienste höherer Art, die später so genannten *operae* oder *artes liberales,* von den Römern in Anlehnung an die Griechen als *studia liberalia* bezeichnet[24] (z. B. solche der Ärzte, Lehrer, Architekten, aber auch Schreiber – was allerdings keineswegs ausschließt, dass diese Berufe oft auch von Sklaven oder Freigelassenen ausgeübt werden), können im Rahmen der *locatio conductio* erbracht werden. Nur für die Angehörigen der oberen Schichten ist es ein Verstoß gegen das Herkommen, sozial also unmöglich, sich im Rahmen einer *locatio conductio* gegen Entgelt zu verdingen. Par excellence gilt dies für Rechtsberatung und Prozessvertretung. Diese Dienste werden unentgeltlich als Freundschaftsdienst, allenfalls im Rahmen eines *mandatum* erbracht, man erhält ein „Ehrengeschenk" (Honorar) oder andere finanzielle oder gesellschaftlich-politische Vorteile[25]. Einklagbar – im Wege der *extraordinaria cognitio* – wird dies später[26].

23 Mt 20, 1–16.

24 Vgl. Ulp. D. 50, 13, 1.

25 Siehe oben S. 25.

26 *Kaser/Knütel/Lohsse,* § 53, Rn. 20; *Zimmermann,* S. 388 ff.

Die Unterscheidung zwischen „höheren" und „niederen" Dienste wurde vom BGB grundsätzlich aufgegeben, daher erklärt sich der Wortlaut des § 611 II BGB: „Gegenstand des Dienstvertrages können Dienste jeder Art sein" – eine damals gegen den Widerstand der Rechtsanwalts- und Ärztekammern gefundene Formulierung.

Aber die Rechtsgeschichte ist eben manchmal aktueller, als man denkt. Die Unterscheidung in höhere Dienste und andere, der man außerhalb von § 627 I BGB und damit des Arbeitsrechts keine besondere Bedeutung mehr zumaß, feiert wieder fröhliche Urständ in der neueren Rechtsprechung des BAG zur Frage der Überstundenvergütung bei fehlender oder unwirksamer vertraglicher Regelung. Besteht ein Anspruch des Arbeitnehmers nach § 612 I BGB, wonach eine Vergütung als stillschweigend vereinbart gilt, wenn die Dienstleistung den Umständen nach nur gegen eine Vergütung zu erwarten ist? Nicht bei höheren Diensten, befand das BAG und wies eine entsprechende Klage auf Bezahlung vieler Überstunden eines hochbezahlten angestellten Rechtsanwaltes, dessen Aussichten auf eine Partnerschaft in einer Großkanzlei sich zerschlagen hatten, ab[27]. Die Klage eines Arbeitnehmers mit geringem Lohn war dagegen mangels höherer Dienste erfolgreich[28]. Die römischen Juristen würden dem wohl zustimmen.

Die *locatio conductio* gehört als Konsensualvertrag zu den *bonae fidei iudicia,* also den vertraglichen Schuldverhältnissen, die auf die *bona fides,* die gute Treue, gegründet sind und dem Richter bei der Entscheidung einen weiten Ermessensspielraum geben – Letzteres ist bis auf den heutigen Tag im Arbeitsrecht so geblieben.

5.1.4 Die Regelung des Lohnrisikos in den Digesten

Der Arbeitsvertrag ist in den Digesten höchst lückenhaft behandelt – wie bekanntlich auch im BGB, da hat sich in der Gesetzgebungsgeschichte über die Jahrhunderte erst einmal nicht viel getan. Zur Frage des Lohnrisikos bei der *locatio conductio* finden wir jedoch folgende Stellen[29]:

27 BAG v. 17.8.2011 – 5 AZR 406/10, NJW 2012, 552.

28 BAG v. 22.2.2012 – 5 AZR 765/10, NZA 2012, 861.

29 Literarisch ist uns ein weiteres Beispiel überliefert bei (dem ebenfalls auch als Anwalt tätigen, im 2. Jahrhundert n. Chr. lebenden Romanschriftsteller) Apuleius, Metamorphosen 9, 5–7; hier geht es aber um ganz andere Gefahren, die sich einem unvorhergesehenerweise heimkehrenden beschäftigungslosen Tagelöhner und Ehemann darbieten, als nur die Lohngefahr!

Paul. D. 19, 2, 38 pr.

Qui operas suas locavit, totius temporis mercedem accipere debet, si per eum non stetit, quo minus operas praestet.

Wer die Leistung von Diensten versprochen hat, muss den Lohn für die gesamte Zeit erhalten, wenn es nicht an ihm lag, dass er die Dienste nicht geleistet hat.

Danach wird das Risiko der Nichterbringung der Arbeitsleistung generell dem Arbeitgeber zugewiesen und nur für den Fall eine Ausnahme gemacht, dass dem Arbeitnehmer das Unterbleiben der Arbeitsleistung zuzurechnen ist: nur dann entfällt die Lohnzahlungspflicht. Umstände, die weder Arbeitgeber- noch Arbeitnehmerseite zugerechnet werden können, treffen den Arbeitgeber.

Die zweite Stelle ist

Ulp. D. 19, 2, 19, 9

Cum quidam exceptor operas suas locasset, deinde is qui eas conduxerat decessisset, imperator Antoninus cum divo Severo rescripsit ad libellum exceptoris in haec verba: „cum per te non stetisse proponas, quo minus locatas operas Antonio Aquilae solveres, si eodem anno mercedes ab alio non accepisti, fidem contractus impleri aequum est."

In einem Fall, in dem ein Schreiber jemandem seine Dienste zur Verfügung gestellt hatte und danach derjenige, der ihn in Dienst genommen hatte, gestorben ist, hat der Kaiser Antoninus zusammen mit dem vergöttlichten Kaiser Septimius Severus[30] auf die Eingabe des Schreibers folgenden Bescheid erteilt: „Wenn es, wie du vorträgst, nicht an dir gelegen hat, dass du die zugesagten Dienste dem Antonius Aquila nicht geleistet hast, und wenn du in diesem Jahr von niemand anderem eine Vergütung empfangen hast, ist es gerecht, dass die Vertragszusage erfüllt wird."

Hier lernen wir ein typisches Beispiel eines kaiserlichen Reskriptes zu einem Einzelfall kennen, das – wie wir sahen – den Rang einer Rechtsquelle einnimmt. Der Kaiser entscheidet bindend über die Rechtslage, unter der Voraussetzung, dass der Sachverhalt sich so darstellt wie vorgetragen. Ein Schnellschreiber stellt sich für ein Jahr in die Dienste eines Arbeitgebers, der aber in dieser Zeit verstirbt. Der oder die Erben haben für seine Dienste offenbar keine Verwendung. Es geht hier um einen *exceptor,* einen Stenographen; diese waren als Protokollführer bei Gerichts-, Senats- oder anderen öffentlichen Verhandlungen tätig. In der späten Kaiserzeit wurden sie sogar

30 Septimius Severus (193–211), Antoninus Caracalla (211–217).

Staatsbeamte. Es handelte sich wie bei den noch höher stehenden *scribae* keineswegs um niedere Tätigkeiten, sondern im Gegenteil um mit einem gewissen Sozialprestige und Aufstiegsmöglichkeiten verbundene Positionen: der große Dichter Horaz, Sohn eines Freigelassenen und später Freund des Kaisers, übte diese Tätigkeit zeitweilig aus. Die Stelle ist also ein weiteres Argument gegen die Annahme, die *locatio conductio* sei immer nur etwas für die unteren Schichten gewesen.

Hat der Schreiber hier einen Lohnanspruch gegen den Erben für das gesamte Jahr, auch wenn dieser für seine Dienste keine Verwendung hat? Es sei vorausgeschickt, dass der Arbeitsvertrag beim Tod des Arbeit*gebers* auf den Erben übergeht[31], wie es auch unserem geltenden Recht entspricht (anders beim Tod des Arbeit*nehmers*, § 613 BGB). Eine vorzeitige (faktische) Beendigung des befristeten Vertrages durch den Erben und damit ein Schadensersatzanspruch des Arbeitnehmers steht nicht im Raum (eine rechtsgeschäftliche Kündigung der üblicherweise auf Zeit geschlossenen *locatio conductio* gibt es nicht). Damit wird der Fall in der Tat zu einem Problem der Gefahrtragung: Und diese Lohngefahr trägt der Arbeitgeber. Zwar wurden angesichts der unbestreitbaren ungünstigen sozialen Lage der Arbeitnehmer in Rom auch Einwände dagegen vorgebracht, eine moderner sozialer Auffassung so nahestehende Rechtslage aus den Quellen zu lesen. Trotz des an sich nicht eingeschränkten Wortlautes sei das Risiko nicht allgemein dem Arbeitgeber zugewiesen; vielmehr gehe es um eine Zuweisung nach Einflusssphären. Das *per eum (ipsum) non stare*[32] sage allenfalls etwas über Verschulden und die Frage der Haftung aus, nicht aber, ob trotz Nichtleistung der Lohn beansprucht werden könne. Daher liege auch hier wie bei allen anderen Formen der *locatio conductio* die Gefahr beim *locator;* unterbleibe die Arbeitsleistung aufgrund höherer Gewalt, verliere der Arbeitnehmer also seinen Lohnanspruch[33]. Für die herrschende Meinung steht jedoch die Zuweisung der Lohngefahr an den Arbeitgeber im römischen Recht fest[34]. Eine Befreiung von der Lohngefahr tritt nur ein, wenn das Unterbleiben der Leistung dem Arbeitnehmer zuzurechnen ist. Umstände, die weder der einen noch der anderen Seite anzulasten sind, treffen den Arbeitgeber. Die Frage der Lohngefahr hat mit der Feststellung, dass der Arbeitgeber trotz nicht erbrachter Arbeitsleistung zur Lohnzahlung verpflichtet ist, *si per locatorem non stat, quo minus*

31 Inst. 3, 24, 6; Ulpian D. 19, 2, 19, 8.

32 Auch bei Ulpian D. 50, 13, 1, 13.

33 So u. a. *Kaser,* SZ 74 (1957), 196 ff.

34 *Picker* in: Ogris (Hg.), GS Hofmeister, 1996, S. 549, 556 ff.; *ders.,* JZ 1979, 285, 291; *Mayer-Maly,* Locatio conductio, 1956, S. 181; sowie die in den folgenden Fn. Zitierten; Übersicht bei *Müller,* Gefahrtragung bei der locatio conductio, 2002, S. 97 ff. m. w. N.

operas suas praestet, eine klare Antwort gefunden. Für eine Aufteilung nach Interessenbereichen oder Sphären gibt es keine Anhaltspunkte, ebenso wenig für eine Lückenhaftigkeit der Überlieferung[35]. Zudem deutet die Formel *si per eum non stetit* ein Regel-Ausnahme-Verhältnis an, dem die bloße Sphärenabgrenzung nicht Rechnung trägt[36]. *Periculum est conductoris*[37]: Die Lohngefahr liegt beim Arbeitgeber[38], vorbehaltlich etwaiger Einkünfte aus anderweitiger Dienstverpflichtung, die den Anspruch entfallen lassen.

5.1.5 Die *ratio legis*: Soziales Gewissen oder Dogmatik?

Wenn man nunmehr diese Gefahrverteilung zulasten des Arbeitgebers als einigermaßen gesichert betrachten darf, dann fragt sich, was der Hintergrund dieser Regel war. Hatten die Römer ein größeres soziales Herz als bislang vermutet oder – in Anlehnung an die berühmten Worte *v. Gierkes*[39] – war das Instrumentarium des römischen Rechts bereits mit sozialem Öl geschmiert?

Von vornherein auszuschließen ist dies wohl nicht. Und bevor wir dieses Motiv sofort als unhistorisch verwerfen, soll kurz der Blick auf ein Gebiet des römischen Rechts gelenkt werden, dem üblicherweise nicht die gebotene Aufmerksamkeit geschenkt wird, das aber der heutigen Aufgabenstellung des Arbeitsrechts ebenfalls sehr nahekommt: die sog. *operae libertorum,* die Dienstleistungen der Freigelassenen, also ehemaliger Sklaven. Diese hatten gegenüber ihrem früheren Herrn unentgeltliche und genau definierte Dienstpflichten zu versprechen[40], als Gegenleistung für die Wohltat der Freiheit[41]. Hier haben Prätoren und Juristen und sogar der Gesetzgeber früh mit Schutznormen eingegriffen, um einer übermäßigen Ausbeutung Einhalt zu gebieten,

35 *Ernst* in: Medicus u. a. (Hg.), FS Lange, 1992, S. 84 ff.

36 *Moll,* RdA 1980, 138, 142.

37 *Kaser/Knütel/Lohsse,* § 53, Rn. 24.

38 Gleiches gilt für das Advokatenhonorar, Paul. D. 19, 2, 38, 1, und das Gehalt von Assessoren im Stab eines kaiserlichen Gesandten, wenn dieser verstirbt, Ulp./Pap. D. 19, 2, 19, 10; Pap. D. 1, 22, 4.

39 *Otto v. Gierke* (1841–1921), dem u. a. große Bedeutung für die moderne Arbeitsrechtsdogmatik zukommt, kritisierte den ersten Entwurf des BGB als zu romanistisch-individualistisch: „Unser Privatrecht muss ein Tropfen sozialistischen Öles durchsickern!", zitiert nach *Kleinheyer/Schröder* (Kap. 1, Fn. 60), S. 98.

40 Cicero beschwert sich darüber, dass von ihm Freigelassene sich diesem Eid entzogen, Att. 7, 2.

41 Hierzu umfassend *Waldstein,* Operae libertorum, 1986.

erstmals schon um 118 v. Chr. durch ein Edikt des von Cicero gelobten Prätors Rutilius (vielleicht ist auch die zeitliche Nähe zum Wirken der ersten Sozialreformer in Rom, der Gracchen, nicht zufällig).

Die Texte zum antiken Freigelassenenrecht haben daher eine eminente Bedeutung für die Anfänge der rechtlichen Erfassung der Arbeit[42]. Um nur wenige Beispiele zu nennen[43]: Bei Krankheit des *libertus* entfällt die Leistungspflicht, der Freigelassene haftet also nicht für unterbliebene Dienstleistung[44] und ist auch nicht zur Nachleistung verpflichtet. Reisekosten des *libertus* zum Wohnort des Freilassers sind zu ersetzen, und bereits die Reisezeit gilt als Arbeitszeit[45]; dies ist heute noch ein immer wieder Schwierigkeiten bereitendes Thema. Pausenzeiten für Erholung und persönliche Bedürfnisse sind auch vorgesehen, und zwar ausdrücklich für Freigelassene und freie Arbeiter[46]. Auch darf der Patron die Dienste nicht an Dritte weitervermieten (anders als bei Sklaven); eine Ausnahme besteht, wenn die Ausübung dieser Dienste ihrer Natur nach auch Dritten zugänglich sein muss. So kann ein Schauspieler oder ein Arzt auch zur Ausübung seines Berufs zugunsten von Freunden des Freilassers herangezogen werden, denn – so die Digesten in seltener Ironie – man könne vom Patron zur Ausübung seiner Rechte kaum verlangen, den ganzen Tag im Theater zu verbringen oder krank zu sein[47].

Zu vermerken ist zudem, dass alle (wenigen) Juristentexte, die von der *locatio conductio* handeln, Entscheidungen zugunsten der Arbeitnehmerseite enthalten. „Man wird hier nicht im eigentlichen Sinne von einem sozialen Schutzrecht sprechen können, gleichwohl führen die allgemeinen Vertragsgrundlagen *fides* und *aequitas* bereits hier zu einem gewissen Schutz des Arbeitnehmers"[48]. Dies nur als kurzer Hinweise darauf, dass der keimende Gedanke sozialen Schutzes auch dem römischen Recht jedenfalls nicht vollkommen fremd gewesen sein muss, zumal in der Kaiserzeit, und vielleicht auch bei der *locatio conductio* eine Rolle gespielt haben mag.

42 *Mayer-Maly,* Elemente der Entwicklung des Arbeitsrechts, in: La formazione storica del diritto moderno in Europa (atti del terzo congresso internazionale della società italiana di storia del diritto), 1977, S. 1326.

43 Vgl. *Waldstein,* in: Jayme u. a. (Hg.), FS Niederländer, 1991, S. 184 ff.

44 Ulp. D. 38, 1, 15 pr.

45 Iav. D. 38, 1, 21; Paul. D. 38, 1, 20, 1.

46 Ner. D. 38, 1, 50 pr.–1.

47 Iul. D. 38, 1, 27.

48 *Waldstein* (Fn. 43), S. 183.

Die Begründung für die Zuweisung des Lohnrisikos an den Arbeitgeber wird aber doch hauptsächlich an anderer Stelle zu suchen sein. So wird zur Erklärung eine Parallele gezogen zum Kaufvertrag und der Regel des *periculum est emptoris,* also der Zuweisung der Gefahr des zufälligen Untergangs der Kaufsache und damit der Preisgefahr an den Käufer mit Abschluss des Kaufvertrages: Wie beim Kaufvertrag nach römischer Auffassung der Wert der Kaufsache mit Vertragsabschluss dem Vermögen des Käufers[49], so sei auch der Wert der Arbeitsleistung mit Vertragsabschluss dem Vermögen und damit dem Risikobereich des Arbeitgebers zugewiesen[50]. Überzeugender ist die Begründung der Risikozuweisung mit der „Substratsgefahr". Das Substrat wird hier verstanden als das, woran oder womit die vereinbarte Arbeit erbracht werden soll. Der Arbeitgeber hat danach die Lohngefahr in den Fällen zu tragen, in denen der tatsächliche Arbeitsvollzug scheitert, weil der von ihm zur Verfügung gestellte Gegenstand oder die Mittel, an oder mit denen die Arbeit erbracht werden soll, zufallsbedingt versagen. Der Arbeitgeber trägt also wie jedermann sonst auch das Risiko der Verwendbarkeit der von ihm bestellten Leistung. Danach geht es den Römern darum, das Durchführungsrisiko des Vertrages nach allgemeingültigen materialen Gesichtspunkten zu verteilen. Die Gefahr, dass die Leistung misslingt, soll grundsätzlich und jedenfalls dann vom „Besteller" dieser Leistung, also dem Arbeitgeber, getragen werden, wenn Gründe in seiner Person und speziell in den von ihm bereitzustellenden Sachen das Scheitern verursachen[51]. Das Ergebnis, zu dem uns zivilistische Begründungen führen, ist jedenfalls das gleiche, das uns unser modernes soziales Gewissen eingibt: Das Betriebsrisiko liegt beim Arbeitgeber.

5.1.6 Die Praxis: Die dakischen Bergarbeiterverträge

Soweit das Ergebnis aus den Digesten. Wir sind nun in der glücklichen Lage, über antike Arbeitsverträge zu verfügen, die uns einen unmittelbaren Einblick in die arbeitsrechtliche Praxis gewähren. Sie stammen aus einem Bergwerksbetrieb in der Provinz Dakien – dem heutigen Siebenbürgen in Rumänien – und aus der Mitte des 2. Jahr-

49 Oben S. 132.

50 *Möller* (Fn. 3), S. 67f.

51 Dies ist die von *Picker* begründete und auch für das geltende Recht fruchtbar gemachte Lehre: *Picker* in: Baums u.a. (Hg.), FS Huber, 2006, S. 497, 500, 532; *ders.*, GS Hofmeister (Fn. 34), 549, 587.

hunderts n. Chr., also aus der Zeit der römischen Hochklassik im Recht. Hier die auszugsweise Wiedergabe eines Vertrages[52]:

> Flavius Secundinus ist von Memmius Asclepi gebeten worden aufzuschreiben, weil er selbst die Buchstaben nicht kennt, was er gesagt hat, nämlich, dass er sich verdungen habe, und zwar hat er seine Arbeitskräfte dem Aurelius Adiutor für die Arbeit im Goldbergwerk zur Verfügung gestellt von diesem Tag an bis zu den Iden des nächsten November für 70 Denare und Verpflegung. Den Lohn (wird) soll er während der Zeit (nach Zeitabschnitten) erhalten. Er muss dem oben genannten Arbeitgeber seine gesunden und vollwertigen Arbeitskräfte gewähren. [...] Und wenn ein Wassereinbruch (Überflutung) die Arbeit verhindert, muss er anteilig abrechnen [...].

Im Widerspruch zum Recht der Digesten erhält der Arbeitnehmer keinen Lohn für die Zeit, in der das Bergwerk unter Wasser steht, und damit für Zeiten, in denen aus Gründen, die keiner Seite anzulasten sind, nicht gearbeitet werden kann[53]. Die Lohngefahr wird hier vertraglich dem Arbeitnehmer zugewiesen. Wir sehen also: Die Vertragspraxis konnte von der Grundregel des römischen Rechts abweichen und hat davon – wie konnte es anders sein – auch Gebrauch gemacht. Das ändert aber nichts daran, dass das römische Recht, jedenfalls das klassische Juristen- und Kaiserrecht in seiner Reinform, in der Frage der Lohngefahrtragung überraschenderweise eher arbeitnehmerfreundlich war und dem Bild der individualistischen, „sklavenhaltergesellschaftlichen" Rechtsordnung – in diesem Punkt – nicht unbedingt entsprach, auch wenn die Praxis vielleicht manchmal andere Wege gegangen sein mag.

5.1.7 Die weitere Entwicklung und der „Fortschritt" des modernen Rechts

Die mittelalterlichen Juristen schränkten durch eine Gefahrverteilung nach Sphären und eine Unterscheidung nach der Art der zu leistenden Dienste die einheitliche und „arbeitnehmerfreundliche" Position des römischen Rechts ein[54]. Auch im gemeinen Recht und in der Mehrzahl der partikularen Landesrechte wurde die als tradiertes Recht anerkannte, allerdings als zu weit empfundene, geradezu extreme Risikotragung des Arbeitgebers (in hier nicht näher zu untersuchendem Umfang) eingeschränkt.

52 *Möller* (Fn. 3), S. 42, dort auch der lateinische Text.

53 *Manthe,* TR 54 (1986), 393 f.

54 Zur historischen Entwicklung *Dilcher,* Die Theorie der Leistungsstörungen bei Glossatoren, Kommentatoren und Kanonisten, 1960, S. 203 ff. *Moll,* RdA 1980, 138; *Mayer-Maly,* RdA 1975, 59, 61 sowie die zitierten Beiträge von *Picker.*

Daran zeigt sich aber, dass die zugrunde liegende Regel der Risikozuweisung, mit der man sich auseinandersetzte, nicht modernem, sozial motivierten Denken entsprang, sondern dem römischen Recht[55]. Im Zuge der Schuldrechtsreform wurde 2002 in § 615 BGB ein Satz 3 angefügt, der die Regelung des Annahmeverzugs und damit den Erhalt des Lohnanspruchs auf die Fälle ausdehnt, „in denen der Arbeitgeber das Risiko des Arbeitsausfalles trägt", ohne allerdings festzulegen, welche Fälle dies sind. Ob das Betriebsrisiko bereits vorher von § 615 BGB a. F. erfasst war, ist umstritten[56]; nach herkömmlicher Ansicht der Rechtsprechung war dies nicht der Fall, was diese veranlasste, die (vermeintliche) Lücke durch die Betriebsrisikolehre zu füllen. Nach der vorzugswürdigen Gegenansicht ging dagegen auch das BGB wie das römische Recht von der Substratsgefahrtragung aus. Danach hat bereits § 615 BGB a. F. diese Konstellation als Fälle des Annahmeverzugs erfasst. Dies ist nicht dadurch ausgeschlossen, dass die Arbeitsleistung den Charakter einer Fixschuld hat und die Nachholung der Leistung unmöglich ist. Die Fixierung auf die Alternativität von Unmöglichkeit und Verzug ist hier vielmehr irreführend. Die behauptete Lücke im Gesetz hat es also nie gegeben. Die in Auseinandersetzung mit den römischen Quellen entwickelte Lehre von der „Annahmeunmöglichkeit" bietet eine überzeugende Analyse und klare Lösung des Problems: Die Dienstleistungsschuld ist eine zeitbezogene Leistung, die mangelnde Mitwirkung des Gläubigers (Arbeitgebers), gleich aus welchen Gründen, beseitigt zugleich die Möglichkeit der Leistungserbringung. Diese Fälle waren und sind – auch ohne eine bestenfalls unnötige Änderung des Gesetzestextes – also nicht unter Rückgriff auf sozialpolitische Erwägungen, ein „Arbeitnehmerschutzprinzip" und eine praeter legem gebildete Betriebsrisikolehre zu lösen, sondern schlicht aus dem Gesetz heraus[57]. Im Ergebnis stimmt das moderne (Arbeits-)Recht jedenfalls mit dem römischen überein: *periculum est conductoris* – das Betriebsrisiko trägt der Arbeitgeber. Auch im geltenden Recht sind die Grundsätze der Risikozuweisung nach der Betriebsrisikolehre aber abdingbar, durch Arbeitsvertrag oder Kollektivvereinbarungen, und manche Tarifverträge sehen in der Tat eine Abweichung zugunsten der Arbeitgeberseite vor[58]. „Nicht einmal den denkbar nächstliegenden sozialen Fortschritt

55 *Picker,* GS Hofmeister (Fn. 34), S. 577; *ders.,* JZ 1979, 285, 291.

56 Vgl. zum ganzen BeckOGK/*Bieder,* BGB § 615, Rn. 6 ff.

57 *Picker,* JZ 1979, 285; *ders.,* JZ 1985, 693; *ders.,* JZ 1988, 62 sowie die in Fn. 51 zitierten Nachweise; *Richardi,* NZA 2002, 1004, 1008.

58 Z. B. durch Beschränkung des Zeitraumes, in dem der Lohnanspruch fortbesteht, oder die Pflicht zur Nachleistung; zu berücksichtigen ist hier allerdings auch die Möglichkeit der Gewährung von Kurzarbeitergeld für die betroffenen Arbeitnehmer.

hat die Neuzeit gegenüber der Antike geleistet: Der durch die Zeiten aufrechterhaltene Grundsatz von der Risikotragung des Dienstherrn für die von ihm zu stellenden Arbeitsmittel ist bis heute […] dispositiv“[59].

5.2 Am Ende des Rundganges

Wir sind am Ende der Führung angekommen, und damit zugleich wieder am Ausgangspunkt unseres Rundganges mit den dort angestellten Überlegungen. Das zuletzt behandelte Thema sollte – auf vielleicht etwas unerwartetem Gebiet – ein weiteres Beispiel für zeitlose Rechtsfragen sein, die sich über die Jahrtausende wenig geändert haben und zu deren Durchdringung und Lösung das römische Recht, der „größte Schatz spezifisch zivilrechtlicher Erfahrung, über den die Menschheit verfügt“[60], weiterhin beitragen kann. Die Kenntnis des römischen Rechts fördert das Verständnis des Systems und vieler Regeln des geltenden Rechts, deren historische Grundlage es ist. Das bedeutet natürlich nicht, dass das geltende Zivilrecht nichts anderes als dessen unveränderte Fortsetzung wäre. Viele Institutionen gründen auf römischem Recht; die Regeln des geltenden Rechts sind manchmal mit denen des römischen Rechts identisch[61], zuweilen sehr ähnlich, oft und aus guten Gründen aber auch nicht. Es wurde hier versucht, für alles Beispiele zu geben.

Das ist aber auch nicht das Wesentliche. Es ist unser Rechtsdenken, unsere Rechtstradition[62], deren Prägung dem römischen Recht zu verdanken ist:

> Wichtiger aber am römischen Recht als sein Inhalt ist seine Methode, eine säkularisierte Rationalität, die zu klarem juristischen Argumentieren seit je geschult hat. Wenn wir heute gewohnt sind, das Recht wissenschaftlich zu betreiben, so danken wir das der Rezeption des römischen Rechts.[63]

---

59 *Picker,* GS Hofmeister (Fn. 34), S. 549, 587.

60 *Kaser/Knütel/Lohsse,* § 1, Rn. 47.

61 Dieses Haften am römischen Recht konnte auch kuriose Stilblüten treiben, vgl. *Meincke,* S. 80: Die in Inst. 2, 7, 2 vorgesehene Wertgrenze für formbedürftige Schenkungen von 500 Goldmünzen *(solidi)* wurde vom Reichsgericht (RGZ 1, 313) in haargenau 4666,67 Mark umgerechnet und galt bis 1. 1. 1900 auch in Deutschland.

62 S. nur *Zimmermann,* JZ 2007, 1.

63 *Liebs,* S. 16.

Daher ist das römische Recht als bedeutendes Element der antiken Kultur nicht allein in historischer Perspektive faszinierend: Die Beschäftigung mit dem in diesem Sinne weiterhin aktuellen römischen Recht, dessen Abstraktionsgrad sich über die Jahrtausende, auch unter stetig sich wandelnden gesellschaftlichen Rahmenbedingungen, bewährt hat, kann zu dogmatischem Denken anleiten und zu kritischem Hinterfragen anregen. Es bietet die Chance, Alternativmodelle kennenzulernen und geistig zu durchdringen, so wie es die Rechtsvergleichung im geltenden Recht leistet. Und in der Prägnanz der auf das juristisch Wesentliche konzentrierten Darstellung und Folgerichtigkeit der Lösung konkreter Fälle[64] können die römischen Juristen bis heute als Vorbild dienen. Vielleicht haben die Leserinnen und Leser das bei der Lektüre des einen oder anderen Quellentextes ebenso empfunden.

Rudolf v. Jhering hat es so formuliert:

> Nicht darin besteht die Bedeutung des römischen Rechts für die moderne Welt, daß es vorübergehend als Rechtsquelle gegolten – diese Bedeutung ist eben eine vorübergehende gewesen –, sondern darin, daß es [...] unser ganzes juristisches Denken umgestaltet hat [...]. Durch das römische Recht, aber über dasselbe hinaus – das ist der Wahlspruch, in dem für mich die Bedeutung des römischen Rechts für die moderne Welt beschlossen liegt.[65]

Dazu muss man dieses Recht aber zunächst einmal kennenlernen. Eine Annäherung, eine Führung oder eben *Ein*führung: Das sollte mit dem vorliegenden Buch versucht werden.

64 *Manthe,* S. 9.

65 *V. Jhering,* Geist des römischen Rechts auf den verschiedenen Stufen seiner Entwicklung, I, 6. Aufl. 1907, S. 2, 14.

Literaturhinweise

Den Leserinnen und Lesern, die ihre Kenntnisse des römischen Rechts erweitern und hier gelassene Lücken schließen wollen, möchte ich die aufgeführten und *ausgewählten* Werke besonders ans Herz legen, auf denen auch die vorliegende Darstellung aufbaut; sie werden in den Fußnoten nur mit Verfassernamen bzw. bei mehreren Werken desselben Autors mit abgekürztem Titel zitiert. Hier nicht aufgeführte Werke und Beiträge werden in den Fußnoten vollständig zitiert. Eine umfassende Übersicht zu Rechtsquellen und Schrifttum bietet *Kaser/Knütel/Lohsse*, § 3, Rn. 1 ff., auf die verwiesen sei.

Apathy, Peter/Klingenberg, Georg/Pennitz, Martin, Einführung in das römische Recht, 6. Aufl. 2016.

Babusiaux, Ulrike, Wege zur Rechtsgeschichte: Römisches Erbrecht, 2. Aufl. 2021.

Bürge, Alfons, Römisches Privatrecht. Rechtsdenken und gesellschaftliche Verankerung. Eine Einführung, 1999.

Fögen, Marie Theres, Römische Rechtsgeschichten. Über Ursprung und Evolution eines sozialen Systems, 2. Aufl. 2003.

Harke, Jan Dirk, Römisches Recht, 2. Aufl. 2016.

Honsell, Heinrich, Römisches Recht, 8. Aufl. 2015.

Kaser, Max, Das römische Privatrecht I, 2. Aufl. 1971.

Kaser, Max /Knütel, Rolf/Lohsse, Sebastian, Römisches Privatrecht, 22. Aufl. 2021.

Kunkel, Wolfgang/Schermaier, Martin, Römische Rechtsgeschichte, 14. Aufl. 2005.

Liebs, Detlef, Römisches Recht, 6. Aufl. 2004.

Manthe, Ulrich, Geschichte des römischen Rechts, 6. Aufl. 2019.

Meincke, Jens Peter, Römisches Privatrecht auf Grundlage der Institutionen Iustinians, 4. Aufl. 2021.

Mommsen, Theodor, Römische Geschichte, 3 Bände 1854–1856 (Nachdruck der 9. Aufl. in mehreren Bänden bei dtv, 1976, nach dessen Band- und Seitenzahl hier zitiert wird).

Peter, Hans, Römisches Recht und englisches Recht, 1969.

Rabel, Ernst, Grundzüge des römischen Privatrechts, 2. Aufl. 1955.

Schmoeckel, Mathias/Rückert, Joachim/Zimmermann, Reinhard (Hg.), Historisch-kritischer Kommentar zum BGB (zit. HKK/*Bearbeiter*), Bd. I (Allgemeiner Teil, §§ 1–240), 2003; Bd. II/1 (Schuldrecht: Allgemeiner Teil, §§ 241–304); Bd. II/2 (Schuldrecht: Allgemeiner Teil, §§ 305–432), 2007; Bd. III/1 (Schuldrecht: Besonderer Teil, §§ 433–656), 2013; Bd. III/2 (Schuldrecht: Besonderer Teil, §§ 657–853), 2013.

Schulz, Fritz, Classical Roman Law, 1951 (zit. CRL).

Schulz, Fritz, Geschichte der römischen Rechtswissenschaft, 1961 (zit. Geschichte).

Schulz, Fritz, Prinzipien des römischen Rechts, 1934 (zit. Prinzipien).

Söllner, Alfred, Einführung in die römische Rechtsgeschichte, 5. Aufl. 1996.

Waldstein, Wolfgang/Rainer, Michael, Römische Rechtsgeschichte, 11. Aufl. 2014.

Wieacker, Franz, Römische Rechtsgeschichte. Bd. 1: Einleitung, Quellenkunde, Frühzeit und Republik, 1988 (zit. RG I); Bd. 2: Die Jurisprudenz vom frühen Prinzipat bis zum Ausgang der Antike im weströmischen Reich und die oströmische Rechtswissenschaft bis zur Justinianischen Gesetzgebung, hg. von J. G. Wolf, 2006 (zit. RG II).

Wieacker, Franz, Vom römischen Recht, 2. Aufl. 1961 (zit. Vom römischen Recht).

Zimmermann, Reinhard, The Law of Obligations. Roman Foundations of the Civilian Tradition, 1990.

Zusätzliche Quellentexte

Q1: Gai. 4, 49 ***(condemnatio pecuniaria)***

Condemnatio autem vel certae pecuniae in formula proponitur vel incertae.

Und zwar wird in der Klageformel entweder eine Verurteilungsermächtigung zu einer genau bestimmten Geldsumme verheißen oder zu einer nicht genau bestimmten.

Q2: Ulp. D. 1, 1, 1, 1 (Amt der Juristen)

Cuius merito quis nos sacerdotes appellet: iustitiam namque colimus et boni et aequi notitiam profitemur, aequum ab iniquo separantes, licitum ab illicito discernentes, bonos non solum metu poenarum, verum etiam praemiorum quoque exhortatione efficere cupientes, veram nisi fallor philosophiam, non simulatam affectantes.

Mit Grund kann man uns Priester der Gerechtigkeit nennen. Denn wir dienen der Gerechtigkeit und lehren das Wissen vom Guten und Gerechten, indem wir Recht von Unrecht trennen, Erlaubtes von Unerlaubtem scheiden und danach streben, die Menschen nicht nur durch Furcht vor Strafen, sondern auch durch Verheißen von Belohnung zum Guten zu führen. Damit streben wir, wenn ich mich nicht täusche, wahrhaft nach Philosophie, nicht nur dem Anschein nach.

Q3: Inst. 1, 1, 2 (Rechtsstudium)

His generaliter cognitis et incipientibus nobis exponere iura populi Romani ita maxime videntur posse tradi commodissime, si primo levi ac simplici, post deinde diligentissima atque exactissima interpretatione singula tradantur. alioquin si statim ab initio rudem adhuc et infirmum animum studiosi multitudine ac varietate rerum oneraverimus, duorum alterum aut desertorem studiorum efficiemus aut cum magno labore eius, saepe etiam cum diffidentia, quae plerumque iuvenes avertit, serius ad id perducamus, ad quod leniore via ductus sine magno labore et sine ulla diffidentia maturius perduci potuisset.

Deutsch auf S. 71 des Buches

Q4: Gai. 1, 53 (Rechtsmissbrauch, Misshandlung von Sklaven)

Sed hoc tempore neque civibus Romanis nec ullis aliis hominibus, qui sub imperio populi Romani sunt, licet supra modum et sine causa in servos suos saevire; nam ex constitutione sacratissimi imperatoris Antonini, qui sine causa servum suum occiderit, non minus teneri iubetur, quam qui alienum servum occiderit; sed et maior quoque asperitas dominorum per eiusdem principis constitutionem coercetur, nam consultus a quibusdam praesidibus provinciarum de his servis, qui ad fana deorum vel ad statuas principum confugiunt, praecepit, ut, si intolerabilis videatur dominorum saevitia, cogantur servos suos vendere. et utrumque recte fit, male enim nostro iure uti non debemus; qua ratione et prodigis interdicitur bonorum suorum administratio.

Aber heutzutage dürfen weder römische Bürger noch irgendwelche anderen Menschen, die unter der Herrrschaft des römischen Volkes leben, ihre Sklaven über das Maß hinaus und ohne Grund misshandeln; denn eine Konstitution des hochverehrten Kaisers Antoninus befiehlt, dass derjenige, der ohne Grund seinen eigenen Sklaven getötet hat, ebenso strafbar ist wie derjenige, der einen fremden Sklaven getötet hat. Aber auch eine allzu große Strenge der Herren wird durch eine Konstitution desselben Kaisers gezügelt: Als er nämlich von manchen Provinzstatthaltern wegen solcher Sklaven, welche sich zu Götterhainen oder Kaiserstatuen flüchteten, um Rat gefragt wurde, befahl er, dass die Herren gezwungen werden sollten, ihre Sklaven zu verkaufen, wenn man ihre Grausamkeit als unerträglich ansehe. Und beides geschieht zu Recht, denn wir dürfen unser Recht nicht missbrauchen; aus dieser Überlegung heraus wird auch den Verschwendern die Verwaltung ihres Vermögens untersagt.

Q5: Gai. 2, 24 *(in iure cessio)*

In iure cessio autem hoc modo fit: apud magistratum populi Romani vel praetorem […] is, cui res in iure ceditur, rem tenens ita dicit: HUNC EGO HOMINEM EX IURE QUIRITIUM MEUM ESSE AIO; deinde postquam hic vindicaverit, praetor interrogat eum, qui cedit, an contra vindicet; quo negante aut tacente tunc ei, qui vindicaverit, eam rem addicit […].

Und zwar wird eine Abtretung vor Gericht auf folgende Weise durchgeführt: Vor einem obersten Beamten des römischen Volkes, z. B. vor dem Prätor […], fasst derjenige, dem die Sache vor Gericht abgetreten wird, die Sache an und spricht: ICH BEHAUPTE, DASS DIESER MENSCH NACH QUIRITISCHEM RECHT MIR GEHÖRT; nachdem dieser sein Eigentum behauptet hat, fragt der Prätor daraufhin den Abtretenden, ob er eine Gegenbehauptung aufstelle; wenn dieser das verneint oder schweigt, spricht der Prätor nunmehr die Sache dem zu, der sein Eigentum behauptet hat […].

Q6: Gai. 2, 41/43 (Eigentumserwerb bei Formfehlern und Nichtberechtigung des Veräußerers)

Nam si tibi rem mancipi neque mancipavero neque in iure cessero, sed tantum tradidero, in bonis quidem tuis ea res efficitur, ex iure Quiritium vero mea permanebit, donec tu eam possidendo usucapias; semel enim impleta usucapione proinde pleno iure incipit, id est et in bonis et ex iure Quiritium, tua res esse, ac si ea mancipata vel in iure cessa esset. […] ceterum etiam earum rerum usucapio nobis conpetit, quae non a domino nobis traditae fuerint, sive mancipi sint eae res sive nec mancipi, si modo eas bona fide acceperimus, cum crederemus eum, qui traderet, dominum esse.

Denn wenn ich dir eine Manzipiumsache weder manzipiert noch vor Gericht abgetreten, sondern lediglich übergeben habe, so wird zwar bewirkt, dass die Sache nach prätorischem Recht dir gehört, sie bleibt aber nach quiritischem Recht in meinem Eigentum, bis du sie dadurch, dass du sie besitzt, ersitzt; ist nämlich die Ersitzung einmal vollendet, so gehört die Sache von diesem Zeitpunkt an nach unbeschränktem Recht, das heißt sowohl nach prätorischem als auch nach quiritischem Recht, ebenso dir, wie wenn sie manzipiert oder vor Gericht abgetreten worden wäre [...]. Im Übrigen können wir auch diejenigen Sachen ersitzen, deren Besitz uns nicht vom Eigentümer übertragen worden ist (ganz gleich, ob diese Sachen Manzipiumsachen oder Nicht-Manzipiumsachen sind), vorausgesetzt, dass wir sie in gutem Glauben erhalten haben, indem wir glaubten, dass der, der sie übergab, Eigentümer sei.

Q7: Afr. D. 41, 4, 11 (Ersitzung bei Putativtitel)
Quod volgo traditum est eum, qui existimat se quid emisse nec emerit, non posse pro emptore usucapere, hactenus verum esse ait, si nullam iustam causam eius erroris emptor habeat: nam si forte servus vel procurator, cui emendam rem mandasset, persuaserit ei se emisse atque ita tradiderit, magis esse, ut usucapio sequatur.
Was gemeinhin überliefert ist, dass nämlich derjenige, der glaubt, etwas gekauft zu haben, aber nicht gekauft hat, nicht als Käufer ersitzen könne, ist dann wahr, wenn der Käufer keinen Grund hat, der seinen Irrtum rechtfertigt; denn wenn etwa ein Sklave oder Verwalter, den er beauftragt hatte, eine Sache zu kaufen, ihn überzeugt hat, er habe gekauft, und so übergeben hat, folgt nach herrschender Meinung die Ersitzung.

Q8: Paul. D. 18, 1, 27 (guter Glaube an Berechtigung des Veräußerers)
Qui a quolibet rem emit, quam putat ipsius esse, bona fide emit: at qui sine tutoris auctoritate a pupillo emit, vel falso tutore auctore, quem scit tutorem non esse, non videtur bona fide emere, ut et Sabinus scripsit.
Wer vom irgend jemandem eine Sache kauft, die er für dessen Eigentum hält, kauft gutgläubig. Wer dagegen ohne förmliche Zustimmung des Vormunds von einem Mündel kauft oder mit der förmlichen Zustimmung eines Scheinvormunds, von dem er weiß, dass er nicht Vormund ist, kann nicht als gutgläubiger Käufer angesehen werden, wie auch Sabinus geschrieben hat.

Q9: Afr. D. 3, 5, 48 (Anspruch des Eigentümers gegenüber Dritten)
Si rem, quam servus venditus subripuisset a me venditore, emptor vendiderit eaque in rerum natura esse desierit, de pretio negotiorum gestorum actio mihi danda sit, ut dari deberet, si negotium, quod tuum esse existimares, cum esset meum, gessisses: sicut ex contrario in me tibi daretur, si, cum hereditatem quae ad me pertinet tuam putares, res tuas proprias legatas solvisses, quandoque de ea solutione liberarer.

Wenn eine Sache, die ein verkaufter Sklave mir, dem Verkäufer, gestohlen hatte, vom Käufer verkauft worden und untergegangen ist, muss mir wegen des Kaufpreises die Geschäftsführungsklage gewährt werden, so wie sie gewährt werden müsste, wenn du ein Geschäft geführt hast, das du für dein Geschäft hieltest, während es mein Geschäft war, und wie andererseits dir die Klage gegen mich gegeben wird, wenn du eine Erbschaft, die mir gehört, für deine hältst und deine eigenen [schuldrechtlich] vermachten Sachen geleistet hast, weil ich durch diese [nicht kondizierbare] Erfüllung befreit wurde.

Q10: Gai. 3, 91 (Kondiktion bei irrtümlicher Leistung *solvendi causa*)

Is quoque, qui non debitum accepit ab eo, qui per errorem solvit, re obligatur; nam proinde ei condici potest: SI PARET EUM DARE OPORTERE, ac si mutuum accepisset.

Wer etwas nicht Geschuldetes von jemandem erhält, der irrtümlich gezahlt hat, ist ebenfalls aufgrund von Sachübergabe verpflichtet; den gegen ihn kann mit der Kondiktionsformel WENN ES SICH ERWEIST, DASS ER ZU GEBEN VERPFLICHTET IST in derselben Weise geklagt werden, wie wenn er ein Darlehen erhalten hätte.

Q11: Inst. 3, 13, 2 (weitere Einteilung der Obligationen)

Sequens divisio in quattuor species diducitur: aut enim ex contractu sunt aut quasi ex contractu aut ex maleficio aut quasi ex maleficio.

Die weitere Einteilung ergibt vier Arten. Denn entweder beruhen die Schuldverhältnisse auf Vertrag oder Quasivertrag oder auf Delikt oder auf Quasidelikt.

Q12: Cels. D. 12, 4, 16 (Kondiktion wegen Zweckverfehlung)

Dedi tibi pecuniam, ut mihi Stichum dares: utrum id contractus genus pro portione emptionis et venditionis est, an nulla hic alia obligatio est quam ob rem dati re non secuta? in quod proclivior sum: et ideo, si mortuus est Stichus, repetere possum quod ideo tibi dedi, ut mihi Stichum dares. finge alienum esse Stichum, sed te tamen eum tradidisse: repetere a te pecuniam potero, quia hominem accipientis non feceris: et rursus, si tuus est Stichus et pro evictione eius promittere non vis, non liberaberis, quo minus a te pecuniam repetere possim.

Ich habe dir Geld gegeben, damit du mir Stichus übereignest. Entspricht diese Art von Austauschgeschäft einem Kauf oder entsteht hier keine andere Verpflichtung als die auf Rückgewähr des wegen eines Erfolges Gegebenen bei Nichteintritt des Erfolges? Ich neige eher der letztgenannten Lösung zu. Wenn daher Stichus gestorben ist, kann ich zurückfordern, was ich dir deshalb gegeben habe, damit du mir Stichus übereignest. Angenommen, Stichus stehe in fremdem Eigentum, du habest ihn mir aber trotzdem übergeben; ich kann das Geld von dir zurückfordern, da du mir am Sklaven kein Eigentum verschafft hast. Wenn Stichus dagegen dir gehört und du keine Sicherheit für den Fall seiner Eviktion versprechen willst, wirst du nicht davon befreit, dass ich das Geld von dir zurückfordern kann.

Q13: Ulp. D. 2, 14, 7, 2 (Innominatvertrag)

Sed et si in alium contractum res non transeat, subsit tamen causa, eleganter Aristo Celso respondit esse obligationem. ut puta dedi tibi rem ut mihi aliam dares, dedi ut aliquid facias: hoc συνάλλαγμα esse et hinc nasci civilem obligationem. et ideo puto recte Iulianum a Mauriciano reprehensum in hoc: dedi tibi Stichum, ut Pamphilum manumittas: manumisisti: evictus est Stichus. Iulianus scribit in factum actionem a praetore dandam: ille ait civilem incerti actionem, id est praescriptis verbis sufficere: esse enim contractum, quod Aristo συνάλλαγμα dicit, unde haec nascitur actio.

Aber auch wenn ein Geschäft nicht unter einen bestimmten Vertragsbegriff fällt, jedoch eine zweckbestimmte Leistung vorliegt, sei, so hat Aristo dem Celsus treffend geantwortet, ein Schuldverhältnis gegeben. Wie zum Beispiel, wenn ich dir eine Sache gegeben habe, damit du mir eine andere gibst, oder wenn ich etwas gegeben habe, damit du etwas tust. Dies sei ein Synallagma, ein Vertrag, und hieraus entstehe ein zivilrechtliches Schuldverhältnis. Und deshalb glaube ich, dass Julian von Maurician in folgendem Fall zu Recht getadelt worden ist: Ich habe dir Stichus gegegeben, damit du Pamphilus freilässt; du hast ihn freigelassen; Stichus ist [aufgrund eines Rechtsmangels] evinziert worden. Julian schreibt, es sei eine auf den Sachverhalt zugeschnittene Klage vom Prätor zu erteilen. Jener dagegen sagt, es stehe schon eine zivilrechtliche Klage mit unbestimmtem Klagbegehren zur Verfügung, d. h. mit [auf das Rechtsverhältnis hinweisenden] vorgeschalteten Formelworten. Es sei nämlich das zustandegekommen, was Aristo Synallagma, Vertrag, nennt, und daraus entsteht diese Klage.

Q14: Ulp. D. 2, 14, 7, 7 (pacta)

Ait praetor: „Pacta conventa, quae neque dolo malo, neque adversus leges plebis scita senatus consulta decreta edicta principum, neque quo fraus cui eorum fiat, facta erunt, servabo."

Der Prätor sagt: „Formlose Vereinbarungen, die weder arglistig noch unter Verstoß gegen Gesetze, Plebiszite, Senatsbeschlüsse, Entscheidungen oder Edikte der Kaiser getroffen werden und durch die nicht irgendeine dieser Normen umgangen wird, werde ich anerkennen."

Q15: Ulp. D. 4, 4, 16, 4 (keine Angemessenheitskontrolle beim Kaufpreis)

Idem Pomponius ait in pretio emptionis et venditionis naturaliter licere contrahentibus se circumvenire.

Pomponius sagt ferner, beim Kaufen und Verkaufen sei es den Vertragsparteien hinsichtlich des Kaufpreises natürlicherweise erlaubt, einander zu übervorteilen.

Q16: Paul. D. 18, 6, 8 pr. (Gefahrübergang)

Necessario sciendum est, quando perfecta sit emptio: tunc enim sciemus, cuius periculum sit: nam perfecta emptione periculum ad emptorem respiciet. et si id quod venierit appareat quid quale quantum sit, sit et pretium, et pure venit, perfecta est emptio: quod si sub condicione res venierit, si quidem defecerit condicio, nulla est emptio, sicuti nec stipulatio: quod si exstiterit, Proculus et Octavenus emptoris esse periculum aiunt: idem Pomponius libro nono probat. quod si pendente condicione emptor vel venditor decesserit, constat, si exstiterit condicio, heredes quoque obligatos esse quasi iam contracta emptione in praeteritum. quod si pendente condicione res tradita sit, emptor non poterit eam usucapere pro emptore. et quod pretii solutum est repetetur et fructus medii temporis venditoris sunt […], si pendente condicione res exstincta fuerit: sane si exstet res, licet deterior effecta, potest dici esse damnum emptoris.

Es ist für uns notwendig zu wissen, wann der Kaufvertrag „perfekt" ist; dann wissen wir nämlich, wer die Gefahr trägt; mit dem perfekten Kaufvertrag trifft nämlich die Gefahr den Käufer. Und wenn das, was verkauft werden soll, nach Gegenstand, Beschaffenheit und Menge feststeht, auch ein Preis vereinbart ist und der Kaufvertrag nicht bedingt ist, ist der Kaufvertrag perfekt. Ist aber die Sache unter einer Bedingung verkauft, dann ist, wenn die Bedingung ausfällt, der Kaufvertrag nichtig, so wie auch eine Stipulation nichtig wäre. Tritt die Bedingung dagegen ein, dann trägt, wie Proculus und Octavenus sagen, der Käufer [von da an] die Gefahr; dasselbe billigt Pomponius im 9. Buch [zu Sabinus]. Wenn aber, während die Bedingung schwebt, der Käufer oder der Verkäufer stirbt, dann steht, sobald die Bedingung eintritt, fest, dass auch die Erben verpflichtet sind, so wie wenn der Kaufvertrag schon in der Vergangenheit zustande gekommen wäre. Wenn aber die Sache, während die Bedingung noch schwebt, übergeben worden ist, dann kann der Käufer sie nicht als Käufer ersitzen. Und wenn die Sache, während die Bedingung noch schwebt, untergegangen ist, kann das, was an Kaufpreis gezahlt worden ist, zurückverlangt werden, und die Früchte der Zwischenzeit gehören dem Verkäufer […]. Wenn freilich die Sache noch vorhanden ist, mag sie auch verschlechtert sein, kann man sagen, dass der Schaden den Käufer trifft.

Q17: Iul. D. 21, 2, 8 (Umfang der Eviktionshaftung)

Venditor hominis emptori praestare debet, quanti eius interest hominem venditoris fuisse. quare sive partus ancillae sive hereditas, quam servus iussu emptoris adierit, evicta fuerit, agi ex empto potest: et sicut obligatus est venditor, ut praestet licere habere hominem quem vendidit, ita ea quoque quae per eum adquiri potuerunt praestare debet emptori, ut habeat.

Der Verkäufer eines Sklaven muss dem Käufer so viel leisten, wie dessen Interesse daran beträgt, dass der Sklave dem Verkäufer gehört hatte. Deshalb kann aus Kauf geklagt werden, sei es, dass [zusätzlich] das Kind einer Sklavin, sei es, dass [zusätzlich] eine Erbschaft, die der Sklave auf Geheiß des Käufers angetreten hat, evinziert worden ist. Und so wie der Verkäufer verpflichtet ist, dafür einzustehen, dass der Käufer den ungestörten Besitz an dem verkauften Sklaven hat, muss er dem Käufer auch dafür einstehen, dass dieser das hat, was durch den Sklaven hätte erworben werden können.

Q18: Gaius D. 21, 1, 28 (zum edilizischen Edikt)

Si venditor de his quae edicto aedilium continentur non caveat, pollicentur adversus eum redhibendi iudicium intra duos menses vel quanti emptoris intersit intra sex menses.

Für den Fall, dass der Verkäufer in Bezug auf das, was im Edikt der Ädilen enthalten ist, keine Sicherheit leistet, verheißen die Ädilen gegen ihn die Klage auf Wandlung binnen zweier Monate oder die Klage auf das Interesse des Käufers binnen sechs Monaten.

Q19: Marci. D. 18, 1, 45 (Mangelfolgeschaden)

Labeo libro posteriorum scribit, si vestimenta interpola quis pro novis emerit, Trebatio placere ita emptori praestandum quod interest, si ignorans interpola emerit. quam sententiam et Pomponius probat, in qua et Iulianus est, qui ait, si quidem ignorabat venditor, ipsius rei nomine teneri, si sciebat, etiam damni quod ex eo contingit: quemadmodum si vas aurichalcum pro auro vendidisset ignorans, tenetur, ut aurum quod vendidit praestet.

Labeo schreibt in einem Buch seiner nachgelassenen Schriften, wenn jemand gebrauchte Kleidung als neue gekauft hat, sei Trebatius der Meinung, dem Käufer sei das Interesse zu ersetzen, falls er die gebrauchte Kleidung unwissentlich gekauft hat. Diese Ansicht billigt auch Pomponius, und sie wird von Julian ebenfalls vertreten, welcher sagt, wenn der Verkäufer es nicht wusste, hafte er nur wegen des Wertes der Sache selbst – wenn er es wusste, auch für den Schaden, der daraus entstanden ist – wie z. B. jemand, der unwissentlich ein Gefäß aus Messing als golden verkauft hat, auf den Wert des Goldes haftet, das er verkauft hat.

Q20: Gaius D. 9, 2, 2, 2 (welche Tiere fallen unter das 1. Kapitel der lex Aquilia?)

Ut igitur apparet, servis nostris exaequat quadrupedes, quae pecudum numero sunt et gregatim habentur, veluti oves caprae boves equi muli asini. sed an sues pecudum appellatione continentur, quaeritur: et recte Labeoni placet contineri. sed canis inter pecudes non est. longe magis bestiae in eo numero non sunt, veluti ursi leones pantherae. elefanti autem et cameli quasi mixti sunt (nam et iumentorum operam praestant et natura eorum fera est) et ideo primo capite contineri eas oportet.

Wie man also sieht, stellt die lex Aquilia unseren Sklaven die vierfüßigen Tiere gleich, die zum Vieh zählen und in Herden gehalten werden, wie z. B. Schafe, Ziegen, Rinder, Pferde, Maultiere und Esel. Ob aber Schweine von der Bezeichnung „Herdenvieh“ erfasst werden, ist fraglich; Labeo vertritt zu Recht die Ansicht, dass dies der Fall sei. Der Hund allerdings gehört nicht zum Vieh. Weit weniger noch zählen wilde Tiere dazu, wie z. B. Bären, Löwen und Panther. Elefanten aber und Kamele sind gewissermaßen von gemischter Art (denn einerseits leisten sie

Dienste als Zug- und Lasttiere, andererseits sind sie ihrer Natur nach wilde Tiere), und daher müssen sie vom ersten Kapitel erfasst werden.

Q21: Ulp. D. 9, 2, 13 pr. (Schadensersatz nach der lex Aquilia für Freie)

Liber homo suo nomine utilem Aquiliae habet actionem: directam enim non habet, quoniam dominus membrorum suorum nemo videtur. fugitivi autem nomine dominus habet.

Ein freier Mensch hat für seine eigene Person eine Klage analog der Klage nach der lex Aquilia. Denn die direkte Klage kann er nicht anstellen, weil niemand als Eigentümer seiner eigenen Glieder angesehen wird. Wegen eines entflohenen Sklaven hat aber der Eigentümer die Klage.

Q22: Ulp./Iul. D. 9, 2, 5, 3/9, 2, 7 pr. (übermäßige Züchtigung durch Lehrmeister)

Si magister in disciplina vulneraverit servum vel occiderit, an Aquilia teneatur, quasi damnum iniuria dederit? et Iulianus scribit Aquilia teneri eum, qui eluscaverat discipulum in disciplina: multo magis igitur in occiso idem erit dicendum. proponitur autem apud eum species talis: sutor, inquit, puero discenti ingenuo filio familias, parum bene facienti quod demonstraverit, forma calcei cervicem percussit, ut oculus puero perfunderetur. dicit igitur Iulianus iniuriarum quidem actionem non competere, quia non faciendae iniuriae causa percusserit, sed monendi et docendi causa: an ex locato, dubitat, quia levis dumtaxat castigatio concessa est docenti: sed lege Aquilia posse agi non dubito […]. qua actione patrem consecuturum ait, quod minus ex operis filii sui propter vitiatum oculum sit habiturus, et impendia, quae pro eius curatione fecerit.

Wenn ein Lehrer beim Unterricht einen Sklaven verletzt oder getötet hat, haftet er dann nach der lex Aquilia, weil er widerrechtlich einen Schaden zugefügt hat? Und Julian schreibt, dass nach der lex Aquilia haftet, wer einem Schüler beim Unterricht ein Auge ausgeschlagen hat; dasselbe muss daher umso mehr gesagt werden, wenn er getötet worden ist. Bei ihm wird nun folgender Fall erörtert: Ein Schuster schlug, wie er sagt, einem bei ihm als Lehrling tätigen freigeborenen Knaben, einem Haussohn, der das, was er ihm gezeigt hatte, nicht gut genug ausführte, mit einem Leisten so in das Genick, dass dem Knaben ein Auge ausfloss. Julian sagt nun, eine Injurienklage sei zwar nicht gegeben, weil er den Lehrling ja nicht geschlagen habe, um eine Personenverletzung zu begehen, sondern um ihn zu ermahnen und zu belehren; er erwägt aber, ob die Klage aus dem Lehrlingsvertrag erhoben werden könne, da einem Lehrherrn nur leichte Züchtigung erlaubt sei; ich aber habe keine Bedenken, dass nach der lex Aquilia geklagt werden kann […]. Mit dieser Klage werde der Vater, sagt er [Julian], ersetzt bekommen, was er wegen des verlorenen Auges aus den Arbeitsleistungen seines Sohnes weniger erzielen wird, sowie die für dessen Heilung gemachten Aufwendungen.

Q23: Ulp. D. 9, 2, 9, 4 (Mitverschulden)

Sed si per lusum iaculantibus servus fuerit occisus, Aquiliae locus est: sed si cum alii in campo iacularentur, servus per eum locum transierit, Aquilia cessat, quia non debuit per campum iaculatorium iter intempestive facere. qui tamen data opera in eum iaculatus est, utique Aquilia tenebitur.

Wurde aber ein Sklave dadurch getötet, dass Leute während eines Spiels Speere warfen, so kommt die lex Aquilia zur Anwendung. Wenn aber Sportler auf einem Sportplatz Speere warfen und der Sklave gerade über dieses Gelände ging, entfällt jedoch die lex Aquilia, weil er nicht zur Unzeit ein dem Speerwerfen dienendes Gelände hätte überqueren dürfen. Wer jedoch absichtlich mit dem Speer auf ihn geworfen hat, haftet auf jeden Fall nach der lex Aquilia.

Q24: Paul./Iul. D. 18, 6, 13–15 pr. (Schadensersatzanspruch gegen Amtsträger, Gefahrübergang)

Lectos emptos aedilis, cum in via publica positi essent, concidit: si traditi essent emptori aut per eum stetisset quo minus traderentur, emptoris periculum esse placet. eumque cum aedili, si id non iure fecisset, habiturum actionem legis Aquiliae: aut certe cum venditore ex empto agendum esse, ut is actiones suas, quas cum aedile habuisset, ei praestaret. quod si neque traditi essent neque emptor in mora fuisset quo minus traderentur, venditoris periculum erit.

Ein Ädil hatte verkaufte Betten zerschlagen lassen, weil sie auf einer öffentlichen Straße abgestellt worden waren. Wenn sie dem Käufer übergeben waren oder es am Käufer lag, dass sie ihm noch nicht übergeben worden waren, ist anerkannt, dass die Gefahr den Käufer trifft und dass der Käufer gegen den Ädil, wenn dieser nicht rechtmäßig gehandelt hat, die Klage nach der lex Aquilia hat oder dass er jedenfalls gegen den Verkäufer aus dem Kauf klagen kann, damit dieser ihm seine Klagen, die er gegen den Ädil hat, abtritt. Wenn aber die Betten noch nicht übergeben worden waren und der Käufer sich auch nicht im Annahmeverzug befand, so dass ihm die Betten nicht übergeben werden konnten, dann trifft die Gefahr den Verkäufer.

Q25: Ulp./Ner. D. 9, 2, 27, 9 (Auswahlverschulden)

Si fornicarius servus coloni ad fornacem obdormisset et villa fuerit exusta, Neratius scribit ex locato conventum praestare debere, si neglegens in eligendis ministeriis fuit: ceterum si alius ignem subiecerit fornaci, alius neglegenter custodierit, an tenebitur qui subiecerit? nam qui custodit, nihil fecit, qui recte ignem subiecit, non peccavit: quid ergo est? puto utilem competere actionem tam in eum qui ad fornacem obdormivit quam in eum qui neglegenter custodit, nec quisquam dixerit in eo qui obdormivit, rem eum humanam et naturalem passum, cum deberet vel ignem extinguere vel ita munire, ne evagetur.

Wenn der als Ofenheizer tätige Sklave eines Pächters beim Ofen eingeschlafen und das Landhaus abgebrannt ist, muss, wie Neraz schreibt, der aus dem Pachtvertrag verklagte Pächter dafür einstehen, wenn er bei der Auswahl seiner Gehilfen nachlässig war. Wie ist es jedoch, wenn einer das Feuer im Ofen angezündet, ein anderer es nachlässig bewacht hat – haftet dann derjenige, der es angezündet hat? Denn wer das Feuer bewachte, hat nicht gehandelt, wer das Feuer ordnungsgemäß anzündete, hat keine Verfehlung begangen. Wie ist es also? Meiner Meinung nach steht sowohl im Hinblick auf den, der beim Ofen eingeschlafen ist, als auch im Hinblick auf jenen, der das Feuer nachlässig bewacht hat, eine analoge Klage zu. Und es sollte niemand einwenden, demjenigen, der eingeschlafen ist, sei etwas Menschliches oder Natürliches widerfahren – hätte er doch das Feuer entweder [vorher] löschen oder so sichern müssen, dass es sich nicht ausbreitet.

Q26: Ulp./Proc. D. 9, 2, 27, 11 (Haftung für Dritte)
Proculus ait, cum coloni servi villam exussissent, colonum vel ex locato vel lege Aquilia teneri, ita ut colonus possit servos noxae dedere, et si uno iudicio res esset iudicata, altero amplius non agendum. sed haec ita, si culpa colonus careret: ceterum si noxios servos habuit, damni eum iniuria teneri, cur tales habuit. idem servandum et circa inquilinorum insulae personas scribit: quae sententia habet rationem.
Haben Sklaven eines Pächters das Wirtschaftsgebäude durch Brand zerstört, so hafte, sagt Proculus, der Pächter entweder aus dem Pachtvertrag oder nach der lex Aquilia, jedoch so, dass er die Sklaven [dem Geschädigten] als Schädiger ausliefern kann und dass, falls die Sache aufgrund einer der beiden Klagen entschieden worden ist, die andere nicht mehr erhoben werden kann; immer vorausgesetzt, den Pächter treffe kein Verschulden. Habe er dagegen Sklaven, die zu schädlichen Handlungen neigen, so hafte er wegen widerrechtlich zugefügten Schadens, weil er sich solche Sklaven hielt. Derselbe Jurist schreibt, dasselbe müsse auch für Mieter eines Mietshauses beachtet werden; diese Meinung ist begründet.

Q27: Gai. 1, 132 ***(emancipatio)***
Praeterea emancipatione desinunt liberi in potestate parentum esse. sed filius quidem tribus mancipationibus, ceteri vero liberi sive masculini sexus sive feminini una mancipatione exeunt de parentium potestate; lex enim XII tabularum tantum in persona filii de tribus mancipationibus loquitur his verbis: SI PATER TER FILIUM VENUM DUIT, A PATRE FILIUS LIBER ESTO. eaque res ita agitur: mancipat pater filium alicui; is eum vindicta manumittit; eo facto revertitur in potestatem patris; is eum iterum mancipat vel eidem vel alii (sed in usu est eidem mancipari) isque eum postea similiter vindicta manumittit; eo facto rursus in potestatem patris revertitur; tertio pater eum mancipat vel eidem vel alii (sed hoc in usu est, ut eidem mancipetur), eaque mancipatione desinit in potestate patris esse, etiamsi nondum manumissus sit, sed adhuc in causa mancipii […].
Außerdem scheiden Hauskinder durch Emanzipation aus der Hausgewalt der Hausväter aus. Doch tritt ein Sohn erst nach drei Manzipationen, alle anderen Abkömmlinge aber (sowohl männlichen als auch weiblichen Geschlechts) treten schon nach einer Manzipation aus der Hausgewalt der Hausväter aus; das Zwölftafelgesetz spricht nämlich nur bei einem Sohn von

drei Manzipationen, mit folgenden Worten: WENN DER VATER DEN SOHN DREIMAL ZUM VERKAUF GEGEBEN HAT, SOLL DER SOHN VOM VATER FREI SEIN. Dieses Geschäft wird folgendermaßen durchgeführt: Der Vater manzipiert jemandem den Sohn; dieser lässt ihn durch Stab frei; dadurch kehrt er in die Hausgewalt des Vaters zurück; dieser manzipiert ihn zum zweiten Mal entweder demselben oder einem anderen (aber es ist üblich, ihn demselben zu manzipieren), und dieser lässt ihn daraufhin in ähnlicher Weise durch Stab frei; dadurch kehrt er ein weiteres Mal in die Hausgewalt des Vaters zurück; zum dritten Mal manzipiert ihn der Vater demselben oder einem anderen (aber das ist üblich, dass er demselben manzipiert wird), und aufgrund dieser Manzipation scheidet er aus der Hausgewalt des Vaters aus, auch wenn er noch nicht freigelassen, sondern immer noch in der Rechtsstellung der Manzipiumgewalt ist [...].

Q28: Gai. 2, 104 (Libraltestament)

Eaque res ita agitur: qui facit testamentum, adhibitis, sicut in ceteris mancipationibus, V testibus civibus Romanis puberibus et libripende, postquam tabulas testamenti scripserit, mancipat alicui dicis gratia familiam suam. in qua re his verbis familiae emptor utitur: FAMILIAM PECUNIAMQUE TUAM ENDO MANDATELA TUA CUSTODELAQUE MEA ESSE AIO, EAQUE, QUO TU IURE TESTAMENTUM FACERE POSSIS SECUNDUM LEGEM PUBLICAM, HOC AERE, et ut quidam adiciunt, AËNEAQUE LIBRA, ESTO MIHI EMPTA; deinde aere percutit libram idque aes dat testatori velut pretii loco. deinde testator tabulas testamenti tenens ita dicit: HAEC ITA, UT IN HIS TABULIS CERISQUE SCRIPTA SUNT, ITA DO, ITA LEGO, ITA TESTOR, ITAQUE VOS, QUIRITES, TESTIMONIUM MIHI PERHIBETOTE; et hoc dicitur „nuncupatio"; „nuncupare" est enim „palam nominare", et sane, quae testator specialiter in tabulis testamenti scripserit, ea videtur generali sermone nominare atque confirmare.

Und dieses Geschäft wird folgendermaßen durchgeführt: Der, der das Testament errichtet, zieht, nachdem er die Testamentsurkunde geschrieben hat, 5 Zeugen, die mündige römische Bürger sind, sowie einen Waagehalter (wie bei allen anderen Manzipationen) hinzu und manzipiert jemandem der Form halber sein Familienvermögen; bei diesem Geschäft gebraucht der Familienkäufer folgende Worte: ICH BEHAUPTE, DASS DEINE FAMILIE UND DEIN VERMÖGEN IN DEINER VERFÜGUNGSMACHT UND IN MEINER OBHUT SIND, UND DIESES SOLL, DAMIT DU RECHTSWIRKSAM EIN TESTAMENT GEMÄSS DEM VOLKSGESETZ ERRICHTEN KANNST, MIT DIESEM KUPFERSTÜCK (und wie einige hinzufügen:) UND MIT DIESER KUPFERNEN WAAGE DURCH MICH GEKAUFT SEIN; dann schlägt er mit einem Kupferstück an die Waage und gibt dieses Kupferstück dem Erblasser sozusagen an Stelle des Kaufpreises; daraufhin hält der Erblasser die Testamentsurkunde in der Hand und spricht folgendermaßen: SO, WIE DIES IN DIESEN WACHSTAFELN GESCHRIEBEN IST, SO GEBE ICH, SO VERMACHE ICH, SO RUFE ICH ZU ZEU-

GEN AUF, UND SO GEWÄHRET MIR, QUIRITEN, ZEUGNIS. Und dies heißt „Nunkupation“; „nunkupieren“ ist nämlich „öffentlich nennen“, und ersichtlich bezeichnet und bekräftigt der Erblasser mit den allgemeinen Worten wirklich das, was er im Einzelnen auf die Testamentsurkunde geschrieben hat.

Q29: Scaev. D. 31, 88, 17 (Testament ohne juristische Beratung)

„Lucius Titius hoc meum testamentum scripsi sine ullo iuris perito, rationem animi mei potius secutus quam nimiam et miseram diligentiam: et si minus aliquid legitime minusve perite fecero, pro iure legitimo haberi debet hominis sani voluntas“: deinde heredes instituit. quaesitum est intestati eius bonorum possessione petita, an portiones adscriptae ex causa fideicommissi peti possunt. respondi secundum ea quae proponerentur posse.

„Ich, Lucius Titius, habe dieses mein Testament ohne irgendeinen Rechtsgelehrten geschrieben, eher der Eingebung meines Herzens folgend als übertriebener und erbärmlicher Pedanterie. Und wenn ich manches nicht ganz nach den Gesetzen oder nicht ganz fachmännisch gemacht habe, dann muss der gesunde Menschenverstand wie Recht und Gesetz gelten.“ Erst dann setzte er die Erben ein. Als die Erteilung des Nachlassbesitzes aufgrund gesetzlicher Erbfolge beantragt wurde, fragte man, ob die von ihm [unwirksam] zugewendeten Erbteile aufgrund eines Fideikommisses gefordert werden können. Ich habe entschieden, nach dem, was vorgetragen werde, könnten sie.

Register

D

E

F

G

H

I

J

K

L